MBTI

사
랑
학
개
론

목차

머리말   5

이 책을 읽기 전에   8

1. MBTI 열풍과 바로 알기

MBTI 열풍과 노 젓기   11

MBTI 바로 알기   14

MBTI 성격유형 검사   17

2. MBTI 성격유형 검사 기본 이론

MBTI 지표별 설명   21

심리기능의 위계   38

심리기능의 설명   43

유형발달 이론   52

인격적으로 성숙한 사람을 만나야
내 삶이 행복하다   62

MBTI 궁합이란   65

3. 남자들의 문화

이해하기 힘든 남자들의 문화   73

남자들 문화의 특징   79

연령대별 남자들의 심리 변화   84

남자들에 관한 잘못된 오해   88

4. MBTI와 기질

SJ 기질의 남자들   94

SP 기질의 남자들   101

NF 기질의 남자들   110

NT 기질의 남자들   118

5. 16가지 성격유형의 여자와 남자 그리고 궁합

All that ISTJ   130

All that ESTJ   148

All that ISFJ   166

All that ESFJ   183

All that ISTP   199

All that ESTP   216

All that ISFP   235

All that ESFP   251

All that INFJ   268

All that ENFJ   284

All that INFP   300

All that ENFP   317

All that INTJ   334

All that ENTJ   349

All that INTP   365

All that ENTP   380

6. FAQ

MBTI 궁합표   397

나에게 가장 최고인 남자 고르는 법   400

사람은 절대 고쳐 쓰는 게 아니다   401

성격유형보다 유형발달 상태가 훨씬 중요하다   402

자기 팔자 자기 손으로 꼰다   404

잠수이별을 하는 남자들의 심리   405

자존심 싸움이란   408

회피 본능에 관하여   411

남자가 먼저 연락해주기를 기다리는 분들에게   414

바람을 많이 피우는 남자 유형과 심리 상태   417

유혹에 약한 남자 유형   422

최악의 커플 조합   425

가스라이팅과 자기애성 성격장애   427

7. 마무리

MBTI 궁합 상담   435

MBTI와 학습   440

머리말

저는 삼 형제 중 맏이로 태어났어요. 제 또래에서는 양가 모두 여자가 매우 귀했습니다. 6살 이상 많은 외사촌 누나 둘과 6살 많은 고종사촌 누나를 제외하고 제 밑으로는 전부 남자 형제뿐이었지요. 그래서 22살이 되기 전까지는 오빠라는 소리를 들어본 적이 없었습니다. 특히 제가 청소년이었던 90년대의 창원은 매우 보수적이어서 남녀 청소년들이 연애는커녕 말도 제대로 섞어본 적이 없었지요. 그렇게 청소년기를 보내다 1999년 21살에 대학에 입학하고 기숙사에 들어가게 되었습니다. 그때 처음으로 많은 여자와 대화를 나눠보면서 남녀의 차이에 대해 알게 되었지요. 그리고 2000년 2학년이 되었을 때 처음으로 오빠라는 말을 들어 봤습니다. 어찌나 생소하고 어색하던지 아직도 그 기분을 잊을 수가 없네요.

흥미로운 건 그때 처음으로 여자들과 편하게 대화하고 지냈는데도 불구하고 연애 상담을 많이 했다는 점입니다. 친한 여자 동기, 여자 후배, 선배 누나들이랑 기숙사 전화기 붙잡고 이들의 썸남이나 남자친구에 대해 상담을 참 많이 했어요. 게다가 그때 당시 나우누리, 하이텔, 천리안 등 PC 통신이 유행하던 시절이라 거기서 만난 여자 사람 친구들에게도 연애 상담을 참 많이 했습니다. 심지어 걔네들을 대신해서 남자한테 쓰는 연애편지도 대필을 많이 해줬었지요. 아마 어릴 때부터 남자들 사이에서만 살아왔었기에 어지간한 남자 유형은 다 만나봐서 몇 가지 행동 패턴만 들어도 대략 어떤 유형인지 감을 잡을 수 있었던 점과 탁월한 해결사 유형으로 알려진 ESTP 유형이었기에 가능한 게 아니었나 합니다. 몇 가지 사례를 통해 남녀 성향에 대한 감을 잡기만 하면 상대의 특정한 행동이나 말만 들어도 어떤 심리와 의도에서 그렇게 했는지 감이 오더라구요. 그럼 그 상대를 이쪽에서 의도하는 심리 상태로 만들기 위해 어떻게 상황을 조작하고 행동하며 말을 해야 할지, 심지어 문자 메시지까지 어떻게 보내야 할지 가이드를 해줬었지요. 나름대로 인기 있었어요. 생판 모르는 사람들이 제 소문을 듣고 도움을 요청하기도 했으니까요. 물론 정작 제 연애는 제대로 못 했지만 말이죠.

　그러다 제 나이가 30대가 되면서 MBTI에 대해 알게 되어 제대로 교육을 이수하게 되었습니다. 그 이후부터는 사람이 너무 훤히 들여다 보이는 기분이 들더라구요. 그래서 2012년부터 네이버 카페인 레몬테라스에서 활동하며 사람들의 연애나 결혼 생활에 관해 상담하기 시작했어요. 원래 MBTI를 공부했던 목적이 MBTI와 학습법에 관해 연구하기 위했던 것이라 소일거리로 상담해드렸던 것인데 점점 유형별로 연애와 결혼 생활의 특징에 대한 경험치가 쌓이면서 올해 초 레몬테라스에서 MBTI 상담 글을 올리며 댓글로 상담을 해드렸더니 댓글이 200개가 넘게 달리면서 점점 본업처럼 되더라구요. 그러면서 많은 갈등은 성격 유형의 차이에서 비롯되는 것들이 참 많다는 사실을 다시 한번 깨달았지요.

　최근 들어 MBTI가 크게 유행하면서 참 많은 자료가 무분별하게 쏟아져나오고 있어요. 근데 MBTI를 전문적으로 공부하고 연구한 사람으로서 그 자료들을 보면 참 안타까운 점이 한두 가지가 아니에요. 대부분 처음 잘못 나온 자료를 확대 재생산하기 시작하여 정말 말도 안 되는 내용으로 사람들을 현혹하더라구요. 무엇보다도 하나의 유형 안에서도 유형발달의 상태에 따라 그 스펙트럼이 매우 다양한데 그런 이론적 배경 없이 '특정 유형은 이렇다.'라는 프레임에 갇혀서 사람들을 재단하고 평가하는 게 참으로 안타까웠습니다. 그래서 MBTI를 정식으로 공부하고 연구하여 연애와 결혼을 주제로 많은 상담을 해온 사람으로서 제대로 된 정보를 제공하고 싶다고 생각하게 되었습니다. 우리가 살아가는 데 있어 연애와 결혼이야말로 우리의 행복과 가장 직접적인 문제가 아닐까 합니다. 돈이 많든 적든, 많이 배웠든 적게 배웠든, 잘났든 못났든 간에 연애와 결혼 생활의 행복한 정도에 따라 그 사람 인생의 행복 수준이 달라집니다. 그래서 처음에는 가벼운 마음으로 상담을 시작했지만, 점점 책임감과 사명감이 생기면서 제대로 쓰려고 노력하게 되었습니다.

　그렇게 글을 쓰기로 마음먹고 단기간에 집중해서 글을 쓰다 보니 점점 걱정되는 것이 하나 있었어요. 제 나름 그 누구한테도 기분 나쁘지 않게 표현하고 자 노력을 많이 했지만 16가지 성격유형을 모두 아우르려고 하다 보니 특정 유 형을 소개하고 설명하는 과정에서 그 유형과 가치관이 다른 유형인 사람들 눈 에는 불쾌하게 느껴질 만한 표현이 있을 수 있겠다는 생각이 들었어요. 가령, 전 통적인 가치관을 중요하게 생각하고 고수하려고 하는 SJ 기질의 사람들을 설 명하는 과정에서 그들의 특징과 그들이 선호하는 가치관, 이상형 등을 소개할 때 NT 기질의 진보적이고 진취적인 사람들에게는 매우 불편한 표현을 쓸 수밖 에 없었습니다. 특히 제가 남자이기에 더욱 그렇게 보일까 봐 걱정이 많이 되었 어요. 절대 그런 의도가 아니니 넓은 아량으로 이해해주시기 바랍니다. 여기에 표현된 내용은 그 성격유형의 사람들 상당수가 그렇게 생각하고 받아들인다는 의미이며 절대로 '좋다', '나쁘다' 혹은 '맞다', '틀리다'의 가치평가를 한 것은 아 님을 다시 한번 강조하고 싶어요. 그리고 여기에 소개된 많은 설명과 내용은 그 유형이 대체로 그렇게 생각하거나 그런 경향을 보인다는 의미입니다. 절대적으 로 '이들은 무조건 이렇다.'라는 의미는 아니에요. 모든 성격유형은 유형발달의 정도에 따라 그 스펙트럼이 매우 다양하며 모든 유형은 다 멋지고 소중합니다.

글 전체적으로 오타와 잘못된 표현을 잡아준, 뛰어난 능력을 아무리 숨기려 해도 숨길 수 없는 '낭중지추' 주이 님, 혹시나 저의 글과 표현으로 기분이 언짢 으실 분이 계실까 봐 성인지 감수성의 측면에서 문제의 여지가 있는지 감수를 도와준 김나연 님과 이 책을 기획하고 전체 틀을 잡아주며 아이디어를 제공해 주신 김수진 님, 그리고 말만 하면 제 의도대로 딱딱 삽화를 그려주신 천재 웹 툰 작가 김명철 님께 진심 어린 감사의 마음을 전합니다.

마지막으로 이 책이 나올 수 있도록 제게 많은 경험을 쌓을 수 있게 도와주 신 레몬테라스 회원님들, 정말 감사합니다. 앞으로도 제가 필요하시면 성의를 다해 상담해드리겠습니다.

2021년 9월 26일
박정훈

이 책을 읽기 전에

이 책은 철저하게 여성 독자를 기준으로 썼습니다. 따라서 남성분들이나 성소수자분들에게는 불쾌할 수 있는 내용이 있어요. 이 점 깊은 양해 부탁드립니다.

책을 쓰면서 상담 사례를 넣고 싶었습니다만, 그렇게 했다가는 책 분량이 너무 길어질 것 같아서 결국 담지 못했습니다. 상담 사례는 앞으로 제가 운영하는 카페에 올리도록 하겠습니다.

이 책에는 각 성격유형의 일반적인 특징에 관한 내용은 최대한 줄이려고 했습니다. 각 성격유형에 관한 일반적인 내용은 인터넷에 조금만 찾아봐도 쉽게 찾을 수 있을 것입니다. 이 책에서는 성격유형별 궁합을 이해하는 데 필요한 이론 위주로 기술되어 있습니다. 이 점 양해 부탁드립니다.

책을 읽으시다 이해가 가지 않거나 궁금한 점이 있으면 제가 운영하는 카페에 글을 남겨주세요. 제가 아는 한 답해드리도록 하겠습니다.

개별적으로 상담이 필요하신 분은 제가 운영하는 카페에 글을 남겨주세요.

MBTI for Love (cafe.naver.com/mbtiforlove)

1

MBTI 열풍과 바로 알기

MBTI 열풍과 노 젓기

    요즈음 20대와 30대의 대화에서 꼭 빠질 수 없는 주제가 하나 있죠. 바로 MBTI입니다. 물론 어떤 분들은 MBTI는 혈액형 성격론과 같은 유사 과학이라고 치부하기도 하지만 지금은 인스타그램이든 YouTube든 어디를 가나 MBTI에 대한 밈이나 영상을 꼭 하나 이상은 볼 수가 있어요. 그만큼 우리 일상 속에 MBTI가 자리 잡았다는 의미겠지요. 무엇보다도 영국의 어느 기관이 만든 16 Personalities라는 곳에서 온라인으로 무료 검사를 할 수 있게 한 것이 MBTI 열풍에 가장 크게 기여했다고 볼 수 있습니다. 물론 그 검사 결과에 대해서는 차후에 본격적으로 말씀드리겠지만 MBTI 일반 강사로서 온라인 무료 검사는 신뢰하기가 힘들어요. 어떤 분들은 검사할 때마다 결과가 다르게 나온다고 하는데 MBTI는 마치 오른손잡이, 왼손잡이와 같이 장기간에 걸쳐 자신의 선호 경향성이 어느 한쪽으로 굳어진 것과 비슷하거든요. 물론 오른손잡이가 왼손을 아예 못 쓰는 게 아니라 그저 오른손에 비해 왼손 사용이 매우 제한적이고 불편하다는 의미인 것처럼 성격유형 또한 어느 한쪽의 경향성을 다른 쪽보다 훨씬 편하게 사용한다는 의미입니다. 따라서 내 기분에 따라, 할 때마다 결과가 달라진다고 하는 건 잘못된 것이지요. 물론 신뢰도에 문제가 있긴 하지만 16 Personalities 덕분에 많은 사람에게 MBTI가 알려지고 그 어느 때보다도 대중화되어 사람들에게 활용되고 있다는 점은 제 생각에는 참 반갑고 좋은 일 같습니다.

근데 이렇게 MBTI에 관한 관심이 높은 이 시기에 인터넷에 MBTI에 관한 잘못된 정보가 너무 많더라구요. 소위 'MBTI별 ~하는 순위', '가장 ~하는 MBTI 유형은?' 같은 식의 밈과 영상이 정말 많이 쏟아지고 있어요. 그리고 가장 안타까운 것은 'MBTI 궁합표'입니다. 이건 진짜 너무 엉터리라서 '설마 이걸 믿는 사람이 있을까?' 싶었는데 많은 사람이 그걸 진짜로 믿고 새로운 인연을 만나거나 현재 자신의 인연을 그 기준에 맞춰 생각하고 있는 모습을 보면서 '이대로 둬서는 안 되겠다.' 싶은 마음이 참 컸었습니다.

그래서 예전에 MBTI와 연애 및 결혼에 관한 글을 쓰고자 책 내용을 구상해보려고 했는데, 그때까지만 해도 제가 참 순진했었어요. 이 주제로 글을 쓴다면 결국 유형별 남녀의 궁합에 관해 조합별로 꼭 써야 할 것 같았습니다. 그런데 그렇게 시작하면 16가지 성격유형과 각각에 대하여 16가지 성격유형의 궁합, 그리고 같은 조합이라도 어느 성격이 남자인지, 여자인지에 따라 그 결과가 완전히 달라지거든요. 그래서 남녀 구분까지 생각하면 16×16×2 = 512가지의 경우의 수가 나오지요. '헐, 512가지라니, 이건 사람이 할 짓이 아니다.'라는 생각이 들어서 포기하고 있었어요. 그러던 중 제가 많은 사람에게 MBTI로 댓글 상담해주고 있는 네이버 카페 '레몬테라스'의 어느 회원분께서 "그런 주제로 책을 쓴다면 여초 카페에서 완전 대박 날 거예요."라는 말을 해주셨고, 그 순간 '아, 내가 정말 멍청했구나!'라는 생각이 들며 순식간에 책 전체 구성이 머릿속에 자리 잡게 되었어요.

네, 맞습니다. 제가 굳이 남자들을 독자로 생각할 필요가 없더라구요. 애초에 남자들 상당수는 MBTI에 전혀 관심 없는 경우가 많구요. 굳이 그들을 위해 제가 고생할 필요가 없잖아요. 그래서 제가 남자지만 남자들한테는 정말 미안합니다. 저는 이 땅의 수많은 여성분이 자신과 맞지 않는 성격유형의 남자 때문에 마음고생, 몸 고생하는 일이 없도록 도와주는 것이 정말 중요하다는 생각이 들어서 이 책을 썼어요. 그래서 성격유형별 남자들에 대해 깊이 있게 제대로 파헤쳐 보려고 합니다.

 여자들은 알 수 없는, 정말 남자니까 제대로 속속들이 알 수 있었던 그런 남자들의 심리 세계에 대해 여러분께 소개할까 합니다.

② MBTI 바로 알기

우선 MBTI 성격유형 검사를 정확하게 소개해드릴까 합니다.

MBTI는 마이어스 브릭스 유형 지표(Myers – Briggs – Type Indicator, MBTI)로 미국인인 캐서린 쿡 브릭스(Katharine C. Briggs)와 그의 딸 이저벨 브릭스 마이어스(Isabel B. Myers)가 칼 융(Carl Gustav Jung)의 심리유형 이론을 기반으로 만든 성격유형 검사입니다. 이 검사를 개발하게 된 배경은 한창 제2차 세계대전 당시로 거슬러 올라갑니다. 미국도 뒤늦게 참전하게 됨에 따라 징병제로 인해 발생한 인력 부족 및 총력전으로 군수 산업에 노동력이 부족하기 시작했지요. 그래서 남성 노동자가 지배적이었던 산업계에 여성이 진출하게 되면서 이들이 자신의 성격유형을 구별하여 각자 적합한 직무를 찾을 수 있도록 돕고자 하는 목적으로 1944년에 개발되었습니다. 하지만 이 MBTI를 개발한 캐서린 브릭스와 이저벨 마이어스 모두 심리학자가 아니어서 이 때문에 전통적인 심리학계에서 많은 공격을 받았었지요. 하지만 많은 분이 느끼시겠지만 MBTI의 그 효용성은 굳이 말을 하지 않아도 다들 아실 것이라 믿습니다. 전 세계적으로 많은 대

기업과 연구기관에서 MBTI를 연구하고 활용하고 있으며 이 책에서는 MBTI로 나와 정말 제대로 맞는 단짝을 찾아보려고 합니다.

　　MBTI를 최초 개발한 캐서린 브릭스와 이저벨 마이어스는 어떻게 하면 사람들이 가진 각각의 개성을 더욱 잘 활용하여 자신에게 맞는 일을 할 수 있을까 하는 데서부터 출발했어요. 그전까지의 산업 사회에서는 그저 노동자 1, 노동자 2로 구분되었지만, 캐서린 브릭스와 이저벨 마이어스는 그들을 한 명의 살아있는 인간으로 본 것이지요. 진정한 인간주의의 한 모습이 아닐까 합니다. 즉, 개개인의 특징이 사라지는 몰개성한 군중 속에서의 일부로서의 내가 아닌, 남들과 차별화되는 소중한 나를 제대로 찾기 위해 MBTI를 개발한 것이지요. 그리고 그런 나에 대한 이해를 바탕으로 타인을 이해하고 성숙한 인간관계를 만들어나가는 데 그 목적이 있어요.

　　MBTI의 대중화를 이끌었던 16 Personalities에 대해서 말씀드릴까 합니다. 그 사이트의 검사는 제대로 된 MBTI 검사가 아니에요. 그 검사만 해본 분 중에 상당수는 "검사할 때마다 결과가 달라지더라."라고 하십니다. 근데 자신의 고유한 성격적 특징이 상황에 따라 결과가 달라진다는 게 솔직히 말이 안 되지요. 제가 지금까지 10여 년 넘게 1,000여 명이 넘는 사람들을 검사해왔고 그중 일부는 시기를 달리하여 여러 번 검사를 해봤습니다만, 지금까지 딱 세 케이스를 제외하고는 모두 결과가 같았습니다. 그 세 케이스 중 두 케이스는 그 사이에 항암 치료를 받았던 아주 극단적인 상황에 처해 있었던 경우였지요. 그 외에는 한 번도 성격유형이 바뀌었던 경우는 없었습니다. 물론 같은 성격유형이지만 지표별로 선호도 점수가 바뀐 경우는 많이 관찰됩니다. 저부터 선호도 점수가 크게 변한 케이스구요. 그런데 검사할 때마다 유형 자체가 다르게 나온다는 것은 검사 도구로써 그 신뢰도에 문제가 있다는 의미지요. 그뿐만 아니라 16 Personalities 검사에서는 한글판과 영문판의 문항이 매우 다릅니다. 문항 수도 다르구요. 그래서 제게 16 Personalities에서 어떤 유형으로 나왔다고 하면서 MBTI 검사를 의뢰하신 분들이 많은데 약 40% 이상이 결과가 다르게 나왔습니다. 이는 검사 도구로써 신뢰할 수 없는 것으로 봐도 무방하지요.

MBTI 성격유형 검사는 한국MBTI연구소에서 한국인의 문화와 정서를 바탕으로 장기간에 걸쳐 각 문항과 선택지의 타당성 검사를 통해 정교하게 만들어진 검사 도구입니다. 미국과 우리나라는 문화적 특징이 매우 달라서 미국은 외향성의 문화로, 우리나라는 내향성의 문화로 볼 수 있지요. 그래서 그 문화적 배경을 바탕으로 문항이 정교하게 수정되었어요. 그리고 일정 기간이 지나 우리 사회의 문화가 바뀌게 되면 검사 문항 또한 거기에 맞게 수정되게 되는 것이구요. 따라서 MBTI 성격유형 검사는 매우 신뢰할 수 있는 성격유형 검사 도구입니다.

MBTI 성격유형 검사

MBTI 성격유형 검사는 안타깝지만 유료 검사뿐입니다. 그렇다고 해서 어떤 심리 검사처럼 막 10만 원, 20만 원씩 하는 그런 고가의 검사는 아니구요. 일반적으로 성격유형이 정확하게 나오는 MBTI Form M 검사는 2021년 9월 기준 6,800원이고 보다 정밀하게 세부적으로 나오는 MBTI Form Q 검사는 현재 19,000원입니다. MBTI Form Q는 오직 인터넷이나 모바일에서만 검사할 수 있습니다. 솔직히 비싼 커피 한 잔 값 정도 아끼는 셈 치고 6,800원 정도로 나의 정확한 성격유형을 알 수 있다면 나쁘지 않지 않나요?

일반적으로 주변의 심리상담센터에서는 MBTI Form M 검사를 받으실 수 있을 겁니다. 제가 처음 MBTI 검사를 받았을 때가 1995년이었는데 당시에는 MBTI Form Gs였어요. 가끔 상담하러 갔을 때 그 결과지를 보여주시는 분들이 간혹 계시는 걸 보면 지금도 그 MBTI Form Gs를 가지고 있는 센터가 있더라구요. 근데 결과는 비슷하게 나오니 너무 걱정하지 않으셔도 됩니다.

만약 주변에 MBTI 성격유형 검사를 해주는 심리상담센터가 없거나 너무 내향적이어서 찾아가기 부끄러울 때, 혹은 내 남자친구한테 검사를 시키고 싶으실 때는 언제든 제가 운영하는 카페에 오셔서 검사 신청을 해주시면 인터넷으로 PC나 모바일을 이용하여 검사받으실 수 있게 도와드리겠습니다.

MBTI for Love (cafe.naver.com/mbtiforlove)

2

MBTI 성격유형 검사 기본 이론

MBTI 지표별 설명

 MBTI는 크게 네 가지 지표로 구성되어 있습니다. MBTI의 가장 큰 특징은 대극(對極)의 원리로 하나의 지표에서 두 가지의 선호 방향으로 뚜렷하게 구분된다는 점입니다. 물론 상황에 따라 양쪽을 번갈아 가며 선호하는 사람도 있으며 그 경우에는 MBTI Form M 검사로는 정확하게 나오지 않을 가능성도 있지요. 그런 경우에는 MBTI Form Q 검사로 정확하게 진단할 수 있답니다. MBTI의 각 지표는 E/I, S/N, T/F, J/P로 각각 다음과 같은 의미를 지니지요.

(1) 외향형 E vs 내향형 I

 외향(Extrovert)과 내향(Introvert)으로 정신적 에너지의 방향을 말합니다. 사람들의 주된 관심사를 말하지요. 외향적인 사람들은 바깥세상, 사람, 사건, 사물에 관심이 많으며 사람들과 어울리는 것을 매우 좋아해요. 반면에 내향적인 사람들은 자기 내부의 정신세계, 즉 사색하고 고민하는 것에 더 몰두하는 사람들이지요.

외향적인 사람들은 사람들과 어울리는 동안에는 점점 에너지가 솟아오르지만 혼자 장시간 있게 되면 점점 에너지가 고갈되며 외로움을 느끼기 시작해요. 반대로 내향적인 사람들은 소수의 몇 명과 매우 친밀한 관계를 맺기를 선호하며 많은 사람과 함께 시간을 보내게 되면 점점 정신적 에너지가 소진되는 것을 느끼다가 혼자만의 시간과 공간에서 충전이 필요하게 됩니다. 이러한 특징 때문에 외향/내향 커플의 경우 많은 오해를 낳게 되는데요. 먼저 외향형인 사람들은 내향형인 사람들이 조용히 혼자 쉬고 싶다는 욕구를 이해하지 못하게 되지요. 그래서 내향형인 남자친구를 둔 외향형인 여자 중 가끔 남자친구가 동굴에 자주 들어간다고 불평하는 경우도 종종 있어요. 근데 그건 동굴에 들어가는 것이 아니라 정신적 에너지를 다 소진해서 충전하러 간 것으로 생각하는 것이 좋습니다. 특히 내향형인 사람은 외향형인 사람의 행동반경을 따라잡지 못하여 매우 힘들어할 가능성이 큽니다. 늘 누군가와 함께하지 않으면 외로움을 타는 외향형 사람들의 특성상 내향형 애인을 꼭 데리고 다니려고 하는 경향이 강해요. 근데 내향형 사람 중 감정형(F)인 경우 싫은 내색도 하지 못하고 질질 끌려다니면서 완전히 에너지를 소진하여 탈진하게 되는 경우가 있어요. 그래서 내향형의 사람들이 그런 상태가 되었을 때 더는 귀찮게 하지 않고 푹 쉬라고 배려해주면 오히려 호감도가 대폭 상승하게 되지요.

반대로 외향형의 사람들이 사람들 만나는 것을 좋아하는 것을 이해해주셔야 합니다. 외향형의 사람들은 장시간 혼자 내버려 두게 되면 점점 외로움을 타면서 자존감마저 막 떨어지기 시작합니다. 그럼 혼자 엉뚱한 상상에 빠져버릴 가능성도 크고 딴생각에 빠질 수도 있어요. 그래서 그 적당한 선을 유지하는 것이 중요하지요.

또 다른 차이는 외향적인 사람들은 말을 하면서 자신의 생각이 정리되는 것을 느끼게 되고 내향적인 사람들은 자신의 생각을 먼저 정리하고 말을 하는 편이라는 것이에요. 그래서 말하는 속도에서 서로 차이가 납니다. 외향적인 사람들에게 어떤 질문을 던졌을 때 "제 생각은요."라고 말하고 있지만, 그때까지는 아직 구체적인 생각이 없는 상태입니다. 단지 어떤 느낌, 어떤 방향으로 말해야겠다는 생각만 하고 있어요. 그리고 그 질문의 답을 말함과 동시에 자신의 생각이 정리되어가는 것이지요. 반대로 내향적인 사람들에게 어떤 질문을 던지게 되면 먼저 한참을 생각하고 난 뒤에 대답하는 편입니다. 항상 구체적으로 답을 생각하고 나서 말을 하지요. 그래서 이러한 차이로 인해 대화의 속도에서 차이가 크게 납니다. 외향적인 사람들은 일단 말부터 던지는 경향이 강하고 내향적인 사람들은 말을 곱씹다가 말하는 경향이 있어요. 그래서 절대 외향적인 사람들은 내향적인 사람들에게 대답을 재촉해서는 안 됩니다. 내향적인 사람들은 그런 재촉을 받았을 때 순간 머리가 하얗게 변하고 뭐라고 답변해야 할지 모르겠다고 하거든요.

그리고 이 부분에서 매우 조심해야 할 부분이 있어요. 우리나라의 전통적인 선비 문화가 내향형들의 문화입니다. 그래서 외향형 남자들은 어릴 때부터 주변으로부터 "남자가 진짜 말이 많네!"라는 비난을 많이 듣고 자랐을 가능성이 큽니다. 그래서 외향형 남자들은 말 많다는 평에 대해 매우 민감하게 부정적으로 반응할 가능성이 크지요. 근데 외향형 사람들에게 말하지 말라고 하는 것은 아예 생각조차 하지 말라고 하는 것과 다르지 않거든요. 말이 안 되는 것이죠. 저 또한 외향형 남자로서 어른들한테 어릴 때부터 말 많다는 말을 들으면 의기소침해지고 주눅 들어버렸어요. 그리고 동년배가 그런 말을 하면 순간 욱하고 올라오거든요. 이 부분 진짜 조심해야 합니다. 잘못하면 썸남, 남자친구, 혹은 남편이 순간 납득하지 못한 이유로 싸움을 걸어올 수도 있어요. 일단 사람이 감정이 상하면 꽁해지잖아요. 절대 외향형 남자들에게 말 많다고 핀잔주지 않기!!! 명심하세요.

(2) 감각형 S vs 직관형 N

감각(Sensing)과 직관(Intuition)은 정보를 받아들이는 방식을 말합니다. 감각형은 보고 듣고 만지고 냄새를 맡고 맛을 보는 등의 오감을 통해 사물, 사건, 상황 등을 있는 그대로 보고 느끼고 인지하는 사람들입니다. 그래서 대상이 존재하고 있는 현재와 그 대상을 존재하게 했던 과거에 초점을 맞추는 경향이 있지요. 반면에 직관형은 오감이 아닌 육감, 직감을 통해 사물, 사람, 사건, 상황 등을 인지하는 사람들입니다. 그래서 비유적이고 암시적이지요. 그리고 그 대상의 미래와 미래 가능성을 더 중요하게 생각하는 사람들이에요. 감각형 사람들은 경험적이고 실용적이며 전통적으로 해왔던 방식대로 움직이기를 원합니다. 눈에 보이는 뚜렷한 것을 선호하며 숲을 보기보다는 나무를 보는 사람들이지요. 반면에 직관형 사람들은 이론적이고 개념적이며 새로운 방식대로 움직이기를 원합니다. 눈에 보이는 것보다는 그 이면에 존재하는 이미지, 가능성, 패턴, 추상적 개념 등을 보며 나무를 보기보다는 숲을 보는 사람들이지요.

이러한 차이로 인해 연인, 배우자 간에 큰 갈등이 빚어지게 됩니다. 먼저 화법에서 차이가 크게 납니다. 감각형들은 대화의 맛이 있다고 생각해서 어떤 주제에 대해 말을 할 때 기승전결의 구조를 띠는 경우가 많습니다. 화제를 도입하고 분위기를 상승시키다 빵하고 터트린 다음 마무리하는, 본인도 자신의 이야기를 즐기지요. 하지만 직관형들은 대화를 단순히 수단으로만 사용하려는 경

MBTI 사랑학개론

향이 있어요. 즉, 결론만 전달하고자 합니다. 이러한 차이에 의해 감각형 사람들이 신나서 말을 하고 있으면 직관형의 사람들은 "아, 됐고, 그래서 결론이 뭔데?"라고 툭 내뱉어버리는 경우가 많아요. 그럼 감각형의 사람들은 맥 빠지는 거죠. 반대로 직관형의 사람들이 뭔가 갑자기 툭 내뱉는 경우가 많아요. 그럼 감각형의 사람들은 "으잉? 갑자기 그게 무슨 소리야?" 하는 식으로 반응하는 경우가 많습니다. 물론 그 이후의 말을 들어보면 납득이 가는 경우가 많지요. 정리하자면 감각형의 사람들은 결론이 뒤에 나오는 미괄식 구조로 말하는 편이고 직관형 사람들은 결론부터 말하는 두괄식 구조로 말하는 편입니다. 이런 특징을 잘 이해해야 서로 오해가 줄어듭니다. 그리고 상담하다 보면 느끼는 것이지만 감각형 사람들은 말을 할 때 앞에 서두가 너무 길어요. 그럼 직관형 사람들은 그걸 엄청 지루해한답니다. 그 부분을 꼭 알아두셨으면 좋겠습니다.

　다음은 생활 태도에요. 감각형의 사람들은 매우 경험적이고 실용적이며 꼼꼼한 편이라 빈틈이 없어 보입니다. 하지만 직관형의 사람들은 좀 허술하게 보이는 편이에요. 이론적이고 비유적이고 암시적이라는 말만 들어도 현실적 감각이 좀 떨어진다는 느낌이 들잖아요. 그래서 직관형의 사람들은 물건을 잘 잃어버리고 길눈이 어두운 경우가 많아요. 특히 방향 감각이 매우 떨어져서 길을 잃어버리는 경우가 많습니다. 그래서 전화로 "너 지금 어디야? 뭐가 보여?"라고 물었을 때 감각형 사람들은 주로 특징적인 건물이나 누구라도 알아들을 수 있는 표지를 말하는 경우가 많으나 직관형 사람들은 "음, 그러니까 앞에 사람들이 정말 많아. 그리고 273번 버스가 보여."라는 식으로 말하는 경우가 종종 있어요. 이럴 때 감각형 사람들은 속이 터지는 거죠. 그리고 많은 부분에서 덤벙대는 경우가 많고 맞춤법 같은 것에 약해요. 물론, 이건 모든 직관형이 그렇다는 것은 아니고 대체로 그런 경향이 있다는 말입니다. 그래서 감각형의 사람들이 직관형 사람들의 특징을 잘 모르고 단지 긴장을 안 해서, 너무 태만해서 그렇다고 생각하는 경우도 많습니다. 이는 정말 잘못된 생각이지요. 오른손잡이한테 왼손으로 펜을 잡고 이력서를 쓰라고 하는 것과 같아요. 그냥 그 부분이 미숙하고 약한 것입니다. 이건 이들의 잘못도 아니고 문제도 아니에요. 그리고 직관형의 사람들은 감각형의 사람들이 보지 못하는 뛰어난 예술적 감각이나 철학적 사유, 수리 추론 능력 등이 탁월하여 실제로 성격유형별 평균 IQ 통계자료에 따르면 직관형의 사람들이 감각형의 사람들보다 IQ가 훨씬 높은 것으로 나옵니다. 대표적으로 인류 과학사의 큰 획을 그은 아인슈타인과 뉴턴이 바로 INTP 유형이거든요. 흠, 한마디로 정리하자면 '직관형 사람들은 전체적인 지능은 높으나 생활 지능은 낮다.'라고 생각하시면 되겠습니다.

다음은 경제 개념입니다. 감각형은 매우 꼼꼼하고 실용적이며 계산적입니다. 그래서 돈의 가치에 대해 민감한 편입니다. 하지만 직관형은 경제 이론은 매우 빠삭하지만 자기 주머니에서 돈이 얼마나 있는지 몰라요. 이 때문에 만약 한 가정의 경제권을 직관형이 쥐고 있다면 그야말로 폭망하는 지름길입니다. 그래서 부부 둘 다 직관형일 경우 재테크에 애로사항이 많지요. 무엇보다도 직관형 사람 중 감정형(F)인 경우 남을 돕는 것을 매우 좋아해요. 각종 기부 이벤트에 참여하고 공정무역 제품을 소비하는 등 가치소비를 하는 사람들이지요. 그래서 무작정 부정적으로 볼 것은 아닌 것 같습니다.

자녀 교육에 대한 태도에서도 크게 차이가 납니다. 감각형의 부모는 자녀가 멍하니 앉아만 있어도 어딘가 반드시 존재할 그 어떤 뛰어난 경쟁자가 우리 소중한 자녀의 앞길을 막고 방해한다는 두려움에 사로잡혀 자녀가 한 시도 멍하니 앉아있지 못하게 하고 공부시키지요. 하지만 직관형의 부모는 멍 때리는 것도 배우는 것이고 놀이 과정에서도 배움이 있다고 생각합니다. 그래서 잘 노는 것을 매우 중요하게 생각해요. 이런 특징으로 감각형 부모는 자녀와의 관계에서 과잉의 문제가 발생하고 직관형 부모는 방임의 문제가 발생합니다. 특히 자녀 교육에 관해서는 상대적으로 엄마들의 역할이 더 크겠죠? 근데 간혹 ESTJ, ISTJ 아빠들은 자녀 교육에 과도하게 집착하여 자기가 다 결정하려는 경향도 있어요. 참고하시기 바랍니다.

감각형 사람과 직관형 사람의 차이는 매우 크지만, 연애에서 도움이 될만한 정보를 드리자면 감각형의 사람들에게 선물할 때는 매우 실용적이고 필요한 것을 선물하는 게 좋습니다. 특히 감각형들은 돈의 가치를 높게 평가하기에 비쌀수록 좋아하는 경우가 많아요. 하지만 직관형의 사람들은 상대의 성의, 가치 등을 더 중요하게 생각합니다. 그래서 비싸지 않더라도 그 사람의 정성이 담긴, 그리고 아무리 쓸모가 없더라도 서로에게 큰 의미가 담긴 선물이라면 크게 감동하는 경우가 많아요. 예컨대 한때 유행이었지만 요즘은 한낱 조롱의 대상이 된 천 개의 종이학 선물 같은 걸 감각형 사람들에게 줬다가는 욕 엄청나게 먹습니다. 이딴 걸 왜 주냐고요. 하지만 직관형의 사람들은 지금은 모르겠지만 예전에는 엄청나게 감동하였을 가능성이 큽니다. 그 종이학 하나하나 접을 때마다 자신을 생각했다는 것을 떠올리면서요. 물론 이는 직관형에 감정형인 사람들에게 먹히는 선물입니다. 따라서 상대가 어떤 유형이냐에 따라 선호하는 선물이 달라진다는 것을 아시는 것도 중요하지요.

 새로운 것에 대한 태도도 다릅니다. 감각형 사람들은 새로운 것을 시도하는 것에 부담을 느끼는 경우가 많아요. 데이트 코스, 음식, 영화, 예술 등 익숙한 주제, 장르 등을 선호합니다. 하지만 직관형 사람들은 새로운 것을 시도하기를 매우 즐겨요. 새로운 데이트 코스, 음식, 영화, 예술 등을 정말 즐깁니다. 물론 실패할 수도 있지만 그런 실패에 대해 직관형 사람들은 전혀 연연하지 않구요. 근데 감각형 사람들은 그런 실패에 대해 매우 민감한 편입니다. 돈과 시간의 가치를 너무 중요하게 생각하거든요. "윽, 돈 아까워, 시간 아까워." 이런 생각을 하게 되지요.

 아 참, 그리고 매우 중요한 것 하나 더 말씀드릴게요. 이것 때문에 진짜 많이 싸우게 됩니다. 어쩌면 제일 중요한 것일 수도 있어요. 사람이 가진 기억의 종류에는 크게 단기기억과 장기기억이 있습니다. 단기기억은 어느 정보가 들어오면 5분에서 10분 정도 잠깐 머물다가 소실되지요. 그래서 사람들이 중요하다고 판단하는 정보는 장기기억으로 넘기게 됩니다. 이때 장기기억으로 넘어가는 경로가 크게 두 가지가 있어요. 용어의 의미, 숫자 배열, 이름, 지명, 날짜, 연도 등등 단순 암기에 특화된 의미기억이 있고 경험이나 줄거리, 인과관계, 흐름, 맥락, 배경지식 등으로 전체적으로 이해를 해야만 기억이 되는 일화기억이 있어요. 물론 모든 사람은 이 두 가지 기억을 다 가지고 있지만, 이 두 기억을 담당하는 뇌 부위가 달라서 자연스럽게 어느 한쪽에 더 능숙하고 특화되는 경향을 보여요. 그래서 흥미롭게도 감각형 중에 판단형(J)인 사람들은 단순 암기를 잘하는 의미기억이 거의 90% 이상이고 직관형 사람들 대부분이 일화기억에 특화되어 있으며 의미기억에는 매우 약한 모습을 보입니다. 그래서 ISTJ, ESTJ, ISFJ, ESFJ 사람들은 다른 사람 주민등록번호, 전화번호까지 하나하나 다 정확하게 기억하고 특히 생일, 기념일 등등을 매우 잘 기억해요. 하지만 성격유형 중에 N이 들어가는 유형 대부분이 의미기억이 매우 약합니다. 이들이 기억하기 싫어서, 상대를 존중하지 않아서 기억 못 하는 게 아니고 그냥 그런 기억력 자체가 매우 약할 뿐이에요. 대신에 상대를 언제 어떻게 만났으며 그때 자신의 감정이 어땠고 어떤 과정을 거쳐 그 사람과 사랑에 빠졌는지 그 일련의 과정을 물어보면 매우 상세하게 잘 기억할 것입니다. 하지만 의미기억이 특화된 사람들은 그런 일련의 기억에 대해서는 매우 약한 모습을 보이니 결국 '쌤쌤' 아닌가요? 즉, 혹시나 남자친구나 남편이 자신의 생일이나 기념일 등을 잘 기억하지 못한다고 너무 뭐라고 하진 마세요.

사람과 사람을 나누는 가장 큰 장벽과도 같은 게 바로 인식의 방식인 감각형과 직관형입니다. 서로 타고난 능력이 다르다 보니 서로서로 잘 이해하지 못해서 많은 갈등을 낳게 되지요. 자신과 상대가 같은 것을 봤다고 생각하지만 실제로 다른 방식으로 인식을 했기 때문에 다른 것을 본 것입니다. 그래서 당연히 결론이 다르게 날 수밖에 없지요. 따라서 상대의 인식 방식을 알고 이해할 때 갈등이 줄어드는 건 당연한 일이겠지요.

마지막으로 한 가지만 더 말씀드리자면, 어떤 말도 안 되는 질문에 대해 감각형 사람들과 직관형 사람들의 반응은 완전히 달라집니다. 감각형의 사람들은 속으로 '무슨 개소리야?'라고 받아들일 가능성이 크지만, 직관형의 사람들은 매우 진지하게 그 질문의 구체적인 상황이나 조건을 물어볼 거예요. 이는 직관형의 사람들은 항상 가능성, 창의성을 중요하게 생각하고 새로운 시각으로 바라보는 것을 좋아해서 그렇습니다.

(3) 사고형 T vs 감정형 F

사고(Thinking)와 감정(Feeling)은 판단하는 방식을 말합니다. 사고형은 사건이나 상황이 생겼을 때 한 발 뒤로 물러나서 기준이나 규칙, 논리, 이성으로 '맞다', '틀리다'로 판단을 하는 사람들이지요. 이에 반해 감정형은 그러한 상황으로 들어가서 그 상황에 의해 영향을 받게 되는 사람들 간의 관계, 의미, 특히 나에게 주는 의미를 놓고 '좋다', '나쁘다'로 판단하는 사람들입니다. 사고형의 사람들은 논리적이고 이성적이며 합리적인 판단을 선호합니다. 비판, 토론을 좋아하고 공정한 것을 중요하게 생각하지요. 대체로 강인한 이미지를 가지고 있어요. 반면에 감정형의 사람들은 주관적이고 감정적이며 공감하고 배려하는 것을 좋아해요. 그래서 대체로 따뜻한 이미지를 가지고 있습니다.

이러한 판단의 방식은 앞서 소개한 인식의 방식과는 달리 그 사람이 외부로 나타나는 모습이기에 이로 인해 대인관계에서 정말 큰 갈등을 일으키게 되지요. 많은 여성분을 상담하다 보면 이 부분의 차이로 인해 너무 힘들다고 하소연하시는 분들이 참 많습니다. 예를 들어 감정형 여성에 사고형 남성이 만나는 경우 남자가 너무 냉정하고 공감해주지 않는다고 하여 상처를 엄청나게 받게 되지요. 반대로 사고형 여성에 감정형 남성이 만나게 되면 남자가 너무 감정 기복이 심하고 징징거려서 이를 받아주지 못한 여자는 매우 귀찮아하고 힘들어하는 모습을 보이구요. 그래서 무엇보다도 원활한 관계를 맺기 위해서는 이 사고와 감정에 대해 정확하게 이해할 필요가 있습니다. 서로 판단하는 방식만 제대로 알고 이해해도 갈등이 대폭 줄어들거든요.

　먼저 사고형의 사람들은 무엇보다도 정의로운 것을 중요하게 생각하지요. 만약 정의롭지 못한 상황에 처하게 되면 화를 내는 경향이 있으며 이를 따지고 드는 경향이 많아요. 그리고 인과관계를 중요하게 생각해서 납득이 되지 않으면 불편하게 생각하는 경향이 있습니다. 반면에 감정형의 사람들은 관계 지향적입니다. 사람들과의 관계를 무엇보다도 중요하게 생각하지요. 그래서 내가 남에게 공감하고 배려하는 것만큼 나 또한 그들에게 공감받고 배려받고자 합니다. 만약 내가 기대한 것만큼 받지를 못하게 되면 감정적으로 크게 상처를 받게 되지요. 그래서 이러한 점 때문에 커플이나 가족 내에서 갈등이 많습니다. 사고형의 남자와 감정형의 여자, 혹은 사고형의 부모와 감정형의 자녀는 서로 감정적으로 기대하는 공감과 배려의 정도가 차이가 나서 감정형 사람들은 사고형 사람들이 자신을 이해해주지 못하고 감정적 배려를 해주지 않는다고 매우 힘들어하는 경우가 많지요. 물론 사고형 사람들은 감정형 사람들의 공감과 배려의 요구를 자기 나름대로 한다고 노력하는 경우가 많습니다만 그 수준이 감정형 사람들의 기대치에 못 미치는 경우가 많거든요. 이는 서로 성격의 차이를 이해하고 적절한 수준에서 타협해야 하지요.

　또 재미있는 것은 칭찬과 비판에 대해 사고형과 감정형의 반응이 매우 다르다는 점입니다. 가령 어떤 사람이 사고형 사람과 감정형 사람에게 다가와서 막 친한 척하면서 입에 발린 칭찬을 했을 때 반응이 참 재미있습니다. 사고형 사람들은 일단 그 상황을 매우 불편하게 느끼기 시작합니다. '이 사람, 갑자기 왜 이래? 나한테 뭘 원해서 이러는 거지?'라고 속으로 의심하면서 신경이 곤두서게 되지요. 반면에 감정형 사람들은 그 상황이 마냥 좋습니다. 매우 기분 좋아하지요. 그 이유는 사고형 사람들은 인과관계를 매우 중요하게 생각하는 사람들이라서 그 사람이 자신에게 이런 이야기를 할 이유가 떠오르지 않기에 자신도 모르는 어떤 꿍꿍이가 있을 것이라는 생각으로 그 사람의 말과 행동에 촉각을 세우고 경계하게 되는 것이지요. 반면에 감정형 사람들은 관계 지향적인 사람들이라서 '이 사람이 날 좋아하는구나!' 혹은 '이 사람이 나와 친해지고 싶어 하는구나.'라고 받아들이게 됩니다. 그래서 매우 기분이 좋아지게 되는 것이지요.

　이와 비슷하게 비판에 대해서도 둘은 다른 모습을 보이게 됩니다. 누군가가 합당한 근거를 기반으로 비판을 했을 때도 사고형 사람들과 감정형 사람들은 서로 다른 모습을 보이지요. 사고형 사람들은 합당한 비판을 듣게 되면 바로 수긍하면서 오히려 고마워하는 마음마저 가지게 되는 경우가 많습니다. "그렇게 말씀해주지 않으셨으면 제가 큰 실수를 할 수 있었겠어요. 정말 감사합니다."라는 식으로 반응을 하지요. 하지만 감정형 사람들은 일단 이성으로는 그 비판이 옳다는 것을 알고는 있지만, 감정적으로 매우 상처를 받습니다. 이 또한 인과관계를 중요하게 생각하는 사고형 사람들과 관계 지향적인 감정형 사람들의 차이라고 할 수 있지요.

　따라서 사고형 사람들에게 칭찬할 때는 구체적으로 무엇을 칭찬하는지 명확하게 밝히는 것이 중요합니다. 그러면 사고형 사람들은 매우 좋아하게 됩니다. 그리고 감정형 사람들에게 비판할 때는 반드시 비판하기 전에 서로의 관계를 다시 한번 돈독하게 만들어주고 그 관계를 확인시켜준 다음에 적당한 선에서 우회적으로 비판하는 것이 중요합니다. 그래야 감정형 사람들은 상처를 덜 받게 되는 것이지요.

　재미있는 건 통계자료에 의하면 남자들의 70%가 사고형인 것으로 나타나고 여자들의 70%는 감정형으로 나타납니다. 그래서 남자들의 문화가 바로 사고형들의 문화인 것입니다. 당연히 여자들의 문화는 감정형들의 문화인 것이구요. 이러한 특징을 잘 이해하면 남자들의 문화에 흐르는 코드를 잘 이해할 수가 있어요. 가장 특징적인 것이 바로 해결과 공감의 차이예요. 만약 남자들에게 어떤 어려움에 관해 이야기하면 남자들은 일단 듣고는 해결하거나 잘잘못에 관한 판단을 내리려고 합니다. 이게 전형적인 사고형들의 사고방식이지요. 반면에 여자들에게 어떤 어려움에 관해 이야기하면 이야기를 듣고 공감해주려고 하지요. 이것은 감정형의 문제인 것이구요.

예전에 제가 MBTI 교육을 받을 때 이 사고형과 감정형의 차이에 대해 팀별 워크숍을 한 적이 있었어요. 주제는 "어느 날 내 딸이 갑자기 울면서 임신했다고 고백을 한다면 당신은 어떻게 하겠습니까?"였습니다. 이 주제를 놓고 사고형 사람들끼리 토론하고 감정형 사람들끼리 토론을 한 이후에 조별로 발표를 했었지요. 진짜 그 결과가 너무 극명하게 달라서 솔직히 저도 정말 놀랐었습니다.

먼저 사고형 사람들의 조에서는 "따끔하게 혼을 내겠다.", "남자는 누구냐? 남자 집에서도 알고 있느냐?", "어쩌다가 그렇게 된 거냐? 왜 조심하지 않았느냐?" 하는 내용의 발표가 있었습니다.

하지만 감정형 사람들의 조에서는 완전히 분위기가 달랐어요. 발표하시는 분이 갑자기 감정이 격해져서 눈물을 보이기도 하셨구요, 가슴이 먹먹해서 말을 못 하겠다고 하신 분도 계셨습니다. 와락 끌어안으며 "괜찮아, 엄마가 다 해결해줄게.", "많이 힘들었지? 괜찮아, 괜찮아."라는 답변이 주를 이루었지요.

즉, 사고형 사람들은 그 사건에서 한발 뒤로 물러나서 객관적으로 그 사건을 해결하는 데 초점을 맞추지만, 감정형 사람들은 그 사건 안으로 들어가 그 사건에 의해 감정을 다친 사람들을 공감하고 위로하는 데 초점을 맞추었지요. 이렇게 말하니깐 감정형 사람들은 참 좋은 사람들이고 사고형 사람들은 피도 눈물도 없는 무슨 사이코패스 같은 느낌이 들기는 하지만 실제로는 사고형 사람들도 자녀를 감정형 사람들 못지않게 사랑하기 때문에 그 문제를 어떻게든 해결해주려고 합니다. 단지, 우선으로 고려하는 포인트가 다르기에 이런 차이가 나타나는 것이지요.

그럼 사고형 사람들과 감정형 사람들의 단점에 대해 알아보도록 할게요. 우선 사고형 사람들은 항상 문제 해결 위주, 목적 지향 위주의 사고를 해서 말 그대로 맨스플레인이 심한 편입니다. 좀 잔소리가 많고 고집이 센 편입니다. 특히 다음에 설명할 판단형(J)과 묶이면 남을 자기 논리대로 통제하고 관리하려고 하는 경향이 매우 심해집니다. 반면에 감정형 사람들은 첫인상은 참 따뜻하고 배려심 많은 좋은 사람 같지만, 조금만 친해지면 느끼게 되지요. 감정 기복이 매우 크고 사소한 것에도 잘 삐지는 경우가 많아서 거기에 일일이 대응하기 힘들어하지요. 예컨대 감정형 남자를 만나게 되었을 때 처음에는 매우 세심하게 배려하고 말도 이쁘게 하는 것 같아도 어느 순간 삐져있다가 또 혼자 기분이 좋아져서 급발진하다가 갑자기 또 삐져서는 말을 안 하는 정말 종잡을 수 없는 모습을 볼 수 있어요. 그래서 사고형과 감정형에 대한 이해가 정말 필요합니다. 커플의 갈등 중 사고형과 감정형에 의해 생겨나는 게 대부분이거든요.

(4) 판단형 J vs 인식형 P

　판단(Judgment)과 인식(Perception)은 우리가 세상을 살아갈 때 외부로 드러나는 행동 양식을 말합니다.

　판단형 사람들은 주어진 일에 대해 미리 계획하고 계획한 대로 추진해나가는 것을 매우 좋아합니다. 항상 예측할 수 있고 통제된 상황 속에서 안정적으로 생활하기를 원하지요. 그래서 체계적이고 신속한 결론을 내리면서 분명한 목적의식을 갖고 방향감각을 가지고 있어요. 뚜렷한 기준과 자기 의사가 있으면서 대체로 성실하고 부지런하며 정리 정돈하는 것을 좋아합니다. 그러나 갑작스러운 상황 변화나 돌발 상황에 당황하는 경우가 많고, 예측 불가능한 상황을 매우 싫어해요. 그리고 같은 행동을 몇 회 이상 반복하면 금방 습관으로 만들 수 있어요.

반면에 인식형 사람들은 상황이 변하는 것을 인식하면서 이에 대처하는 것을 선호합니다. 자율적이고 상황에 맞추는 개방성이 있으며 유유자적하게 과정을 즐기는 편이지요. 융통성과 적응력이 좋으며 목적과 방향은 언제든 상황에 따라 변할 수 있다고 생각합니다. 결과보다는 과정을 즐기는 편이며 임기응변이 탁월해요. 대체로 일을 뒤로 몰아서 한 번에 하려는 경향이 있고 매사 느긋한 편이지요. 그리고 충동적인 경향이 강해서 한번 어떤 것에 집중하기 시작하면 고도의 집중력을 발휘하여 깊이 몰입하는 모습을 보여줍니다. 즉, 정신적 에너지를 한 번에 한곳으로 몰아넣는 능력이 좋아요. 단 의식적으로 몰입하기까지 심리적 저항이 커서 이를 제어하는 노력이 필요합니다. 그리고 인식형 사람들은 특정 행동을 일시적으로 반복하여 단기간 안에 습관으로 만들 수는 있지만, 제어된 환경에서 벗어나게 되면 다시 원상태로 돌아가는 모습을 자주 볼 수 있습니다. 쉽게 말하면 습관이 잘 안 생겨요.

일반적으로 이 판단형과 인식형의 차이로 인해 부부간에 갈등이 심한 편입니다. 판단형 배우자와 인식형 배우자가 만나게 되면 늘 정리 정돈과 계획적인 생활 태도를 가지고 있는 판단형 배우자는 정리 정돈하는 것을 힘들어하고 계획성이 없는 인식형 배우자를 매우 부정적으로 바라보면서 이를 자신들의 수준만큼 고치려고 하기 위해 잔소리를 심하게 하게 되는 것이지요. 특히 판단형 배우자는 인식형 배우자의 생활 태도를 고치고 자신의 기준에 맞는 생활 습관을 만들어주려고 부단히 애를 씁니다만, 그게 말처럼 쉽게 되지 않지요. 정리 정돈 안 되는 인식형 사람들은 나이가 7~80살이 되어도 정리 정돈하는 것을 힘들어합니다. 물론 개중에는 어릴 때부터 정리 정돈하는 습관이 제대로 배어버린 인식형 사람도 아주 드물게 만날 수는 있지만, 절대다수는 매우 힘들어하지요.

그리고 커플 간에도 판단형과 인식형의 차이로 인해 갈등이 종종 있어요. 판단형들은 항상 계획대로 움직이려고 하는데 인식형들은 그날그날 즉흥적이고 충동적으로 움직이려고 하다 보니 인식형 사람들의 무계획성에 판단형 사람들이 욱하게 되는 경우가 많아요. 또 인식형 사람들이 시간 약속에 대한 개념이 매우 부족해요. 가령 3시에 약속이라면 판단형 사람들은 미리 계획을 세우게 됩니다. 3시까지 가려면 가는 데 걸리는 시간을 고려하여 언제 출발할지 생각해두고 그 출발 시각에 나갈 수 있도록 언제부터 외출 준비를 해야 할지 계획을 세워서 움직이지요. 그러나 인식형 사람들은 현재 하는 일에 집중하다가 한 번씩 '아, 맞다. 오늘 3시에 약속 있었지? 근데 지금 몇 시지? 12시네. 그럼 아직 시간 많이 남았다.'라고 생각하면서 하던 일 계속하고 있어요. 그러다 다시 시계를 보지요. '아직 1시네. 2시간 남았으니깐 시간 충분해.'라고 생각하며 또 딴짓합니다. 그러다 2시가 되면 '아이고, 큰일이다. 가는 데 차 막히면 안 되는데.'라고 생각하며 제대로 씻지도 못하고 뛰쳐나가게 되지요. 그래서 꼭 약속 시각 5분에서 10분 정도 늦는 경우가 많아요. 이건 인식형 사람들의 기본적 사고 패턴 때문에 일어나는 현상으로 쉽게 고쳐지지 않지요.

이렇게 판단형 사람들과 인식형 사람들의 차이를 나타내주는 좋은 예가 있어요. 예컨대, 서울에 살던 판단형 사람들과 인식형 사람들이 제주도에 세미나가 있어서 다 같이 모여서 제주도로 향하는 비행기를 탔다고 가정합시다. 근데 이 사람들이 제주도로 향하는 비행기를 타고 날아가는 동안 갑자기 일이 생겨서 세미나가 취소된 거예요. 그리고 제주공항에 도착한 후에 그 소식을 듣게 되었을 때, 과연 그들은 어떻게 반응할까요?

재미있게도 판단형의 사람들은 갑자기 화를 막 내기 시작합니다.

"아니, 이 사람들이 지금 장난하나? 우리가 시간과 돈이 남아돌아서 여기까지 온 줄 아나? 그런 일은 미리미리 얘기를 해줘야 헛걸음 안 할 거 아냐?"

이런 말을 하면서 판단형의 사람들은 화를 내지요. 하지만 인식형의 사람들은 완전히 분위기가 다릅니다.

"야야, 빨리 렌터카 알아봐. 이왕 제주도 온 김에 제대로 놀다 가자. 어디부터 갈까? 넌 맛집도 검색하고."

이렇게 인식형 사람들은 매우 신나 합니다. 어차피 제주도까지 왔는데 제대로 놀다 가자는 분위기로 들뜨기 시작합니다.

이처럼 판단형 사람들과 인식형 사람들은 계획에 대한 반응이 매우 달라요. 그래서 몇 달 뒤의 계획을 세울 때 날짜를 정하는 과정에서도 서로 차이가 크게 나지요. 만약 판단형 사람들한테 언제 여행을 갈지 정하라고 하면 바로 수첩부터 펴서 여행 가능한 날짜를 몇 개 추려내어 말하는 편입니다만 인식형 사람들한테 날짜를 정하라고 하면 매우 난감해합니다.

"당장 내일 일도 어떤 일이 일어날지 모르는데 몇 달 뒤 일을 지금 정하라고? 나 못 해!"

일반적으로 연인들 사이에서는 판단형과 인식형의 차이로 인해 갈등이 그리 크진 않는데 부부 사이에서는 갈등이 좀 심한 편입니다. 아마 함께 생활하다 보니 생활 방식에서의 차이가 갈등을 만드는 것이겠지요.

(5) 16가지 성격유형

이렇게 네 가지 지표를 조합하면 다음과 같은 총 16가지의 성격유형이 나옵니다.

지표		감각 S		직관 N	
		사고 T	감정 F		사고 T
내향 I	판단 J	ISTJ	ISFJ	INFJ	INTJ
	인식 P	ISTP	ISFP	INFP	INTP
외향 E		ESTP	ESFP	ENFP	ENTP
	판단 J	ESTJ	ESFJ	ENFJ	ENTJ

이 표는 MBTI Form G에 의한 표준화된 배치이며 MBTI 성격유형 배치는 모두 이 배치를 따릅니다. 만약 이 배치표가 아닌 다른 방식으로 배치된 표가 있다면 MBTI 교육을 제대로 배우지 못한 사람이 임의로 만든 표라고 생각해도 무방합니다. 그리고 그런 배치의 표에 있는 정보는 신뢰하기도 힘듭니다. 그리고 이 배치를 기억하셔야 다음에 소개할 심리기능의 위계를 이해하고 기억하는 데 큰 도움이 됩니다.

2

심리기능의 위계

앞서 설명한 네 가지 지표마다 양극을 이루는 두 가지의 선호 경향 중 하나씩 총 네 가지가 조합되어 MBTI 성격유형이 결정됩니다. 그래서 총 16가지 성격유형이 나오는 것이지요. 하지만 MBTI는 유형마다 단순히 알파벳, 네 글자의 조합, 그 이상으로 성격마다 가지고 있는 주기능, 부기능, 삼차기능, 열등기능의 위계라는 것이 있어서 그 위계에 의해 다양한 형태로 성격적 특징이 나타나게 됩니다.

성격유형마다 주기능, 부기능, 삼차기능, 열등기능이 다 달라서 알파벳 하나만 달라도 그 성격적 특징은 뚜렷하게 달라집니다. 그래서 성격유형을 이해하는 데 심리기능의 위계를 아는 것이 매우 중요하지요. 예컨대 특정한 성격유형을 가진 사람이 특정한 상황에서 어떻게 행동할 것인지 예측하는 데도 심리기능의 위계를 알면 적중률이 매우 높아지게 됩니다. 또 특정 상황에서 특정 인물이 특정 행동을 한 것을 이해하는 데에도 심리기능의 위계를 알게 되면 충분히 이해할 수가 있게 되는 것이지요.

다음 표는 성격유형별로 심리기능의 위계를 나타냅니다. 순서대로 주기능, 부기능, 삼차기능, 열등기능을 의미합니다.

ISTJ Si - Te - F - Ne	ISFJ Si - Fe - T - Ne	INFJ Ni - Fe - T - Se	INTJ Ni - Te - F - Se
ISTP Ti - Se - N - Fe	ISFP Fi - Se - N - Te	INFP Fi - Ne - S - Te	INTP Ti - Ne - S - Fe
ESTP Se - Ti - F - Ni	ESFP Se - Fi - T - Ni	ENFP Ne - Fi - T - Si	ENTP Ne - Ti - F - Si
ESTJ Te - Si - N - Fi	ESFJ Fe - Si - N - Ti	ENFJ Fe - Ni - S - Ti	ENTJ Te - Ni - S - Fi

주기능이란 각 성격이 가장 선호하는 심리기능으로 그 사람이 가장 최고치로 발달시키는 그 사람의 정체성과 같은 기능입니다. 의식적으로 가장 선호하며 활발하게 사용되는 기능으로 개인 성격의 핵심이라고 할 수 있지요. 이 기능에 의해 그 사람의 가치관, 좋아하는 것, 성격적 특징이 결정된다고 봐도 과언이 아닙니다.

　부기능은 주기능만큼은 아니지만, 꽤 많이 사용하며 마치 오른손잡이인 사람에게 오른손과 같은 기능을 합니다. 주기능을 보조하며 상호 보완적으로 활용되지요. 자신의 외/내향성과 반대되는 성향의 기능입니다. 외향적인 사람이라면 내향적으로 사용되는 기능이고 내향적인 사람이라면 외향적으로 사용되는 기능이지요.

　삼차기능은 부기능의 반대기능으로, 의식과 무의식의 사다리 역할을 하게 된다고 합니다. 사용을 '의식적'으로 하기는 하는데 주기능과 부기능에 비해 상당히 제한적으로 사용됩니다. 마치 오른손잡이인 사람에게 왼손과 같은 역할을 하지요. 발달이 더뎌서 미숙한 상태로 머물러 있다가 청년기, 중년기를 거쳐 발달하게 됩니다. 20대 초중반까지는 매우 미숙한 형태로 머물러 있지요.

　　　　　　　　　　　　MBTI 사랑학개론

그래서 귀찮고 하기 싫은 것으로 인식됩니다. 삼차기능은 내향, 외향 구분 없이 그 기능 모두 미숙한 모습을 보이기에 심리기능^(S, N, T, F) 뒤에 i나 e가 붙지 않습니다.

열등기능은 주기능의 반대기능으로, 가장 무의식적인 부분이며 덜 발달한 기능입니다. 사용을 '의식적'으로 하기는 하는데 취약점과 같은 기능이지요. 이 또한 삼차기능처럼 매우 미숙한 상태로 머물러 있으면서 삼차기능이 발달하고 난 후에 점차 발달하기 시작하여 대체로 중년기에 발달하기 시작하지요. 20대 초중반에는 열등기능이 가장 혐오하고 싫어하는 가치로 인식됩니다.

다음은 MBTI의 16개 성격유형에서 심리기능의 위계를 찾는 방법입니다 ^(ESTP 예시).

심리기능은 크게 인식기능^(S와 N)과 판단기능^(T와 F)으로 나뉩니다. 그리고 각각은 e와 i가 붙습니다. e는 그 기능을 외부로 사용하여 겉으로 드러나는 기능이고 i는 내부에서 사용하는 기능입니다. 그래서 총 8가지 심리기능이 나오게 되지요^(Si, Se, Ni, Ne, Ti, Te, Fi, Fe).

❶ J/P 지표에서 J 유형은 판단기능(T/F)을 외부 세계(e)로 사용하고, P 유형은 인식기능(S/N)을 외부 세계(e)로 사용합니다(ESTP의 경우 Se).

❷ ❶에서 찾은 두 가지 심리 지표 중 하나가 외향성(e)이면 나머지 하나는 내향성(i)를 가집니다(ESTP의 경우 Ti).

❸ E/I 지표에서 E형은 외향성을 선호하고 I형은 내향성을 선호하기 때문에 ❶, ❷에서 찾은 기능 중 성향이 같은 것이 주기능, 반대 기능이 부기능이 됩니다(ESTP의 경우 Se가 주기능, Ti가 부기능).

❹ 삼차기능은 부기능의 반대 기능입니다(ESTP의 경우 F).

❺ 열등기능은 주기능의 반대 기능입니다(ESTP의 경우 Ni).

이 방법으로 성격유형마다 주기능, 부기능, 삼차기능, 열등기능을 찾을 수 있습니다. 하지만 일반적으로는 16가지 성격유형 배치표를 기억하고 있다면 이 공식보다는 배치표에서 주기능의 배열을 보고 외워버리는 경우가 더 많습니다. 첫 번째 열에서 맨 위부터 ISTJ, ISTP, ESTP, ESTJ 순서를 안다면 가운데 심리기능 S와 T가 번갈아 나오고 위 두 개는 내향, 아래 두 개는 외향이 배치되어 Si, Ti Se, Te 순이 됩니다. 그럼 부기능은 나머지 심리기능의 반대 방향이지요. 주기능과 부기능이 정해지면 삼차기능과 열등기능은 자연스레 정해지게 되니 몇 번만 해보면 어렵지 않습니다. 매번 성격유형마다 위의 공식을 쓰는 것보다는 이렇게 외워버리는 게 훨씬 빠르고 수월합니다.

③
심리기능의 설명

    성격유형마다 주기능, 부기능, 삼차기능, 열등기능의 심리기능의 위계에 각각 Si, Se, Ni, Ne, Ti, Te, Fi, Fe 이렇게 총 8가지의 기능이 위치하게 됩니다. ESTJ 와 ESTP는 단 하나의 지표가 다르지만, 심리기능의 위계는 완전히 달라지지 요. 그래서 이 두 성격은 매우 다른 특징을 가지고 있어요. 정말 비슷한 면이라 고는 거의 없습니다. 제가 ESTP 유형이고 제 친동생은 ESTJ 유형인데 진짜 성향이 다르지요. 그래서 특정 성격유형을 분석하거나 두 성격유형의 케미 혹은 궁합을 보려면 심리기능의 위계를 정확하게 이해해야 가능합니다.

    심리기능에는 인식기능과 판단기능이 있어요. 인식기능이란 정보를 받아들 이는 기능을 말하고 판단기능은 말 그대로 어떻게 판단하느냐 하는 기능이지 요. 앞서 지표를 설명한 것처럼 인식기능에는 감각(S)과 직관(N) 기능이 있습니다. 판단기능에는 사고(T)와 감정(F)가 있습니다. 그리고 그 기능을 외부로 사용하느냐, 내부로 사용하느냐에 따라 완전히 달라지요. 외부로 사용할 때는 그 기능 뒤에 소문자로 e가 붙고 내부로 사용할 때는 소문자로 i가 붙지요. 그래서 Si, Se, Ni, Ne, Ti, Te, Fi, Fe 총 8가지 종류가 있습니다.

    다음은 각 기능에 대한 설명입니다. 각 기능이 심리기능의 위계에서 어느 기능에 위치하느냐에 따라 매우 다른 모습을 보이게 됩니다.

(1) 내향감각(Si)

Si 기능은 정보를 자기 안에서 받아들이는 기능을 말합니다. 그리고 전통적인 방식, 기존에 알고 있던 방법을 매우 선호하며 예측 가능한 상황을 선호합니다. 사실적이고 구체적인 정보를 정확하게 잘 다룹니다.Si 기능이 주기능이나 부기능에 있을 때 외부에서 들어온 정보보다는 이미 자신이 알고 있는 정보를 더 신뢰합니다. 자기가 알고 있는 정보와 다른 정보가 들어오게 되면 일단 걸러버리는 경향이 강하지요. 그래서 Si가 주기능과 부기능에 있는 사람들은 매우 보수적이고 고지식한 모습을 보입니다. 또 세부적인 기억력이 매우 좋아서 단순 암기를 정말 잘하는 편이구요. 또 과거에 있었던 일에 대해 계속 곱씹고 스스로 힘들어하는 경향도 보입니다. 인내심과 끈기가 강한 편입니다. 성격유형 중 ISTJ, ESTJ, ISFJ, ESFJ 유형들이 주기능과 부기능에 Si 기능이 있습니다.

Si 기능이 삼차기능이나 열등기능에 있을 때는 사람들이 기존의 방식을 따르는 것을 매우 혐오합니다. 고지식하게 구는 것도 매우 싫어하는 편이며 예측 가능한 뻔한 상황도 싫어합니다. 대체로 끈기가 없고 참을성이 부족하지요. 하나를 지긋하게 오랫동안 집중하는 것에 약한 편입니다. Si 기능이 열등기능에 있는 유형은 ENFP와 ENTP 유형이며 삼차기능에 있는 유형은 INFP와 INTP 유형입니다.

(2) 외향감각(Se)

　Se 기능은 다양한 외부 세계에 대한 경험을 선입견 없이 잘 받아들이는 기능입니다. 그리고 오감을 느끼는 감각신경이 매우 예민한 편이지요.Se 기능을 주기능이나 부기능에 있으면 선입견이나 편견 없이 외부 정보를 받아들이는 과정에서 정확하게 상황을 파악하는 능력이 탁월하지요. 매우 즉흥적이며 충동적인 경향을 보입니다. 기존에 알고 있는 것보다 지금 들어오는 정보를 더 신뢰하는 편이지요. 또한, 말초신경을 자극하는 쾌락을 매우 즐기는 편으로 쾌락주의적이고 경험주의적인 경향이 강합니다. 온몸에 뻗어있는 신경이 예민하여 미세한 자극에도 바로 반응하는 편으로 허용하는 자극의 역치가 작아서 환경의 변화나 상황의 변화에 대해 매우 민감하게 반응합니다. 그래서 짜증이 많은 편이에요. 그리고 어려운 상황에 처하게 되면 바로 회피하거나 포기하려는 경향이 강합니다. 성격유형 중 ISTP, ESTP, ISFP, ESFP 유형들이 주기능과 부기능에 Se 기능이 있습니다.

　Se 기능이 삼차기능이나 열등기능에 있을 때는 외부 자극에 매우 둔감한 편입니다. 육체적 쾌락만을 탐닉하는 것에 대해 혐오하는 경향이 강하며 상대방의 상황이나 감정 변화에 대해 눈치가 부족한 편입니다. Se 기능이 열등기능에 있는 유형은 INFJ와 INTJ 유형이며 Se 기능이 삼차기능에 있는 유형은 ENFJ와 ENTJ 유형입니다.

(3) 내향직관(Ni)

Ni 기능은 어느 주제에 대해 깊이 있고 거시적인 통찰을 하는 기능입니다. 철학적 사유와 통찰력을 의미하는 기능이지요.Ni 기능이 주기능이나 부기능에 있을 때 생각이 매우 깊고 거시적으로 생각하는 통찰력이 탁월하게 되지요. 특히 어릴 때부터 인생의 목적이나 살아가는 이유 등에 대한 실존의 고민에 깊이 빠져드는 경향이 있습니다. 그래서 무엇인가 하나를 하더라도 세상에 큰 의미가 있는 것을 하고 싶어 하지요. 옆에서 보면 별것 아닌 것 같아도 이들에게는 큰 고민거리가 될 수 있습니다. 그리고 어떤 대상에 대해 거시적인 통찰력도 좋아요. 그래서 미래에 어떤 가치를 가지는지에 큰 관심을 두게 됩니다. 비전과 통찰력이 좋습니다. 하지만 현실 세계에 대한 감각이 매우 둔한 편으로 옆에서 볼 때는 답답한 느낌이 많이 들지요. 성격유형 중에 INFJ, INTJ, ENFJ, ENTJ 유형들이 주기능과 부기능에 Ni 기능이 있습니다.

Ni 기능이 삼차기능이나 열등기능에 있을 때 삶의 진지함, 인생의 철학 등에 관심이 없고 오로지 물질적인 쾌락만을 추구하는 경향이 강하며 내면의 깊이가 없다는 느낌을 많이 받게 됩니다. 어떤 대상에 대해 거시적으로 통찰력을 발휘하여 앞으로 어떻게 되어갈지에 대해 생각하는 능력이 부족합니다. Ni 기능이 열등기능에 있는 유형은 ESTP와 ESFP 유형이며 Ni 기능이 삼차기능에 있는 유형은 ISTP와 ISFP 유형입니다.

MBTI 사랑학개론

(4) 외향직관(Ne)

　Ne 기능은 가능성과 다양성에 대한 열정과 통찰력이 탁월한 기능입니다. 새로운 아이디어나 새로운 시각으로 상황이나 사물, 사람 등을 바라보지요.Ne 기능이 주기능이나 부기능에 있을 때 매우 창의적인 아이디어가 샘솟는 유형이 됩니다. 항상 새로운 관점에서 바라보고 새로운 도전을 즐기며 실패하더라도 나름의 의미를 찾는 매우 긍정적인 유형이지요. 간단한 것 하나를 하더라도 항상 새로운 방법으로 시도하려는 도전 정신이 이 능력의 특징입니다. 하지만 기존의 방식을 따르거나 구태의연한 것에 대해서는 금방 지치고 집중력을 잃어버리는 경향이 강해요. 그리고 특정한 단어나 표현, 뉘앙스 등에 의해 현재의 집중을 잃어버리고 딴생각에 빠지는 경향도 강하구요. 그래서 집중의 길이와 질이 좋지 않은 편이나 자신이 관심 있어 하는 대상에 대해서는 엄청난 몰입을 보여줍니다. 성격유형 중에 ENFP, ENTP, INFP, INTP 유형들이 주기능과 부기능에 Ne 기능이 있습니다.

　Ne 기능이 삼차기능이나 열등기능에 있을 때는 새로운 도전이나 새로운 시각으로 대상을 바라보는 것을 매우 혐오하게 됩니다. 그래서 새로운 시도를 싫어하지요. 늘 고정되고 예측 가능한 환경만 선호하며 타인의 새로운 시도나 새로운 시각에 대해 매우 부정적으로 반응하는 경우가 많습니다. Ne 기능이 열등기능에 있는 유형은 ISTJ와 ISFJ 유형이며 삼차기능에 있는 유형은 ESTJ와 ESFJ 유형입니다.

(5) 내향사고(Ti)

Ti 기능은 효과적이고 논리적인 구조를 만들고 분석합니다. 매우 논리적인 사고를 보이며 가장 효율적이고 효과적인 결론을 도출합니다.Ti 기능이 주기능이나 부기능에 있는 경우 매우 머리 회전이 빠릅니다. 받아들인 정보를 토대로 빠르게 논리적으로 판단하여 정확한 결론을 끌어내지요. 그래서 매우 계산적인 면도 강하고 이성적인 편입니다. 이 기능이 매우 뚜렷한 사람들은 모든 것을 논리와 이성으로만 생각하는 경향이 있습니다. 이해력과 추론 능력이 좋아서 분석하고 상황을 예측하는 능력이 좋습니다. 성격유형 중에 ISTP, ESTP, INTP, ENTP 유형들이 주기능이나 부기능에 Ti 기능이 있습니다.

Ti 기능이 삼차기능이나 열등기능에 있을 때는 계산적이지 못하고 논리적으로 따지는 것을 매우 혐오합니다. 좋은 게 좋은 것이라고 생각하는 경향이 강하며 상황을 논리적으로 분석하는 데 매우 미숙한 모습을 보입니다. Ti 기능이 열등기능에 있는 유형은 ESFJ와 ENFJ 유형이며 삼차기능에 있는 유형은 ISFJ와 INFJ 유형입니다.

(6) 외향사고(Te)

Te 기능은 외부 세계에 논리적이고 체계적으로 대응하며 결단력이 있습니다. 아주 효율적이고 효과적으로 자신의 외부 세상을 통제하고 대응합니다.Te 기능이 주기능이나 부기능에 있을 경우 매우 결단력이 있어요. 결단력과 리더십이 있으며 매사 효율적으로 상황을 지배하려는 경향이 강합니다. 그리고 주기능에 Te가 있는 경우 매우 성격이 급한 편이지요. 자신의 결정에 대해 매우 단호한 편이며 논리와 이성으로 자기 주변 환경을 통제하고자 합니다. 일 처리가 깔끔하며 군더더기가 없는 것이 특징이지요. 대체로 업무 중심적, 효율 중심적 사고방식을 가지고 있습니다. 일 중독일 가능성이 큽니다. 불합리한 상황에 분개하며 따지고 들거나 매우 분노하는 경향이 있습니다. 성격유형 중에 ISTJ, ESTJ, INTJ, ENTJ 유형들이 주기능이나 부기능에 Te 기능이 있습니다.

Te 기능이 삼차기능이나 열등기능에 있을 때 타인을 통제하고 자기 뜻대로 움직이도록 강요하는 것을 매우 혐오합니다. 자신의 자유로운 의지를 구속하고 강요하는 것을 매우 싫어하지요. 또한, 타인에게 따지거나 강요하는 행위를 매우 힘들어합니다. 갈등이나 분쟁을 피하려고 합니다. Te 기능이 열등기능에 있는 유형은 INFP와 ISFP 유형이며 삼차기능에 있는 유형은 ESFP와 ENFP 유형입니다.

(7) 내향감정(Fi)

　Fi 기능은 자신이나 타인의 가치를 잘 이해하고 지지합니다. 자신의 감정 상태를 기준으로 판단을 내리려는 경향이 있습니다.Fi 기능이 주기능이나 부기능에 있을 경우 타인의 감정에 대해 공감하고 지지하는 따뜻함이 있습니다. 자신의 감정과 타인의 감정을 동일시하여 상대의 입장과 처지를 공감하는 능력이 탁월합니다. 그래서 상처받은 사람들을 따뜻하게 격려하고 온기로 감싸는 능력이 좋아요. 하지만 자신의 감정을 기준으로 판단하는 편이라 주관적이고, 그때그때 감정 상태에 따라 판단이 달라지기에 사고형 사람들은 이들의 감정 상태를 따라가기 힘들어하는 편입니다. 또한, 자신의 감정 상태를 중요하게 생각하여 친한 사이일수록 짜증을 내거나 투정을 많이 부리는 편입니다. 성격유형 중에 ISFP, INFP, ESFP, ENFP 유형이 주기능이나 부기능에 Fi 기능이 있습니다.

　Fi 기능이 삼차기능이나 열등기능에 있을 때 타인의 감정을 공감하고 이해하는 능력이 매우 미숙합니다. 자신의 감정 상태에 따라 주관적으로 판단이 달라지는 것 자체를 일관성이 없다고 생각하여 매우 혐오합니다. 타인이 자신에게 감정적 공감이나 지지, 배려를 요구하는 경우 매우 불편하게 생각하며 힘들어합니다. Fi 기능이 열등기능에 있는 유형은 ESTJ와 ENTJ 유형이며 삼차기능에 있는 유형은 ISTJ와 INTJ 유형입니다.

(8) 외향감정(Fe)

Fe 기능은 윤리, 도덕적 가치 기준으로 자신의 외부 세계를 올바르게 살아가고자 합니다. 타인과의 관계에서 감사와 지지를 바탕으로 조화롭게 살아가려고 합니다.Fe 기능이 주기능이나 부기능에 있는 경우 윤리·도덕적 가치를 기준으로 삼아 올바르게 살아가고자 하는 경향이 매우 강합니다. 그래서 자신도 매우 윤리적으로 올바르게 살고자 하고 주변 사람들에게도 그렇게 살기를 요구하는 경우가 많지요. 자신의 본분, 책임감이 투철하고 의무감이 강합니다. 그래서 잔소리가 심한 편이며 가까운 사람일수록 간섭이 많아지는 경향이 있습니다. 사람들을 격려하고 지지하는 것을 매우 좋아하고 사람들과 함께 조화롭게 살아가고자 하는 욕구가 강합니다. 성격유형 중에 ESFJ, ENFJ, ISFJ, INFJ 유형이 주기능이나 부기능에 Fe 기능이 있습니다.

Fe 기능이 삼차기능이나 열등기능에 있는 경우 타인으로부터 간섭이나 참견을 매우 싫어하게 됩니다. 그리고 기존 사회의 윤리, 도덕적 가치 기준에 대해 반감을 품고 있는 경우가 많습니다. 또한, 자신에게 타인의 감정을 공감하도록 요구하는 것에 대해 매우 불편한 느낌을 많이 받게 되구요. 나와 크게 관련 없는 사람에 대해 무관심하게 생각하는 경향이 강하지요. Fe 기능이 열등기능에 있는 유형은 ISTP와 INTP 유형이고 삼차기능에 있는 유형은 ESTP와 ENTP 유형입니다.

유형발달 이론

제가 현장에 상담하러 나가면 많은 분이 제게 이런 질문을 많이 합니다.

"성격유형은 어떻게 정해지는 거예요?"
"성격유형은 유전인가요? 양육인가요?"
"부모하고 완전히 다른 우리 애는 도대체 누굴 닮은 걸까요?"

이 질문들은 저도 참 답하기 힘들어요. 저도 여기에 대해 명확하게 배운 것은 없거든요. 만약 MBTI 성격유형이 유전이라면 일란성 쌍둥이는 같은 성격유형이어야 할 것입니다만 실제로는 안 그렇거든요. 그럼 양육일까요? 재미있는 건 SJ 기질의 부모 밑에 완전히 다른 ENFP 유형과 ISFP 성격유형의 남매가 태어나는 것을 보면 그것도 아닌 것 같습니다. 실제로 어떤 성격유형의 자녀가 태어날지 그 누구도 알 수 없거든요.

그래서 제 대학 때 전공이 생명과학이라 태아의 발달 과정에 대해서 배웠던 것을 기초로 제가 이해한 바를 소개할까 합니다. 이 내용은 제가 많은 분에게 이해하기 쉽게 설명하고자 비유한 부분이니 정확한 과학적 근거로 말하는 것이 아님을 미리 밝혀둡니다.

먼저 아이가 수정되어 착상되고 나면 그때부터 세포 분화를 시작으로 발달하기 시작하지요. 이를 연구하는 학문이 발생학이라고 합니다. 수정란이 만들어지고 6일째쯤 착상이 된다고 합니다. 그 후 엄청난 속도로 발달하기 시작하는데 18일째쯤 신경관이 만들어지고 그 이후부터 신경망과 뇌가 만들어지게 되는 것이지요. 그래서 점차 온몸 사지에 운동신경과 감각신경이 만들어지게 되고 뇌가 발달하게 됩니다.

자, 그럼 그 태아의 상황을 머릿속에 그려봅시다. 현재 팔, 다리에 근육도 생겨나기 시작하고 운동신경과 감각신경이 뻗어나가기 시작했어요. 그러다 어떤 계기로 인해 이 태아가 오른손을 움직여봤습니다. 신기하게도 움직여지네요. 그렇게 움직여보니 왼손보다는 오른손의 신경이 좀 더 발달하게 되겠지요. 즉, 어떤 계기로 인해 비대칭으로 좀 더 움직이면 신경의 특성상 사용하면 할수록 더 발달하게 되지요. 그리고 신경이 발달하면 할수록 더욱 쉽게 그 손을 사용할 수 있게 되구요. 그 비대칭적 움직임이 더 심해지게 되면서 결국 오른손잡이가 되어버리는 것입니다. 그때 왼손은 상대적으로 덜 발달한, 어쩌면 원시적 신경망 형태에서 조금 발달한 수준에서 머물러 있을 수도 있지요. 그렇게 시간은 지나 태아가 태어나면 그때부터는 본격적으로 오른손을 아주 쉽게 잘 사용하게 됩니다. 반면에 왼손은 오른손을 거들어주는 역할에 머무르게 되구요. 즉, 오른손잡이라고 해서 왼손을 아예 사용하지 못하는 것이 아닙니다. 단지 오른손을 사용할 때보다 미숙하고 신경이 더 쓰이고 어색하고 힘들 뿐이지요. 성격의 각 지표도 마찬가지로 이해하시면 됩니다. 내가 외향적이라고 해서 내향적인 모습이 없는 것이 아니지요. 저의 경우 한때 무대공포증이 매우 심해서 남들 앞에 서면 완전히 얼어붙어버려 말 한마디 제대로 못 했던 적이 많았습니다. 물론 사석에서는 누구를 만나도 자신 있구요. 재미있는 것은 방송인 김제동 씨는 저와 반대로 사석에서는 얼어붙어서 말 한마디 제대로 못 하지만 무대에 오르면 완전히 외향적인 성격으로 변해버린다고 합니다.

　이처럼 네 가지 지표에서 우리 뇌가 좀 더 편안하고 쉽게 사용하기 시작하여 점차 고도로 발달해버려서 점점 그 성격적 특징이 뚜렷하게 나타나게 되는 것이 아닐까 하는 것이 제 생각입니다. 그리고 이러한 생각을 뒷받침하는 근거 중의 하나가 아동청소년용 MBTI 검사인 CATi 검사 이전에 아동청소년용 MBTI 검사였던 MMTIC라는 검사에서는 아동 청소년들은 아직 뚜렷하게 분화되지 않아서 어느 쪽인지 결정할 수 없다는 U-Band(Undetermined Band)라는 것이 있었습니다. 피검사자가 어릴수록 네 가지 지표에서 U-Band가 더 많이 나오는 경향을 보여서 제 생각이 어느 정도 맞는 게 아닌가 하는 생각을 합니다.

　그렇게 우리 아이가 오른손잡이, 왼손잡이가 되듯 아이가 태어나면서 점차 자신이 선호하는 어느 하나의 방향으로 발달하기 시작합니다. 이때 MBTI의 네 가지 지표도 어느 한쪽으로 서서히 분화되기 시작하지요. 그리고 심리기능의 위계 중 주기능과 부기능도 점점 뚜렷하게 발달하기 시작하지요. 하지만 반대 기능들 즉, 삼차기능과 열등기능은 상대적으로 소홀해져서 그 성격적 특징이 매우 뚜렷하게 보이지요. 예컨대 ESTP 유형의 아이와 INFJ 유형의 아이는 완전히 다른 길을 걷게 되는 것입니다.

　아동이 성장함에 따라 주기능과 부기능을 매우 능숙하게 사용하기 시작하게 되면 CATi 검사를 통해 확인할 수 있을 정도로 그 유형적 특징이 뚜렷하게 나타나기 시작하게 되지요. 반면에 삼차기능과 열등기능은 매우 제한되고 미숙한 상태로 있으며 그 기능과 관련된 가치나 행동 등에 대해 부정적인 이미지를 가지게 됩니다. 쉬운 예로 INFP 아동인 경우, 심리기능의 위계는 주기능 Fi, 부기능 Ne, 삼차기능 S, 열등기능 Te가 되지요. 그래서 주기능 Fi와 부기능 Ne가 점점 능숙한 상태로 발달하기 시작하여 사람들의 정서적인 부분을 공감하고 배려하는 능력이 점점 좋아져요. 그리고 부기능 Ne로 인해 엉뚱한 상상이나 생각 그리고 창의적인 아이디어가 점점 좋아지지요. 그래서 INFP 아동들은 사람의 정서를 이해하는 감수성이 매우 발달하고 하얀 백지와 필기도구를 주면 자신의 상상을 그림으로 표현하는 걸 매우 좋아하는 것이지요. 하지만 삼차기능 S와 열등기능 Te는 상대적으로 매우 미숙한 상태로 머물러 있어서 삼차기능 S의 특징인 현실 감각, 꼼꼼함 등이 매우 부족하여 덤벙대고 어리숙한 모습을 자주 보여주게 되지요. 또, 열등기능은 Te가 매우 미숙하여 계획적으로 움직이려고 하고 목표 지향적으로 노력하려는 모습을 보기 힘든데다 논리적으로 따지고 들거나 남에게 지시하고 강요하는 행위 자체를 매우 혐오하게 됩니다.

그래서 10대 때는 주기능과 부기능이 고도로 발달하는 방향으로 성장하게 됩니다. 그렇게 고도로 발달한 주기능과 부기능은 그 아이의 자존감을 매우 높여주는 자신감의 원천이 되구요. 하지만 만약 부모와 자녀가 정반대 유형이라면 부모의 눈에는 자녀의 장점인 주기능과 부기능은 보이지 않고 삼차기능과 열등기능의 미숙함만 보이기 시작합니다. 예컨대 ESTJ 부모는 INFP 자녀가 매사 덤벙대고 남한테 싫은 소리도 못 하는데다 쉽게 상처받고 눈물을 쏟는 모습을 보면서 매우 다그치게 되지요. 그래서 억지로 삼차기능과 열등기능을 발달시키도록 강요하게 됩니다. 그것은 마치 오른손잡이한테 왜 왼손으로 글씨를 못 쓰냐고 다그치면서 오른손을 묶어놓고 왼손으로 글씨를 쓰도록 강요하는 것과 같습니다. 실제로 예전에 왼손잡이들한테 왼손을 묶어놓고 오른손으로 억지로 글을 쓰게 했었지요. 그리고 삼차기능과 열등기능은 억지로 발달시킨다고 해서 달라질 수 있는 기능이 절대 아닙니다. 대신에 그런 강요가 심해지면 점차 그 아이는 매사에 자신감을 잃고 자기가 실패작이라는 자괴감을 느끼면서 자존감이 엄청나게 떨어지게 됩니다. 따라서 미숙한 삼차기능과 열등기능을 억지로 발달시키려고 아이들에게 강요하면 절대로 안 됩니다. 이 떨어진 자존감이 20대 후반에서 매우 심각한 결과를 초래하게 되거든요.

대다수의 건강하게 발달한 아이들의 이러한 주기능과 부기능의 발달은 20대 초반에 가장 뚜렷한 상태가 됩니다. 그래서 MBTI를 제대로 공부한 전문가들은 20대 초반의 청년기 사람들을 조용히 관찰만 해도 그 사람이 무슨 유형인지 금방 알 수 있어요. 주기능과 부기능이 너무 뚜렷하고 삼차기능과 열등기능이 매우 미숙하여 관찰되지 않기에 가능한 일입니다.

그렇게 한 사람이 20대를 지나 20대 후반에서 30대 초반이 되면 주기능과 부기능의 편향된 사용, 즉 삼차기능의 부재로 인해 점점 내외적 갈등을 겪기 시작합니다. 그러다 삼차기능을 개발하기 시작하게 됩니다. 저의 경우 ESTP 유형으로 20대 초반까지는 주기능 Se와 부기능 Ti가 너무 뚜렷하게 발달한 나머지 심각한 부작용을 겪기 시작했습니다. 주기능 Se의 경우 타인의 감정이나 상황, 심리 상태를 매우 정확하게 꿰뚫어 보는 감각이 매우 발달하게 되지요. 그리고 부기능 Ti의 발달로 타인의 상태를 근거로 상대의 약점, 논리적 허점을 정확하게 찾아내고 이를 반박할 방법을 빠르게 생각해내게 됩니다. 그래서 점점 궤변이 좋아지고 남들과 말싸움으로 이기려고 드는 심각한 부작용을 겪게 되었습니다. 어떤 경우에는 분명히 제가 잘못한 것을 알고 있는데도 궤변으로 상대가 잘못한 것으로 몰아가 버려서 상대가 거기에 대꾸하지 못하면 스스로 '내가 이겼다.'라고 혼자 좋아하는 상황이 많았었지요. 그렇게 살다 보니 점점 친구가 줄어들고 제 주변에는 저를 싫어하는 사람들만 넘쳐나게 되었습니다. 하지만 그때까지는 제가 잘못한 것이라고는 조금도 생각하지 못하고 항상 남 탓만 했었지요.

 그러다 25살 늦은 나이에 군대에 가게 되었습니다. '나이도 많겠다', '나름 머리 회전 빠르다', '학벌 좋다' 등의 자만심에 꽉 찬 이등병 눈에는 같은 부대의 어린 고참들이 눈 아래로 보일 수밖에 없었지요. 그래서 초반에는 정말 마찰이 심했습니다. 툭하면 혼나고 갈굼 당하고, 분명히 고참이 잘못한 일인데 거기에 항변하면 주변에서 전부 저를 질책했습니다. 그렇게 힘든 나날을 보내던 중에, 갑자기 어느 날 너무나도 괴로운 나머지 멍하니 창밖을 바라보다 '아, 내가 예전에 친구들한테 했던 짓이 딱 이거구나. 걔들이 말을 안 해서 그렇지, 분명히 내가 잘못한 것을 알고 있었겠구나. 아, 나 정말 나쁜 놈이었다.'라는 사실을 깨닫게 되었지요. 그때부터 그동안 제가 친구들한테 잘못했던 일들이 막 떠오르기 시작하면서 그때 그 친구들이 느꼈을 불쾌한 감정, 나에 대한 분노가 느껴져 정말 많은 참회를 하게 되었습니다. 그 이후부터는 타인의 감정이 보이기 시작했지요. 그러면서 점점 타인의 감정을 공감하게 되는 능력이 좋아졌어요. 나중에 MBTI의 유형발달을 공부하면서 ESTP 유형의 삼차기능이 바로 F 즉, 감정 기능임을 알고 정말 소름 돋는 기분을 느꼈습니다. 그 이후로 저를 처음 만나는 분들은 제가 감정형인 줄 알고 있습니다. 삼차기능인 F가 매우 능숙하게 발달해버렸기 때문이지요.

 이렇게 누구나 30대 정도가 되면 1차로 유형발달의 시기인 삼차기능이 발달하게 되는 계기가 찾아오게 됩니다. 삼차기능의 부재로 인해 주변 사람과의 갈등이나 내적 고민에 빠져들게 되며 그런 잘못과 고민을 객관적으로 바라보게 됩니다. 그리고 거기에 순응하는 사람들은 긍정적으로 삼차기능을 발달시키게 되는 것이지요. 하지만 모든 사람이 다 좋은 방향으로만 가는 것이 아닙니다. 앞서 말씀드렸던 어릴 적부터 자존감이 낮은 경우나 매우 적대적인 환경에 장기간 노출되고 심한 스트레스 상황에 놓여있었던 경우 삼차기능의 부재로 인한 갈등과 고민을 내적 반성을 통해 자신을 객관화시켜 바라보지 못하고 남 탓, 사회 탓으로 돌리게 됩니다. 이런 경우 주기능과 부기능만을 고집하게 되어 사람이 매우 편협하고 자기중심적이며 공격적인 사람이 됩니다.

 그렇게 30대를 보내다 보면 어느 순간부터 열등기능의 부재를 느끼기 시작하면서 사람들은 자신의 삶을 되돌아보는 시기가 찾아오지요. 대략 30대 중후반부터 40대 초중반 사이에 겪게 되는데 이 또한 삼차기능이 발달하게 되는 것처럼 비슷하게 2차 유형발달의 시기가 찾아오게 됩니다. 가끔 40대 성인을 상담하다 보면 이러한 유형발달의 과정을 관찰할 수 있지요. 예컨대 ISTJ 유형인 어느 여성분께서 그전에는 생각하지도 않았던 가치관과 행동의 변화를 겪는다면서 제게 왜 이러는지 모르겠다고 말씀하시는 분이 있었어요. 갑자기 재즈 댄스에 빠지기 시작했다고 하면서 새로운 것에 대해 도전하고 싶어 하는 욕구가 막 생겼다고 하네요. 원래 ISTJ 유형들은 현실적이고 안정적인 것을 추구하며 예측 가능한 환경에서 미리 계획한 대로 살아가기를 원하는 사람이지요. 하지만 40대가 되자 열등기능인 Ne가 발달하기 시작하면서 그동안의 삶이 너무 지루하고 따분하게 느껴져서 그전까지는 정말 혐오하고 싫어했던 모험적인 삶을 열린 마음으로 받아들이고 도전하게 되는 것입니다.

 물론 열등기능의 발달도 삼차기능의 경우처럼 적대적인 환경에 장기간 노출되어 있거나 강한 스트레스 상황에서 살아온 사람이라면 자기 객관화가 되지 않고 항상 남 탓, 환경 탓만 돌리면서 더욱 주기능과 부기능을 경직된 방향으로 사용하는 경우도 많이 관찰됩니다. 이런 분들은 항상 주위와 갈등이 매우 심하여 저한테 직접 전화로 상담을 요청하는 상당수 여성분의 배우자 사례가 다 여기에 해당하더라구요. 진짜 가끔 완전체인 사람들을 만날 수 있는데 속으로 '어떻게 이런 사람이라는 걸 결혼하기 전에 정말 몰랐단 말이야?'라고 생각하게 되더라구요.

　한 사람이 나이를 먹어감에 따라 유형발달로 인해 삼차기능과 열등기능이 발달한다 하더라도 원래 그 기능이 주기능과 부기능으로 사용하는 유형들에 비해서는 능숙함이나 선호의 뚜렷함이 부족한 건 사실이지만 흥미롭게도 40대 이상 되는 사람들은 실제로 검사하지 않고서는 그 사람의 성격유형을 추측하기가 정말 어려워집니다. 저의 경우 40대가 되면서 ESTP 유형의 열등기능인 Ni가 점차 발달하기 시작하면서 그전까지는 아예 신경도 쓰지 않았던 삶의 목적, 인생의 방향 등 철학적 고민에 대해 심각하게 생각하게 되면서 '내가 하는 일이 이 사회에, 어느 누군가에게 희망과 도움이 되었으면 좋겠다.'라는 생각으로 MBTI를 제대로 알리려고 노력하게 되었지요. 그러한 변화가 저의 MBTI Form Q 검사 결과에 그대로 나타나고 있습니다.

선호 분명도 (Clarity of Preferences)

선호지표	E	S	T	P
선호 분명도 지수	8	1	7	20

※ 선호 분명도 지수는 양극의 선호경향성 중 어느 쪽에 대한 선호가 분명한지를 알려주는 지수입니다.
　이것은 선호의 유능, 성숙 또는 발달을 의미하는 것은 아닙니다.

이 표는 저의 MBTI Form Q 결과입니다. 20대 초반에는 S와 T가 매우 분명하게 나타났었지요. 특히 T는 선호 분명도 지수가 30점 최고 점수가 나왔었구요. 그런데 지금은 T를 선호하기는 하지만 7점까지 내려가 있습니다. 그리고 S의 경우 1점까지 내려간 것을 볼 수 있습니다. MBTI Form Q 검사를 하면 지표별로 세부 지표 상태도 확인할 수 있습니다. 구체적으로 어떻게 변해가고 있는지를 확인할 수 있는 중요한 자료가 되지요.

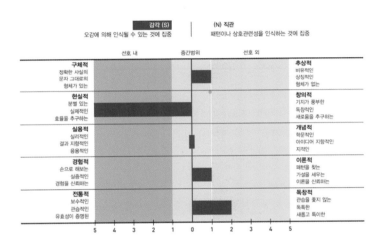

이 자료는 S 지표의 세부 지표 상태를 보여주는 자료입니다. 제가 40대가 되면서 점점 S의 기능보다 N 쪽의 세부 기능을 많이 선호하고 있는 것을 보여줍니다.

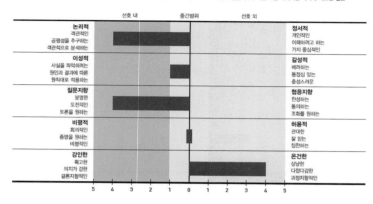

	사고 (T) 객관성에 초점을 두고, 논리적인 분석에 기초한 결론		(F) 감정 조화에 초점을 두고, 개인 또는 사회적인 가치에 기초한 결론
	선호 내	중간범위	선호 외

				정서적 개인적인 이해하려고 하는 가치 중심적인
논리적 객관적인 공평성을 추구하는 객관적으로 분석하는			
이성적 사실을 파악하려는 원인과 결과에 따른 원칙대로 적용하는			**감성적** 배려하는 동정심 있는 충성스러운
질문지향 분명한 도전적인 토론을 원하는			**협응지향** 찬성하는 동의하는 조화를 원하는
비평적 회의적인 증명을 원하는 비평적인			**허용적** 관대한 잘 믿는 칭찬하는
강인한 확고한 의지가 강한 결론지향적인			**온건한** 상냥한 다정다감한 과정지향적인

5 4 3 2 1 0 1 2 3 4 5

이 자료는 T 지표의 세부 지표 상태를 보여줍니다. 세부 지표 5개 중 마지막 지표인 '강인한'이 '온건한'으로 바뀌어 있고 '감성적'과 '비평적' 지표 또한 중간 범위에 있는 것을 알 수 있습니다.

이렇듯 한 사람은 그 성격유형이 그 틀 안에서 점차 발달하기 시작하면서 점차 성숙한 인격체로 변해갑니다. 하지만 살아온 환경이나 주변 사람 그리고 그 사람의 윤리 의식 등이 상호작용을 일으켜 성격적으로 건강하지 못한 모습으로 변해가는 사람들도 자주 관찰할 수가 있어요. 일반적으로 대인관계에 관한 상담을 요청하여 피상담자들을 검사해보면 건강하지 못한 모습으로 성격이 변해버린 사람들에 의해 갈등을 빚고 있는 사례가 참 많았습니다.

사람은 어떤 환경에 장기간 노출되어 있느냐, 어떤 사람들과 어울리고 있느냐에 따라 큰 영향을 받습니다. 그래서 같은 유형이라 하더라도 실제로 만나서 진단을 해보면 그 스펙트럼이 정말 다양한 것을 알 수 있지요. 가끔 저 또한 '저 사람이 그 성격이었어? 정말 짐작조차 못 했다.'라는 생각이 들 정도로 깜짝 놀라는 경우도 많습니다. 같은 성격이라도 매우 긍정적으로 변해버려서 정말 존경스러운 마음이 절로 드는 사람이 있는가 하면 정말 주변 사람의 긍정적 에너지를 다 빨아 먹어버리는 흡혈귀 같은 사람도 있어요. 그게 서로 다르

MBTI 사랑학개론

게 유형발달을 해왔기 때문입니다.

　이렇듯 MBTI는 단순히 '저 사람은 어떤 유형이다.'라는 것에 끝나는 것이 아닌 그 사람이 인격적으로 어떻게 성숙해왔는지, 타인과의 관계를 어떻게 맺어왔는지를 예측할 수 있는 훌륭한 심리검사 도구입니다. 따라서 MBTI 성격유형 검사는 반드시 한국MBTI연구소에서 주관하는 MBTI 교육 프로그램을 제대로 이수하고 풍부한 경험을 쌓은 MBTI 전문가에게 검사를 받고 해석과 상담을 받는 것이 매우 중요합니다.

5

인격적으로 성숙한 사람을 만나야
내 삶이 행복하다

같은 유형이라도 유형발달의 상태에 따라 건강하게 잘 발달한 사람이 있고 매우 건강하지 못한 모습으로 변해버린 사람도 있습니다. 정말 건강하지 못하게 변해버린 사람들을 만나게 되면 상담하는 그 시간이 저에게도 정말 고통스럽더라구요. 그 사람과 갈등을 빚고 있는 사람들의 상황이 그대로 느껴지는데 이건 어떻게 해결할 방법이 없어요. 이미 오랜 시간 동안 고착화되어버렸기 때문이지요.

예전에 남편 때문에 너무 힘들어서 이혼을 고민하던 어느 여성이 저에게 상담을 요청하여 부부 모두 MBTI 검사를 했습니다. 남자는 ISTJ 유형이었고 여자는 INFP 유형이었습니다. 남자의 나이가 30대 후반으로 이미 어느 정도 열등기능까지 발달해야 하는 시점에 온 상황이었지요. 근데 검사 결과를 보자마자 숨이 턱 막히는 기분이 들었어요. T 지표와 J 지표가 만점이 나오더라구요. 이 경우 삼차기능인 F 기능이 전혀 발달하지 않았다는 것을 의미하거든요. 그리고 부부를 직접 만나서 상담을 진행했는데, 역시나 자기 잘못을 인정하지 않고 자신의 부인을 자기 기준, 자기 뜻대로 고치려고만 들었습니다. 배경 조사를 해보니 남편은 20대 후반부터 외국에서 힘들게 공부했다고 합니다. 아내가 임신한 상태에서 해외여행을 가게 되었을 때 일을 언급하면서 자신은 그 여행에 정말 가기 싫었는데 아내가 꼭 가고 싶다고 졸라서 결국 갔다고 합니다. 그런데 여행 첫날부터 아내가 갑자기 몸 상태가 급격히 안 좋아지면서 아프기 시작했다고 하네요. 그러자 갑자기 엄청 화가 났다고 합니다. 그리고 이 여자는 자기를 이용하려고만 든다는 생각이 들었다고 합니다. 그래서 호텔 방안에 몸이 안 좋아서 누워 있는 아내를 놔두고 혼자 나가버렸다고 하네요. 그 과정에서 자신은 무엇을 잘

못한 것인지, 왜 그때 아내가 화가 났는지 이해를 못 하더라구요. 즉, 삼차기능인 F 기능이 전혀 발달하지 못한 것이지요. 이런 경우, 정말 난감하더라구요. 이건 어찌할 도리가 없거든요. 아무리 감정이라는 것을 이해시키려고 해봤자 모든 것이 자기 잘못이라고 혼을 낸다고만 생각하기에 결국 어떻게 해드리지 못하고 상담을 종료했습니다.

근데 ISTJ 유형의 남자들이 다 이런 것은 아니거든요. 정말 인격적으로 멋지고 책임감 강하며 매우 헌신적으로 자신의 가족을 돌보는 그런 ISTJ 남자들 참 많습니다. 그런 분들을 뵐 때면 참 기분이 좋아요. 저도 그분들에게 배울 점이 많아서요. 근데 성격적으로 건강하지 못한 사람들을 볼 때면 그 사람보다 그 사람 가족들이 참 마음이 아프고 안타깝습니다.

또 다른 사례입니다. 꽤 오래전에 거래처 사장이 저에게 자기 아들 좀 봐달라고 해서 상담하러 갔었습니다. 그 사장의 말로는 중학교 입학하자마자 아들의 의사와는 관계없이 막무가내로 미국으로 유학을 보내버렸다고 합니다. 그 이후로 매년 막대한 비용을 들여서 미국 생활을 뒷바라지했다고 하는데 아들은 미국 생활에 적응하지 못하고 결국 학교에서 낙제하여 잠깐 한국에 들어온 상태라고 하더라구요. 그래서 아들을 만나서 MBTI 검사를 했습니다. ESFP 유형이더라구요. ESFP 유형의 아들을 아는 사람 하나 없는 머나먼 타국으로 보내버렸던 것이죠. ESFP 유형은 매우 사교적인 유형으로 어릴 때부터 교우 관계가 매우 중요한 유형입니다. 친한 사람 없고 말도 안 통하는 나라에 ESFP 유형이 혼자 남겨졌으니 당연히 지독한 외로움과 우울증 상태로 객지 생활을 했던 것이지요. 그러니 당연히 적응할 수가 없었구요. 근데 그 아버지는 ESTJ 유형이었습니다. 전형적인 자수성가형 ESTJ 유형이었지요. "아니, 어떻게, 남들은 꿈도 꿀 수 없는 그런 막대한 돈을 들여서 미국에 보내줬는데, 저건 개돼지만도 못한 놈이다."라고 저한테 말하더라구요. 순간 정말 깜짝 놀랐습니다. '아니, 어떻게 자기 아들한테 저런 막말을 퍼붓지?' 싶었어요. 실제로 아들을 망친건 바로 그 아버지인데 말이죠. 그 이후로 그 아들은 미국 생활을 다 청산하고 귀국했고 검정고시 준비하기 시작했는데 그때도 공부 열심히 안 하고 집에서

스마트폰만 보고 누워있다고 아버지가 아들한테 대놓고 막말하고 욕을 퍼부어서 결국 아들은 가출해버렸다고 합니다. 참 이런 경우에는 저도 어쩔 도리가 없더라구요.

근데 같은 ESTJ 유형이라도 제가 의정부에서 만난 ESTJ 아버지의 경우는 정말 잊을 수가 없었습니다. 검사하기 전까지는 정말 ESTJ 유형인지 몰랐던 분이셨죠. 너무 인격적으로 훌륭하고 자녀 교육에도 매우 올바른 철학을 가지고 있어서 ESFJ 유형인 아들은 사교육 한번 받지 않고 혼자 자기주도학습을 통해 매우 우수한 성적을 보이고 있었어요. 그 집에 학습 컨설팅 상담하러 갔다가 무엇을 컨설팅해 드려야 할지 정말 난감한 상황이었습니다. 정말 훌륭한 ESTJ 유형의 아버지셨습니다.

이처럼 같은 유형 안에도 인격적으로 성숙한 정도는 정말 스펙트럼이 다양합니다. 그리고 우리가 정말 행복해지려면 성격유형이 나와 맞는지 확인하는 것보다 더 중요한 것은 성격적으로 건강한 유형발달을 한 사람인지, 그래서 인격적으로 성숙한 사람인지 확인하는 것입니다. 일반적으로 ISTP 유형의 사람들은 아이들을 참 귀찮아하고 멀리하는 편입니다만, 부산에서 만난 어느 일가족의 경우 ISTP 유형의 아버지와 ENFP 유형의 딸이랑 사이가 어찌나 좋은지 참 부럽더라구요. 그 집은 가족 전체가 화목, 화목, 화목 이렇게 쓰여있는 것 같았어요.

자신도 당연히 건강하게 유형발달을 해야 하고 상대도 건강하게 유형발달한 사람이 만날 때 가장 행복해질 수 있는 것입니다.

⑥
MBTI 궁합이란

인터넷에 MBTI 궁합이라는 표가 한때 인기가 있었습니다. 그래서 저도 관심을 가지고 한번 보기는 했는데 진짜 기겁했습니다. 너무 어처구니가 없더라구요. 일단 그 표에서는 ISFP와 INFP 유형을 보면 최악의 궁합이라고 합니다. 근데 실제로 ISFP와 INFP 유형끼리 만나면 서로 보완되는 부분이 많고 서로를 공감하고 배려하기에 정말 잘 지내는 편이에요. 도대체 무슨 근거로 최악이라고 하는지 알 수가 없었습니다. 그뿐만 아니라 ISTJ과 ESTP 유형의 만남은 어떻게 만나느냐에 따라 정말 상황이 달라지지요. 우리가 일반적으로 궁합이라고 할 때 꼭 연인 관계만을 두고 궁합이라고 하진 않잖아요. 직장에서 상사와 부하 직원 간의 관계도 어쩌면 궁합이라고 할 수 있는데 ISTJ와 ESTP 유형의 만남은 어떤 관계로 만나느냐에 따라 최악이 될 수도 있고 최고의 궁합이 될 수도 있습니다. 예컨대, ISTJ 유형의 상사와 ESTP 유형의 부하 직원이 만나게 되면 정말 최악이 됩니다. 항상 규정과 규칙대로 일을 처리하고 지시하는 ISTJ 유형의 상사 성향과 규정과 절차보다는 효율적인 목표 달성에 더 초점을 맞추는 ESTP 유형의 부하 직원은 항상 서로 부딪칠 수밖에 없어요. ISTJ 유형은 '왜 내가 시키는 대로 하지 않느냐'고 불만일 테고 ESTP 유형은 '효율적으로 목표만 달성하면 되지, 굳이 불필요한 절차 때문에 시간 낭비, 에너지 낭비를 하느냐'고 불만을 품게 됩니다. 반대로 ESTP 유형의 상사와 ISTJ 유형의 부하 직원이 만나게 되면 최고의 조합이 됩니다. 가장 효율적인 방법을 지시하는 ESTP 유형의 상사와 시키는 대로 꼼꼼하고 완벽하게 처리하는 ISTJ 유형의 부하 직원이 만나면 서로가 가진 단점을 보완해주면서 최고의 성과를 내는 환상의 듀오가 되지요.

연인 관계, 부부 관계에서도 같은 조합이라도 어느 유형이 남자고 어느 유형이 여자이냐에 따라 그 조합의 결과는 매우 달라집니다. 가령 ISTJ 유형의 여자와 ENFP 유형의 남자가 만나는 경우와 ISTJ 남자와 ENFP 여자가 만났을 경우를 예로 들어봅시다. 전자의 경우, 정말 많이 싸우게 되지요. ISTJ 유형의 여자들은 듬직하고 안정적인 배우자를 원합니다. 경제적인 조건도 많이 보는 편이구요. 하지만 ENFP 유형의 남자들은 매우 자유분방한 삶의 방식과 피터팬증후군의 대명사로 불릴 만큼 아이 같은 순수함을 가지고 있어요. 그래서 서로를 가장 혐오하게 되는 관계가 됩니다. 하지만 후자의 경우, 책임감과 사명감이 투철하며 자신의 가정을 끝까지 지키려고 하는 듬직한 ISTJ 유형의 남자 눈에는 아이와 같은 순수함을 가지고 항상 발랄하고 유쾌한 ENFP 유형의 배우자는 너무나도 아름다운 존재가 되어버리지요. 즉, 성격유형별로 남자가 원하는 여자 상과 여자가 원하는 남자 상이 다 달라서 남녀 구분 없이 '성격별로 궁합이 어떻다.'라고 정의하는 건 말도 안 되는, 솔직히 MBTI에 대해 전혀 모르는 사람이 만든 자료입니다.

제가 이 책을 쓰게 된 계기도 이 표가 한몫했습니다. 이 말도 안 되는 궁합표를 보고 매우 잘 맞고 서로 배려하며 잘 지내고 있는 관계에서 괜히 오해하게 되고 정말 사소한 다툼 한 번에 "역시 우린 안 맞는 궁합이었어." 식으로 단정 짓는 분들을 보면서 참 안타까웠습니다. 그래서 진짜 MBTI를 제대로 배운 사람이 제대로 한번 설명해주고 싶은 생각에 이 글을 쓰게 된 것이지요.

그리고 그 궁합을 무색하게 만드는 것이 있습니다. 바로 건강하게 유형발달을 한 사람들끼리의 만남이지요. 이건 어떤 조합이든 아무 상관 없이 정말 행복하게 잘 살아갈 수 있어요. 정말 최악이라 생각이 드는 ESTJ 남자와 ESFP 여자의 조합도 앞서 소개했던 의정부의 그 집은 두 사람 모두 건강한 유형발달을 하신 분들이라 정말 화목하고 따뜻한 가정이더라구요. 근데 솔직히 건강하게 유형발달을 한 사람을 만나는 게 그리 쉬운 일은 아닙니다. 그래서 성격유형별로 건강하게 유형발달한 사람과 건강하지 못하게 유형발달한 사람을 구분하는 방법, 그리고 건강하게 유형발달하지 못했다 하더라도 다시 건강하게 유형발달을 할 수 있도록 도와주는 방법 등을 소개할까 합니다.

우선 성격유형별로 궁합을 설명하기 전에 반드시 심리기능의 위계와 각 심리기능의 특징을 이해하는 것이 매우 중요합니다. 그래서 다시 한번 심리기능의 특징에 대해 정리한 표를 올리겠습니다.

주기능	그 사람의 정체성과 같은 기능 가장 중요하게 생각하는 가치 기능의 방향이 그 유형의 E/I와 일치
부기능	오른손잡이에게 오른손과 같이 매우 능숙하게 사용하는 기능 주기능과 에너지 방향이 반대로 사용되는 기능
삼차기능	오른손잡이에게 왼손과 같이 매우 미숙하고 불편한 기능 1차 유형발달 시기에 발달 가능 건전하지 못한 유형발달을 겪게 될 때 미숙한 상태로 머묾
열등기능	가장 혐오하고 싫어하는 기능과 가치 2차 유형발달 시기에 발달 가능 건전하지 못한 유형발달을 겪게 될 때 매우 미숙한 상태로 머묾

기능	성격유형	■ 원활한 주기능/부기능 발휘 □ 경직된 상태(유형발달이 건강하지 못한 경우)
S(i)	주 ISTJ ISFJ 부 ESTJ ESFJ	■ 사실적이고 구체적인 정보를 정확하게 잘 다룬다. 기존에 해왔던 대로 일을 꼼꼼하게 추진하고자 한다. □ 자신의 경험과 알고 있는 사실에만 근거하여 독선적인 태도를 보인다.
S(e)	주 ESTP ESFP 부 ISTP ISFP	■ 다양한 외부 세계에 대한 경험을 선입견 없이 잘 받아들인다. 오감의 감각신경이 매우 예민하다. □ 새로운 경험을 바탕으로 소비적인 탐구를 한다.
N(i)	주 INFJ INTJ 부 ENFJ ENTJ	■ 자신의 명확하고 복합적인 통찰력에 대한 자신감이 있다. 거시적인 비전을 제시한다. □ 자신의 비전을 타인에게 강요하거나 고집스럽고 맹목적인 주장을 한다.
N(e)	주 ENFP ENTP 부 INFP INTP	■ 가능성과 다양성에 대한 열정과 통찰력을 지닌다. 새로운 아이디어가 많고 창의적이다. □ 새로운 사람, 아이디어, 가능성에 대한 강박적이고 무책임한 추구를 한다.
T(i)	주 ISTP INTP 부 ESTP ENTP	■ 효과적이고 논리적인 구조를 창출하고 적용한다. 가장 효과적이고 효율적인 결론을 끌어낸다. □ 자신의 내부적 논리에 모든 것을 맞추려 한다.
T(e)	주 ESTJ ENTJ 부 ISTJ INTJ	■ 외부 세계에 논리적이고 체계적으로 대응하며 결단력이 있다. 효율적으로 상황을 통제하려는 욕구가 강하다. □ 타인의 감정을 무시하고 공격적이다.
F(i)	주 ISFP INFP 부 ESFP ENFP	■ 자신과 타인의 가치를 잘 이해하고, 지지해준다. 자신의 감정 상태를 기준으로 판단을 한다. □ 자신의 가치관만이 타당하며, 다른 것은 비도덕적이라고 여긴다.
F(e)	주 ESFJ ENFJ 부 ISFJ INFJ	■ 타인과의 관계에서 감사와 지지를 바탕으로 한 조화를 유도한다. 윤리나 도덕적인 가치를 기준으로 세상을 살아가고자 한다. □ 극단적 성선설 속에 서로의 경계를 넘어 침범한다.

삼차기능 열등기능	성격유형	기능 설명	보완 및 개선방법
S(i)	ENFP ENTP	전체를 보려고만 하고 세부적인 부분을 간과하는 경향이 크다.	중요한 세부 사항에 주의를 기울일 필요가 있다.
S(e)	INFJ INTJ	자신만의 생각에 몰입하여 바깥세상이 어떻게 돌아가는지 파악하기 힘들다.	현실을 있는 그대로 수용하고, 현재를 즐기고자 하는 노력이 필요하다.
N(i)	ESTP ESFP	철학적 사색을 멀리하며 물질의 즐거움만을 집착하기 쉽다.	즐거움의 이면을 볼 수 있어야 하며 끈기와 인내를 키울 필요가 있다.
N(e)	ISTJ ISFJ	상상력과 추상적이고 이론적인 직관력에 대해 의미를 부여하지 않는다.	변화와 다른 가능성에 대해 개방적인 태도를 갖출 필요가 있다.
T(i)	ESFJ ENFJ	철저한 분석이나 정확성을 요구하는 업무에는 흥미가 없다.	간결하고 정확하게 자기를 표현하고 의사 전달하려는 노력이 필요하다.
T(e)	ISFP INFP	다른 사람의 부탁을 거절하거나 단호한 결정을 내리는 것을 어려워한다.	남에게 부정적 피드백을 주는 방법을 배울 필요가 있다.
F(i)	ESTJ ENTJ	지나치게 일 중심으로 나갈 수 있다.	자신과 타인의 정서적 측면을 고려할 필요가 있다.
F(e)	ISTP INTP	느낌이나 감정, 고마움을 표현하기 어려워할 때가 많다.	자신의 느낌이나 생각, 정보, 계획을 개방하고 타인과 나누려는 노력이 필요하다.

3

남자들의 문화

①
이해하기 힘든 남자들의 문화

    제가 중학생 때는 남녀 공학이었지만 당시 분위기는 이성 교제를 하다 선생님께 걸리면 바로 교무실에 끌려가서 종아리가 시뻘개지도록 매를 맞고 나서 반성문을 썼던, 지금으로서는 상상도 하지 못한 시기였습니다. 그러다 남자 고등학교에 갔고 대학에 들어가게 되었지요. 그래서 대학에 입학하기 전까지는 여자들과 대화도 제대로 해본 적 없는 완전 숙맥이었습니다. 특히나 전 삼 형제 중 맏이였고 친가와 외가를 다 뒤져봐도 제 또래나 아래로는 여자가 한 명도 없었습니다. 기껏해야 6살 이상 많은 누나뿐이었으니 학창 시절에는 여자들과 말 한마디 나눠본 적 없었지요. 그렇게 대학에 입학하면서 기숙사 생활을 시작했어요. 거기서도 남자애들하고만 매우 친하게 지냈었지요. 그때까지 여자들이랑 친하게 지내본 적이 없으니 어떻게 친해져야 할지를 몰랐던 거죠. 그러다 2학년이 되고 신입생 후배들이 들어오면서 점점 여자들과 친해지기 시작했어요. 그러면서 느껴지는 문화적 충격이 너무 컸습니다. 실로 새로운 세상 같았어요.

그때의 문화적 충격을 MBTI를 배우고 난 이후 곰곰이 생각해보니 남자들 문화와 여자들 문화의 차이를 딱 알 수 있겠더라구요. 바로 MBTI의 세 번째 지표인 사고형 T와 감정형 F의 차이였습니다.

인구 통계상 남자들의 70%는 사고형 T입니다. 그리고 여자들의 70%는 감정형 F지요. 그래서 T와 F의 차이 때문에 남자와 여자 간에 많은 갈등이 생기고 오해가 생기는 것이더라구요. 물론 그 외에도 2000년대 초반에 엄청난 인기를 끌었던 존 그레이 박사의 《화성에서 온 남자 금성에서 온 여자(동녘라이프)》, 앨런 피즈와 바바리 피즈가 쓴 《말을 듣지 않은 남자 지도를 읽지 못하는 여자(김영사)》처럼 남녀 뇌의 구조적 차이에서 오는 생물학적 차이도 있겠지요. 하지만 제가 볼 때는 그런 생물학적 차이보다도 문화적 차이가 더 큰 것 같습니다. 참고로 저 두 권의 책은 남녀의 차이를 이해하는 데 정말 큰 도움을 주는 진짜 강력하게 추천하는 베스트셀러입니다.

앞서 소개했듯 사고형 T는 사건이나 사고, 상황에 대해 뒤로 한발 뒤로 물러나서 객관적으로 기준이나 규칙, 규정에 비추어 '맞다', '틀리다'로 판단하는 사람들입니다. 논리적이고 객관적이며 항상 문제 그 자체의 해결에 초점을 맞추지요. 비판하고 토론하는 것을 좋아하며 효율적이고 효과적인 문제 해결을 선호합니다. 대체로 강인한 사람들이 많지요. 남자들 전체에서 70%가 이런 사고형 T의 사람들이기에 남자들의 문화 또한 사고형 T의 특징을 그대로 가지고 있어요.

사고형은 하나의 목적을 달성하기 위해 효율적인 지휘체계가 있어서 일사불란하게 움직이는 조직 생활에 매우 특화되어 있습니다. 그래서 재미있는 게 어딜 가나 초등학생 남자아이들은 서열이 정해집니다. 겉으로 볼 때는 그런 서열이 없는 것 같아 보여도 아이들 무리를 잘 살펴보면 서열이 보여요. 그리고 어떤 어려움이 닥치거나 누군가가 어떤 고민을 이야기할 때는 문제 해결을 위한 조언을 주고받는 대화가 시작됩니다. 그리고 남자들이 좋아하는 게임이나 운동도 서로 편을 짜서 상대를 이겨야 하는 구조를 띠고 있습니다. 축구, 농구 같은 운동과 LOL 같은 게임을 보면 잘 알 수 있지요. 그리고 항상 그 무리에 리더 역할을 하는 사람이 꼭 있어요. 그리고 나머지는 그 리더의 통솔 아래 일사 불란하게 움직이지요. 어떤 진화인류학자는 아주 먼 옛날 남자들의 사냥하는 본능이 그대로 이어져 내려와서 그렇다고 하네요.

그래서 남자들 사이에서 가장 이상적인 인물은 어떠한 어려움이 주어지더라도 이를 매우 능숙하게 잘 해결할 수 있는 사람입니다. 그런 능력이 탁월한 사람을 매우 동경하지요. 그래서 남자들은 어지간한 어려움이 아니고서는 누군가에게 도움을 요청하지 않으려고 하며 누군가가 자신에게 어려움을 토로하게 되면 적극적으로 도와주려고 하는 모습을 보이게 됩니다. 누군가를 도와준다는 것은 자신이 그 사람보다 서열이 더 위라고 본능적으로 생각하거든요. 이런 특징이 심해지면 맨스플레인과 같은 형태로 나타나게 됩니다. 물론 이런 특징은 건전하게 유형발달이 된 자존감 높은 사람들에게는 찾아보기 힘든 편이구요.

즉, 남자들은 항상 문제 해결에 초점을 맞춥니다. 그래서 드라마 〈응답하라 1994〉의 한 장면이 만들어지게 된 것이죠. 극 중에서 성나정이 남자아이들한테 이런 문제를 냅니다.

"내가 새집으로 이사를 왔는데 창문을 닫으면 페인트 냄새로 머리가 깨질 것 같고 창문을 열면 매연 때문에 죽을 것 같은데 어떻게 하지? 하고 여자친구가 물었을 때 남자친구의 올바른 대답은?"

그러자 남자아이들의 대답은 페인트가 나은지 매연이 나은지 의견이 분분합니다. 전형적인 남자들의 사고 패턴이죠. 아마 어지간한 20대 남자들은 여자들이 원하는 정답을 생각해내기란 쉽지 않습니다.

    그리고 사고형 T의 문화적 영향으로 남자들에게만 보이는 아주 특이한 행동 패턴이 있습니다. 바로 '동굴에 들어가기'입니다. 남자들은 자기가 감당하기 힘든 과도한 스트레스 상황에서 해결 방법이 떠오르지 않을 때 남에게 의지하기보다 혼자 조용히 해결하고자 하지요. 특히 남자의 뇌는 그 구조가 여자의 뇌와 달라 좌뇌와 우뇌를 연결하는 다리 역할의 뇌량이라는 부위가 여자의 뇌에 있는 뇌량보다 얇다고 합니다. 그래서 양쪽 뇌가 함께 활성화되어 멀티태스킹이 잘 되는 여자들과는 달리 남자들의 뇌는 한쪽 부위가 활성화되면 나머지 부위는 잠시 꺼진다고 하네요. 그래서 집중력이 더 좋다고 합니다. 즉, 남자들은 하나의 문제에 집중하기 시작하면 그 문제에만 몰입하려고 하지요. 게다가 남자들의 문화적 영향으로 남에게 자신의 고민을 털어놓는 것 자체를 꺼리다 보니 복잡하고 힘든 문제가 터지게 되면 집중하는 데 방해가 되는 것에서 떨어져나와 혼자 그 문제에만 집중하려고 합니다. 이러한 모습이 여자들 눈에는 '동굴에 들어가기'로 보이는 것이지요.

    남자들의 행동을 유심히 관찰하면 이런 특징을 쉽게 발견할 수 있어요. 예를 들어 TV 드라마를 보는 중에 전화가 오면, 일반적으로 여자들은 드라마를 보면서 통화도 잘 하는 편입니다. 하지만 남자들은 중요한 전화가 아니면 전화를 안 받아버릴 가능성이 큽니다. 만약 중요한 전화라면 일단 TV 소리를 줄이거나 꺼버리고 전화에만 집중하지요. 여자들처럼 두 가지를 동시에 처리할 수 없거든요. 즉, '동굴에 들어가기' 본능은 남자들에게 과도한 스트레스를 유발하는 문제에 닥쳤을 때 나타나는 전형적인 모습이지요. 이건 본능적으로 일어나는 행동 패턴으로 여자들은 그러려니 하면서 이해해주시는 게 좋아요. 이런 상태에 들어간다는 것이 여자친구나 배우자를 싫어해서 혹은 의지할 상대라고 생각하지 아니라서가 아니라 조용히 그 문제에 집중하고 싶을 때 뇌에서 일어나는 반응일 뿐입니다.

따라서 이런 남자들의 특징을 잘 모르는 상태에서 혼자 오해하고 힘들어하는 여자들을 자주 보게 됩니다. 심지어 40대 여성분들도 제게 남편의 사고방식이 이해가 가지 않는다고 하면서 남자들 본인의 고민이나 고충을 자기한테 털어놓지 않는다고 하고 자신의 감정이나 상황에 대해 공감해주지 않는다고 토로합니다. 특히 전형적인 사고형 T인 남자들은 진짜 여자들의 그런 감정적인 욕구에 맞춰주는 것을 힘들어합니다. 물론 소수의 감정형 F인 남자들도 있습니다. 하지만 여자들 문화에서 30%의 사고형 T인 여자들이 가지게 되는 걸크러시의 이미지와는 달리 30%의 감정형 F인 남자 중 상당수는 남자들 무리에서 나약한 이미지인 경우가 많아서 전형적인 감정형의 특징을 숨기고 사고형 문화에 동조하려고 노력하게 되지요. 그래서 감정형 F인 남자인데도 불구하고 겉으로 보이는 모습은 사고형 T처럼 보이는 경우가 많습니다.

이런 사고형 T의 문화는 문제 해결 위주의 사고방식뿐만 아니라 많은 부분에서 영향을 미치고 있어요. 목표 지향적 사고방식이지요.

대표적으로 산업공단 같은 남초 지역에서는 대부분 가성비, 가심비가 뛰어난 국밥집이 주를 이룹니다. 배고픈 문제를 해결하고자 하는 데만 초점을 맞추는 것이지요. 남자들이 매우 좋아하는 기사식당도 같은 맥락입니다. 그리고 그런 지역에는 옷가게나 커피숍도 거의 찾아보기 힘듭니다. 늘 입는 옷은 작업복뿐이며 커피는 자판기 커피나 믹스커피가 짱이라 생각하는 사람들이 대부분이니깐요. 남자들의 문화는 항상 그 행동의 목표를 가장 빠르게 효율적으로 달성하는 것에만 초점이 맞춰져 있습니다. 그래서 남자들은 회식 때 빨리 취하는 것이 목표라서 소맥을 빨리 먹고 취해서 퇴근하는 것이지요.

하지만 남자들이 이런 사고방식을 깨고 남자들의 문화와는 전혀 맞지 않은 행동을 하게 되는 유일한 때가 있습니다. 바로 연애와 결혼입니다.

자, 한 장면을 머릿속에서 떠올려봅시다. 인테리어가 정말 아기자기하고 예쁜 커피숍에 커플이 앉아있습니다. 아마도 데이트하고 있는 것이겠죠? 자, 다음은 거기서 남자를 빼고 다른 여자를 집어넣어 봅시다. 그래도 전혀 어색함이 없어요. 여자들끼리 그런 커피숍에 놀러 가는 건 아주 자연스러운 일이니까요. 그럼 이번에는 두 여자를 빼고 그 자리에 남자 둘을 집어넣어 봅시다. 어떤가요? 정말 어색하지 않은가요?

남자들은 썸을 탈 때나 연애할 때를 제외하고는 이탈리안 레스토랑? 커피숍? 놀이동산? 유원지? 이런 곳은 절대 안 갑니다. 아, 만약 자녀가 있다면 놀이동산이나 유원지 정도는 갈 수 있겠네요. 즉, 썸을 타는 것이나 연애를 하는 것은 실제 남자들의 고유한 문화와는 매우 다른 영역인 것이고 남자들은 자기가 살던 곳에서 나와서 타지에 와서 고생하고 있는 것과 다르지 않아요. 즉, 남자들은 선천적으로 썸이나 연애에 미숙할 수밖에 없는 것이죠.

이런 문화 자체가 서로 달라서 빚어지는 여러 상황에 대해 좀 더 알아보도록 합시다.

2

남자들 문화의 특징

　많은 여자가 가지고 있는 남자들에 대한 불만 중에 대표적인 것이 바로 연락 문제입니다. 즉, 남자친구가 연락을 자주 안 한다는 것이지요. 여초 카페에 가 보면 연락 문제로 정말 많은 글이 올라옵니다.

　자, 다시 남자들 문화 측면에서 생각해봅시다.

　남자들에게 대화의 목적이란 특정한 주제에 대한 정보 전달입니다. 남자들이 나누는 대화를 유심히 관찰해보면 항상 어떤 주제에 대해 전달하고 있는 사람과 이를 듣고 있는 사람이 있지요. 그 역할만 수시로 바뀔 뿐입니다. 그러다 서로 의견이 다르면 토론이나 토론을 빙자한 자존심 싸움이 시작되는 것이구요. 단순히 자신이 그 상황에서 어떻게 느꼈는지에 대한 공감을 요구하는 대화는 거의 없어요. 어느 한쪽이 그런 말을 꺼내게 되면 분위기가 매우 어색해질 뿐입니다. 따라서 남자들에게 핸드폰의 존재 또한 그런 대화를 할 수 있게 도와주는 도구일 뿐이구요. 남자들이 아무 목적 없이 누군가에게 전화한다는 것은 솔직히 있을 수 없는 일이거든요.

그런데 남자들의 문화 영역이 아닌 연애를 시작하게 되면 처음에는 연락을 자주 할 수 있겠지요. 그러나 어느 시점부터는 남자들은 고민에 빠지게 됩니다. "아, 이번에는 무슨 말을 해야 하지?" 즉, 대화의 목적을 생각해내기가 힘들어지기 시작하고 연락하는 게 본능적으로 불편해지기 시작하는 것이지요. 딱히 할 말이 없는데 전화를 걸어서 아무 목적도 없는 대화를 억지로 이어가야 한다는 게 남자들 시각에서는 매우 불편한 상황이 되는 것입니다. 즉, 여자들이 대화하는 목적과 남자들이 대화하는 목적 자체가 너무 달라서 빚어지는 문제인 것이죠.

근데 이런 남자들의 특징을 모르니 여자들은 남자친구가 연락을 자주 하지 않는다고 뭐라고 하게 되는 것이고, 남자들은 남자들의 문화가 아닌 연애라는 것이 무의식적으로 어색하고 불편한데다 연애를 하려면 당연히 연락을 자주 해야 하는 의무 같은 것으로만 인식하고 있으니 정말 연애가 힘들고 어려운 것이 되는 거죠. 물론 남자 중에 감정형 F인 남자 혹은 누나나 여동생이 있어서 여자들의 문화에 이미 익숙해진 남자들은 여자들의 문화인 연애에 이미 친숙해서 연락 문제도 쉽게 적응하게 되는 것이구요.

또 기념일 챙기는 문제 또한 남자들의 문화가 아니에요. 남자들끼리는 대부분 고등학교 졸업하고 난 이후에는 남자들끼리 생일도 거의 안 챙깁니다. 남자들끼리 100일 같은 기념일 챙기는 것을 본 적 없잖아요.

그리고 각종 선물을 주고받는 것도 마찬가지입니다. 남자들끼리는 여간해서는 서로 선물을 주고받지 않아요. 아무리 친한 친구라도 그 친구의 생일이 언제인지 어떤 취향을 좋아하는지 전혀 모릅니다. 물론 거래처 사장님이나 고객들한테 주는 선물은 예외지만 동등한 입장의 남자들끼리는 그런 문화가 없어요.

즉, 남자들이 연애한다는 것은 지금까지 한 번도 경험해 보지 못한 남의 문화를 많은 시행착오를 겪으며 배우고 익히고 있는 과정입니다. 물론 ESFP 유형이나 ENFP 유형 같은 몇몇 유형의 남자들은 본능적으로 연애를 매우 잘하기도 해요. 하지만 남자의 대다수는 매우 어려워해요. 근데 더 문제는 남자들은 남자들끼리 그런 어려움에 대해 서로 자문하고 조언하는 경우는 거의 없다는 거죠. 앞서 말했듯 남자들은 어지간한 문제는 자기 스스로 해결하고자 하거든요. 특히 아무리 친해도 정말 헤어지려고 작정하지 않은 이상 친구한테 자기 여자친구나 배우자 이야기를 꺼내지 않습니다. 만약 친구한테 여자친구나 배우자 문제를 꺼내는 것은 정말 심각한 상태이거나 일상생활이 망가질 정도로 고민에 빠져있을 때뿐이지요. 따라서 남자들은 자신의 연애에 대해 대부분 많은 시행착오를 거치면서 경험적으로 쌓아 올리는 경우가 대부분입니다. 그래서 남자들이 연애할 때 미숙한 부분에 대해 연애에 능숙한 여자들이 좀 더 너그럽게 가르쳐줄 필요가 있습니다.

남자들한테 연애할 때와 비슷한 심리 상태에 빠지게 하는 사례가 있습니다. 바로 백화점 쇼핑입니다. 여자들에게 백화점이란 완전히 여자들을 위한 놀이터와 비슷한 개념이지요. 마치 남자들한테 전자상가와 비슷하게 느껴지는 장소일 것입니다. 하지만 남자들에게 백화점이란 마치 전쟁터 같아요. 모든 게 어색하고 정신없으며 뭔가 위축되고 주눅 드는 기분이 듭니다. 그러다 옷 하나 사러 매장에 들어가게 되면 매우 쭈뼛쭈뼛하게 되지요. 매장의 판매원이 여러 벌의 옷을 입어보라고 권하면 남자들은 처음에는 몇 번 입어보다가 점점 미안해지고 부담스러워지기 시작하면서 그 매장에서 꼭 뭔가 하나는 사들고 나옵니다. 괜히 자기 때문에 판매원이 고생한데다 입어본다고 헝클어진 새 옷을 뒷정리할 판매원의 고생이 떠오르기 시작하면서 꼭 뭔가 보답을 해야 할 것 같은 부담감과 의무감이 팍팍 들기 때문이지요. 여자들은 이런 남자들의 심리가 이해 가지 않을 것입니다만 백화점이 불편한 남자들 정말 많습니다. 즉, 연애에서도 익숙지 않은 남자들은 '당연히 남자친구라면 ~ 해야 한다.'라는 부담감과 의무감에 사로잡히게 되지요.

그리고 남자들 문화와 여자들 문화의 차이 중 정말 큰 부분이 하나 있습니다. 바로 거짓말에 대한 윤리 의식이지요. 이건 진짜 많은 여자가 남자들의 거짓말에 대해 크게 실망하고 상처받는 일이 많아서 꼭 다뤄보고 싶었던 부분이 었습니다.

일반적으로 여자들은 거짓말에 대해 극단적으로 혐오하는 경우가 많습니다. 하지만 남자들은 여자들만큼 거짓말에 대한 민감도가 높지 않아요. 남자들이 흔히 하는 말로 오랜만에 친구랑 만나게 되었거나 통화를 하게 되면 꼭 한마디 덧붙입니다.

"언제 날 잡아서 술 한잔하자."

이 말은 진짜 날 잡아서 술 마시고 싶어서 하는 말일까요? 그냥 마지막에 헤어지는 게 아쉬우니까 다음에 한번 제대로 만나고 싶다는 마음만 표현하는 말이지요. 남자들은 저 말을 곧이곧대로 믿는 사람이 없습니다. 만약 친구가 저 말을 했다고 해서 나중에 날 잡자고 연락하게 되면 친구들 사이에서 이상한 애로 찍힐 가능성이 큽니다. 물론 저런 말은 많은 여자들도 곧이곧대로 믿지는 않겠지요.

남자들은 상황에 따라 적당한 하얀 거짓말을 많이 하는 편입니다. 자신의 복잡한 속내를 세세하게 밝히기 싫은 귀찮음이 클 때 그냥 대충 둘러대는 말을 많이 합니다. 그리고 이를 듣는 다른 남자들도 그냥 알아도 모르는 척, 몰라도 아는 척하면서 그냥 그런가 보다 하고 넘어가지요. 그리고 그걸 잘못됐다고 절대 생각하지도 않구요.

근데 여자들은 이런 말에 과민하게 반응하는 경우가 많아요. 그래서 왜 거짓말하냐고 따지고 들기 시작하면 남자들은 매우 당황하게 됩니다. 어떤 나쁜 의도가 있어서 그런 말을 한 게 아니라 단지 귀찮거나 별 대수롭지 않은 일이라서 대충 둘러대는 말이었는데 왜 거짓말하냐고 추궁을 하게 되면 정말 힘들어하게 됩니다.

남자들, 생각보다 매우 단순합니다. 어떤 꿍꿍이가 있어서 거짓말하기보다는 그냥 남자들은 자신의 감정을 공감받고 이해받는 것 자체를 매우 어색하고 불편하게 느껴서 그냥 대충 둘러대는 경우가 많습니다. 즉, 남자들이 하는 하얀 거짓말에 대해서는 조금 너그러워지는 게 좋아요.

3

연령대별 남자들의 심리 변화

여초 카페에서 올라오는 글들을 보면 '30대 남자들은 적극적이지 않아서 고민이 많다.'라는 글이 종종 보입니다. 남자들 입장에서 보면 매우 자연스러운 현상인데 여자들은 그걸 잘 이해하지 못하는 경우가 많더라구요. 그래서 남자들이 나이를 먹어감에 따라 어떻게 심리가 변해가는지 정리해보도록 하겠습니다.

(1) 20대 남자들

20대 남자들부터 시작할게요. 다들 고등학교를 졸업하고 다들 대학에 입학하거나 직장에 들어가게 됩니다. 그럼 이 대한민국에서 살아가는 모든 남자에게는 가장 겁나고 두려운 것이 찾아옵니다. 바로 군대지요. 지금 당장 가는 것은 아니지만 몇 년 안에 가야 한다는 생각에 남자들 마음은 뭔가 진득하게 장기간 집중할 수 없게 됩니다. 어차피 입대하면 오랜 기간 사회와 격리되어 지금 하는 것들을 중단할 수밖에 없고 결국 초기화될 것이라는 생각에 하나에 집중할 수가 없지요. 그리고 전역할 날이 다가오게 되면 또다시 혼란에 빠지게 됩니다. 군생활에 적응하다 보니 막 머리가 초기화되어버린 느낌이 들어서 이제 나가서 무엇을 해야 할지 진짜 걱정되거든요. "전역하고 나서는 뭐 해 먹고살지?" 저 또한 전역일이 다가올수록 진짜 고민이 많았습니다. 그리고 전역을 하게 되면 다시 학교에 복학하게 되거나 취업 준비를 하게 됩니다. 이 둘 다 결국 똑같아요. "뭐 해 먹고살지?" 고민에 사로잡히지요. 그래서 남들이 다 하는 것들에 대해 나도 똑같이 해야 한다는 의무감에 사로잡혀요.

그래서 20대 남자들은 무언가에 계속 쫓기는 마음과 도태되면 안 된다는 두려움으로 살아가게 됩니다. 이때 남자들은 연애 또한 의무감으로 자기가 해야 할 일 중에 하나라고 인식하며 최선을 다하는 경우가 많습니다. 사회초년생이 사회에 처음 나가서 미숙하고 어색하지만 빨리 적응해야 한다는 의무감처럼 연애 또한 자기가 아직 잘 모르는 일이지만 뭔가 연애하기 위해서는 당연히 어떻게 해야 한다는 것이 있을 것 같은, 그래서 미숙해도 해야 할 것이 많은 것 같은 의무감에 시작하게 됩니다. 그래서 이때 남자들은 연애에 매우 충실한 경우가 많으며 이런 특징 때문에 많은 20대 여자들은 남자들이 사랑에 빠지게 되면 모든 것을 다 바치고 헌신한다고 생각하게 되지요. 그러나 실제로 남자들은 그 여자 때문에 그러는 게 아니라 그 시기에 오는 남자들의 심리 때문에 그렇게 되는 경우가 많습니다.

그리고 연애 경쟁에서 밀려난 남자들 혹은 자신감이 없거나 자존감이 낮은 남자들은 연애를 한 번도 해보지 못하고 20대를 보내는 경우가 많아요. 통계적으로 보면 연애를 한 번도 못 해본 20대 남자들도 꽤 된다고 합니다. 하지만 남자들과는 달리 20대 여자들은 20대 남자들의 의무감에서 오는 적극적인 대시 때문에 대부분이 연애하게 되구요. 이렇게 말하니까 예전에 어떤 분이 이상하다고 하시는 분도 계셨어요. 남녀가 함께하는 게 연애인데 왜 연애 경험에 대한 남녀 통계수치가 다르냐고 물으시는 분들이 계시더라구요. 그건 남자들은 연애를 해봤던 애들이 반복해서 하기 때문이지요. 그러니 남녀 통계가 다른 것입니다.

(2) 30대 남자들

자, 20대 남자들이 이제 30대가 되었습니다. 그럼 무엇이 변했을까요? 네, 대부분이 취업하고 직장인이 되었을 것입니다. 20대 남자들에게 가장 큰 목표였던 취업을 성공하게 된 것이죠. 그래서 30대 남자들은 그동안 자기를 괴롭혔던 의무감에서 해방되는 느낌을 받게 됩니다. 그리고 남자들은 평소에 돈 쓸일이 거의 없다 보니 시간이 가면 갈수록 통장에 돈이 쌓이기 시작합니다. 그전까지는 항상 무언가에 쫓기듯 의무감에 살아오면서 마음 편히 자기를 위해 시간을 보내고 즐기는 데 돈을 써본 적이 없다가 처음으로 시간적 여유와 경제적 여유가 찾아왔습니다. 그래서 자기가 번 돈을 과감하게 써보기 시작하니 너무 만족스럽고 좋습니다. 그리고 직장에서도 어느 정도 적응한 상태라서 인생에서 처음으로 여유를 만끽하고 있는 상태가 되지요.

이런 30대 남자의 심리 변화는 곧 연애에 관한 생각마저 바꿔버립니다.

'왜 내가 계속 저자세로 연애를 해야 하지?'
'난 이 생활을 좀 더 즐기고 싶다. 결혼은 아직 먼 미래의 일이다.'

이때부터는 남자들은 연애할 때 '남자친구라면 당연히 ~ 해야 한다.'라는 의무감이 사라집니다. 이 여자가 좋기는 한데 그렇다고 내가 지금 즐기는 여유와 취미는 포기하기는 싫다고 생각합니다. 이런 변화는 매우 자연스러운 현상인데도 불구하고 여자들은 30대 남자들이 적극적이지 못하다고 불만을 품게 되는 거죠. 20대 때 연애했던 남자들과 너무 다르거든요. 그리고 이 시기의 남자들은 결혼에 대해서 아주 먼 미래에 있을 의무라고 생각합니다. 이제 겨우 취업이라는 의무감에서 벗어났는데 또 결혼이라는 의무를 짊어져야 한다고 생각하니 남자들은 결혼을 꺼릴 수밖에 없죠. 그래서 이때의 남자들은 회피 본능이 많이 나옵니다.

근데 30대 여자들은 다릅니다. 30대가 되니 이제 결혼이 시급해졌어요. 근데 만나고 있는 남자는 결혼에 대해 전혀 생각이 없는 것 같아서 점점 마음만 조급해져 갑니다. 어영부영하다가는 30대 중후반으로 넘어가 버릴 것만 같습니다. 그래서 여초 카페에 남자친구가 결혼할 생각이 없는 것 같다는 고민 글이 많이 올라오지요.

30대 남자들의 심리 변화에 대해 여자들이 이해할 필요가 있어요. 30대 남자들은 당장 결혼이 아쉬운 것이 아니거든요. 자기 인생에서 처음으로 찾아온 해방감과 여유를 다시 포기하고 결혼해야 한다는 것은 마치 군대에 재입대하라는 것과 같은 기분이 들 정도라고 합니다. 요즈음은 많이 변했지만, 예전에는 남자들이 집을 구해야 했었지요. 그뿐만 아니라 한 가정을 책임져야 한다는—물론 얼마나 의무와 책임이 생기는지는 실제로 결혼해봐야 알겠지만—그런 의무감 때문에 남자들은 많이 망설이게 됩니다. 왜냐하면, 20대 때 반드시 취업해야 한다는 의무감 때문에 많이 힘들어했었는데 또다시 그런 의무감을 짊어져야 하니까요. 상당수 30대 초반의 남자들은 '난 아직 결혼할 만큼 어른이 된 것 같지도 않고 뭔가 정서적으로 독립을 한 것 같지도 않다.'라는 생각을 합니다. 그래서 남자친구가 결혼을 결심하도록 만들기 위해서는 남자들이 느낄 결혼에 대한 의무감, 압박감을 줄여줄 필요가 있습니다. 그리고 그 방법은 그 남자의 성격유형에 따라 다 다르지요.

남자들에 관한 잘못된 오해

많은 여자가 "남자들은 사랑하는 여자한테는 돈을 아끼지 않는다.", "남자가 여자를 좋아하면 저돌적으로 직진한다.", 그리고 "남자가 먼저 프러포즈해야 한다." 등의 말을 많이 합니다. 이런 말에 대해 남자들은 어떻게 생각할까요?

물론 저 말들은 20대 남자들한테는 다 맞는 말입니다. 다 해당하지요. 왜냐면 연애라는 것을 반드시 해야만 하는 의무라고 생각하니까요. 또한, 남자친구라면 당연히 해야 하는 의무가 많다고 생각하거든요. 근데 30대 남자들은 생각이 많이 달라집니다. 성격유형 중 가장 금사빠가 많은 ENFP 유형이나 연애 자체를 매우 즐기는 ESFP 유형이 아닌 이상 저 말에 동의하는 남자들은 그다지 없을 것입니다. 정말 이 여자가 아니면 안 되겠다는 절박감이 들지 않는이상 그들은 아쉬울 게 없거든요. 그리고 30대 남자들은 사회적 지위와 체면이 생겼습니다. 직장에서는 자기 밑에 부하 직원도 있고 나이에 대한 연륜도 생겨났습니다. 그래서 20대 때처럼 호구가 되고 싶지 않아요. 20대처럼 젊은 혈기로 먼저 대시했다가 차이면 진짜 쪽팔리거든요.

근데 가끔 남자가 적극적이지 않아서 고민이라는 글에 달린 댓글 중에 위와 같은 댓글이 달리면서 잘못된 정보를 주는 여자들이 많은 것을 보면서 과연 남자를 얼마나 알기에 저렇게 확신에 찬 말투로 댓글을 달고 있을까 싶었습니다. 30대 남자들을 내 남자로 만들고 싶다면 여자들도 어느 정도 여지를 보여줘야 합니다. '나한테 들이대도 되니까 어디 적극적으로 다가와 봐.'라는 신호를 줘야 30대 남자들은 움직입니다. 제발 아무 여지도 주지 않고 신호도 주지 않으면서 먼저 다가오지 않는다고 고민만 하고 있지 않기를 바랍니다.

무엇보다도 30대 남자들은 사회적 지위와 체면이 있는 상태라서 20대 남자들처럼 저돌적으로 다가오는 경우는 극히 드물다는 것을 잊지 않으셨으면 합니다.

4

MBTI와 기질

미국의 심리학자인 데이비드 커시(David Keirsey)는 비슷한 가치관과 특징을 기준으로 성격유형을 4가지의 기질로 분류하였습니다. 기질이란 개인의 가시적인 여러 행동 속에서 내재한 패턴의 일관성을 의미하지요. 즉, 같은 기질의 성격유형들은 대체로 비슷한 가치관과 선호를 가지며 비슷한 행동 양식을 가지고 있어요. 특정 인물의 정확한 성격유형을 파악하기 힘들 때는 먼저 그 사람의 기질부터 파악하는 것이 크게 도움이 됩니다. 같은 기질의 성격유형들은 선호와 욕구, 싫어하는 것 등이 거의 비슷하거든요. 기질에는 SJ 기질, SP 기질, NF 기질, NT 기질이 있습니다. 처음 만난 사람을 16가지 성격유형 중에 어느 성격인지 추측해보는 것보다 4가지 기질 중에 어느 기질에 속하는지 확인하는 것이 훨씬 쉬워요. 그래서 이 기질에 대해 잘 알게 되면 처음 본 사람의 성향을 쉽게 파악할 수 있지요. 만약 아직 정식으로 MBTI 성격유형 검사를 받아보기 전이라면 기질별로 사람들의 특징을 먼저 보면서 상대를 이해하는 게 좋습니다. 여자들과는 달리 MBTI에 관심 없는 남자들이 많은 편이라 썸을 타는 관계에서 MBTI 검사를 시키기엔 무리수가 있잖아요. 그래서 이번 장을 마련했습니다. 상대의 유형을 정확하게 모를 때 이 장의 내용이 매우 도움이 될 것입니다.

①

SJ 기질의 남자들

(1) SJ 기질 남자들의 특징

SJ 기질에는 ISTJ, ESTJ, ISFJ, ESFJ 유형이 있습니다. SJ 기질의 성격유형들은 매우 성실하고 계획적이며 근성이 있고 방향성이 있습니다. 대부분 모범적인 생활 습관을 가지고 있으며 보수적이고 고지식한 편이지요. 심리기능의 위계를 기준으로 분석하자면 네 성격유형 모두 공통으로 주기능 혹은 부기능에 Si 기능을 가지고 있으면서 실제 생활은 판단의 기능을 사용하고 있습니다. 그래서 Si 기능의 특징이 그대로 나타나는 남자들이며 판단기능의 특징인 계획적이고 성실하며 책임감이 강한, 그러면서도 고지식하고 융통성이 없는 편입니다. 매우 꼼꼼하고 현실적이며 경험적이고 실용적인 것을 좋아합니다. 그리고 매우 알뜰한 경제 개념을 가지고 있지요. 이런 경제 개념 덕분에 가장 좋아하는 앱이 바로 '당근마켓'입니다.

Si 기능을 좀 더 깊이 분석해보자면 외부에서 들어오는 자극에 대해 많이 둔한 편입니다. 그래서 인내심이 강하고 끈기가 있지요. 그리고 기존에 알고 있던 지식, 상식, 의무, 전통적 가치관 등을 기준으로 생각하게 되지요. 그래서 매우 고지식하고 보수적인 성향을 보입니다. 여기서 보수적이라고 하는 것은 정치 성향이 보수적이란 의미가 아니라 새로운 시도나 새로운 시각에 대해 부정적으로 바라보는 경향이 강하다는 의미입니다. 또한, 판단기능을 외부로 사용하는 탓에 계획을 세우기를 좋아하고 한번 결정 내린 사항에 대해서는 쉽게 번복하지 않고 그대로 지키려고 하는 편이지요. 갑작스러운 상황 변화에 대한 대처 능력이 매우 미숙하고 우왕좌왕하며 그런 상황 변화를 일으킨 대상에 대해 매우 불편한 감정을 가지게 됩니다.

그래서 SJ 기질의 남자들은 큰 변화가 없는 예측 가능한 안정적인 환경을 선호하며 그 틀 안에서의 자유를 즐깁니다. 시간을 매우 알뜰히 쓰며 돈이든 시간이든 낭비하는 것을 매우 싫어하지요. 시간 약속에 대한 강박이 심한 편이며 자신이 세운 계획에 대해서도 강박이 심합니다. 그리고 매우 흥미로운 특징은 SJ 기질에 속한 사람들은 필기나 메모를 매우 좋아합니다. 이들은 항상 수첩을 가지고 다니며 자신의 일정을 정리합니다. 어떤 세미나나 강의를 들을 때 강사의 말 한마디 한마디 다 노트에 적고 있는 사람을 보신다면 그 사람은 SJ 기질이라고 생각해도 거의 90% 이상은 맞습니다. SJ 기질의 사람들은 본능적으로 불안함이 있어서 계획과 메모에 집착하여 강박이 되는 경우가 많습니다. SJ 사람들에게 '왜 그렇게 열심히 필기하느냐'고 물으면 이들 대부분은 '잊어먹을까 봐 적어놓는다.'라고 답하지요. 그리고 자신의 계획에 대해서도 무조건 지키려고 하는 강박이 있는데 이 또한 한두 번 어기게 되면 그게 습관이 될까 봐 불안하다고 합니다. 흥미롭게도 SJ 기질의 사람들은 같은 행동을 몇 번만 반복하면 바로 습관으로 만드는 특징을 가지고 있기에 계획에 집착하는 강박이 생긴 것 같습니다. 그리고 그 때문에 다른 사람들에게도 잔소리가 많은 편이지요. "너 그러다 습관 된다. 조심해라!"

매우 절약형의 경제 개념을 가지고 있기에 SJ 기질의 대부분은 재테크의 달인들입니다. 안정 지향적 사고방식으로 비록 적게 벌더라도 안 쓰고 푼돈 모아 큰 자산을 만들어내는 사람들이 많아요. 그래서 '겉보기에는 소탈한 서민 같은데 알고 보니 백억 대 자산가였더라!'라는 후문이 가장 많은 사람입니다. 하지만 돈 쓰는데 너무 인색한 경우가 많아서 인심을 잃어버리는 경우도 종종 있지요.

SJ 기질의 남자들은 책임감과 사명감이 투철하기에 이런 듬직하고 믿음직스러운 남자들을 좋아하는 분들에게는 매우 좋은 연인, 배우자가 됩니다. 매우 충직하고 가정에 충실한 남자들이지요. 하지만 건강하지 않게 유형발달을 하게 되면 너무 책임감과 사명감이 강해져서 일 중독 증상을 보이는 경우가 많으며 상대를 자신이 중요하다고 생각하는 기준대로 통제하려는 경향이 있기에 자유로운 생활 태도를 중요하게 생각하는 분들에게는 추천하지 않습니다. 특히 자유로운 영혼의 소유자가 많은 SP 기질의 여자들과는 거의 상극일 가능성이 커서 조심해야 합니다. 서로 혐오하게 되는 경우가 생길 수 있거든요.

SJ 기질의 남자들은 매우 안정적인 것을 좋아하기에 대체로 대기업이나 공무원, 전문직에 많이 분포합니다. 특히 공무원 사회에 많이 있지요. 그래서 공무원 집단의 문화 자체가 SJ 기질의 특징과 매우 유사합니다.

(2) 건강하지 못한 SJ 기질 남자들의 특징

SJ 기질 중 ESTJ와 ISTJ 유형은 사업가들도 많습니다만, 자수성가형 ESTJ와 ISTJ 유형들은 반드시 피해야 할 남자들입니다. 자기 자신에 대한 프라이드가 너무 강해서 자기가 살아온 방식만이 옳은 것으로 생각하는 경우가 많고 그렇게 살지 못하는 사람들을 매우 열등한 존재로 인식하여 무시하는 경향이 강하기 때문이지요. 그래서 남의 말을 절대 안 듣는 모습도 볼 수 있습니다. 그리고 ESTJ와 ISTJ 유형들이 요즈음 가장 말 많은 가스라이팅이 심한 유형들이기도 하구요. 그래서 이 두 유형을 만날 때는 반드시 유형발달이 건강하게 되었는지를 확인해야 합니다. 두 유형 다 삼차기능과 열등기능에 F와 Fi가 있어서 건강하게 유형발달을 하지 못한 경우 타인의 감정을 이해하고 공감하는 능력이 매우 떨어지면서 타인을 자기 의지대로 조절하려고 하는 것이지요. 또한, 반대를 위한 반대가 매우 심합니다. 상대의 의견을 들어보지도 않고 무조건 '틀렸다', '잘못되었다'라고 인식하며 자기주장만 합니다. 그래서 그 정도가 매우 심각한 경우 상당수 자기애성 성격장애(Narcissistic Personality Disorder)로 이어지는 경우도 많은 편입니다.

그리고 ISFJ와 ESFJ 남자들은 마음이 매우 여립니다. 남한테 싫은 소리 못하고 혼자 끙끙 앓는 경우가 많아요. 그리고 리더십이 부족하여 남자다운 매력을 원하는 분들에게는 추천하지 않습니다. 감정 기복이 크고 속에 담아두는 게 많아서 어느 순간 크게 터져버리는 경우가 많으며 상처가 많을 경우 우울증 증세도 보입니다. 남자들 세계에서 많이 휘둘리는 지위를 가지고 있기에 자존감이 낮은 경우가 많아서 과도하게 자존감이 낮을 경우 건강하게 유형발달을 하지 못하게 됩니다. 그런 경우 삼차기능과 열등기능의 T, Ti 기능이 미숙한 상태로 남아있어 과도하게 감정 기복이 크고 남에게 징징거리게 되며 매우 의존적인 사람이 됩니다. 그리고 자기 객관화가 되지 못하고 사소한 것에도 매우 예민하게 반응하여 자존심 싸움을 걸어올 가능성이 크지요.

(3) SJ 기질 남자들을 확인하는 법

SJ 기질의 남자들을 확인하는 방법은 첫인상부터 이마빡에 모범생 딱지를 붙여놓은 것 같은 느낌이 듭니다. 바른 생활의 전형이지요. 옷차림도 TPO에 맞게 입고 생활 일정이 딱 정해져 있는 경우가 많습니다. 자기 관리에 매우 철저한 편입니다. 그리고 엄청 알뜰하여 돈을 허투루 쓰는 경우가 거의 없어요. 시간 약속에 칼 같고 타인의 실수나 무례함에 관대하지 못한 경우가 많습니다. 말버릇 중에 "나는 ~하는 주의야."라는 표현을 많이 사용한다면 SJ 기질일 가능성이 큽니다. 자신이 몸담은 조직이나 회사에 매우 충성스러운 직원일 가능성이 큽니다.

(4) SJ 기질 남자들의 이상형

SJ 기질의 남자들은 책임감이 강하고 보수적인 성향이 강합니다. 그래서 자기에게 어느 정도 순종적인 여자들을 원합니다. 톡톡 튀는 매력이 있거나 독특한 매력이 있다 하더라도 중요한 의사결정에서 자기의 의견을 따라주는 여자를 선호하지요. 자신이 컨트롤하기 힘들다 싶은 여자들에 대해 매우 부담을 느낍니다. 사고방식 자체가 조금 고리타분해서 현모양처가 될 수 있는 배우자를 찾는 편이라 생각하면 편합니다. 그래서 감정형 여자들을 선호하는 편이지요.

(5) SJ 기질 남자들에게 매력 어필하기

SJ 기질의 남자들은 매우 단순합니다. 생활 패턴이 너무 계획적이라 항상 예측 가능한 상태거든요. 그래서 자신처럼 바른 생활을 하는 여자들에게 호감을 많이 느끼는 편입니다. 그리고 남자 중에 가장 위생 관념이 투철하기에 위생 관념에서 눈 밖에 나지 않도록 하는 게 중요합니다. 남들에게 대하는 태도와는 달리 여자를 보는 눈 자체가 매우 고지식하고 꼰대 같은 기준이 있어서 이들이 자기에게 완전히 빠지기 전에는 절대 윤리, 도덕적 가치 기준이나 사회적으로 통용되는 미풍양속의 기준에서 벗어나는 행동이나 말을 하거나 옷차림을 보여서는 안 됩니다. 상대를 매우 신중하게 탐색하는 편이라서 탐색하는 과정에서 눈 밖에 나면 이들은 가차 없이 걸러버리거든요. 자신에게 완전히 빠져들 때까지는 긴장을 놓쳐서는 안 됩니다.

(6) SJ 기질 남자들에게 해서는 안 되는 것들

SJ 기질의 남자들은 매우 고지식하고 절약형 남자들이라 일반적으로 생각하는 전통적 가치관을 깨뜨리는 말이나 행동을 해서는 절대 안 됩니다. 예컨대 TPO에 맞지 않은 복장, 예의 없는 행동과 말, 겸손하지 못한 태도 등에서 바로

MBTI 사랑학개론

눈 밖에 나게 됩니다. 그리고 자신의 본분에 어긋나는 행동이나 책임감 없는
행동에 대해서도 매우 비판적인 시선을 가지고 있지요. 또 돈을 절제 없이 흥
청망청 쓴다는 느낌이 들면 이들은 바로 피해버립니다.

(7) SJ 기질 남자들에게 결혼이란

 SJ 기질 남자들은 의무감을 매우 중요하게 생각합니다. 자신이 일정한 나이
와 지위가 되면 그 나이와 지위에 걸맞은 의무를 다하려고 합니다. 그래서 자
신이 그런 의무감을 짊어질 제반 조건이 갖추어지면 그때부터 결혼에 마음을
열고 적임자를 찾기 시작하게 되지요. 만약 SJ 기질 남자가 나이는 30대가 넘
었는데도 결혼할 생각이 없는 경우 아직 자기는 결혼의 의무와 책임을 짊어질
제반 조건이 다 갖추어지지 않았다고 판단하고 있기 때문이지요. 이때는 아무
리 옆에 여자친구가 있다 하더라도 선뜻 마음을 못 엽니다.

 그리고 SJ 기질 남자들은 배우자를 고르는 기준이 매우 까다롭습니다. 특히
ISTJ 유형과 ESTJ 유형은 자신의 조건에서 상대의 조건을 고려하여 까다롭게
고르는 편이지요. 자신의 경제적 능력이 충분하지 않을 때는 여자 직업과 여
자 부모님의 경제력까지 고려합니다. 특히 싱글일 경우 여자 직업을 가장 까다
롭게 고르는 유형이지요. 그리고 ISFJ 유형과 ESFJ 유형은 여자의 인성에 대한
조건을 매우 까다롭게 따집니다. 윤리, 도덕적 가치 기준으로 세상을 바라보고

거기에 맞춰 살아가고자 하는 사람들이라 인성에 문제가 있는 경우에는 가차 없이 걸러버리는 편이지요.

(8) SJ 기질 남편과 잘 지내는 법

이미 결혼하신 여자들의 남편이 SJ 기질이라면 잔소리가 많고 고지식한 것 때문에 많이 힘드실 겁니다. 근데 그냥 한 귀로 듣고 한 귀로 흘려버리세요. 어차피 그 잔소리는 이 SJ 기질의 특징이라 고쳐질 수 없어요. 그리고 고지식한 것도 전형적인 특징이라 바뀌지 않거든요. 단지 이들이 건전하게 유형발달하지 않았다면 일단 매우 우호적이고 자존감을 높여주면서 이들이 마음을 열고 자기 자신을 자기 객관화할 수 있게 도와줘서 자기반성을 할 수 있도록 도와주는 게 좋습니다. 그런 경우 점차 유형발달을 시작하게 될 거예요. 그럼 정말 남에게 관대하고 허용적인 융통성이 생겨나기 시작합니다. 중요한 건 절대 이들을 비판하고 몰아붙이시면 안 됩니다. 그럼 더욱 완강하게 자존심을 내세우려고 할 겁니다. 먼저 나를 낮추시고 이들의 자존감이 높아지도록 해주는 게 중요해요. 이기려고 들지 마시고 현명하게 져주면서 내 의도대로 따라오게 만드시는 게 중요합니다.

만약 자수성가형이나 자기애성 성격장애인 ESTJ 유형이나 ISTJ 유형인 경우는 솔직히 답이 없습니다. 자기애성 성격장애의 경우 배우자를 엄청나게 괴롭히게 되고 자수성가형인 경우 모든 가족을 괴롭힙니다. 이 경우에는 손절만이 답입니다. 저한테 상담하는 여자 중 상당수가 이 두 케이스였습니다. 결국, 현명하게 이혼하는 것을 도와주게 되더라구요. 진짜 그 누가 와도 이 두 케이스는 답이 없을 것입니다.

② SP 기질의 남자들

(1) SP 기질 남자들의 특징

SP 기질의 유형에는 ISTP, ESTP, ISFP, ESFP 유형이 있습니다. SP 기질의 성격유형은 빠른 상황판단 능력과 임기응변이 뛰어나며 멋과 예술을 알고 인생을 즐기는 사람들입니다. 사람들이 재치가 있고 유쾌한 사람들이 많아요. 심리기능의 위계를 기준으로 분석하자면 네 성격유형 모두 공통으로 주기능 혹은 부기능으로 Se 기능이 있으며 판단기능을 안으로 사용하고 있습니다. 그래서 외부 세상을 편견 없이 오감을 통하여 있는 그대로 받아들이며 그렇게 받아들인 정보를 안에서 빠르게 판단하여 결론을 도출하는 사람들이지요. 그래서 매우 개방적이면서 상황에 대한 적응력이 좋습니다. 오감이 발달해서 신체의 신경이 매우 예민하여 양손이나 몸으로 하는 운동, 악기, 스포츠 등에 매우 뛰어난 모습을 보이는 편입니다.

Se 기능을 좀 더 깊이 분석해보자면 외부에서 들어오는 자극에 대해 매우 예민한 편입니다. 그래서 그 자극에 대해 몸에서 받아들일 수 있는 허용 범위가 좁은 편으로 자극이 조금만 변해도 금방 눈치채는 편이지요. 물론 그 자극을 의식하지 못한다고 하더라도 몸은 느끼고 있어요. 그래서 시각, 후각, 청각, 촉각, 미각 등이 매우 예민하여 거기에 대한 반응이 큽니다. 이런 특징 때문에 청소년기 때부터 SP 기질의 사람들은 짜증이 매우 많은 편입니다(특히 SP 기질의 여자들은 생리를 시작하게 되면 일시적으로 매우 예민하고 짜증이 넘치는 경우가 많아서 뒤늦게 후회하는 선택을 많이 저지르곤 합니다). 이런 예민함 때문에 SP 기질의 사람들이 동네 맛집에 빠삭한 경우가 많고 음식 맛에 대한 감각이 매우 뛰어나지요. 그리고 대체로 자극이 넘치는 스포츠를 좋아하는 경우도 많습니다. 특히 ISTP와 ESTP 유형들은 스피드를 매우 즐기지요.

또한, 상황 변화에 대해 매우 민감하게 대처하기 때문에 임기응변이 탁월하여 쉽게 그 문제의 해법을 잘 찾아냅니다. 그래서 SP 기질의 사람들은 주어진 과제에 대해 미리 해놓는 경우가 잘 없습니다. 어차피 시간 지나면 또 무언가 변화가 올 것 같은 예감이 들어서 결국 일을 중복으로 해야 할지도 모른다는 핑계를 대지요. 그리고 반복되는 일상적인 일에 대해서도 귀찮아하면서 뒤로 일을 미루는 경향이 강해요. 그래서 대체로 정리 정돈하는 것, 쓴 물건 제 자리로 치우는 것 등의 일상적인 일들에 약한 모습을 보입니다. 이 때문에 SJ 기질의 사람들과 마찰이 심한 편이지요.

SP 기질의 남자들은 매우 유쾌하며 삶을 제대로 즐길 줄 아는 사람들이 많습니다. 그래서 물질적 소비에 대해 즐기는 삶의 자세를 가지고 있어요. 조금이라도 싼 것을 찾거나 조금이라도 더 좋은 것을 찾는 소비보다는, 지금 당장 눈앞에 이 물건을 내가 소유함으로써 행복을 느끼고 싶다는 가심비가 큰 소비 행태를 보입니다. 이 부분에서도 SJ 기질의 가성비 위주의 소비 패턴과 매우 부딪칠 여지가 크지요. 그래서 대체로 SP 기질의 남자들은 재테크에 약한 모습을 보입니다.

SP 기질의 남자들은 변화를 매우 즐깁니다. 물론 자신이 대처 가능한 수준의

SP 기질의 남자들

변화를 의미합니다만, SP 기질의 남자들이 원하는 최고의 인간상이 바로 '지혜로운 사람'이라 갑작스러운 어려움을 슬기롭게 대처하여 해결하는 데 희열을 느끼는 편이지요. 그래서 자기 스스로 위기를 자초하는 경우도 종종 있습니다. 즉, 모험을 즐기는 편이지요. 또한, 매우 충동적인 모습을 보이구요.

　그리고 SP 기질의 남자들은 거짓말에 천부적인 재능이 있어요. 상대방은 절대 눈치채지 못하는 매우 그럴듯한 거짓말을 순식간에 만들어냅니다. 특히 이들이 하고 싶은 충동이 막 생겨나는 행동을 하지 못하게 계속 구속한다면 이들은 그 행동을 하고 나서 거짓말을 하는 경우가 많아요. 거짓말에 대한 윤리, 도덕적 가치 기준이 매우 낮거든요. 상대를 괴롭히거나 해를 끼치는 것이 아니라면 이들은 하얀 거짓말은 나쁜 것이 아니라고 생각하는 경향이 있어요. 특히 본능적으로 현재 상황을 임기응변으로 대처하고자 하는 경향이 매우 강해서 자연스레 거짓말을 하게 되는 것입니다. 하지만 자존감이 높은 SP 기질의 남자들은 자신감이 넘쳐서 굳이 거짓말까지 해가며 상황을 모면하려 하지 않지요. 그래서 만약 자존감이 높은 SP 기질의 남자가 하얀 거짓말을 하게 되면 그냥 뭔가 이유가 있겠지 생각하면서 알아도 모르는 척, 몰라도 아는 척하면서 그냥 넘기시면 됩니다. 이들은 절대 상대를 속여서 자신의 이익을 얻거나 부정한 짓을 하기 위해 거짓말하지는 않거든요.

　SP 기질의 남자들은 습관이라는 게 잘 안 생겨요. 이들은 항상 상황 변화에 대해 기민하게 대처하기에 상황이 변하면 거기에 대한 대처하는 반응도 빠르게 변해버립니다. 그래서 SP 기질의 남자들이 가장 싫어하는 말이 "너 그거 조심하지 않으면 습관 돼서 나중에 엉뚱한 자리에서도 그 습관 나온다."입니다. 이 말을 듣게 되면 SP 기질의 남자들은 '이 사람이 나를 무시하나?'라는 생각을 하게 되니 절대 해서는 안 될 말입니다.

　SP 기질의 남자들은 어떠한 어려움이 닥치더라도 손쉽게 해결해내는 탁월한 능력이 있고 삶을 즐기고 예술과 멋을 아는 사람들이라 이런 남자들을 좋아하는 분들에게는 이들은 정말 좋은 연인, 배우자가 될 수 있지요. SP 기질의 남자들과 연애를 하게 되면 정말 재미있을 것입니다. 하지만 유형발달 과정에서 건강하지 않게 변해버리게 되면 너무 육체적 쾌락만 탐닉하게 되거나 모든 일을 즉흥적인 자신의 논리나 감정 상태에 맞춰서 판단하고 고집을 부리게 되지요. 특히 안정적인 삶을 추구하는 SJ 기질의 여자들이나 정신적 의미를 더 중요하게 생각하며 이상주의적인 삶을 살아가고자 하는 NF 기질의 여자들에게는 SP 기질의 남자들은 매우 불안정하고 소비탐닉적인 사람들로 인식됩니다.

SP 기질의 남자들은 변화가 많고 다양한 상황에 대한 대처를 좋아하기에 영업직이나 사람을 상대하는 전문 분야에 많이 분포합니다. 그리고 손재주가 탁월하여 어떠한 고장이나 문제라도 쉽게 원인을 파악하고 해결하는 능력이 좋아서 자동차 공업소나 A/S 서비스센터 등에도 많이 일합니다. 특히 기업체의 영업관리 부서에 정말 많은 편이지요. 사람을 좋아하고 복잡한 상황을 쉽게 해결하는 능력을 요구하는 곳이라면 어디든 SP 기질의 사람을 찾아볼 수 있습니다.

(2) 건강하지 못한 SP 기질 남자들의 특징

SP 기질의 남자 중에 ESFP 유형은 사람 만나서 상대하는 일을 정말 좋아합니다. 그래서 술자리나 회식 자리에 꼭 빠지지 않고 나타나지요. 그런데 건강하지 못한 방향으로 유형발달을 하게 된 ESFP 유형은 결국 육체적 쾌락을 매우 탐닉하는 사람으로 변해버립니다. 그래서 가장 유흥을 좋아하게 됩니다. 특히 ESFP 유형의 경우 주기능이 Se, 부기능이 Fi로 경직된 주기능 Se는 육체적 쾌락을 탐닉하며 남들에게 보이는 자신의 모습을 가꾸고 남들이 부러워하는 거짓된 이미지를 만드는 데 신경을 쓰게 됩니다. 즉, 관종 기질이 다분하다는 의미입니다. 부기능 Fi는 상황마다 상대방의 기분에 맞춰 상대를 가장 즐겁게 하는 말을 바로바로 쏟아내게 되지요. 그래서 가장 탁월한 바람둥이가 되어버립니다. 특히 삼차기능 T의 부재로 맺고 끊는 능력이 매우 부족하고 열등기능 Ni가 아예 발달하지 않아서 철학적 사유와 인생의 깊이를 생각하는 능력 자체가 거의 없다고 봐도 무방하지요. 즉, 사람 자체가 매우 가벼워지고 육체적 쾌락만을 탐닉하게 되는 것입니다. 이런 심각한 문제가 있는 ESFP 유형의 남자를 확인하는 방법은 이들이 평소 하는 말에 얼마나 허풍이 섞여 있는지를 유심히 관찰하는 것입니다. 허풍이 심하고 본인이 아닌 지인 자랑이 심할 경우 자존감이 매우 낮으며 건강하지 못한 방향으로 유형발달 했을 가능성이 큽니다.

ESTP 유형이 건강하지 못한 방향으로 유형발달을 하게 되면 공격적인 사람이 됩니다. 타인의 흠이 보이기만 해도 과도하게 참견하고 지시하려고 하면서 자기 의견을 따르라고 강요하지요. 그리고 ISTP 유형도 건강하지 못한 유형발달을 하게 되는 경우 ESTP 유형과 비슷한 형태를 보이지만 특히 말이 매우 냉소적이고 공격적이어서 주변 사람들에게 말로 상처를 주는 사람이 되며 매우 냉소적이고 타인에게 차갑게 대합니다. ISFP 유형이 건강하지 못한 유형발달을 하게 되는 경우에는 가족이나 연인, 배우자에게 엄청 짜증을 부리는 히스테릭한 사람으로 변해버립니다.

그리고 네 유형 건강하지 못한 유형발달을 하게 되면 모두 삼차기능이나 열등기능에 Ni 기능이 발달하지 못하게 되어 사람이 쾌락만 탐닉하게 되는 매우 가볍고 경솔한 사람이 되어버립니다.

(3) SP 기질 남자들을 확인하는 법

SP 기질의 남자들은 매사 매우 즉흥적이며 센스가 좋습니다. 그러면서도 순간 재치로 상황을 즐겁게 이끌어가지요. 특히 재치 있게 말 받아치는 능력이 좋습니다. 저 또한 ESTP 유형으로 어릴 때 친구네 누나가 저한테 한글 프로그램 사용에 대해 도와달라고 부탁한 적이 있었어요. 그래서 바로 단축키로 빠르게 처리해가니까 옆에서 지켜보던 ISTJ 유형이었던 누나는 "꼭 게으른 애들이 그런 거 많이 알더라."라고 하더라구요. 그때 순간 저는 "머리가 나쁘면 손발이 고생하지요."라고 받아쳤지요. 즉, SP 기질의 남자들은 말에서 지는 일이 잘 없어요.

그리고 취미가 매우 다양해서 남자가 지금 즐기고 있는 취미에 관해 물어보면 매우 해박한 지식을 뽐내기 시작할 겁니다. 또 맛집 정보도 매우 많이 가지고 있어서 순간적으로 데이트 코스를 잘 짜면서 상대를 잘 리드하는 편입니다. 특히 상대를 즐겁게 해주는 센스가 좋아요. 이런 특징이 느껴진다면 거의 SP 기질의 남자라고 생각하시면 됩니다.

(4) SP 기질 남자들의 이상형

SP 기질의 남자들은 자신의 연인이나 배우자와 함께 삶을 정말 재미나게 살아가고 싶어 합니다. 그래서 취미 생활이나 예술을 즐기는 것에 거부감 없는 여자를 원해요. 특히 톡톡 튀는 매력과 독특한 매력이 있으면서 이들에게 재치 있는 모습을 보여준다면 매우 좋아할 것입니다. 그리고 감각기가 매우 발달해서 여자 외모에 대해 매우 눈이 높은 경우가 많습니다. 이 부분은 SP 기질의 여자들도 마찬가지예요. 남자 외모를 제일 많이 보는 사람들이지요.

(5) SP 기질 남자들에게 매력 어필하기

SP 기질의 남자들은 이 재미난 세상을 자신과 함께 즐겨줄 사람을 원합니다. 성격유형 중에서 가장 패션에 관심이 많고 화려하기에 외적으로 보이는 것에도 신경을 많이 쓰는 게 좋아요. 감각이 매우 예민해서 향수에 대해서도 신경을 많이 쓰는 게 좋습니다. 특히 SP 기질의 사람들은 신경이 매우 예민해서 과하게 진한 향은 오히려 기피하니 적당함이 중요합니다. 무엇보다도 이들이 관심을 보이기 시작하면 이들이 즐기는 취미나 예술 등을 함께 하자고 할 것입니다. 이때 큰 관심을 보이면서 적당히 도와달라고 요청하면 이들은 신나서 도와주려고 할 것입니다. 이들은 자기와 함께 세상을 즐길 동반자를 찾기에 '기꺼이 함께 즐겨주마.'라는 마음 자세로 상대하면 됩니다. 그리고 절대 이들을 구속하려 들지 마세요. 매우 싫어해요. 이들을 특정 행동을 하게 하거나 하지 못하게 하고 싶을 때는 우회적으로 표현하는 게 좋습니다. 근데 솔직히 취미나 이들이 충동적으로 하고 싶어 하는 일에 대해서는 못 말립니다. 그래도 이들에게 관심을 받고 연애를 시작하고 싶으면 일단 이들이 원하는 것에 대해 비판을 피하고 허용하면서 바라보고 있는 것이 좋습니다. 무엇보다도 워낙 다양한 취미를 즐기기 때문에 지금은 자신이 싫어하는 취미를 하고 있지만 얼마 안 가서 금방 질려 하면서 또 다른 새로운 취미를 즐기고 있을 거예요. 그때 함께 할 수 있는 취미를 찾아보자고 하면 기꺼이 이들은 말을 들을 것입니다.

(6) SP 기질 남자들에게 해서는 안 되는 것들

이들의 자유를 구속하려 들고 따지고 드는 상황에 처하게 되면 이들은 피해 버립니다. 특히 이들의 욕구와 취미 생활에 대해 이해하지 못하고 무시하거나 거부하게 되면 이들은 매우 싫어하게 되지요. 그리고 감정형(SFP)의 남자들에게는 따지고 들면서 무시하게 되면 바람을 피울 가능성이 매우 커지니 절대적으로 조심해야 합니다.

(7) SP 기질 남자들에게 결혼이란

이 재미난 세상을 함께 즐기면서 살아갈 동반자를 만나 즐겁고 재미나게 살

아가는 것이 이들의 결혼관입니다. 먼 미래의 안정보다는 현재의 즐거움을 중요하게 여기지요. 그래서 여유가 되면 수시로 여행 다니고 취미 생활을 즐기려고 할 것입니다. 그래서 이들에게는 결혼이 의무, 부담감으로 다가오면 회피하려는 본능이 바로 튀어나옵니다. 특히 30대 초중반은 아직 유형발달이 끝난 시점이 아니기에 결혼으로 생겨나는 의미, 책임감 이런 것을 짊어지기엔 자신은 아직 어리다고 생각하는 경향이 있습니다. 따라서 이들이 결혼을 마음먹게 만들고 싶으면 함께 하는 시간을 많이 가지시는 게 좋아요. 여행이나 함께 하는 취미를 즐기면서 '이 사람이라면 정말 이 세상 즐겁게 살아갈 수 있겠다.'라는 마음이 들게 만들면 의무감, 책임감에 대한 부담이 확 줄어들면서 그 사람과 빨리 결혼하고 싶어지게 됩니다.

(8) SP 기질 남편과 잘 지내는 법

SP 기질의 남자들은 기본 성향이 매우 게으르고 태만하며 구속받는 것을 매우 싫어합니다. 이들은 충동과 몰입이 좋기에 잔소리로 특정한 일을 하도록 하기보다는 기꺼이 그 일을 하고 싶도록 유도하는 것이 좋습니다. 특히 간단한 보상이 주어지면 아이처럼 기꺼이 그 일을 하고 보상을 얻으려고 하지요. 근데 중요한 건 그 보상에 대한 약속은 반드시 지켜셔야 합니다. 예를 들어 청소를 시키고 싶은데 지금 남편이 빈둥거리고 놀고 있으면, "만약 지금 청소 다 끝내면 그 이후부터 게임을 마음 편히 할 수 있게 보장할게."라고 해보세요. 그럼 바로 일어나서 청소 시작할 것입니다. 특히 일머리가 좋아서 시키는 일을 매우 효율적으로 잘 할 겁니다. 그런데 청소가 생각보다 빨리 끝나게 되면 추가로 일을 더 시키는 분들이 있어요. 그럼 그 이후부터 그런 말 절대 안 들어요. 약속 안 지킨다고 생각하니까요. 하지만 딱 약속한 부분에 대해 지켜주면 그 이후부터 말을 매우 고분고분 잘 듣게 됩니다. SP 기질의 남자들은 기본 성향이 철부지 애 같거든요.

만약 건강하게 유형발달이 되지 못한 SP 기질이라면 잔소리를 최대한 줄이시고 이들에게 어려운 문제를 던져 주면서 이를 해결할 때마다 칭찬과 격려를 많이 해주세요. 그럼 서서히 자존감이 올라가고 자신의 역할과 지위, 책임에 대해 자각하기 시작합니다. 그리고 그런 일이 지속되면 점점 건강한 방향으로 유형 발달이 시작됩니다. 그리고 만약 ESFP 유형이라면 절대로 무시하거나 잔소리하면서 이들의 자존감을 무너뜨리지 마세요. 최대한 우쭈쭈 해주면서 이들의 자존감이 높아지도록 해줘야 합니다. 만약 배우자로부터 무시 받으면서 자존감이 떨어지기 시작하면 바람을 피울 가능성이 매우 커집니다.

③
NF 기질의 남자들

(1) NF 기질 남자들의 특징

NF 기질의 유형에는 INFJ, INFP, ENFP, ENFJ 유형이 있습니다. NF 기질의 성격유형은 이상주의적 가치관과 신념을 가지고 있으면서 세상을 아름답게 보려고 하며 아름답게 만들고자 하는 순수한 영혼의 사람들입니다. 매우 창의적이고 아이디어가 좋습니다. 인문학적인 가치를 실현하기 위해 살아가는 사람들로 하나를 하더라도 의미가 있는 일을 하고 싶어 하지요. 사람이 다른 동물과 달리 사람일 수 있는 이유는 숭고한 신념과 가치관을 가지고 살아가기 때문이라고 믿는 사람들입니다. 매우 긍정적이며 낙천적입니다. 인간에 대한 무한한 애정을 품고 있어요.

좀 더 구체적으로 분석해보자면 NF 기질의 사람들은 세속적 욕심이 없어요. 사람의 가치를 믿고 나 하나 기꺼이 헌신해서 세상을 바꿀 수 있다면 언제든 자신을 내던질 수 있는 열정이 있어요. 하지만 현실 감각이 부족하고 너무 이상적으

MBTI 사랑학개론

로만 생각하다 보니 순수하다 못해 순진한 면까지 가지고 있습니다. 그래서 경제 개념이 매우 부족한 편이지요. NF 기질의 사람들은 가치소비를 지향합니다. 돈을 쓰더라도 자신이 믿는 가치를 실현하기 위해 쓰려고 하지요. 그리고 기부도 참 많이 하는 편이구요. 그래서 S형의 사람들은 이런 NF 기질의 사람들이 참 착하다고 여기면서도 실속이 없다고 생각하는 경우가 많습니다.

그들은 늘 생각하고 고민하고 상상하다 보니 세상에 존재하지 않은 이상적인 세상을 꿈꾸고 있습니다. 그리고 사람의 본성, 감정에 대한 이해가 좋아요. 그래서 순수한 예술에서 성공하는 분들이 많지요. NF 기질 사람 중에 배우와 가수가 많은 편입니다. 특히 연기력으로 유명한 배우 중에 NF 기질의 사람들이 참 많아요. 가수 중에서도 직접 가사를 쓰는 가수들이 많구요.

다른 기질에는 없는 NF 기질의 남자들이 가진 특징이 있습니다. 평소 모습은 매우 순하고 남에게 다 맞춰줄 것 같은데 자신이 생각하는 신념이나 가치에 반하는 것에 대해서는 매우 완강하게 거부하면서 저항한다는 것입니다. 예컨대, 학교 선생님일 경우 평소에는 아이들의 순수한 모습 그리고 아이들의 미래 가능성을 가장 크게 평가해서 아이들 눈높이 맞추어 따뜻하게 대해주지만, 행여나 자기 반 아이 하나가 다른 한 친구를 왕따로 만드는 데 주동했거나 집단으로 그런 행동을 했을 경우, 절대 용서하지 않아요. 자신의 신념과 가치관 등에 반하는 대상에 대해서는 절대 타협하는 일이 없는 강단이 있는 사람들이지요. 또한, 평소에는 참 착하고 순한 편이나 자신의 가치관이나 신념에 대해 공격을 받으면 순간 돌변하면서 매우 완강히 저항하는 모습을 보입니다. 특히 사람에 대해 한번 실망하게 되면 다시는 회복할 수 없을 만큼 관계를 철저하게 단절해버리는 특징이 있어요. 특히 사람을 무시하거나 함부로 대하는 사람 그리고 타인을 부정한 힘으로 억압하려는 사람을 철저하게 혐오하고 그들에게 저항합니다.

또한, NF 성향은 대부분 아이를 매우 좋아하고 아이와 같은 순수함을 가지고 있어요. 그래서 아이들에게 매우 헌신하는 모습을 보여줍니다. 이상적인 가족에 대한 신념이 있는 경우가 많으며 그래서 매우 헌신적이지요. 이런 정신적인 모습은 매우 이상적이어서 참 완벽한 것 같으나 경제적인 능력에서는 매우 부족한 편입니다. 일단 꼼꼼하지 못하여 자산 관리가 거의 안 되거든요. 그래서 이 유형의 남자들은 절대 자기가 경제권을 쥐려고 하지 않습니다. 또한, 감정 체계가 매우 섬세해서 쉽게 흥분하고 쉽게 상처받습니다. 사람의 감정에 대한 이해가 좋아서 곁에 있는 사람들의 감정도 이해하고 배려하는 편이지요.

선비와 같은 꼿꼿함이 있어서 속물적인 것, 퇴폐적인 것에 대해 매우 혐오하는 편이며 당장 손해를 보더라도 불의와 타협하는 일이 없습니다. 이상주의적 신념과 인문학적 가치를 너무 신봉하는 편이라 NT 기질의 사람들과는 서로 상극일 가능성이 큽니다. NF 기질의 남자들은 매우 감정 기복이 심하며 감정 상태에 따라 특정 대상에 대한 호불호의 편차가 매우 커집니다. 그래서 안정적인 환경을 선호하는 SJ 기질의 여자들에게는 불안함을 주는 경우가 많습니다. 또 자신의 감정에 대해 공감을 요구하는 경향이 강하여 사고형 여자들, 특히 NT 기질의 여자들은 매우 피곤하게 여길 가능성이 큽니다. 그래서 대체로 같은 이상주의적인 경향을 가진 NF 기질의 여자들이나, 윤리·도덕적 가치 기준으로 올바르게 살아가고자 하며 신념이 투철하고 생각이 깊은 남자를 좋아하는 ISFJ, ESFJ 유형의 여자들과 잘 어울리는 편입니다.

NF 기질의 남자들은 창의적인 일에 매우 능숙하기에 작가, 디자이너, 기획자, 마케터 등의 직군에서 쉽게 만날 수 있습니다. 특히 독특한 아이디어와 창의력이 필요한 곳에서는 반드시 NF 기질의 사람을 찾아볼 수 있어요.

(2) 건강하지 못한 NF 기질 남자들의 특징

NF 기질의 남자 중에 건강한 유형발달을 하지 못한 경우 주변 사람들을 매우 지치게 하는 편입니다.

INFJ 유형의 경우에는 생각이 너무 많고 과도하게 계획에만 집착하여 실제 달성 가능한 수준을 한참 넘어선 계획 때문에 자신을 매우 힘들게 하고 스스로 주눅이 들어서 자존감을 계속 깎아 먹게 되지요. 이 경우 연인이나 배우자를 정말 힘들게 하는 경우가 많습니다.

INFP 유형의 경우에는 혼자 엉뚱한 상상 속에 빠져서 현실 세계에서 도피하려고 합니다. 그러면서 극단적으로 대인기피증을 보이는 경우가 많지요. 이런 경우 주변 가족들의 걱정이 심각하게 커지는 모습을 볼 수 있어요.

ENFP 유형의 경우에는 순간 자신의 감정 상태에 따라 매우 주관적이고 즉흥적으로 행동을 합니다. 그리고 거기에 대해 부정적 반응을 하는 사람에 대해 과도하게 분노를 표출하는 경우가 많아요. 매우 자기중심적이고 이기적인 모습으로 변해버리지요. 자기 뜻대로 따라주지 않을 경우 상대방에 대한 의심이 매우 커지고 애정을 갈구합니다. 그래서 사람을 피 말리게 만들어버리지요.

ENFJ 유형의 경우는 극단적인 성선설로 타인에게 엄청난 간섭과 오지랖을 부리기 시작합니다. 그래서 주변 사람들을 매우 피곤하게 만들어버립니다. 열정만 가득 넘쳐서 막 설치다가 어느 시점이 되면 번아웃 되어버려서 극단적으로 침체된 모습을 보이게 되지요.

(3) NF 기질 남자들을 확인하는 법

NF 기질의 남자들을 확인하는 방법은 대화를 나눠보면 대략 짐작할 수 있습니다. INFJ와 ENFJ 유형의 경우 통찰력이 좋고 생각의 깊이가 느껴집니다. 그리고 INFP와 ENFP 유형의 경우는 새로운 아이디어와 창의력이 돋보이는 시각으로 대상을 바라보지요. 특히 INFP와 ENFP 유형은 아이와 같은 순수함이 느껴지고 INFJ와 ENFJ는 철학가 같은 신념이 느껴집니다. INFP와 ENFP 유형들은 만화책이나 웹툰을 매우 좋아하는 편이고 INFJ와 ENFJ 유형은 독서를 매우 좋아합니다.

하지만 실생활에서는 좀 센스가 부족하고 대체로 길눈이 매우 어두운 편이며 많이 덜렁대는 편입니다. 그리고 건강한 유형발달을 한 NF 기질의 남자들은 매우 낙천적일 가능성이 큽니다.

(4) NF 기질 남자들의 이상형

NF 기질의 남자들은 여자를 볼 때 자기만의 꽂히는 이상적인 포인트가 있습니다. 이 부분은 진짜 사람마다 다 달라서 어떻게 하나로 정의하기는 힘들지만 대체로 상대의 신념, 가치관, 생각, 주관 등에 반하는 경우가 많습니다. 이들은 사랑 없는 결혼은 아예 불가능하다고 믿는 순수한 사람들이라 상대의 조건에 대해서는 크게 신경 쓰지 않으며 말 그대로 사랑만 있다면 이슬만 먹고도 함께할 자신 있다고 생각하는 이상주의 성격들이라 한번 사랑에 빠지면 불꽃이 타오르듯 확 불타오르는 경우가 많습니다. 특히 ENFP 유형의 경우 금사빠로 유명하지요.

(5) NF 기질 남자들에게 매력 어필하기

NF 기질의 남자들은 이상주의적 신념이 강하기에 자신과 같은 이상주의적 신념을 가진 상대에게 깊이 빠져드는 경향이 있습니다. 이들은 자기만의 그런 기준에 적합한 상대가 나타나면 그 상대의 외적인 조건, 예를 들어 경제력이나 집안, 직업, 학벌 등은 고려하지 않고 그 상대를 순수하게 사랑하는 경우가 많습니다. 특히 자신이 깊이 있게 존경할 수 있는 대상에 대해서는 그 상대의 나머지 부분은 일절 고려하지 않고 깊이 빠져들게 되지요. 즉, 이들의 호감을 얻기 위해서는 이상주의적인 신념을 강하게 어필하며 이들의 존경을 얻는 것이 가장 확실한 방법입니다.

(6) NF 기질 남자들에게 해서는 안 되는 것들

NF 기질의 남자들은 돈보다는 정신적 가치를 더 중요하게 여겨서 속물적이고 세속적인 것에 대해 매우 혐오하는 편입니다. 그리고 사람이 사람을 무시하거나 억압하고 괴롭히는 등의 인문학적 가치에 반하는 행동들에 대해 매우 환멸을 느끼게 되지요. 따라서 이런 모습을 최대한 조심해야 합니다. 경제적 조건이나 집안 배경 등 물질적인 조건에 과하게 집착하거나 이기적인 행동 등을 보면 순간 정이 떨어진다고 합니다. 그리고 이런 이유로 한번 정이 떨어지면 다시 회복하기 힘들어요.

(7) NF 기질 남자들에게 결혼이란

사랑에 대해 가장 큰 가치를 부여하는 NF 기질의 남자들에게는 결혼을 자신의 이상을 실현하는 과정에서의 한 단계라고 생각합니다. 이상주의적인 경향이 너무 강하여 사랑만 있다면 뭐든 해낼 수 있다고 믿고 있어요. 그래서 말 그대로 서로 사랑만 한다면 이슬만 먹고 살아갈 수 있다고 생각하는 사람들입니다. 게다가 특유의 긍정적인 사고방식, 낙천적인 사고방식이 더해져서 이런 특징으로 상대를 정말 사랑한다면 현재 조건 따위는 신경 쓰지 않고 그대로 직진해버리는 경향이 강합니다. 단, 사랑이 없다면 이런 열정 또한 사라지게 되는 거죠.

(8) NF 기질 남편과 잘 지내는 법

NF 기질의 남자들은 경제적인 욕심이 없이 항상 누군가를 돕고자 하는 따뜻한 마음이 커서 현실적인 배우자들에게는 아주 속 터지는 일을 많이 저지르게 됩니다. 돈 빌려달라는 친구의 부탁을 거절하지 못하거나 어려운 사람을 만나게 되면 헌신적으로 도와주는 모습이 참 착하기는 하지만 자신의 현실적인 상황에 대해 구체적으로 자각하지 못하여 자칫 잘못하면 주변 사람들에게 이용만 당하는 경우가 많습니다. 따라서 사전에 경제적인 부분에 대해 NF 기질의 남자들에게는 딱 필요한 만큼의 용돈을 주고 그 안에서는 전혀 터치하지 않는 형식으로 규칙을 정하는 것이 좋습니다. 그럼 그들도 친구나 주변에서 부탁할 때 거절할 수 있는 명분이 생기거든요. 그러나 절대로 이들이 행하는 선행에 대해 부정적으로 말하면 안 됩니다. 그럼 감정이 매우 크게 상할 수 있어요. 단지 그들이 행하는 선행의 상한선만 분명히 해주면 가계에 크게 영향을 미치지 않고 그들 또한 남을 도와준다는 만족감을 얻을 수 있어 서로가 좋아지는 방법이 되는 것입니다.

그리고 NF 기질의 남자들은 자신의 감정을 공감받고 싶고 배려받고 싶은 욕구가 매우 강합니다. 그러나 배우자가 사고형 여자 특히, NT 기질의 여자라면 NF 기질의 남자들이 가진 이런 감정적인 욕구를 충족시켜주기란 정말 힘든 일이 되지요. 일반적인 통념에서 볼 때 남녀의 상황이 뒤바뀐 것이라 볼 수 있어요. 만약 감정형의 자녀가 있다면 그나마 그들의 그런 감정에 대한 욕구를 자녀에게 풀 수 있는데 만약 자녀마저 사고형이라면 정말 힘들어질 수 있습니다. 그런 경우 그냥 그들이 하는 이야기만 잘 들어주시면 됩니다. 어려울 것 하나 없이 남자들 사이에 전해 내려오는 여자들과 대화를 잘하는 법을 그대로 써먹으시면 됩니다. ① 리액션 많이 하기 ② 판단하거나 해결하려고 들지 말기 ③ 칭찬 많이 하기. 이 세 가지만 적절히 섞어서 써주시면 그들은 매우 좋아하게 됩니다. 영혼이 안 담겨있어도 됩니다. 그냥 저렇게만 해줘도 그전보다 훨씬 나아졌다면서 매우 만족해할 것입니다.

만약 건강하게 유형발달이 되지 않은 NF 기질이라면 절대적으로 비판이나 비난해서는 안 됩니다. 매우 자존감이 낮은 상태라서 만약 비판이나 비난을 하게 되면 이들은 자존심 싸움을 걸어오면서 절대로 받아들이지 않으려고 합니다. INFJ나 ENFJ 유형의 경우 최대한 애정을 보이면서 칭찬과 격려를 많이 해주세요. 그럼 서서히 자존감이 올라가면서 정서적으로 안정을 찾고 긍정적으로 변해갑니다. INFP나 ENFP 유형의 경우 애정을 표현하면서 구체적인 행동들 몇 가지를 선택할 수 있게 제시해주세요. 그리고는 칭찬을 많이 해주세요. 그러면 서서히 건강하게 유형발달을 시작하게 될 것입니다.

④
NT 기질의 남자들

(1) NT 기질 남자들의 특징

NT 기질의 유형에는 INTJ, INTP, ENTP, ENTJ 유형이 있습니다. NT 기질의 성격유형은 합리적인 이성과 논리적인 판단, 특히 지식 추구에 대한 욕구가 매우 강한 지성이 넘치는 사람이지요. 매사 이성과 논리로 생각하고 분석하며 가장 합리적인 해답을 찾아가는 사람들입니다. 차가운 이성의 결정체이지요. 역사적으로도 정말 뛰어난 과학자, 수학자, 엔지니어 등이 전부 NT 기질의 사람들입니다. 사람이 다른 동물과 달리 사람일 수 있는 이유는 바로 합리적 이성과 논리적 판단 때문이라고 믿는 사람들입니다. 감정 기복이 크지 않고 매우 냉철하며 이성적인 모습을 볼 수 있습니다.

좀 더 구체적으로 분석해보자면 NT 기질의 사람들은 모든 것을 논리로 이해합니다. 사람의 감정마저도 논리로 생각하지요. 그래서 논리로 이해되지 않은 상황을 매우 힘들어하게 됩니다. 누군가가 매우 주관적인 이유로 화를 내거나 불만을 품게 되면 NT 기질의 사람들은 매우 혼란스러워합니다. 갑자기 왜 화를 내는지 불만을 품게 되는지 도통 이해하지 못하지요. 합리적 이유와 근거를 바탕으로 하나의 주제를 토론하고 비판하는 것을 매우 좋아하며 자신이 비판을 받아도 논리가 합당하다면 기꺼이 받아들이는 자세를 가지고 있습니다. 하지만 다른 기질의 사람들, 특히 NF 기질의 사람들은 이들의 이런 모습에서 매우 상처를 받고 힘들어하는 편이지요.

또한, 그들은 복잡한 현상 이면에 숨겨진 각종 개념과 이론, 그 안에서 흐르는 논리를 찾아내어 추론하고 판단하는 능력이 매우 탁월합니다. 전형적인 이과형 사람들이지요. 그리고 과학과 공학, 기술 분야에 많은 관심이 있어서 NT 기질의 사람들, 특히 남자들은 얼리어답터가 가장 많은 편이며 애플, 테슬라 같은 신기술을 주도하는 기업이나 스티브 잡스, 일론 머스크 같은 인물을 매우 존경하는 편입니다. 물론 이 두 사람 또한 NT 기질의 사람들이지요.

독특한 시각과 합리적인 이성 때문에 유머 코드 또한 이들만의 개성이 강합니다. 언어유희를 매우 즐기는 편이며 미국의 인기 시트콤 빅뱅 이론의 주인공들도 이런 NT 기질의 남자들을 잘 묘사하고 있습니다. 특히 20대 초반의 모습은 전형적인 너드(Nerd, 괴짜)인 경우가 많으며 체크무늬 남방에 커다란 안경, 등에 멘 검은 백팩에 삐쩍 마른 몸매나 살이 찐 몸매 등 공대 남자의 전형적인 스테레오 타입과 일치하는 모습을 보여줍니다. 하지만 평균 IQ는 매우 높은 경우가 많으며 특정 분야에 대한 지식은 그 어느 기질의 사람들보다도 방대합니다.

물론 아는 것은 많지만 눈치가 없는 편이고 센스가 많이 부족하지요. 한때 카이스트 학생이 간호사와 소개팅하면서 엑스포 다리가 왜 무너지지 않는지에 대한 역학적 설명을 했다는 에피소드는 전형적인 NT 기질 남자들의 모습을 보여줍니다. 자기가 느끼는 학문에 대한 즐거움이 남들도 그럴 거로 생각하는 것이지요. 그래서 다른 기질의 사람들과 함께 있을 때는 잘 어울리지 못하는 모습을 보여줍니다만 같은 기질의 사람들끼리 모여있을 때는 서로 매우 신나서 흥분하는 모습을 볼 수 있습니다. 대체로 공상과학 소설이나 영화, 드라마를 매우 좋아하며 일반적인 멜로나 연애를 주제로 하는 드라마나 영화, 소설에는 거의 관심을 보이지 않는 편입니다.

워낙 학구적인 면이 강하여 교수나 연구원으로 일하는 NT 기질의 남자들이 참 많으나 경제 개념이 매우 부족하여 직업은 경제학과 교수여서 국가 경제, 거시경제를 논하고는 있지만 자기 주머니에 돈이 얼마나 있는지, 어떻게 새고 있는지는 전혀 모르는 전형적인 이론가 타입입니다. 그래서 재테크에도 매우 미숙하지요.

NT 기질 중에 ENTP 유형을 제외한 나머지 유형들은 사람 사귀는 기술마저도 부족하여 친구가 많지 않으나 전혀 불편함을 못 느끼는 편입니다. 그래서 이들은 결혼할 상대가 나타나면 막무가내로 직진하는 모습을 보여주지요. 상대방의 생각이나 연애의 기술이 부족하다 보니 매우 저돌적인 모습으로 다가가게 되는데 의외로 이런 저돌적인 모습이 NF 기질의 여자들에게 크게 어필하게 되어 결혼까지 하게 되는 경우를 가끔 보게 됩니다. 하지만 결혼 이후부터는 헬게이트가 열리기 시작하게 되지요.

NT 기질의 남자들은 감정을 이해하고 공감하는 능력이 매우 미숙한데다 현실적인 생활 지능이 매우 부족하여 부모와 형제 같은 주변 사람들의 도움이 많이 필요한 경우가 많습니다. 몸에서 느껴지는 자극을 지각하는 능력이 둔한 편으로 위생 관념도 부족한 편이며 남에게 보이는 자신의 이미지, 모습을 크게 개의치 않아서 외모를 가꾸거나 옷차림에 신경 쓰는 일은 거의 없습니다. 그래서 소위 모태 솔로가 가장 많은 타입이지요. 전형적인 공대 남자 떠올리면 십중팔구는 딱 맞아떨어지는 모습입니다.

하지만 겉으로 보이는 차가움, 무뚝뚝한 모습 등과는 달리 사람들이 속정이 깊은 편이며 의리가 있습니다. 한번 사람과 인연을 맺으면 가장 진지하게 그 사람 편이 되지요. 세속적 욕심이나 친구를 이용하여 이득을 취하겠다는 생각이 거의 없거든요. 그리고 유흥이나 주색잡기에도 전혀 관심이 없는 편이라서 그런 부분에서 여자들의 속을 썩이는 일은 거의 없다고 봐도 무방합니다. 그래서 NT 기질

MBTI 사랑학개론

의 남자들은 같은 NT 기질의 여자나 ST가 들어가는 여자들과 매우 잘 어울리는 편입니다. 하지만 감정형 여자하고는 매우 상극이니 자신이 가지지 못한 첫인상의 냉철함과 이지적인 멋에 반해서 빠져드는 일은 절대로 있어서는 안 됩니다.

NT 기질의 남자들은 대학교나 대기업 연구실, 실험실에 매우 흔하며 ENTP 유형의 경우 자기만의 공방이나 정비소 등을 운영하는 경우가 많습니다. 학문 연구, 엔지니어링, 기계를 다루거나 설계하는 곳에는 NT 기질의 사람들이 꼭 있습니다.

(2) 건강하지 못한 NT 기질 남자들의 특징

NT 기질의 남자 중에 건강한 유형발달을 하지 못한 경우 주변 사람들을 매우 힘들게 합니다.

INTJ 유형의 경우 매우 냉소적이고 자기주장만 강하여 타인을 이해하거나 공감하지 못하고 자기 판단대로 통제하고 관리하려고 듭니다. 상대방이 힘들어하거나 화를 내면 비이성적인 사람이라고 매우 열등한 존재 취급을 하며 무시합니다.

INTP 유형은 전형적인 오타쿠 기질을 보이면서 은둔형 외톨이가 됩니다. 현실 생활에 대한 지능이 매우 낮아서 위생적으로도 문제가 많아지고 심각하게 게을러져서 주변 사람들이 매우 힘들어하게 됩니다. 자기가 하고 싶은 분야에만 몰두하여 주변 사람들 속을 끓이게 됩니다.

ENTP 유형은 자신의 아이디어나 판단에 과도하게 집착하여 남의 말을 듣지 않고 자기 뜻대로만 하려고 합니다. 그래서 주변 사람들과 마찰이 심하지요.

ENTJ 유형은 타인을 자기 뜻대로 통제하고 판단하려고 합니다. 성격이 매우 급하여 상대가 정신을 차리지 못할 정도로 엄청나게 몰아대기 시작합니다. 그래서 주변에 친구가 점점 사라집니다.

(3) NT 기질 남자들을 확인하는 법

NT 기질의 남자 중 내향적인 남자들은 매우 과묵하고 생각을 알 수 없습니다. 근데 특정한 주제를 물어보면 거기에 대해 매우 이성적이고 논리적인, 이론과 논리로 자신의 주장을 펼치는 사람들이 있습니다. 이 사람들이 거의 NT 기질이라고 생각하시면 됩니다. 그리고 외향적인 남자들은 첫눈에 이 사람이 NT 기질인지 확인하기가 쉽지는 않습니다. 하지만 IT 장비에 대한 지식이 해박한 편이며 평소 부정적 감정이 느껴지지 않으면서 매우 유쾌하고 쿨한 모습이 보이면 NT 남자일 가능성이 큽니다. 물론 ESTP와 ENTP 유형은 겉으로 보기에는 바로 구분하기가 쉽지 않은 편이지요. 두 성격이 정말 비슷하거든요. 근데 구체적으로 들어가면 ESTP 유형은 경험적이고 실용적인 해법을 매우 잘 찾아내고 ENTP 유형은 이론적이고 합리적인 해법을 잘 찾아냅니다. 그래서 여자를 상대할 때 ESTP 유형은 상대의 감정 상태를 매우 빠르게 포착하여 거기에 대응하는 편입니다만, ENTP 유형은 그런 감각이 매우 무딘 편이지요. 상대 기분이 점점 상해 가는데도 멈추지 않고 농담을 멈추지 않고 계속하는 모습을 볼 수 있어요.

그리고 전체적으로 여자들에 대한 이해도가 떨어지고 특히 감정을 이해하는 능력이 매우 미숙합니다. 실제 생활에 대한 센스도 부족하여 덤벙대고 잔 실수가 잦으며 길눈이 어두운 경우가 많습니다.

(4) NT 기질 남자들의 이상형

NT 기질 남자들은 자신과 대화가 통하는 여자에 크게 매력을 느낍니다. 일반적으로 NT들은 이론적이고 논리 중심적인 토론을 매우 즐기다 보니 그런 토론에 대한 욕구는 큽니다. 반면 그 과정에서 이들에게 상처받거나 화를 내는 사람들을 어릴 때부터 줄곧 경험해왔기에 대화가 잘 통하는 사람에게 크게 매력을 느끼게 됩니다. 그리고 자신이 부족한 부분을 묵묵히 채워주는 여자한테도 호감을 보이지요. 실제 진짜 어릴 때부터 덤벙대고 실수가 잦다 보니 어머니의 보살핌을 많이 받고 자랐을 가능성이 크거든요. 그리고 자신이 그런 부분에 미숙하다는 것을 잘 알아서 자기를 그렇게 챙겨줄 수 있는 사람에게 잘 빠집니다.

그리고 일반적으로 알려진 외모, 학벌, 부모 배경 등의 조건에 대해서는 거의 관심이 없는 경우가 많습니다. 자기가 빠진 사람이라면 그런 조건은 일절 따지지 않을 가능성이 크지요. 자기만의 취향이 확실하기 때문입니다.

(5) NT 기질 남자들에게 매력 어필하기

NT 기질의 남자들은 자신과 대화를 나눌 수 있는 지성을 가진 여자에게 크게 빠지는 편입니다. 이들의 주된 관심사에 흥미를 보이면서 거기에 대해 이들이 자신의 지성을 마음껏 뽐낼 기회를 제공해주세요. 그리고 잘만 맞장구쳐주면 이들은 상대가 자신과 같은 관심사를 가지게 되었으며 얼마 안 가 자신과 그것에 관해 대화를 나눌 수 있을 것 같단 생각에 크게 기뻐하게 됩니다.

그리고 실생활에 매우 미숙한 NT 기질의 남자들에게 잔소리는 피하고 묵묵히 챙겨줘 보세요. 그런 센스있는 보살핌에 NT 남자들은 쉽게 넘어갑니다.

(6) NT 기질 남자들에게 해서는 안 되는 것들

NT 기질의 남자들이 가장 힘들어하는 상황은 바로 이해하지 못한 이유로 격한 감정 변화를 보이는 상대를 상대하는 것입니다. 자신은 단순히 토론했다고 생각하는데 갑자기 상대는 화를 낸다거나 상처받았다고 하는 경우 매우 혼란스러워합니다. 그리고 자신은 별일 안 한 것 같은데 상대방이 너무 감동하였다고 하면서 좋아하게 되어도 이들은 어리둥절하게 되지요. 물론 상대방이 긍정적인 감정으로 변하는 경우에는 크게 문제가 되지 않으나 부정적인 감정 변화를 보이는 경우 이들은 매우 난감해합니다. 즉, NT 기질의 남자들에게는 감정을 이해한다는 것이 마치 한국어를 모르는 외국인에게 한국어로 대화하는 것과 같아요. 특히나 여자들의 섬세한 감수성을 이해하게 만드는 것은 외국인에게 용비어천가를 가르치는 것과 같습니다. 따라서 감정적인 이해, 공감, 배려 등을 요구하거나 그것 때문에 이들에게 불만을 표출하면 이들은 상대방을 매우 불편하게 생각하게 됩니다.

또 NT 기질의 남자들에게서 관찰되는 재미있는 현상은 이들에게 외모나 특정 행동에 대해 아무리 놀려도 이들은 '그게 그렇게도 생각될 수 있나 보네.' 정도로 무덤덤하게 받아들인다는 것입니다. 하지만 예를 들어 '선풍기 괴담', '전자레인지 괴담', '물은 알고 있다' 등등의 유사 과학을 주장하며 비합리적이고 비이성적인 주장을 하게 될 때 이들은 과도한 흥분을 하면서 크게 분노하는 것을 볼 수 있을 것입니다. 이들은 비과학적인 말을 사실인 양 주장하는 사람들을 가장 혐오하고 싫어합니다. 절대적으로 조심해야 합니다.

(7) NT 기질 남자들에게 결혼이란

NT 기질의 남자들은 결혼이라는 개념 자체에 대해 깊이 있게 생각해본 적이 없는, 부모님이 하라고 하니깐 해야 하는 것 혹은 언젠가는 해야 하는 것 정도로만 인식하고 있습니다. 평소 많은 것들에 대해 이론적인 측면에서 합리적으

N
T
기
질
의
남
자
들

로 분석하고 새로운 시각으로 받아들이기를 좋아하는 이들이지만 결혼이라는 제도에 대해서는 깊이 있게 따져본 적이 없다는 경우가 많았습니다. 단지 '언젠가는 결혼할 것이고 가정을 꾸릴 것이다.' 정도로 인식하고 있는 경우가 많아요. 그래서 어떤 책임, 의무 이런 것으로 접근하면 이들은 완강히 거부하게 됩니다. 단지 그 사람이랑 있는 것이 좋아서, 함께 하고 싶어서, 말이 잘 통하니까 등등의 이유로 결혼하게 되는 것이지요. 사람에 따라 이들은 사회적 제도 자체에 대한 반감이 많은 편이라 "동거나 결혼이나 뭐가 다르지?" 같은 생각을 하는 경우도 있습니다.

(8) NT 기질 남편과 잘 지내는 법

NT 기질의 남자들은 생각보다 매우 단순합니다. 결혼 생활이라는 게 이들에게는 단지 보호자만 어머니에서 부인으로 바뀐 상황이라 생각해도 무방할 정도로 이들에게는 결혼은 단지 관념 속에서 언젠가는 해야 하는 것 정도로 생각하고 있는 경우가 많아요. 그래서 이상적으로 꿈꿔왔던 결혼 생활이라는 게 딱히 없어요. 그래서 생활 태도가 결혼 전이나 후나 다를 것 없이 그대로 살아가는 사람들이 참 많습니다.

INTJ와 ENTJ 유형의 경우에는 매우 바른 생활 습관을 가지고 있습니다. 그래서 잔소리가 많을 것입니다. 특히 거시적인 안목에서 어떻게 생활하는 것이 앞으로 어떤 발전이 있을지에 대해 항상 고민하는 사람들이라 생활 습관이 조금 게으른 P형의 여자들에게는 참 피곤한 타입이지요. 그래서 이 유형들과는 허심탄회하게 내가 할 수 있는 것과 할 수 없는 것, 잘하는 것과 못하는 것에 관해 대화를 나눌 필요가 있습니다. 그래서 어느 정도 타협점을 찾아야 합니다. 그러지 않으면 이들은 점점 상대를 열등한 존재로 인식하기 시작하게 됩니다.

INTP와 ENTP 유형의 경우에는 정말 생활 습관이 안 좋은 경우가 많습니다. 특히 INTP 유형은 정말 유명하지요. 이 경우에는 그냥 다 큰 애 하나 더 키운다 생각하고 일일이 따라다니면서 챙겨주는 수밖에 없어요. 이들은 일부러 그러는 게 아니라 진짜 몰라서, 정말 잘되지 않아서 그러는 것일 뿐입니다. INTP 유형은 휴가 기간에 혼자 놔두면 일주일 넘게 자기 방안에 처박혀서 씻지도 않고 온종일 게임만 하는 모습도 볼 수 있어요. '정말 어떻게 저럴 수 있을까?' 싶을 만큼 하나에 몰입하면 시간 가는 줄 모르는 사람들입니다. 그래서 이들과 함께 사는 분들은 정말 많이 힘들어합니다. 근데 어쩔 수 있나요? 이미 그 남자를 선택해버린 것이니 별수 없죠. 그냥 다 큰 애 하나 맡아서 키운다 생각하시고 그나마 자기가 할 일은 하고 있다는 점에 위안 삼는 수밖에 없습니다.

5

16가지 성격유형의
여자와 남자 그리고 궁합

드디어 16가지 성격유형을 소개하는 시간이 왔습니다. 레몬테라스의 많은 회원님이 저에게 다뤄달라고 하셨던 주제에 대해 정리해보니까 자그마치 32가지나 되더라구요. 이번 기회에 유형별 여자와 남자에 대해 제대로 한번 파헤쳐 보겠습니다. 물론 그 내용이 그 유형 전체의 특징이라 생각하시면 안 됩니다. 앞서 말씀드렸듯 사람마다 유형발달의 정도가 다 달라서 성격유형마다 그 스펙트럼이 매우 다양합니다. 따라서 절대적인 기준이 될 수가 없으며 사람마다 다 다를 수밖에 없어요. 단지 '그럴 가능성이 크다.' 정도로 이해해주시면 됩니다. 특히 여기서 말하는 안 좋은 궁합은 유형발달 상황이 평균이거나 그 이하인 경우를 기준으로 하고 있습니다. 정말 건강하게 유형발달이 된 분들의 경우에는 본 책에서 언급된 궁합과는 절대 맞지 않습니다. 그리고 스트레스 해소와 관련하여 아로마테라피와 관련한 내용은 광주에 계시는 스텔라 스튜디오의 아로마테라피스트 라윤경 원장님께서 도와주셨습니다. 구체적인 내용은 제가 운영하는 카페에서 라윤경 원장님께 상담받으시면 됩니다.

MBTI for Love (cafe.naver.com/mbtiforlove)

① All that ISTJ

(1) 기본 특징

ISTJ 유형은 실제 사실에 대해 정확하고 체계적으로 기억합니다. 매사에 신중하며 책임감이 강합니다. 집중력이 강하고 현실 감각이 뛰어나, 일할 때 실질적이고 조직적으로 처리해나갑니다. 이들은 직무에서 요구하는 이상으로 일을 생각합니다. 위기 상황에서도 침착하고 충동적으로 일을 처리하지 않습니다. 일관성이 있고 관례적이며, 보수적인 입장을 취하는 경향이 있습니다. 개인적인 반응을 표정으로 잘 드러내지 않지만, 상황을 대단히 개인적인 시각으로 받아들입니다. 현재 문제를 해결할 때 과거 경험을 잘 적용하며, 일상적으로 반복되는 일에도 인내력이 강한 편입니다. 때로는 세부 사항에 집착하고 고집 부리는 경향이 있으나, 업무를 수행하거나 세상일에 대처할 때 행동이 매우 확고하고 분별력 있습니다.

주기능	Si	부기능	Te	삼차기능	F	열등기능	Ne

주기능은 Si로 정보를 자기 안에서 받아들이는 기능을 말합니다. 그리고 전통적인 방식, 기존에 알고 있던 방법을 매우 선호하며 예측 가능한 상황을 선호합니다. 사실적이고 구체적인 정보를 정확하게 잘 다룹니다.이들은 외부에서 들어온 정보보다는 이미 자신이 알고 있는 정보를 더 신뢰합니다. 자기가 알고 있는 정보와 다른 정보가 들어오게 되면 일단 걸러버리는 경향이 강하지요. 그래서

매우 보수적이고 고지식한 모습을 보입니다. 또 세부적인 기억력이 매우 좋아서 단순 암기를 정말 잘하는 편이구요. 또 과거에 있었던 일에 대해 계속 곱씹고 스스로 힘들어하는 경향도 보입니다. 인내심과 끈기가 강한 편입니다.

부기능 Te는 외부 세계에 논리적이고 체계적으로 대응하며 결단력이 있습니다. 아주 효율적이고 효과적으로 자신의 외부 세상을 통제하고 대응합니다.결단력과 리더십이 있으며 매사 효율적으로 상황을 지배하려는 경향이 강합니다. 자신의 결정에 대해 매우 단호한 편이며 논리와 이성으로 자기 주변 환경을 통제하고자 합니다. 일 처리가 깔끔하며 군더더기가 없는 것이 특징이지요. 대체로 업무 중심적, 효율 중심적 사고방식을 가지고 있습니다. 일 중독일 가능성이 큽니다. 불합리한 상황에 분개하며 따지고 들거나 매우 분노하는 경향이 있습니다.

삼차기능 F로 인해 타인의 감정을 공감하고 이해하는 능력이 매우 미숙합니다. 자신의 감정 상태에 따라 주관적으로 판단이 달라지는 것 자체를 일관성이 없다고 생각하여 매우 혐오합니다. 타인이 자신에게 감정적 공감이나 지지, 배려를 요구하는 경우 매우 불편하게 생각하며 힘들어합니다. 그리고 타인으로부터의 간섭이나 참견을 매우 싫어하게 됩니다. 그리고 기존 사회의 윤리, 도덕적 가치 기준에 대해 반감을 보이는 경우가 많습니다. 나와 크게 관련 없는 사람에 대해 무관심하게 생각하는 경향이 강하지요.

열등기능 Ne는 새로운 도전이나 새로운 시각으로 대상을 바라보는 것을 매우 혐오하게 됩니다. 그래서 새로운 시도를 싫어하지요. 늘 고정되고 예측 가능한 환경만 선호하며 타인의 새로운 시도나 새로운 시각에 대해 매우 부정적으로 반응하는 경우가 많습니다.

1차 유형발달 시기에 도달하면 주변 사람들과의 감정적인 마찰이 심해지기 시작하면서 고민에 빠지기 시작합니다. 만약 자존감이 높고 우호적인 환경에 노출되어 있다면 자기 객관화가 시작되며 자기반성을 하기 시작합니다. 그러면서 차츰 삼차기능인 감정기능이 발달하기 시작하면서 타인의 감정, 상황을 고려하기 시작하면서 점점 부드러워지기 시작합니다. 하지만 자존감이 낮고 적대적인 환경에 노출된 상태에 심한 스트레스를 받고 있다면 자기 객관화가 되지 않고 남 탓을 하게 되며 모든 것을 논리와 효율 중심으로 생각하게 됩니다. 매우 계산적이고 속물적인 성향이 강해집니다.

2차 유형발달 시기에 도달하면 단순 반복적인 일상에 대해 매우 무료함을 느끼고 삶의 의욕을 잃기 시작합니다. 그러면서 점점 새로운 취미나 활동에 눈을 뜨기 시작합니다. 또한, 다른 사람들의 다른 의견, 다른 생각에 관해 허용적이고 관대한 모습으로 바뀌어 가기 시작합니다.

1차 유형발달이 건강하게 진행되었다면 자연스레 2차 유형발달도 건강하게 진행되기 시작합니다. 하지만 1차 유형발달이 건강하지 못하면 매우 고지식하고 자기중심적인 깐깐한 사람이 되어버립니다. 소위 전형적인 꼰대가 되어버립니다.

(2) ISTJ 여자들

❶ 남자에게 어필할 수 있는 매력 포인트

ISTJ 유형의 여자들은 매사 진지하고 프로다운 모습을 보여주는 사람들입니다. 고지식한 편이긴 하지만 기품이 있습니다. 어떤 상황에서든 강한 신뢰감을 주는 여자들이라 어느 조직이든 이 유형의 사람이 있다면 그 조직은 매우 안정감을 느끼게 되지요. 이런 느낌을 좋아하는 남자들에게 매우 강한 매력을 어필하게 되며 안정적인 가정을 꾸리고 싶어 하는 남자들이 매우 좋아합니다.

❷ 건강하지 못한 유형발달을 했을 때의 모습

타인과의 관계를 꺼리며 남을 신뢰하지 못하여 혼자 다 하려고 합니다. 남의 사정이나 감정에 대해 알기를 귀찮아하고 자신의 감정이나 생각을 남에게 표현하지 않습니다. 그리고 사소한 일에도 매우 예민하게 반응하여 욱하는 경우가 많습니다. 전체적으로 이런 특징이 강하게 느껴지는 경우 자존감이 낮은 상황에서 적대적인 환경에 장시간 노출된 채로 1차 유형발달의 시기를 보냈을 가능성이 큽니다. 우호적인 환경에서 우호적인 사람들과 어울리는 시간을 많이 보내다 보면 서서히 건강한 방향을 유형발달이 되기 시작합니다.

❸ 스트레스가 심할 때

ISTJ 여자들은 기본적으로 불안감이 심한 편이며 완벽주의에 대한 강박이 심한 편입니다. 특히 예측하지 못한 상황이 발생하게 되었을 때 매우 스트레스를 받게 됩니다. 그리고 그런 스트레스가 심한 경우 쉽게 분노하게 되는 경향도 있습니다.

스트레스 완화에 도움이 되는 오일은 주로 시트러스 계열 오일들로 오렌지, 자몽, 라임, 베르가못, 그린만다린 등이 있으며 달콤한 향기와 혈액순환에 도움이 되는 주니퍼베리, 스피어민트도 스트레스로 인한 부정적 기분을 긍정적으로 만들어줍니다.

강박증으로 인하여 혈압이 높아지고 잦은 두통에 시달리거나 스트레스, 우울, 분노가 들 때는 마음을 차분하게 해주는 꽃오일(라벤더, 일랑일랑, 로만캐모마일, 네롤리, 헬리크리섬)과 나무 수지에서 추출하여 안정감을 주고 정서적 이완에 도움이 되는 프랑킨센스, 샌달우드, 코파이바 등이 도움이 됩니다.

스트레스로 인한 순간적, 혹은 일시적 두통이 잦은 경우 페퍼민트 원액 또는 희석한 것을 관자놀이와 목 뒤에 바르고 호흡하는 방법도 추천합니다.

아로마테라피와 관련하여 좀 더 자세한 정보는 카페에서 확인하시면 됩니다.

MBTI for Love (cafe.naver.com/mbtiforlove)

그리고 일반적으로 자기가 생활하는 공간을 정리하거나 청소하는 과정에서 스트레스가 많이 풀리는 경향이 있습니다.

④ 원하는 연애 스타일과 이상형

ISTJ 유형의 여자는 책임감과 안정성을 매우 중요하게 생각합니다. 또한, 독립적인 경향이 강하여 과도하게 참견하거나 지적, 평가하는 것을 싫어하지요. 그래서 과묵하고 책임감 있으며 자신의 특징을 잘 이해해줄 수 있는 사람을 좋아합니다. 그리고 항상 신뢰감이 가며 조용히 챙겨주고 먼저 도와주는 사람을 좋아합니다. 그러나 충동적이거나 지나치게 활동적인 사람은 부담스러워하는 편입니다. 성격유형 중에서 사랑이 없어도 조건만 맞으면 결혼할 수 있다고 생각하는 유형으로 알려져 있습니다. 특히 경제적인 조건을 매우 중요하게 생각하는 경향이 있습니다.

❺ 가장 잘 맞는 남자 유형

ISTJ 유형의 여자들은 안정성과 책임감을 중요하게 여기고 자신의 독립성을 인정해주는 사람을 좋아하며 신뢰가 가는 사람을 원합니다. 따라서 같은 ISTJ, ESTJ, ISFJ 유형의 남자를 원하는 편입니다. 또한, 자신이 가지지 못한 임기응변과 문제 해결 능력이 뛰어나고 상황 적응력이 좋으며 복잡한 일을 단순화시켜서 쉽게 풀어나가는데 능숙한 ESTP, ENTP 유형과도 매우 잘 맞는 편입니다.

❻ 노력하면 괜찮은 남자 유형

같은 SJ 기질 중 ISFJ와 ESFJ 유형의 남자들은 남자다운 리더십과 감정적으로 기댈 수 있는 강인한 모습이 부족하여 아쉬움이 있지만, 기본적으로 가치관이나 생활 습관, 경제관념이 비슷해서 아쉬운 점을 어느 정도 감수한다면 괜찮은 관계가 됩니다. INTJ와 ENTJ 유형과는 대화의 포인트나 가치관은 달라도 이들이 가진 진취적이고 자기 계발에 철저한 모습에 서로 잘 맞는 관계가 됩니다.

❼ 가장 피해야 할 남자 유형

ISTJ 유형은 16가지 성격유형 중에서 가장 어른스러운 유형이기에 어른스럽지 못하고 충동적이며 아이 같은 성향, 나약한 이미지, 리더십이 부족한 성격유형과는 매우 힘들어질 가능성이 큽니다. 대표적으로 ENFP, ESFP, INFP, ISFP 유형의 남자는 ISTJ 유형의 여자 눈에는 남자답지 못하고 유치하며 귀찮은 존재로 취급할 가능성이 큽니다. 그래서 싸움이 크게 일어날 가능성이 크지요. 그리고 ISTP와 INTP 유형은 생활 태도 면에서 매우 게으르고 나태한 모습을 보여서 ISTJ 유형의 여자가 사사건건 잔소리하면서 싸우게 됩니다. 그리고 INFJ와 ENFJ 유형은 너무 생각이 많거나 이상주의적인 경향이 강해서 현실적인 ISTJ 유형들은 이들과 부딪칠 가능성이 매우 큽니다.

❽ 남자를 만날 때 조심해야 하는 것

ISTJ 유형의 여자들은 남자들을 만날 때 경제적인 조건을 먼저 따지는 경향이 있습니다. 경제적인 조건을 고려해야 하는 건 당연히 중요한 부분이지요. 하지만 이를 너무 노골적으로 티를 낸다면 남자 입장에서는 이를 매우 혐오할 수 있습니다. 따라서 조건을 따지는 것을 티를 내지 않도록 조심해야 합니다.

또한, ISTJ 유형의 여자들은 매우 독립적이고 혼자서 자기 일을 잘 처리해온 탓에 남자가 빈틈이 없는 것처럼 느껴서 다가가기 힘든 이미지가 될 수 있습니다. 의도적으로 적당히 빈틈을 보여서 인간적인 매력을 느낄 수 있게 하면서 남자에게 도움을 청해보는 것도 좋습니다.

자기만의 기준이 꽤 높고 까다로운 편입니다. 위생이나 시간개념, 경제관념 등에 대한 기준이 높아서 상대가 거기에 못 미치는 경우 잔소리가 많아지게 됩니다. 조금은 관대해질 필요가 있습니다.

❾ 이별 후 대처법

ISTJ 유형의 여자들은 자신의 감정이나 상처를 남들에게 잘 공유하지 않기에 연인과 이별하고 난 후 혼자서 묵묵히 삭히거나 견뎌내는 경우가 많습니다. 기본 성향 자체가 매우 강인한 편이지만 세부적인 기억력이 좋고 오래가기 때문에 그 상처와 감정, 추억 등이 오래가는 편입니다. 그래서 ISTJ 유형들은 주위 환경을 정리 정돈하고 앞으로의 계획을 세워보는 등의 활동을 통해서 그 상황을 잊어가도록 노력하는 것이 좋습니다.

⑩ 상황별 궁합

ISTJ 유형의 여자들은 기본적으로 자신의 본분을 다하려고 하는 역할에 대한 책임감과 사명감이 투철한 사람입니다. 그래서 부모와의 관계에서도 인정받는 경우가 많아요. 맏아들, 맏딸이 아니어도 맏이 역할을 하는 경우가 많습니다. 하지만 부모가 ESTJ, ENTJ 유형이라면 속도감에서의 차이 때문에 잔소리를 듣게 되는 경우가 종종 있습니다. 특히 ESTJ 부모 밑에서 자라는 ISTJ 유형의 경우 부모의 기에 눌려서 주눅이 들어있는 경우가 종종 있습니다. 그리고 NF 기질의 부모인 경우 부모에 대해 불만을 많이 품고 있을 가능성이 존재하며 NT 기질의 부모인 경우 감정적인 교류가 부족하여 감정적인 어려움을 가지고 있을 가능성도 있습니다.

ISTJ 유형의 어머니들은 자녀 교육에 지대한 관심이 있는 경우가 많습니다. 엄마로서 자신의 책임과 본분을 다하려고 하지요. 그래서 사교육에 열을 올리는 경우가 많아서 아이들이 힘들어할 가능성이 큽니다. 또한, NF/NT 기질의 자녀인 경우 엄마와의 학습 습관과 학습법이 달라서 아이들 공부에 심각한 악영향을 미치는 경우가 종종 있습니다. 그래서 학업 성취도가 매우 안 좋은 경우가 많고 사춘기를 지나는 시점에서는 방황하는 경우가 많습니다. 이와 관련해서는 저의 또 다른 책《MBTI 공부혁명 ver. 청소년(법률저널)》을 참고하시기 바랍니다.

이들은 또한 직장에서는 꼭 필요한 존재로 인정을 받습니다. 어느 조직이든 이 유형의 사람이 한 명이라도 있으면 그 조직은 매우 안정감을 가지게 되거든요. 그래서 이들을 필요로 하는 곳이 많아서 마음먹고 취업하고자 한다면 얼마든지 취업이 가능한 유형입니다. 이들과 궁합이 잘 맞는 상사로는 대체로 ESTP, ENTP, ESTJ, ENFJ, ENTJ 유형들입니다. 하지만 이들의 부하 직원으로서 가장 맞지 않은 유형은 대표적으로 ESTP 유형을 꼽을 수 있지요. 이는 ESTP 유형들은 효율적이고 효과적인 방법을 찾아서 거기에 가장 적합한 사람한테 일을 지시하는데 특화되어 있어서 이들이 상사로 있으면 ISTJ 유형들은 정말 일을 수월하게 해결할 수 있어요. ESTP 유형들은 자신이 시키는 대로 정확하게 처리하는 ISTJ 유형들이 매우 믿음직스럽구요. 하지만 이게 반대가 된다면 ISTJ 유형들은 규정대로 일을 지시하나 ESTP 유형들은 그 지시의 목적을 달성하기 위한 가장 효율적이고 효과적인 방법으로 일을 처리하게 됩니다. 그럼 자신의 지시대로 따르지 않은 ESTP에 대해 매우 불편한 마음을 가지게 되어 잔소리하게 되지요. 대체로 SP 유형이 아랫사람으로 있으면 사이가 틀어지기 시작합니다.

친구 관계에서는 같은 SJ 기질과 잘 맞는 편이며 SP, NT 기질과도 어느 정도 거리를 유지하며 잘 지내는 편입니다. 하지만 NF 기질의 사람들과는 잘 맞지 않은 편입니다. 특히 정반대 유형인 ENFP 유형과는 매우 불편한 감정과 피곤함을 느끼게 되지요.

(3) ISTJ 남자들

❶ 여자와의 차이점

ISTJ 남자들은 여자들과 기본적인 특징은 비슷하지만, 실제 만나보면 차이가 좀 있습니다. 사회성이 매우 좋거나 아예 없는 양극단인 경우가 많아요. 체감상 사회성이 부족한 경우가 많았습니다. 아마 관계 지향적인 감정형이 다수인 여자 집단과는 달리 문제 해결 지향적인 사고형이 다수인 남자 집단의 특징 때문에 굳이 주변 사람들과 어울리지 않고 자기 할 일만 맡아서 열심히 하면 된다고 생각하는 ISTJ 특징과 잘 맞기 때문이지요. 그래서 더 보수적이고 깐깐하게 구는 경우가 많으며 자신의 판단과 생각을 쉽게 바꾸려고 하지 않습니다. 특히 MBTI나 각종 심리검사 도구를 매우 불신하는 경향이 있어요.

❷ 남자들의 특징

이들은 16가지 성격유형 중에 가장 많이 같은 성격으로 책임감과 신뢰의 상징이지요. 그래서 절대 허튼짓 안 하고 가정적이며 충직한 아버지로서 역할을 다합니다. 안정적인 연애와 결혼 생활을 원하는 분에게는 최고의 남자지요.

하지만 대체로 보수적인 성향이 강합니다. 새로운 것을 거부하는 경향이 강하지요. 그래서 매우 깐깐합니다. 소위 꼰대 같다고 생각하면 됩니다. 남의 말을 잘 안 듣는 편이고 자기가 알고 있는 것과 다른 정보를 접하면 일단 걸러서 듣는 경향이 강합니다. 자기 자신에 대한 확신과 자신감이 강하며 책임감이 강하지요. 전통적인 가치관을 매우 중요하게 생각해서 효자인 경우가 많습니다. 특히 자신이 한 가정의 가장이라는 자각이 생기게 되면 그때부터 효심이 매우 지극해지며 자신의 부인에게까지 대리 효도를 시키려고 하는 경향이 강합니다.

자신이 아니라고 판단한 부분에 대해서는 매우 단호하게 거절하는 경향이 있어요. 그래서 특정 문제에 관해 연인이나 배우자와 다투었을 경우, 그 문제를 확실하게 매듭지으려고 하는 경향이 강하여 회피하는 모습은 좀처럼 보기 힘듭니다. 매우 윤리 의식이 강하며 특히 거짓말하는 것을 매우 싫어합니다. 실제로 IQ는 그리 높은 편은 아니지만 성실, 뚝심, 근성 등의 자질이 좋아서 공부를 매우 잘하는 경향이 강합니다. 하지만 요령이 부족하고 임기응변이 약해서 일머리는 딱히 좋은 편은 아니지요. 그러나 언제 어디서든 이 사람들은 신뢰가 가고 안정감을 느끼도록 합니다.

❸ 좋아하는 것과 싫어하는 것

대체로 우직하고 성실하게 노력하여 성과를 얻는 형태의 취미를 좋아합니다. 달리기, 등산, 자전거 등 자기 관리 및 성취감을 얻을 수 있는 취미를 매우 좋아하지요. 그리고 흥청망청 노는 것 자체를 매우 혐오해요. 그래서 유흥을 싫어하는 경우가 많아요. 성실과 노력은 절대 배신하지 않는다는 가치관을 가지고 있으며 노력하지 않고 거저 얻으려고 하는 무임승차하려는 사람들을 매우 혐오합니다.

❷ 경제 개념과 재테크

성격유형 중에서 재테크의 달인으로 유명한 성격 중의 하나입니다. 절약하는 것이 어릴 때부터 몸에 밴 사람들이지요. 어떻게 하면 더 아낄 수 있을 것인가 하는 생각으로 살아갑니다. 전형적인 자린고비의 모습을 볼 수 있습니다. 그리고 돈의 가치를 매우 중요하게 생각해서 중요한 사람에게 그 목적에 맞는 수준의 대접을 해야 한다는 생각을 가지고 있어요. 일례로 결혼할 상대의 부모님을 처음 인사하러 가는 자리에서 상대 부모님이 격식이 있는 장소가 아닌 곳에서 자신을 대접했다고 하여 그 자리가 끝나고는 결혼할 상대에게 불같이 화를 냈다고 하는 사례도 있었습니다.

❺ 유형발달의 상태에 따른 특징

건강한 유형발달을 한 ISTJ 유형들은 정말 중후하고 멋진 사람들입니다. 자기 계발과 자기 관리에 매우 철저하면서도 상대를 배려하고 공감하고자 하며 매우 관대하지요. 함께 있다면 절로 존경심이 나오는 사람들입니다. 나이가 들어도 정말 건강한 신체와 훌륭한 인격이 풍기는 사람들입니다.

하지만 건강하지 못한 유형발달을 한 ISTJ 유형의 남자들은 매우 고지식하고, 히스테릭하며 매사 돈의 가치로 상대방을 평가합니다. 자기가 손해를 보거나 돈을 낭비하게 되는 경우 매우 화를 내면서 계산을 칼같이 하려고 하지요. 또한, 자존감이 매우 낮아서 자신의 잘못에 대해 인정하고 사과하는 일이 거의 없어요. 항상 남을 이기려고 드는 경향이 강해요. 특히 ISTJ 남자들이 가진 근면, 성실, 뚝심, 책임감 등의 자질로 인해 남들보다 빠르게 승진하거나 성공하는 사례가 많습니다만 그것과는 별개로 건강하지 못하게 유형발달을 한 경우가 많습니다. 그래서 자수성가형 ISTJ, 치열한 경쟁을 뚫고 성공한 ISTJ 유형들은 대인관계 기술에서 매우 문제가 많으며 특히 상대를 가스라이팅하려고 하는 경향이 매우 강합니다. 정말 조심해야 합니다.

❻ 라이프 스타일

자신의 스케줄러에 하루하루 일정이 꽉 짜여있으며 계획대로 생활하는 사람들입니다. 매우 근면 성실하며 항상 예측 가능한 생활 패턴을 가지고 있어요. 일없이 밖을 나돌아다니거나 일정에 없는 일을 하는 것에 대해 매우 불편하게 생각하지요. 집안에 가구나 물건들은 항상 제자리에 잘 정리 정돈되어 있으며 수시로 쓸고 닦고 정리를 합니다. 싱글일 때도 집안 분위기는 매우 깔끔하며 항상 바쁜 것처럼 보입니다. 자기 관리에 철저하기 때문이지요.

❼ 만날 수 있는 곳

대체로 돈을 다루는 은행이나 회계사무소에 가장 많으며 대기업에서도 가장 선호하는 유형이지요. 그리고 공무원 집단에서도 참 많습니다. 또한, 동호회 활동도 열심히 하는 편인데 대체로 자기 계발과 관련된 동호회에 많은 편이지요. 자전거, 등산, 하이킹, 캠핑 같은 취미를 좋아합니다. 사람들과 막 어울려서 노는 사교 활동에는 만나기 힘든 타입이지요.

❽ 설득의 포인트

이들은 어떤 주제에 대해 한번 판단을 내리면 잘 바꾸려고 들지 않아요. 정말 고지식하지요. 그럴 때 쓰는 방법이 있습니다. 사전에 내가 원하는 것에 관한 정보를 제삼자에게 먼저 흘려서 그 사람이 이들한테 말하도록 합니다. 그리고 하루 이틀 정도 지나서 또 다른 사람이 이들에게 말을 하도록 합니다. 그 후 본인이 그것에 관해 이야기하면 이들은 내가 한 말에 대해 사전 정보가 있었기에 쉽게 받아들이게 되지요.

이들은 책임감이 강하기에 상대 여자를 자신이 챙겨줄 수 있다는 생각이 들 때 관심을 많이 가지게 됩니다. 또한, 성격유형 중에서 상대의 조건을 많이 따지는 유형 주에 하나여서 상대의 직장이나 부모, 재산, 학력 등을 많이 보는 편입니다. 매우 안정 지향적인 사고방식을 가지고 있기에 장기적으로 결혼까지 가능하겠다고 판단이 드는 상대에게 마음을 여는 편이며 그 판단의 조건이 매우 까다로운 편이지요. 따라서 그들의 판단에 확신이 들 때까지는 절대 방심해서는 안 됩니다.

❾ 이들에게 사랑이란

책임감과 안정감입니다. 이 사람과 장기적으로 안정적인 관계가 유지될 수 있을지, 자신이 그런 책임을 질 수 있을지를 무엇보다도 중요하게 생각합니다. 감정으로서의 사랑은 함께 살다 보면 절로 생겨나는 것으로 생각하는 경향이 강하지요.

⑩ 연애 스타일

매사 진지하고 계획적이어서 예측 가능한 행동반경을 가지고 있습니다. 그래서 솔직히 재미는 없는 편이며 자신의 기준에 상대가 합격해야만 마음을 열기에 시간이 오래 걸리는 편입니다. 하지만 한번 마음을 열면 끝까지 최선을 다하는 편이며 상대에게 헌신하는 편입니다. 평소 자신의 생각이나 느낌을 잘 표현하지 않아서 대체로 필요한 것이 있어야만 연락하는 편입니다. 기본적으로 한번 마음을 정하면 쉽게 바꾸는 타입이 아니라서 권태기에 잘 빠져들지 않는 편이지요.

⑪ 이상형

자신의 보수적인 성향에 어울리는 여성을 원합니다. 조금 고지식하여 자신의 보수적인 기준을 벗어나는 여자들은 바로 부정적인 평가를 하면서 관계를 단절합니다. 특히 자기 마음에 들지 않는 여자한테는 단돈 10원도 쓰기 싫어하는 편입니다. 물론 상대의 조건이 자기 기준보다 훨씬 높을 경우 고지식하고 보수적인 기준은 그냥 버리고 바로 호감을 가지지요. 대체로 보수적인 정장 스타일의 옷과 패션을 좋아합니다. 특히 결혼하고 나면 배우자의 옷차림에 엄청나게 잔소리가 많아지는 편입니다.

⑫ 이들에게 어필하는 방법

일단 직업이나 재산, 부모 등의 조건이 좋으면 이들은 그냥 호감을 바로 가지는 편입니다. 그리고 이들에게 순종적이고 보수적인 모습을 보일 때 이들은 쉽게 호감을 느낍니다.

이들은 기본적으로 대인관계 기술이 부족하며 여자들에게 플러팅하는 기술이 부족하여 마음에 드는 여자한테 먼저 다가가지 못하고 주위만 맴돌거나 그 냥 마음만 가지고 있는 경우가 많습니다. 그래서 어느 정도 이들이 다가올 수 있도록 기회를 만들어주는 것이 필요합니다. 이 유형의 남자가 마음에 든다면 절대 자존심 챙기려고 하지 말고 먼저 연락해보는 것도 추천드립니다. 물론 너 무 티가 나게 하진 마시고 어떤 문제를 하나 던져 주고 도와달라고 하여 이들 이 다가올 수 있는 명분을 만들어주면 자연스레 이어질 수 있습니다.

ⓘ 싫어하는 여자 스타일

보수적 가치 기준을 벗어나는 여자들을 싫어합니다. 생각보다 매우 보수적 이고 꼰대 기질이 강해서 옷차림이 너무 야하거나 화장이 진한 경우, 강렬한 향수를 쓰거나 과도하게 명품으로 치장된 경우, 이들은 딱 거부감을 느끼게 됩니다. 그리고 너무 대놓고 들이대도 이들은 경계하지요. 정말 신중하고 돈의 가치를 중요하게 여기며 경계심이 많아서 혹시나 자기 돈을 탐하는 꽃뱀은 아 닐까 하는 경계의 눈초리로 지켜보는 편이거든요.

ⓘ 감동 포인트와 격려 방식

이들은 자신의 노력과 근성에 의한 성취를 인정하고 축하해줄 때 매우 좋아 합니다. 그리고 상대의 노력 그 자체를 알아주는 것만으로도 감동하지요. 또 시의적절한 어느 정도 가치 있는 선물에 대해서도 크게 감동합니다. 하지만 입 에 발린 칭찬, 너무 감성적인 말, 싸구려 선물 등에는 전혀 반응하지 않습니다.

⑮ 이별을 생각하게 되는 경우

상대의 배신에 대해 매우 민감하게 반응합니다. 인간관계에서 신의, 신뢰를 매우 기본으로 생각하기에 상대가 배신했다고 생각하는 경우 과감하게 관계를 단절합니다. 그리고 상대의 치명적인 거짓말이 드러난 경우에도 이별을 생각하게 됩니다. 또한, 상대의 조건이 매우 안 좋아져서 자신 또한 힘들어질 것 같다는 생각이 드는 경우 매우 현실적인 ISTJ 유형들은 과감히 관계를 단절하는 경향이 있습니다.

⑯ 재회 가능성과 방법

기본적으로 ISTJ 유형들은 한번 자신이 판단을 내리면 번복하려고 하지 않습니다. 그래서 이들이 먼저 이별을 고한 경우 재회 가능성은 극히 적다고 볼 수 있어요. 비록 이별 후유증을 심하게 앓고 있다 하더라도 이별을 하게 한 원인이 제거되지 않았다면 다시 돌아올 가능성은 극히 적습니다. 이들의 장기가 바로 아무리 힘들어도 꾹 참고 견디는 끈기거든요.

⑰ 이들에게 결혼이란

이들은 자신의 상황이 한 가정을 책임지고 이끌어나갈 수 있겠다는 생각이 들 때 결혼을 생각하게 됩니다. 그래서 그런 판단이 들기 전에는 결혼을 계속 미루지요. 자신이 판단하기 전까지는 좀처럼 설득이 안 되는 편입니다. 그리고 결혼 상대에 대한 조건을 매우 까다롭게 보는 편입니다. 그래서 연애 상대자와 결혼 상대자가 다른 경우가 많아요. 연애의 조건과 결혼의 조건이 다른 경우가 많거든요.

이 유형은 자신의 본분, 역할, 지위, 사회적 이미지 등을 중요하게 생각하기에 비혼인 경우가 거의 없습니다. 그리고 한 가정의 아버지로서 자녀는 꼭 있어야 한다고 생각해서 딩크 가정이 될 가능성은 거의 없습니다.

⑱ 결혼 생활의 특징

이들은 싱글 생활할 때도 집안 살림에 대가인 경우가 많습니다. 청소, 빨래, 설거지, 정리 정돈, 쓰레기 분리수거 등등 정말 잘해요. 그래서 배우자가 살림에 미숙한 경우 못 미더워서 본인이 다 해버리는 경우도 많습니다. 육아에 대해서도 책임감 때문에 적극적으로 참여하는 경우가 많아요. 하지만 대체로 맞벌이를 원하는 경우가 정말 많아요. 자기 혼자 돈 벌어서 언제 돈을 모으고 큰 자산을 얻을 것인가에 대한 걱정이 많아서 결혼 상대자를 고를 때 직장과 맞벌이를 꼭 조건으로 생각하는 경우가 많습니다.

대체로 경제관념이 안 맞아서 여자가 돈을 헤프게 쓰거나 잘 모으지 못하는 경우 갈등이 심하게 일어나며 상대를 통제하고 관리하려는 욕구가 대체로 강한 편이라 자신의 의견을 따라주지 않을 경우 갈등이 심한 편입니다.

⑲ 잘 어울리는 여자 유형

같은 ISTJ 유형이나 ISFJ 유형의 여자들과 정말 잘 맞습니다. 갈등 상황은 거의 없으며 정말 행복하고 화목하게 잘 살 가능성이 매우 크지요. 그리고 ESTJ, ESFJ, ENFP, INTJ, ENTJ 유형들과는 어느 정도 서로 노력만 하면 정말 잘 맞는 편입니다. 특히 정반대 유형인 ENFP 유형의 경우 이들의 잔소리만 딱 참고 견디면 모든 집안일을 이들이 알아서 다 해주고 세심히 챙겨줘서 매우 재미있게 잘 산다고 하네요.

ISTJ

⑳ 이들과 잘 살기 위한 조언

이들은 매우 보수적입니다. 그래서 새로운 것, 예측하지 못한 상황 등을 매우 싫어합니다. 그리고 정리 정돈 안 되어 있고 혼란한 상황을 매우 싫어해요. 그래서 이들과 잘 지내려면 반드시 일정한 계획에 따라 움직이는 것이 좋고 하고자 하는 일에 대해 사전에 이들에게 알리는 것이 중요합니다. 또 시간 약속에 매우 민감하여 이들과의 약속 시각은 반드시 칼같이 지키는 것이 중요합니다.

㉑ 갈등 해소 방식

이들은 일단 자신의 생각과 판단을 존중하면서 인정해주는 것이 중요합니다. 그 이후에 자신이 왜 다르게 생각했는지를 차근차근 설명하는 것이 중요해요. 그러면 이들은 자신과 다른 점에 대해 이해하고 상대의 의견을 받아들입니다. 만약 이들의 생각과 판단을 들어주지 않고 자기 생각만 주장한다면 계속 부딪칠 것입니다. 특히나 이들은 기억력이 좋아서 사소한 것 하나까지도 다 기억하거든요. 그래서 한번 부딪친 일은 절대 잊지 않고 다음에 기회가 생길 때 또 걸고넘어지게 됩니다.

㉒ 이들을 빡치게 만드는 방법

자신의 힘든 감정을 호소하고 공감을 요구하며 징징거릴 때 이들은 매우 힘들어합니다. 그리고 갑작스러운 상황 변화를 반복해서 겪게 하면 엄청 화를 내기 시작할 거에요. 또 이들의 주장을 들어보지도 않고 무시하면서 자신의 주장만 반복하면 이들이 화가 나서 폭주하는 모습을 볼 수 있을 것입니다.

②

All that ESTJ

(1) 기본 특징

일을 조직하여 프로젝트를 계획하고 추진하는 능력이 있습니다. 사업이나 조직을 현실적, 사실적, 체계적, 논리적으로 이끌어나가는 데 타고난 재능을 지녔습니다. 혼란스럽고 불분명한 상태 또는 실용성이 없는 분야에는 큰 흥미가 없으나, 필요하다면 언제든지 이를 응용하는 힘이 있습니다. 분명한 규칙을 중요하게 여기며, 그에 따라 행동합니다. 또한, 규칙을 준수하며 일을 추진하고 완수합니다. 어떤 계획이나 결정을 내릴 때 확고한 사실에 바탕을 두고 이행합니다.

주기능 Te	부기능 Si	삼차기능 N	열등기능 Fi

주기능 Te는 외부 세계에 논리적이고 체계적으로 대응하며 결단력이 있습니다. 아주 효율적이고 효과적으로 자신의 외부 세상을 통제하고 대응합니다.결단력과 리더십이 있으며 매사 효율적으로 상황을 지배하려는 경향이 강합니다. 그리고 매우 성격이 급한 편이지요. 자신의 결정에 대해 매우 단호한 편이며 논리와 이성으로 자기 주변 환경을 통제하고자 합니다. 일 처리가 깔끔하며 군더더기가 없는 것이 특징이지요. 대체로 업무 중심적, 효율 중심적 사고방식을 가지고 있습니다. 일 중독일 가능성이 큽니다. 불합리한 상황에 분개하며 따지고 들거나 매우 분노하는 경향이 있습니다.

부기능 Si는 정보를 자기 안에서 받아들이는 기능을 말합니다. 그리고 전통적인 방식, 기존에 알고 있던 방법을 매우 선호하며 예측 가능한 상황을 선호합니다. 사실적이고 구체적인 정보를 정확하게 잘 다룹니다.외부에서 들어온 정보보다는 이미 자신이 알고 있는 정보를 더 신뢰합니다. 자기가 알고 있는 정보와 다른 정보가 들어오게 되면 일단 걸러버리는 경향이 강하지요. 그래서 매우 보수적이고 고지식한 모습을 보입니다. 또 세부적인 기억력이 매우 좋아서 단순 암기를 정말 잘하는 편이구요. 또 과거에 있었던 일에 대해 계속 곱씹고 스스로 힘들어하는 경향도 보입니다. 인내심과 끈기가 강한 편입니다.

삼차기능 N으로 인해 삶의 진지함, 인생의 철학 등에 관심이 없고 오로지 물질적인 쾌락만을 추구하는 경향이 강하며 사람의 깊이가 없다는 느낌을 많이 받게 됩니다. 어떤 대상에 대해 거시적으로 통찰력을 발휘하여 앞으로 어떻게 되어갈지에 대해 생각하는 능력이 부족합니다. 그리고 새로운 도전이나 새로운 시각으로 대상을 바라보는 것을 매우 혐오하게 됩니다. 그래서 새로운 시도를 싫어하지요. 늘 고정되고 예측 가능한 환경만 선호하며 타인의 새로운 시도나 새로운 시각에 대해 매우 부정적으로 반응하는 경우가 많습니다.

열등기능 Fi로 인해 타인의 감정을 공감하고 이해하는 능력이 매우 미숙합니다. 자신의 감정 상태에 따라 주관적으로 판단이 달라지는 것 자체를 일관성이 없다고 생각하여 매우 혐오합니다. 타인이 자신에게 감정적 공감이나 지지, 배려를 요구하는 경우 매우 불편하게 생각하며 힘들어합니다.

1차 유형발달 시기에 도달하면 자기가 알고 있는 것만을 신뢰하는 모습에 타인과 마찰을 일으키기 시작합니다. 만약 자존감이 높고 우호적인 환경에 노출되어 있다면 자기 객관화가 시작되며 자기반성을 하기 시작합니다. 그러면서 차츰 삼차기능인 직관기능이 발달하기 시작하면서 자기 혼자만으로는 많은 일을 제대로, 효율적으로 처리하기에 부족함을 느끼게 되며 타인의 새로운 의견, 새로운 시각을 배우게 됩니다. 점차 자신의 틀을 깨기 시작하면서 타인의 의견에 귀 기울이기 시작합니다. 하지만 자존감이 낮고 적대적인 환경에 노출된 상태에 심한 스트레스를 받고 있다면 자기 객관화가 되지 않고 매우 고집 스럽게 변해가면서 타인의 의견에 대해 반대를 위한 반대를 하게 됩니다. 자신 에겐 관대하며 타인에겐 매사 부정적으로 대하게 됩니다.

2차 유형발달 시기에 도달하면 점차 자기 곁에 사람들의 감정이 눈에 보이기 시작하면서 주변 사람을 챙기기 시작합니다. 성과를 올리는 데에 꼭 업무적 효 율만이 중요한 것이 아닌 인화 또한 매우 중요하다는 것을 깨닫게 되지요.

1차 유형발달이 건강하게 진행되었다면 자연스레 2차 유형발달도 건강하게 진행되기 시작합니다. 하지만 1차 유형발달이 건강하지 못하면 매우 고지식하 고 자기중심적인 깐깐한 사람이 되어버립니다. 소위 전형적인 꼰대가 되어버 립니다.

(2) ESTJ 여자들

❶ 남자에게 어필할 수 있는 매력 포인트

당찬 리더십을 가지고 자기 일을 딱 부러지게 해내는 알파걸의 매력을 지닌 여자입니다. 자기 관리에 매우 철두철미하며 남자를 리드해나갈 수 있는 매력 을 가지고 있지요. 꾸준한 자기 관리와 자기 계발로 인해 뿜어져 나오는 카리스마가 이 여자들의 매력입니다. 자기 일에 프로페셔널한 태도로 임하는 커리어우먼의 매력이 있습니다.

❷ 건강하지 못한 유형발달을 했을 때의 모습

성격이 매우 급하며 타인의 의견에 반대를 위한 반대를 합니다. 매우 공격적이며 매사 성급하게 판단 내리려고 합니다. 다름과 틀림의 차이를 인정하지 않고 타인에게 잔소리가 심해집니다. 전체적으로 이런 특징이 강하게 느껴지는 경우 자존감이 낮은 상황에서 적대적인 환경에 장시간 노출된 채로 1차 유형발달의 시기를 보냈을 가능성이 큽니다. 우호적인 환경에서 우호적인 사람들과 어울리는 시간을 많이 보내다 보면 서서히 건강한 방향을 유형발달이 되기 시작합니다.

❸ 스트레스가 심할 때

ESTJ 유형의 여자들은 성격이 매우 급하고 상황을 통제하려는 욕구가 강하며 자신의 뜻대로 되지 않으면 스트레스를 심하게 받는 경향이 있습니다. 완벽주의적인 성향이 강하여 강박증도 있으며 순간 욱하는 경향이 강하여 분노 조절에도 힘들어하는 경우가 많습니다.

스트레스 완화에 도움이 되는 오일은 주로 시트러스 계열 오일들로 오렌지, 자몽, 라임, 베르가못, 그린만다린 등이 있으며 달콤한 향기와 혈액순환에 도움이 되는 주니퍼베리, 스피어민트도 스트레스로 인한 부정적 기분을 긍정적으로 만들어주는 데 도움이 됩니다.

강박증으로 인하여 혈압이 높아지고 잦은 두통에 시달리거나 스트레스, 우울, 분노가 들 때는 마음을 차분하게 해주는 꽃오일(라벤더, 일랑일랑, 로만캐모마일,

네롤리, 헬리크리섬)과 나무 수지에서 추출하여 안정감을 주고 정서적 이완에 도움이 되는 프랑킨센스, 샌달우드, 코파이바 등이 도움이 됩니다.

스트레스로 인한 순간적, 혹은 일시적 두통이 잦은 경우 페퍼민트 원액 또는 희석한 것을 관자놀이와 목 뒤에 바르고 호흡하는 방법도 추천합니다.

아로마테라피와 관련하여 좀 더 자세한 정보는 카페에서 확인하시면 됩니다.
☕ **MBTI for Love** (cafe.naver.com/mbtiforlove)

그 외에도 익숙한 일상생활에 복잡한 것을 잊고 소소한 즐거움을 즐기는 과정에서 스트레스가 많이 풀립니다.

❹ 원하는 연애 스타일과 이상형

매사 명확하고 예측 가능하며 진지한 것을 좋아하는 ESTJ 유형은 이상형 또한 그런 특징을 가지고 있습니다. 애매한 표현보다는 확실하고 분명하게 애정을 표현하는 사람을 좋아하며 매사 진중하고 깊은 대화가 통하는 사람을 좋아합니다. 그리고 물질적인 가치를 중요하게 생각하기에 어느 정도 값이 나가는 선물을 선호합니다. 그리고 자기가 한 말에 대해 끝까지 지키는 것을 매우 중요하게 생각합니다. 성격유형 중에서 사랑이 없어도 조건만 맞으면 결혼할 수 있다고 생각하는 유형으로 알려져 있습니다. 특히 경제적인 조건을 매우 중요하게 생각하는 경향이 있습니다.

❺ 가장 잘 맞는 남자 유형

자기 계발과 업무 중심, 성과 중심적 사고방식을 가지고 있는 ESTJ 유형의 여자에게는 같은 성격유형의 남자가 가장 잘 맞습니다. 그래야 서로의 성향과 가치관이 맞아서 마찰 없이 잘 지낼 수 있어요. 그리고 ESTJ 유형과 비슷하게 자기 계발과 자기 관리에 철저한 ENTJ 유형의 남자와도 매우 잘 맞는 편이지요. 이 두 유형을 만나게 되면 정말 싸우지 않고 평생 단짝처럼 잘 지낼 가능성이 큽니다.

⑥ 노력하면 괜찮은 남자 유형

비슷한 사고방식을 가진 ISTJ와 INTJ 유형과는 어느 정도 잘 맞습니다. 단지 행동으로 옮기는 속도의 차이가 커서 ESTJ 유형의 여자들이 좀 답답하게 생각하는 경향이 있지요. ISFJ와 ESFJ도 어느 정도 상대의 특징을 이해하면 큰 갈등 없이 맞추며 살아갈 수 있어요.

⑦ 가장 피해야 할 남자 유형

너무 개성이 뚜렷하고 자기 스타일이 강하여 타협이 어려운 ESTJ 유형의 특성상 앞서 소개한 네 성격을 제외한 나머지 성격유형들과는 정말 마찰이 심한 편입니다. 특히 정반대 유형인 INFP 유형의 남자들은 ESTJ 유형의 여자들을 극도로 혐오하는 관계가 되지요. 가끔 상담하러 가정 방문했을 때 이 조합의 부부를 만나게 되는 경우가 있습니다. 그럴 때 정말 너무 안타깝더라구요. 둘 다 개별적으로 볼 때는 정말 멋진 성격이지만 같이 있으면 정말 상극이 되어버립니다.

⑧ 남자를 만날 때 조심해야 하는 것

ESTJ 유형의 여자들은 남자친구나 배우자와의 갈등을 조절하는 과정에서 타협이 어려운 편입니다. 항상 자기 생각, 자기 판단이 맞다고 생각하며 상대가 따르도록 강요하는 경향이 매우 강하지요. 업무와 관련된 판단은 참 정확

ESTJ

하고 효율적이며 빠르게 판단하여 어딜 가나 인정받지만 인간관계에서는 그런 특징은 매우 성급하고 고지식하며 남을 힘들게 할 뿐이지요. 그래서 틀림과 다름을 인정하고 남에게 관대하며 타인의 입장을 고려하여 이해하는 여유를 반드시 길러야 합니다. 그러지 않으면 항상 마찰이 심해집니다.

❾ 이별 후 대처법

ESTJ 유형들은 워낙 자기 관리가 철저하고 자기 계발에 열심히 노력하는 사람들이라 이별을 겪어도 빠르고 단호하게 감정을 정리하는 편입니다. 대부분 평소 자신의 일에 몰입하기 시작하면서 감정을 정리하는 편이지요.

❿ 상황별 궁합

ESTJ 유형은 부모와의 관계에서 자식 된 도리를 다하려고 하는 경향이 매우 강합니다만 부모의 실수나 잘못 등을 대놓고 지적하는 리틀 시어머니 역할도 하고 있을 가능성이 큽니다. 특히 SJ 기질의 부모가 아닌 다른 기질의 부모와는 더욱 그런 관계가 심해지는 편이지요. 그리고 부모가 매우 경제적으로 힘든 경우 스스로 가장의 역할을 맡아서 집안 경제를 책임지는 경우가 많습니다. 이 경우 자수성가형 ESTJ의 안 좋은 특징을 같이 가지고 있을 가능성이 큽니다.

자녀와의 관계에서는 그 어느 성격보다도 자녀 교육에 매달리는 전형적인 '돼지엄마' 이미지를 가지고 있습니다. 현재 자기 인생의 목표는 오로지 자녀가 공부로 성공하는 것으로 생각하는 ESTJ 유형의 어머니들이 많습니다. 그 어느 성격보다도 주변 사교육 정보와 상황에 대해 훤하며 또래 아이들의 어머니들에게 큰 영향력을 미치는 편입니다. 하지만 이런 극성스러운 어머니의 노력과는 별개로 자녀는 매우 지쳐있는 경우가 많으며 사춘기에 들어갔을 때 자녀가 심하게 반항하며 방황하게 되는 경우가 많습니다. 그리고 특히 NF와 NT 기질의 자녀일 경우 학습 습관과 학습법이 어머니와 완전히 다른데도 불구하고 어머니의 학습법만을 강요하여 자녀의 학업 성취도가 최악으로 떨어지는 경우가 정말 많습니다. 실제로 취업이 힘들어서 공무원시험을 준비하지만, 장기간 계속 실패만 한 NF 기질의 청년들과 상담을 해보면 그 배경에는 ESTJ 부모가 꼭 한 명 이상은 있었습니다. 사교육과 관련하여 학원 관계자 말만 믿고 주변 사람들의 말은 걸러 듣는 경향이 강하여 잘못된 정보를 가진 ESTJ 어머니들이 정말 많습니다. 반드시 《MBTI 공부혁명 ver. 청소년(법률저널)》을 읽어보셔서 자녀 교육에 활용하시길 간곡히 부탁드립니다.

직장에서는 그 어느 성격보다도 윗사람들이 좋아하고 선호하지요. 이 유형들은 구직 활동을 했을 때 가장 먼저 뽑히는 유형이며 동기들보다도 훨씬 빠르게 승진하는 것으로 유명합니다. 업무 중심, 성과 중심의 사고방식과 자기 계발, 자기 관리에 철저하기 때문이지요. 하지만 동료들과의 관계에서는 사무적으로는 잘 지내는 경우가 많으나 인간적으로는 안 좋은 경우가 많습니다. 그리고 이들이 어느 선 이상 승진하는 경우 점점 주변에 이들을 시기 질투하여 성공을 방해하는 경우가 많아집니다. 그래서 동료들과의 인간적인 관계에 신경을 많이 써야 합니다.

친구와의 관계에서는 항상 이들이 모임을 주도하는 경향이 강합니다. 그래서 이들 중심으로 일정이 잡히고 장소가 잡히지요. 그래서 여자들의 커뮤니티 특성상 얼핏 보면 다들 관계가 좋아 보이지만 이들의 성급한 판단과 강한 주장, 타협을 못 하는 모습 등에 상처받고 이들을 뒤에서 안 좋게 이야기하는 경우가 많습니다. 특히 F가 들어가는 성격유형들에게 상처를 많이 주기 때문에 항상 조심해야 합니다.

(3) ESTJ 남자들

❶ 여자와의 차이점

ESTJ 남자들은 ESTJ 여자들보다는 대체로 사회 활동 범위가 넓고 상대적으로 많은 사람을 만나다 보니 좀 더 사회성이 좋고 허용적이며 자기주장이 강하지 않은 편입니다. 남자들 조직이나 직장 내에서 위계질서를 매우 중요시하는 성격이라 자신의 위치에 맞게 자신의 주장을 굽힐 줄 아는 편이지요. 그래서 같은 ESTJ라도 남녀의 차이가 꽤 크게 느껴집니다. 단, 예외적으로 자수성가형 ESTJ 유형이나 건강하지 못한 유형발달을 한 ESTJ 유형은 진짜 상종하기 힘든 사람들이구요.

❷ 남자들의 특징

ESTJ 유형의 남자들은 매우 보수적입니다. 처음 받아들인 정보는 절대 바꾸지 않아요. 즉, 선입견이 매우 강한 타입이지요. 편견도 매우 심한 편입니다. 하지만 사회생활을 많이 하다 보니 일정한 거리를 유지하고 대하는 사람들에게는 그런 티를 전혀 내지 않지요. 하지만 조금만 친해지면 이들이 얼마나 보수적인 성향인지 금방 알게 됩니다. 매우 책임감이 강하고 리더십이 좋아요. 사람들을 조직하고 이끄는 데 천부적인 재능을 가지고 있지요. 하지만 너무 성과 중심, 효율 중심적 사고로 사람들을 자신의 판단대로 통제하고 지시하려는 경향이 매우 강합니다. 이 과정에서 상처받는 사람들이 많은 편이지요. 이들은 어떤 갈등이나 문제가 발생했을 때 그냥 넘어가는 일은 없어요. 회피하기보다는 정공법으로 들이받는 편입니다. 그래서 시원시원하게 일을 해결하는 편이긴 하나 타협보다는 자신의 의견을 관철하려는 경향이 강합니다.

이들은 타고난 효자들입니다. 그게 자식으로서 본분이라 생각하며 반드시 지켜야 할 도리라고 생각하지요. 아무리 부모와 사이가 안 좋다 하더라도 끔찍이 부모를 생각하는 편입니다. 물론 부모와 사이가 안 좋은 것도 이들이 잔소리가 많아서 자기가 시키는 대로 부모가 안 따르기에 생겨나는 갈등이지요. 그리고 결혼하고 나서도 효자이며 배우자에게도 도리를 다하도록 합니다. 물론 처가에도 매우 잘하는 편이구요. 윤리 의식은 사람마다 다 다르지만 일단 거짓말은 안 하는 편입니다. 머리는 그렇게 좋은 편은 아니지만, 근성과 뚝심으로 노력하는 편이어서 중, 고등학교 때까지는 공부를 그리 잘하지 못하다가 대학에 가서부터 본격적으로 그 노력의 성과가 터져 나오기 시작하여 졸업할 때쯤 되면 환상적인 스펙을 자랑하게 되지요. 그래서 또래 집단보다 훨씬 좋은 직장에 취업하거나 공무원시험이나 경찰 공무원시험에 도전하는 경우가 많습니다. 일 처리 방식이 매우 꼼꼼하게 계획하고 빠르게 행동으로 옮기며 그 일과 관련된 사람들을 직접 만나서 문제를 해결하는 타입으로 일머리도 상당히 좋아서 어느 직장이든 이들을 매우 선호하지요. 그래서 동기들보다 훨씬 빠르게 승진하는 모습을 볼 수 있어요.

❸ 좋아하는 것과 싫어하는 것

이들은 남들과 경쟁하여 승부를 결정짓는 스포츠를 매우 좋아합니다. 테니스, 축구, 탁구, 농구 같은 구기 운동을 비롯하여 스타크래프트나 장기, 바둑 같은 게임도 매우 좋아합니다. 승부욕이 타고난 성격이지요. 사람들을 만나서 친분을 쌓으며 인맥을 넓혀가는 것을 매우 좋아하여 술자리는 엄청나게 좋아하지만, 유흥 자체는 싫어하는 경우가 많습니다. 돈 낭비를 매우 싫어하거든요. 항상 열심히 노력하면 반드시 목표를 달성할 수 있다는 근성과 열정이 이들의 가치관이며 나태와 태만, 게으름 등을 매우 혐오합니다.

❹ 경제 개념과 재테크

돈의 가치를 매우 중요하게 여깁니다. 단돈 10원이라도 싸면 30여 분을 걸어서라도 그 가게로 가서 살 정도로 절약합니다. 그래서 이들이 가장 좋아하는 앱이 바로 당근마켓이지요. 이들을 쉽게 구분하는 방법이 있어요. 바로 이들 책상이나 책장에 꽂혀있는 책들을 살펴보면 꼭 자기 계발서와 재테크 책들이 꽂혀있어요. 우리나라 도서 시장에 자기 계발서의 주 구매자가 바로 이 유형이지요. 한때 이 유형 사람들치고 《성공하는 사람들의 7가지 습관》이 책 안 산 사람이 없을 정도였지요. 그래서 재테크도 매우 잘합니다. 중고로 샀던 물건을 또 팔고 또 사고팔고 하면서 계속 이익을 남기는 편이지요. 물론 큰돈을 벌기보다는 조금씩 조금씩 모아가는 타입입니다. 그래서 소비지향이 강한 유형의 여자들에게는 정말 숨 막히는 모습을 볼 수 있어요.

❺ 유형발달의 상태에 따른 특징

매우 건강한 유형발달을 한 ESTJ 남자들은 정말 엄청난 카리스마를 뿜어내는 멋진 사람들입니다. 거의 완벽에 가까운 사람이라고 봐도 무방합니다. 많은 일을 동시에 완벽하게 해내는 슈퍼맨 같은 사람들이지요. 게다가 주변 사람들을 배려하고 공감하는 능력도 매우 탁월합니다. 그래서 이런 사람들은 아무리 MBTI 전문가라도 실제로 MBTI 검사를 하기 전에는 ESTJ 유형인 걸 전혀 눈치채지 못하지요. 아주 가끔 이런 ESTJ 남자들을 만나면 진짜 존경심이 절로 듭니다.

하지만 건강하지 않은 유형발달을 한 ESTJ들은 진짜 상종하지 못할 최악의 사람들입니다. 낮은 자존감 때문에 과도하게 자존심만 세서 반대를 위한 반대만 하며 타인을 못살게 구는 악당이지요. 특히 잔소리가 매우 심하며 억지 논리로 무조건 상대한테 이기려고만 들며 조금이라도 자기한테 반항한다 싶으면 따라다니면서 집요하게 괴롭히는 사람들입니다. 가스라이팅이 매우 심하고 타인을 눌러야 자기 자리를 보전할 수 있다는 과도한 집착이 매우 심해요. 전형적인 자존감 흡혈귀들이지요. 어느 조직에 잔소리 심하고 타인을 매우 괴롭히는 사람이 있다 하면 십중팔구는 건강하지 않게 유형발달한 ESTJ입니다. 특히 연애나 결혼했을 때 연인이나 배우자의 일거수일투족을 다 알아야 하고 구속하려 들면서 인간관계까지 제한하려 듭니다. 이런 사람은 무조건 피하는 게 상책입니다.

그래서 평범한 수준의 유형발달을 한 ESTJ나 건강한 유형발달을 한 ESTJ를 만나시는 게 정신건강에 좋습니다.

⑥ 라이프 스타일

자기 관리와 자기 계발에 매우 노력하는 사람들입니다. 자기 계발서 읽는 것을 매우 좋아하며 항상 정해져 있는 일정대로 움직이는 사람들이지요. 정말 바쁘게 살아가는 사람들입니다. 그리고 이들의 특징은 같은 행동을 한 3번만 반복하면 바로 습관이 되는 사람들이지요. 그래서 매우 바른 생활을 하는 사람들입니다. 싱글 생활을 하면서도 어지간한 유부남들보다 반듯한 생활을 합니다. 특히 집안 살림이나 정리 정돈 같은 것은 칼 같습니다.

⑦ 만날 수 있는 곳

대기업이나 공무원 집단, 경찰, 소방관 등에 많이 있으며 피트니스 클럽에 가장 부지런히 다니는 사람들이 많습니다. 또 각종 스포츠 동호회에도 많이 있어요. 저 사람들은 언제 쉬나 싶은 생각이 들 정도로 바쁘게 사는 사람들입니다.

❽ 설득의 포인트

이들은 어떤 주제에 대해 한번 판단을 내리면 잘 바꾸려고 들지 않아요. 정말 고지식하지요. 그럴 때 쓰는 방법이 있습니다. 사전에 내가 원하는 것에 관한 정보를 제삼자에게 먼저 흘려서 그 사람이 이들에게 말하도록 합니다. 그리고 하루 이틀 정도 지나서 또 다른 사람이 이들에게 말을 하도록 합니다. 그 후 본인이 그것에 대해 이야기를 하면 이들은 내가 한 말에 대해 사전 정보가 있었기에 쉽게 받아들이게 되지요.

이들은 책임감이 강하기에 상대 여자를 자신이 챙겨줄 수 있다는 생각이 들 때 관심을 많이 가지게 됩니다. 또한, 성격유형 중에서 상대의 조건을 많이 따지는 유형 중 하나여서 상대의 직장이나 부모, 재산, 학력 등을 많이 보는 편입니다. 매우 안정 지향적인 사고방식을 가지고 있기에 장기적으로 결혼까지 가능하겠다고 판단이 드는 상대에게 마음을 여는 편이며 그 판단의 조건이 매우 까다로운 편이지요. 따라서 그들의 판단에 확신이 들 때까지는 절대 방심해서는 안 됩니다.

❾ 이들에게 사랑이란

이들에게 사랑이란 자신감과 책임감, 그리고 의무입니다. 자신에 대한 확신이 있어야 사랑이 가능하고 그 상대를 자기가 끝까지 책임지겠다는 각오를 하며 자신의 의무를 다하겠다고 생각하지요. 그래서 건강한 유형발달을 한 ESTJ 남자들은 정말 멋지지요. 하지만 건강하지 않게 유형발달을 한 ESTJ 남자들은 상대를 자신의 소유물이라고 생각합니다. 그래서 가스라이팅이 매우 심하고 집착과 잔소리가 많아요.

⑩ 연애 스타일

ESTJ 남자들은 연애 상대자와 결혼 상대자를 엄격하게 구분하는 편입니다. 연애 상대자는 그리 깐깐하게 생각하지 않고 자기 마음에 드는 조건 몇 가지만 맞으면 쉽게 연애를 시작하는 편이지요. 하지만 결혼 상대자는 매우 깐깐하게 조건을 따지고 듭니다. 외모, 직업, 부모, 재산, 건강 등등 매우 까다로워요. 이들은 일 중독, 자기 관리 중독이 심하며 연애도 자기 계획의 하나라고 생각하여 만납니다. 그래서 나름대로 계획을 세워서 데이트에 충실하도록 노력하지요. 하지만 기본 마인드 자체가 고지식하고 아이디어가 부족하여 신선한 재미는 없는 편입니다. 하지만 상대에 대해 매우 헌신하는 편입니다. 물론 상대에게도 그런 헌신을 요구하는 경우가 많구요. 연락은 자기가 여유가 있을 때 연락하는 편입니다. 이들은 공과 사를 매우 엄격하게 구분하는 사람들이라 업무 중에는 어지간하면 연락을 안 하는 편이지요. 하지만 연인의 일과에 대해서는 어느 정도 파악하기를 원합니다. 그래서 좀 구속하는 타입이지요. 그리고 한번 정하면 우직하게 지속하는 경향이 있어서 권태기에 잘 빠지지 않습니다.

⑪ 이상형

ESTJ 남자들의 결혼 상대 이상형은 참 까다롭습니다. 일단 외모도 어느 수준 이상이 되어야 한다고 생각하고 학력, 직업, 집안, 재산, 예의 등등을 매우 까다롭게 따집니다. 근데 재미있는 것은 정작 사랑하는 마음은 그 조건에 안 들어갑니다. 즉, 사랑이라는 감정은 사귀다 보면 절로 생기는 것으로 생각하지요. 둘이 있을 때를 제외하고는 매우 보수적인 옷차림을 요구하며 잔소리가 많지요. 남의 시선을 매우 의식하는 편이라서 그렇습니다.

⑫ 이들에게 어필하는 방법

ESTJ 남자들은 자기 관리, 자기 계발에 노력하는 여자들에게 강한 호감을 느낍니다. 그리고 자신의 의견에 동조하면서 비슷한 가치관을 가진 사람이라 느낄 때 큰 호감을 느끼지요. 또한, 매우 보수적인 성향을 가지고 있어서 여성스러운 이미지, 옷차림, 화장, 패션 등을 좋아합니다. 마지막으로 이들이 완전히 마음을 열 때까지는 절대 방심하시면 안 됩니다. 그때까지는 마치 오디션 프로그램에 나가셨다고 생각하시는 게 좋아요.

⑬ 싫어하는 여자 스타일

평범한 수준의 유형발달을 한 ESTJ 남자들은 자신이 동조할 수 없는 가치관을 가진 자기주장이 뚜렷한 여자를 매우 불편하게 생각하면서 멀리하려고 합니다. 기본적으로 상대를 통제하고 지시하려는 욕구가 강해서 거기에 맞춰주지 못하면 내심 불편한 마음을 가지게 되어 점점 잔소리가 늘어납니다. 특히 평범한 수준 이하의 유형발달을 한 ESTJ 남자들은 전형적인 싸움닭 스타일이 많아서 불편한 마음이 쌓이다 욱하면 막 따지고 들며 싸움을 걸어오기에 매우 갈등이 심해지지요. 특히 NF 기질의 여성분들은 이들의 이런 모습을 매우 힘들어할 가능성이 큽니다.

⑭ 감동 포인트와 격려 방식

ESTJ 남자들은 정말 돈을 좋아합니다. 그래서 비싼 선물에 크게 감동하는 편이지요. 모든 것의 가치를 돈으로 평가하는 경향이 있어서 그래요. 그리고 이들의 판단과 지시에 대해 역시 현명한 판단과 리더십이 멋지다고 말해줄 때 이들은 매우 좋아합니다.

⓯ 이별을 생각하게 되는 경우

ESTJ 남자들은 한번 마음을 열고 '내 여자다.'라고 생각하면 진득하게 관계를 지속하려고 합니다. 하지만 자신과 가치관이 계속 안 맞는다고 생각하게 되고 계속 부딪칠 때 특히, 이들이 생각하는 보수적인 관점에서 한 가정을 이루는 데 문제가 되는 부분이 있을 때 이들은 이별을 생각하게 됩니다. 또한, 이들은 매우 현실적이고 조건을 따지는 편이라 자기가 감당하기 힘든 상황일 때는 과감히 결단을 내립니다. 물론 평범한 유형발달 이상의 남자인 경우, 여자의 인성에 관한 문제가 아닌, 자기 능력으로 충분히 감당할 수 있는 문제라면 자기가 책임지고 안고 가는 모습도 보입니다.

⓰ 재회 가능성과 방법

이들은 미련이 거의 없습니다. 이들이 먼저 '아니다.'라고 판단하고 결단을 내리면 다시 돌아오는 경우는 거의 없다고 봐도 무방합니다. 따라서 재회 가능성도 거의 없다고 봐야 하겠지요. 물론 이들이 차인 경우에는 엄청난 집착을 보일 수도 있으니 조심하셔야 합니다.

⓱ 이들에게 결혼이란

이들은 결혼을 자기 인생의 다음 단계로 발전하는 것으로 생각합니다. 자기계발의 한 과정이라 생각하는 것이지요. 직장에서 어느 정도 자리 잡았고 경제적으로 여유가 생겼으며 한 가정의 가장으로서 책임감과 의무를 다할 수 있겠다고 판단이 되면 그때 바로 결혼을 생각합니다. 물론 그 시기에 여자친구가 있어도 그 여자친구가 배우자가 되기에 이들이 따지는 조건에 부합하지 않으면 그 여자친구와 결혼하지 않을 수도 있습니다. 이런 부분에서는 정말 냉정한 편이지요. 그리고 이들은 돌싱이 아닌 한 비혼을 생각하진 않습니다. 또 결혼

했다면 당연히 자녀를 가지려고 합니다.

⑱ 결혼 생활의 특징

평균 이상의 유형발달을 한 이들은 대체로 살림에 적극적으로 참여를 하나, 일 중독인 경우가 많아서 직장 일에 너무 충실한 나머지 참여가 제한되는 경우가 많습니다. 그리고 육아도 적극적으로 참여하는 편입니다. 대체로 맞벌이를 원하는 편이지만 배우자가 가정에 충실하겠다고 하면 또 그렇게 하도록 허용하는 편이지요. 대체로 비슷한 성향의 배우자를 만나면 크게 부딪치는 일이 없으나 만약 게으르거나 정리 정돈을 못 하는 여성분일 경우 잔소리를 심하게 듣는 경우가 있습니다.

만약 건강하지 않은 유형발달을 한 ESTJ 남자들은 여성 위에 군림하려고 하여 사사건건 통제와 지시만 하려고 하며 살림과 육아에 거의 참여하지 않습니다. 그리고 배우자가 집 안에만 있기를 바라는 경우가 많으며 이러한 삶에 적응하게 된 배우자의 경우 학습된 무기력 상태에 빠져서 심각한 우울증 증세를 보이는 경우가 많습니다.

⑲ 잘 어울리는 여자 유형

평균 이상의 유형발달을 한 ESTJ 남자들은 같은 ESTJ 유형을 포함하여 ISTJ, ESFJ, INTJ, ENTJ 유형과 매우 잘 맞습니다. 기본적으로 자기 관리와 자기 계발을 열심히 하는 성격들이지요. 그 외로 ISFJ 유형과도 어느 정도 노력하면 잘 맞는 편입니다.

하지만 나머지 성격유형의 여자들과는 정말 많이 부딪치게 됩니다. 그리고 건강하지 못한 유형발달을 한 ESTJ 남자들은 모든 유형과 상극입니다.

⑳ 이들과 잘 살기 위한 조언

평균 이상의 유형발달을 한 ESTJ 남자들은 가장으로서의 권위만 인정해준다면 정말 책임감 넘치고 자상한 남자가 됩니다. 이들의 의견과 판단, 그리고 제안을 존중하고 잘 따르기만 한다면 상대의 의견과 생각, 제안도 기꺼이 수용하는 모습을 보여줍니다. 혹시나 자존심이 상하는 느낌이 든다고 하더라도 현명하게 지는 법을 아셔야 합니다. 즉, 이들은 먼저 인정을 해주면 정말 잘하는 타입이지요.

㉑ 갈등 해소 방식

평균 이상의 유형발달을 한 ESTJ 남자들은 매우 쿨합니다. 먼저 자신의 잘못을 인정하고 사과하면 기꺼이 자신들도 사과합니다. 그리고 더는 그 문제에 대해 거론하지 않는 한 아무 일 없는 듯 넘어가는 편입니다. 그리고는 그 문제가 되었던 부분에 대해 조심하려고 노력하는 모습만 보여도 이들은 그 노력을 고맙게 여길 것입니다.

건강하지 않은 유형발달을 한 ESTJ 남자는 갈등 해소가 안 됩니다. 그냥 만나지 마십시오. 만약 잘 몰라서 사귀게 된 경우라면 갈등이 생기자마자 그걸 빌미로 바로 이별을 고하는 것이 좋습니다. 매우 집요하고 자신의 자존심만 생각해서 집착하기 때문에 안전하게 이별하기 힘든 타입이거든요.

㉒ 이들을 빡치게 만드는 방법

평균 이하의 유형발달을 한 ESTJ 남자들은 자신의 권위를 무시하고 이들의 판단과 지시를 무시할 때 매우 화를 내기 시작합니다. 그리고 시간 약속을 어기거나 이들이 정한 규칙을 계속 무시할 때 욱하는 경우가 많습니다.

【3】

All that ISFJ

~~~~~~~~~~
실용적인 조력가

The Practical Helper
~~~~~~~~~~

(1) 기본 특징

책임감이 강하고 온정적이며 헌신적입니다. 세부적이고 치밀하며 반복을 요구하는 일을 끝까지 수행하는 등 인내심이 강합니다. 이들이 가진 침착성과 인내심은 가정이나 집단에 안정감을 줍니다. 이들은 다른 사람의 사정을 잘 고려하며, 자신과 다른 사람의 감정의 흐름에 민감합니다. 일을 처리할 때 현실 감각을 가지고 실제적이고 조직적으로 수행합니다. 경험을 통해 자신이 생각한 것이 틀렸다고 인정하기 전까지, 어떠한 난관이 있어도 꾸준히 밀고 나가는 유형입니다.

주기능 Si	부기능 Fe	삼차기능 T	열등기능 Ne

주기능은 Si로 정보를 자기 안에서 받아들이는 기능을 말합니다. 그리고 전통적인 방식, 기존에 알고 있던 방법을 매우 선호하며 예측 가능한 상황을 선호합니다. 사실적이고 구체적인 정보를 정확하게 잘 다룹니다.외부에서 들어온 정보보다는 이미 자신이 알고 있는 정보를 더 신뢰합니다. 자기가 알고 있는 정보와 다른 정보가 들어오게 되면 일단 걸러버리는 경향이 강하지요. 그래서 매우 보수적이고 고지식한 모습을 보입니다. 또 세부적인 기억력이 매우 좋아서 단순 암기를 정말 잘하는 편이구요. 또 과거에 있었던 일에 대해 계속 곱씹고 스스로 힘들어하는 경향도 보입니다. 인내심과 끈기가 강한 편입니다.

I S F J

부기능 Fe는 윤리, 도덕적 가치 기준으로 자신의 외부 세계를 올바르게 살아가고자 합니다. 타인과의 관계에서 감사와 지지를 바탕으로 조화롭게 살아가려고 합니다.윤리, 도덕적 가치를 기준에 두고 올바르게 살아가고자 하는 경향이 매우 강합니다. 그래서 자신도 매우 윤리적으로 올바르게 살고자 하고 주변 사람들에게도 그렇게 살기를 요구하는 경우가 많지요. 자신의 본분을 지키고 책임감이 투철하며 의무감이 강합니다. 그래서 잔소리가 심한 편이고 가까운 사람일수록 간섭이 많아지는 경향이 있습니다. 사람들을 격려하고 지지하는 것을 매우 좋아하고 사람들과 함께 조화롭게 살아가고자 하는 욕구가 강합니다.

삼차기능 T로 인해 계산적이지 못하고 논리적으로 따지는 것을 매우 혐오합니다. 좋은 게 좋은 것으로 생각하는 경향이 강하며 상황을 논리적으로 분석하는 데 매우 미숙한 모습을 보입니다. 그리고 타인을 통제하고 자기 뜻대로 움직이도록 강요하는 것을 매우 혐오합니다. 자신의 자유로운 의지를 구속하고 강요하는 것을 매우 싫어하지요. 또한, 타인에게 따지거나 강요하는 행위를 매우 힘들어합니다. 갈등이나 분쟁을 피하려고 합니다.

열등기능 Ne로 인해 새로운 도전이나 새로운 시각으로 대상을 바라보는 것을 매우 혐오하게 됩니다. 그래서 새로운 시도를 싫어하지요. 늘 고정되고 예측 가능한 환경만 선호하며 타인의 새로운 시도나 새로운 시각에 대해 매우 부정적으로 반응하는 경우가 많습니다.

1차 유형발달 시기에 도달하면 감정적으로 너무 상처를 쉽게 받는 자기 자신 때문에 고민에 빠지기 시작합니다. 만약 자존감이 높고 우호적인 환경에 노출되어 있다면 자기 객관화가 시작되며 자기반성을 하기 시작합니다. 그러면서 차츰 삼차기능인 사고기능이 발달하기 시작하면서 타인과 자신을 분리해 생각하기 시작하게 됩니다. 그러면서 점차 거절하는 법과 자신의 감정을 보호하는 방법을 배우면서 자신을 지키려고 노력하게 되지요. 하지만 자존감이 낮고 적대적인 환경에 노출된 상태에 심한 스트레스를 받고 있다면 자기 객관화가 되지 않고 모든 상처를 곱씹으며 과거의 상처를 떨쳐내지 못하게 됩니다. 그래서 우울증이나 화병에 잘 걸리게 되며 더욱 자존감은 떨어지고 주변 사람을 감정적으로 힘들게 만듭니다.

2차 유형발달 시기에 도달하면 단순 반복적인 일상에 대해 매우 무료함을 느끼고 삶의 의욕을 잃기 시작합니다. 그러면서 점점 새로운 취미나 활동에 눈을 뜨기 시작합니다. 또한, 다른 사람들의 다른 의견, 다른 생각에 대해 허용적이고 관대한 모습으로 바뀌어 가기 시작합니다.

1차 유형발달이 건강하게 진행되었다면 자연스레 2차 유형발달도 건강하게 진행되기 시작합니다. 하지만 1차 유형발달이 건강하지 못하면 극단적인 성선설에 빠져서 타인에게 잔소리가 심해집니다.

(2) ISFJ 여자들

❶ 남자에게 어필할 수 있는 매력 포인트

언제 어디서든 항상 신뢰할 수 있으며 따뜻한 마음씨와 올바른 윤리 의식을 가진 여자들입니다. 따라서 전통적인 여성상을 가진 사람들에게 매우 인기가 좋습니다. 늘 차분하며 타인에게 헌신합니다. 자신의 노력에 대해 항상 겸손한 자세를 보여서 많은 사람들이 정말 좋아합니다.

❷ 건강하지 못한 유형발달을 했을 때의 모습

과거의 상처를 쉽게 잊지 못하고 곱씹으면서 자신을 힘들게 하며 가까운 사람들에게 자신의 힘든 감정을 전가하는 경향이 강합니다. 그리고 절대적인 성선설에 빠져서 타인의 사소한 잘못도 그냥 보아넘기지 못하고 잔소리가 많아집니다. 전체적으로 이런 특징이 강하게 느껴지는 경우 자존감이 낮은 상황에서 적대적인 환경에 장시간 노출된 채로 1차 유형발달의 시기를 보냈을 가능성이 큽니다. 우호적인 환경에서 우호적인 사람들과 어울리는 시간을 많이 보내다 보면 서서히 건강한 방향을 유형발달이 되기 시작합니다.

❸ 스트레스가 심할 때

ISFJ 유형들은 매우 스트레스를 잘 받는 타입입니다. 윤리, 도덕적 가치 기준으로 세상을 살아가고자 하며 올바르게 살고 싶어 하지만 주변 상황에 따라 그러지 못할 경우, 그리고 자신이 남에게 배려한 것만큼 배려를 받지 못하는 경우, 또 자신의 책임과 역할, 그리고 자신의 계획에 충실하지 못한 경우 스트레스를 많이 받게 됩니다. 또 과거의 힘들었던 경험이나 상처 등을 계속 곱씹으면서 후회하고 힘들어하는 경향이 있어요. 그래서 우울증과 화병에 잘 걸리는 편입니다. 스트레스가 심할 경우 욱하게 되면서 감정 조절이 잘 되지 않을 수도 있습니다.

스트레스가 유독 심한 날에는 시트러스 계열 즉, 레몬, 라임, 오렌지, 자몽 향기만으로도 스트레스로 인한 마음의 불편함을 완화하는 데 도움을 줍니다. 유리컵에 담긴 시원한 물 한 잔에 레몬 식용 오일을 한 방울 넣어 드셔보세요. 리모넨 성분이 풍부한 레몬 오일은 소화를 돕고 소화기 계통의 각종 불편함을 해소해주어 몸과 마음에 생기를 가득 불어넣어 줍니다.

과거의 힘들었던 경험이 나를 자꾸 괴롭힌다면 베르가못과 프랑킨센스 오일을 블렌딩하여 호흡하는 방법도 좋습니다. 베르가못의 상큼한 향기와 프랑킨센스의 묵직한 향기가 과거에서 오는 힘들고 불안한 마음으로부터 나를 꺼내주는 데 도움을 줄 것입니다.

아로마테라피와 관련하여 좀 더 자세한 정보는 카페에서 확인하시면 됩니다.
MBTI for Love (cafe.naver.com/mbtiforlove)

그리고 친밀하고 편하게 생각하는 친구를 만나서 신나게 수다를 떨면 한결 나아질 거예요.

❹ 원하는 연애 스타일과 이상형

ISFJ 유형의 여자들은 성실하고 똑똑한 남자를 이상형으로 생각합니다. 매사 성실하고 윤리, 도덕적으로 성숙한 사람을 원하지요. 특히 인권 의식이 바로 잡혀있는 사람을 좋아합니다. 그리고 누군가를 좋아하게 되면 헌신하게 되는 ISFJ 유형의 특성상 자신이 헌신하는 것만큼 상대도 헌신해주면서 서로에게 잘하는 사람을 원합니다. 늘 겸손한 자세를 가진 ISFJ 유형이기에 과한 칭찬에 관해서는 부담을 느끼지만, 이들이 노력한 결과에 대해 칭찬하는 것은 매우 좋아하지요.

❺ 가장 잘 맞는 남자 유형

ISFJ 유형의 여자들은 같은 유형의 ISFJ 유형을 만나면 정말 최상의 궁합이 됩니다. 그리고 ISTJ와 ESFJ 유형의 남자를 만나더라도 정말 잘 맞는 관계가 되지요. 이 세 성격과 만나게 되면 크게 마찰 없이 정말 영혼의 단짝처럼 잘 지내게 됩니다.

❻ 노력하면 괜찮은 남자 유형

ESTJ 유형의 남자는 일단 유형발달의 상태가 어떤지를 잘 확인하시고 건강하게 잘 발달했다면 잘 맞는 관계가 됩니다. 만약 유형발달의 상태가 평균 이하의 경우에는 ESTJ 유형의 비판적이고 성급하게 판단하고 상대를 통제하려는 경향 때문에 조금 힘들어할 수 있습니다. INFJ 유형의 경우 너무 생각이 많고 진지하며 이상주의적 경향 때문에 ISFJ 유형의 여자 입장에서는 좀 답답할 수 있으나 존경심과 진지함, 그리고 신뢰감 때문에 잘 맞는 편입니다. ENFJ 유형과도 잘 어울리는 편이지요. 그리고 유형발달이 잘 된 ESTP와 ENTP와도 잘 맞습니다.

❼ 가장 피해야 할 남자 유형

최악의 궁합은 ESFP 유형의 남자입니다. 이 조합은 남녀 구성과 상관없이 안 좋습니다. 의외로 이렇게 만나는 커플이 상당히 많은 편입니다만 거의 대다수는 그 끝이 참 안 좋았습니다. ESFP 유형은 현재 자신의 감정을 판단의 기준으로 삼습니다. 그래서 자기 기분이나 컨디션에 따라 판단과 생각이 달라지는, 정말 주관적인 편이며 그런 자신의 판단과 생각을 타인에게 공감받고 강요하려는 경향이 매우 강하지요. 하지만 ISFJ 유형은 윤리, 도덕적 가치 기준으로 판단을 하려고 합니다. 그래서 생각과 판단이 일관성이 있어요. 따라서 ISFJ 눈에는 ESFP가 매우 이기적이고 자기중심적인 것처럼 보일 수 있습니다. 그리고 ESFP 눈에는 ISFJ가 너무 고지식하고 융통성이 없다고 생각하지요. 그러나 둘 다 감정형이기에 사소한 말 한마디가 서로의 감정을 상하게 하고 그렇게 자존심 싸움을 시작하게 됩니다. 말 그대로 사소한 감정싸움이 정말 큰 싸움으로 번지게 되지요. ISFP 유형과도 비슷한 경우를 겪게 됩니다.

그리고 ISTP, INTP, INTJ, ENTJ 유형과는 관계가 좋아질 수 있는 여지가 거의 없습니다. 네 유형 모두 감정 이해 능력이 매우 미숙하거든요. 그리고 ENFP

ISFJ

와 INFP의 경우는 ISFJ 유형들이 이 유형들에 대해 가볍거나 책임감이 부족하다고 느낄 가능성이 커서 갈등의 소지가 큰 편입니다.

❽ 남자를 만날 때 조심해야 하는 것

ISFJ 유형은 한번 남자를 사귀게 되면 자신의 모든 것을 다 헌신하는 편입니다. 그러면서도 매우 겸손한 삶의 자세를 가지고 있어서 어느 시점이 지나면 남자들이 이들의 헌신과 노력을 당연한 것으로 받아들이게 되며 특히, 이들의 매사 진지한 모습에서 남자들은 이들에게 매력을 잃어버릴 가능성이 큽니다. 그래서 남자한테 차이거나 바람이 나서 헤어지게 되는 경우가 좀 많습니다. 즉, 너무 헌신하면 안 됩니다. 헌신짝이 될 수 있어요.

❾ 이별 후 대처법

ISFJ 유형의 또 다른 별명이 바로 멍든 천사들입니다. 한번 상처받으면 그 상처를 오랫동안 간직하면서 곱씹는 경향이 있습니다. 그래서 이별 후유증이 그 어느 성격보다도 심한 편입니다. 특히 내향적인 성격 탓에 자신의 상처나 슬픈 감정을 남에게 잘 털어놓지 못하여 더 힘들어하지요. 따라서 자신이 신뢰할 수 있고 편하게 생각하는 친구에게 허심탄회하게 털어놓으면서 자신의 내면에 쌓인 상처를 털어내는 연습을 많이 하셔야 합니다.

❿ 상황별 궁합

부모에게는 참 착실한 딸로 인식됩니다. 매사 진지하고 성실하며 자신의 본분을 다하려 노력하는, 그러면서도 겸손하고 착한 딸이지요. 하지만 고지식하고 융통성이 없어서 SP 기질의 부모에게는 안타까움의 대상이 됩니다. NF 기질의 부모와는 의외로 잘 맞아서 사랑을 듬뿍 받고 자랄 가능성이 크며 SJ 기질의 부모 밑에서 자라는 경우 보수적이고 고지식한 모습이 더욱 강화되는 경향을 보이게 됩니다. NT 기질의 부모 밑에서 자란 경우 어릴 때 부모와의 애착 관계 형성에 어려움이 많아서 자존감이 매우 떨어지고 상처가 클 가능성이 있습니다.

자녀와의 관계에서는 자녀가 정말 윤리, 도덕적으로 올바르게 자라도록 최선을 다하면서 사랑을 듬뿍 주는 어머니가 됩니다. 자녀가 잘하는 것을 키워주려고 노력하지만, 남들보다 뒤처져서 나중에 힘들어할까 봐 노심초사하는 경우가 많아서 마지못해 사교육 시장에 뛰어드는 어머니들이 많습니다. NF 기질을 포함하여 감정형의 자녀와 매우 관계가 좋으나 자녀가 NT 기질이라면 어머니 입장에서 상처를 많이 받습니다. SP 기질의 자녀는 어떻게 감당해야 할지 몰라서 힘들어하는 경우가 많으며 P형 자녀들에게는 잔소리가 떠나질 않습니다. 교육과 관련하여 학원 관계자 말만 믿고 주변 사람들의 말은 걸러 듣는 경향이 강하여 잘못된 정보를 가진 ISFJ 어머니들이 정말 많습니다. 반드시 《MBTI 공부혁명 ver. 청소년 (법률저널)》을 읽어보셔서 자녀 교육에 활용하시길 간곡히 부탁드립니다.

직장에서는 매우 필요한 사람으로 인식되는 경우가 많습니다. 안정감이 있으면서 인화 단결에 핵심이 되는 사람이지요. 누구나 다 좋아하고 신뢰합니다. 하지만 이들의 헌신을 이용하려는 나쁜 사람들이 존재하는 경우가 많습니다. 직장이나 조직에 대한 이들의 기여를 사람들은 어느 정도 인정하고 있지만, 이들의 겸손한 태도 때문에 무시하는 경우가 많습니다. 그래서 직장 내에서 상처를 많이 받는 편이지요.

친구 관계에서는 두루두루 친구들에게 인정받고 사랑받는 사람이 됩니다. 매사 진지하고 고지식하여 답답한 부분이 있기는 하지만 참 좋은 친구, 진지한 친구, 진국인 친구로 통합니다.

(3) ISFJ 남자들

❶ 여자와의 차이점

ISFJ 남자들은 어릴 때부터 사고형 문화인 남자들 집단에서 살아왔기에 첫인상에서 감정형처럼 안 보이는 경우가 많습니다. 남자들 집단에서는 감정형으로 살아가기에 상처를 많이 받는 편이라 사회생활을 많이 하면 할수록 점점 단단해져 가는 것이지요. 물론 내향성이 강한 ISFJ 남자들은 여전히 따뜻하고 마음이 여린 사람 느낌이 많이 들기도 하구요. 그래서 겉으로 보기에는 잘 구분하기 힘든 편이지만 조금만 친해지면 ISFJ 유형인 게 드러나는 편입니다. 사람들이 착실하고 따뜻하면서 반듯한 편이지요.

❷ 남자들의 특징

대체로 생활 태도나 가치관은 보수적이지만 정치 성향은 진보적인 경우가 많습니다. 겉으로 표현하진 않지만 한번 판단 내린 것을 잘 바꾸려고 들지 않아서 선입견과 편견이 있어요. 그러나 타인과의 의견에 충돌이 있는 것을 싫어해서 자신의 주장을 강하게 내세우지는 않지요.

매우 책임감이 강하며 성실합니다. 어느 조직에 있든 이 유형의 남자들이 있으면 안정감을 느낍니다. 물론 이들 능력을 벗어나는 어려움이나 갈등이 생기면 이들은 감당하기 힘들어하며 매우 주눅 들어버리지요. 매사 진지한 삶의 태도를 보이며 늘 겸손합니다. 그래서 자신이 조직이나 모임에 기여하는 것에 대해 스스로 낮추려는 경향이 강하여 이들을 잘 아는 사람들은 이들의 이런 모습이 오히려 독이 된다고 조언해주는 편이지요.

매사 진지한 편이라 어떤 어려운 문제나 갈등이 생겼을 때 항상 진지하게 받아들입니다. 그래서 대체로 회피하려는 모습은 잘 보이지 않습니다. 하지만 기본적으로 윤리, 도덕적 가치 기준으로 살아가고자 하고 타인에게도 그런 기준을 강요하고 통제하려는 경향이 강해서 이런 기준에서 부딪칠 경우 타협하지 않으려고 합니다.

그리고 지극한 효자일 가능성이 매우 크며 양가 모두 잘 챙기는 편입니다. 기본적 가치관이 너무 윤리, 도덕적이라서 자기는 안 움직이고 배우자에게 대리 효도를 시키는 일은 거의 없어요. 또한, 배우자가 자신의 부모를 비롯하여 배우자 본인의 부모에게까지 효도하지 않을 경우 갈등이 매우 심해질 수 있습니다.

우직하고 고지식해서 공부 머리는 그리 좋은 편은 아니나 근면 성실한 삶의 태도와 안정 지향적인 욕구 때문에 공무원시험에 합격하는 경우가 꽤 높으며 예측 가능한 안정된 환경에서 일을 잘하는 편입니다. 그리고 임기응변으로 대처하거나 문제를 해결하는 능력은 많이 떨어지는 편이지요.

❸ 좋아하는 것과 싫어하는 것

이 유형은 연인이나 배우자와 소소하게 노는 것을 좋아합니다. 선호하는 취미는 딱히 없는 편으로 누군가와 함께하는 것 자체를 좋아해요. 그리고 유흥을 매우 혐오하는 경우가 많습니다. 대체로 본성 자체가 여성성이 강해서 많은 여성분이 좋아할 만한 취미나 즐길 거리를 똑같이 좋아하는 경우가 많습니다.

그리고 일탈 행동이나 윤리, 도덕, 법에 어긋나는 것들에 대해서는 매우 혐오하는 편입니다.

❹ 경제 개념과 재테크

매우 절약형입니다. 기본 천성이 겁이 많아서 모험적인 투자는 피하는 편이며 안정 지향적으로 재테크를 합니다. 그래서 부동산 투자에 관심이 많은 편이지요. 한 번에 큰돈을 만지지는 못하는 편이지만 알뜰살뜰 살아가는 편이라 안정적인 생활을 하는 편이지요.

❺ 유형발달의 상태에 따른 특징

건강하게 유형발달을 한 ISFJ 남자들은 정말 따뜻하면서도 신뢰가 가며 이 사람 참 좋은 사람이라는 느낌을 강하게 받을 수 있어요. 매우 올바르게 살아가면서 남들을 배려하고 어려운 사람을 따뜻하게 도와주고 감쌀 줄 아는 사람이지요. 이 사람만큼은 내가 어떤 상황에 처하더라도 끝까지 내 편이 되어줄 사람이라는 느낌을 강하게 받습니다.

하지만 건강하지 않게 유형발달을 한 ISFJ 남자들은 주로 가까운 사람에게 화를 많이 내고 지시하고 통제하려는 경향이 강합니다. 자존감이 매우 낮으며 생각의 폭이 매우 좁고 선입견이 강하여 억지스러운 논리로 사람들을 괴롭힙니다. 자신의 지시나 의견을 상대가 받아들이지 않으면 매우 화를 내면서 끝까지 지지 않으려고 합니다. 그리고 과거에 자신이 상처받았거나 힘들었던 일에 대해 되뇌며 자신을 괴롭히면서 자신의 처지를 비관하면서 우울해하지요. 그래서 연인이나 배우자가 이들 눈치를 보게 되며 기가 빨리는 기분이 든다고 합니다. 하지만 대외적으로는 그런 티를 많이 내지 않아서 다른 사람들은 잘 모르는 경우가 많습니다.

MBTI 사랑학개론

대체로 ISFJ 남자들은 인성이 좋고 주변 사람들에게 평판이 좋아서 건강하게 유형발달을 하는 경우가 많은 편이라 건강하지 않은 유형발달을 한 ISFJ 남자는 많이 드문 편입니다.

❻ 라이프 스타일

집에서 소소하게 즐기며 노는 것을 좋아해서 가사 살림에 뛰어난 모습을 보입니다. 요리도 잘하는 경우가 많으며 매우 꼼꼼하고 정리 정돈을 잘하지요. 그리고 미리 계획을 세워서 부지런히 움직이는 편이나 쉴 때는 집 밖을 잘 나가지 않아서 다른 사람이 볼 때는 아무 일 없이 그냥 쉬는 줄 아는 경우가 많습니다. 말 그대로 혼자서도 잘 사는 타입이지요.

❼ 만날 수 있는 곳

회사 사무직이나 관리직에 많이 있으며 공무원 생활을 하고 있는 경우도 많습니다. 자전거나 등산, 트래킹 동호회에도 활동하는 편이며 사진 찍는 것도 좋아하는 경우가 많아요. 서예나 도예, 미술, 음악 관련 정적인 취미 생활을 즐기는 경우도 많구요.

❽ 설득의 포인트

이 유형들은 매우 정이 많고 모질지 못해요. 그래서 있는 그대로 솔직하게 이야기하면서 자신의 의사를 전달하면 어지간하면 잘 들어줍니다. 특히 딱한 사정이 있을 경우 이들은 매우 헌신적인 모습을 보여줄 것입니다.

만약 결혼을 전제로 만나고 있는 경우, 이들은 당연히 이 여자를 책임져야 한다는 생각을 강하게 가지고 있어요. 단지, 아직 자신이 결혼할 만큼 충분한 조건이 되지 않았다는 생각이 들면 매우 부담스러워하지요. 매우 책임감 있고 자신의 본분을 다하고자 하는 생각을 하고 있기에 그런 모습을 보입니다. 하지만 기본 천성이 마음이 매우 여리고 따뜻한데다 공감 능력이 너무 좋기에, 만약 빨리 결혼을 확정 짓고 싶고 결혼을 추진하고 싶다면 허심탄회하게 그 말을 먼저 꺼내면서 정말 사랑하고 있고 함께 하고 싶다고 말해보세요. 그럼 이들은 바로 마음을 열고 결혼하려고 마음을 먹게 됩니다.

❾ 이들에게 사랑이란

안정감과 애정, 신뢰, 약속 같은 개념입니다. 이들에게는 사랑이 없으면 절대 결혼을 생각하지 않지요. 그리고 신뢰할 수 없을 때 절대 사랑하지 않구요. 거짓말이나 신의를 저버리는 일을 매우 혐오하며 상대가 그런 행동을 했을 때 비록 마음은 매우 힘들어해도 과감히 관계를 단절하고자 합니다.

❿ 연애 스타일

매사 진지하고 센스가 부족하여 재미는 없어요. 단지 무한한 사랑을 준다는 게 이들의 매력이지요. 그래서 연애 상대자보다는 결혼 상대자로 많은 여성분이 선호합니다. 이들은 자신의 가치 기준에 맞아야만 마음을 열기에 쉽게 사랑에 빠지진 않습니다. 그리고 한번 사랑에 빠지면 너무 헌신하는 편으로 상대에게 다 맞춰주려고 합니다. 연락도 상대가 원하는 만큼 맞춰주려고 노력하구요. 권태기도 잘 겪지 않는 편입니다.

MBTI 사랑학개론

⓫ 이상형

 기본 성향이 매우 보수적입니다. 그래서 보수적인 성향의 여성을 좋아하지요. 자신과 비슷한 윤리, 도덕적 가치 기준을 가지고 예의와 경우를 아는 여자를 좋아합니다. 또한, 튀지 않은 패션을 선호하며 전통적인 이미지의 여성스러운 여자를 좋아하지요.

⓬ 이들에게 어필하는 방법

 이들은 상대의 따뜻한 마음씨와 배려심에 크게 감동합니다. 기본적으로 자신을 매우 겸손하게 생각하는 편이라 자신에게 그렇게까지 해줬다는 것에 대해 크게 감동하지요. 사소한 것이라도 이들은 쉽게 감동하니 좋아하는 마음을 숨기지 말고 표현하는 것이 좋습니다.

⓭ 싫어하는 여자 스타일

 이들은 갈등을 매우 싫어합니다. 그래서 자기주장이 강하고 기가 세다고 느껴지는 여자 그리고 예의가 없고 이기적인 여자를 매우 싫어합니다. 또한, 감정 기복에 따라 말이 바뀌고 규칙이나 약속을 수시로 어기는 사람을 정말 싫어하지요.

⓮ 감동 포인트와 격려 방식

 따뜻한 배려와 마음씨에 이들은 깊이 감동하며 자신도 거기에 보답하려고 노력합니다. 그리고 이들의 헌신과 노고에 감사해하며 알아주는 것만으로도 크게 격려가 되어 더욱 열심히 합니다.

⑮ 이별을 생각하게 되는 경우

이들이 소중히 생각하는 사람들과 갈등을 계속 일으키거나 이들에게 말을 매몰차게 던지는 경우 이들은 매우 상처를 받으면서 서로 함께해 나가는 게 어렵다고 판단하게 됩니다. 그 상황에서 이들이 생각하는 윤리, 도덕적 가치 기준을 어기는 언행을 하며 이들과의 약속을 어기는 경우 이들은 곧 마음을 접기 시작합니다. 특히 상대의 배신행위에 대해서는 절대 받아들이지 않습니다.

⑯ 재회 가능성과 방법

이들은 기본적으로 미련 덩어리들입니다. 어떤 힘든 일만 있으면 자책하면서 힘들어하지요. 따라서 일정 기간 이들이 충분히 아파할 시간을 주고 난 뒤에 다시 연락해서 자신의 잘못을 있는 그대로 인정하고 사과하며 자신의 마음을 표현한다면 금방 받아들입니다. 하지만 이들과의 믿음에 배신행위로 관계가 단절되었다면 재회 가능성은 거의 없다고 봐도 무방합니다.

⑰ 이들에게 결혼이란

이들은 자신이 경제적 기반이 안정되고 자기가 정말 좋아하는 여자가 생기면 바로 결혼하고 싶어 합니다. 매우 가정적인 남자들이라서 결혼에 대한 저항이 그리 크지 않아요. 단지 경제적인 조건은 매우 중요하게 생각합니다. 자기가 이 가정을 먹여 살릴 수 있을지에 대한 고민이 많거든요. 그리고 기본적으로 비혼을 생각하는 경우는 거의 없으며 딩크는 생각할 수조차 없습니다.

MBTI 사랑학개론

⓲ 결혼 생활의 특징

이들은 기본적으로 가사 노동에 대해 매우 능숙한 편으로 살림 대부분을 자기가 하려고 하는 모습을 보일 것입니다. 육아 또한 좀 더 못 해줘서 미안해할 수준이지요. 그리고 배우자가 일 때문에 힘들어하면 맞벌이를 강요하지 않습니다. 자기가 좀 더 고생하면 된다고 생각하는 편입니다. 그리고 대체로 가정적이지 못한 행동이나 부모로서 해서는 안 되는 행동 등에 갈등을 많이 겪게 됩니다. 하지만 기본적으로 갈등을 매우 싫어해서 어지간한 일은 혼자 삼키고 참는 편입니다.

⓳ 잘 어울리는 여자 유형

같은 ISFJ 여자를 비롯하여 ENFJ 여자와는 정말 잘 맞으며 ISTJ, ESTJ, ESFJ, ISTP, ESTP, INFJ, INFP, ENFP 여자들과는 서로 조금씩만 배려한다면 큰 무리 없이 잘 지냅니다. INFJ 남자들과 더불어 어지간한 여자 유형과 무난하게 잘 지내는 남자 유형이지요.

⓴ 이들과 잘 살기 위한 조언

이들은 기본적으로 너무 겸손하다 못해 자존감마저 매우 낮은 편이기에 항상 이들의 기여와 헌신에 고마워하고, 격려하면 정말 행복하게 잘 살 수 있습니다.

㉑ 갈등 해소 방식

이들은 갈등을 매우 싫어해서 상대의 행동과 말이 일단 마음에 안 들어도 참고 넘어가는 경우가 많아요. 그렇게 꾹꾹 눌러서 참고 있다가 어느 시점 되면 스스로 못 참아서 터트리는 경우가 있어요. 이런 특징을 여성분들이 많이 힘들어하지요. 그래서 평소에 이들과 대화를 많이 나누면서 서운한 점이 있는지 물어보고 허심탄회하게 자신의 잘못을 인정하고 사과한다면 큰 갈등을 겪지는 않을 것입니다.

㉒ 이들을 빡치게 만드는 방법

자신의 본분을 다하지 않거나 이들과 합의한 규칙이나 약속을 계속 어기는 일, 그리고 이들과 가까운 사람들과 갈등을 계속 빚게 된다면 이들은 엄청 화를 내기 시작할 거예요.

④
All that ESFJ

친선도모형

The Supportive Contributor

(1) 기본 특징

동정심과 동료애가 많으며 친절하고 재치가 있습니다. 참을성이 많고 양심적이며 정리 정돈을 잘합니다. 다른 사람에게 관심을 쏟고 인화를 도모하는 일을 중요하게 여기며 다른 사람들을 잘 돕습니다. 비판과 객관성 없이 다른 사람들의 의견에 동의하는 경향이 있으며 다른 사람의 견해에 집착하는 경향이 있습니다. 일상적인 일에 잘 적응하며 현실적이고 실제적이고 물질적인 소유를 즐기는 경향이 있습니다.

| 주기능 | Fe | 부기능 | Si | 삼차기능 | N | 열등기능 | Ti |

주기능 Fe은 윤리, 도덕적 가치 기준으로 자신의 외부 세계를 올바르게 살아가고자 합니다. 타인과의 관계에서 감사와 지지를 바탕으로 조화롭게 살아가려고 합니다. 윤리, 도덕적 가치 기준으로 올바르게 살아가고자 하는 경향이 매우 강합니다. 그래서 자신도 매우 윤리적으로 올바르게 살고자 하고 주변 사람들에게도 그렇게 살기를 요구하는 경우가 많지요. 자신의 본분, 책임감이 투철하고 의무감이 강합니다. 그래서 잔소리가 심한 편이며 가까운 사람일수록 간섭이 많아지는 경향이 있습니다. 사람들을 격려하고 지지하는 것을 매우 좋아하고 사람들과 함께 조화롭게 살아가고자 하는 욕구가 강합니다.

부기능은 Si로 정보를 자기 안에서 받아들이는 기능을 말합니다. 그리고 전통적인 방식, 기존에 알고 있던 방법을 매우 선호하며 예측 가능한 상황을 선호합니다. 사실적이고 구체적인 정보를 정확하게 잘 다룹니다.외부에서 들어온 정보보다는 이미 자신이 알고 있는 정보를 더 신뢰합니다. 자기가 알고 있는 정보와 다른 정보가 들어오게 되면 일단 걸러버리는 경향이 강하지요. 그래서 매우 보수적이고 고지식한 모습을 보입니다. 또 세부적인 기억력이 매우 좋아서 단순 암기를 정말 잘하는 편이구요. 또 과거에 있었던 일에 대해 계속 곱씹고 스스로 힘들어하는 경향도 보입니다. 인내심과 끈기가 강한 편입니다.

삼차기능 N으로 인해 삶의 진지함, 인생의 철학 등에 관심이 없고 오로지 물질적인 쾌락만을 추구하는 경향이 강하며 사람의 깊이가 없다는 느낌을 많이 받게 됩니다. 어떤 대상에 대해 거시적으로 통찰력을 발휘하여 앞으로 어떻게 되어갈지에 대해 생각하는 능력이 부족합니다. 그리고 새로운 도전이나 새로운 시각으로 대상을 바라보는 것을 매우 혐오하게 됩니다. 그래서 새로운 시도를 싫어하지요. 늘 고정되고 예측 가능한 환경만 선호하며 타인의 새로운 시도나 새로운 시각에 대해 매우 부정적으로 반응하는 경우가 많습니다.

열등기능 Ti로 인해 계산적이지 못하고 논리적으로 따지는 것을 매우 혐오합니다. 좋은 게 좋은 것으로 생각하는 경향이 강하며 상황을 논리적으로 분석하는 데 매우 미숙한 모습을 보입니다.

1차 유형발달 시기에 도달하면 자기가 알고 있는 것만을 신뢰하는 모습에 타인과 마찰을 일으키기 시작합니다. 만약 자존감이 높고 우호적인 환경에 노출되어 있다면 자기 객관화가 시작되며 자기반성을 하기 시작합니다. 그러면서 차츰 삼차기능인 직관기능이 발달하기 시작하면서 자기 혼자만으로는 많은 일을 제대로, 효율적으로 처리하는 것에 부족함을 느끼게 되며 타인의 새로운 의견, 새로운 시각을 배우게 됩니다. 점차 자신의 틀을 깨기 시작하면서 타인의 의견에 귀 기울이기 시작합니다. 하지만 자존감이 낮고 적대적인 환경에 노출된 상태에 심한 스트레스를 받고 있다면 자기 객관화가 되지 않고 매우 고집스럽게 변해가면서 타인의 의견에 대해 반대를 위한 반대를 하게 됩니다. 자신에겐 관대하며 타인에겐 매사 부정적으로 대하게 됩니다.

2차 유형발달 시기에 도달하면 점차 '좋은 게 좋은 게 아니다.'라는 사실을 깨달으면서 타인의 요구와 부탁을 거절하지 못하고 들어주면서 느끼게 되는 부담감과 회의감에 힘들어하기 시작합니다. 그러면서 점차 현명하게 거절하는 법을 배우면서 자신의 주체성을 확립해갑니다.

1차 유형발달이 건강하게 진행되었다면 자연스레 2차 유형발달도 건강하게 진행되기 시작합니다. 하지만 1차 유형발달이 건강하지 못하면 매우 고지식하고 자기중심적이며 잔소리가 심해집니다. 또한 자신의 감정을 타인에게 강요하여 남을 힘들게 만드는 사람이 됩니다.

(2) ESFJ 여자들

❶ 남자에게 어필할 수 있는 매력 포인트

항상 밝고 명랑하며 누구든 도와주려고 하는 헌신적이고 착한 마음씨가 매력 포인트입니다. 고지식하고 보수적인 성향이긴 하지만 올바른 윤리 의식을 가지고 있어 언제나 신뢰할 수 있는 사람들입니다.

❷ 건강하지 못한 유형발달을 했을 때의 모습

성격이 매우 급하며 자신의 의도대로 상대가 따라주지 않으면 크게 상처받고 그런 감정을 상대에게 그대로 표출합니다. 그래서 감정적으로 크게 터져 나오는 경향이 있습니다. 전체적으로 이런 특징이 강하게 느껴지는 경우 자존감이 낮은 상황에서 적대적인 환경에 장시간 노출된 채로 1차 유형발달의 시기를 보냈을 가능성이 큽니다. 우호적인 환경에서 우호적인 사람들과 어울리는 시간을 많이 보내다 보면 서서히 건강한 방향을 유형발달이 되기 시작합니다.

❸ 스트레스가 심할 때

ESFJ 유형의 여자들은 주변 사람들에게 헌신하고 살뜰히 챙기는 정이 많은 사람이나 자신의 그런 헌신과 노력에 대해 사람들이 몰라줄 때 크게 상처를 받게 되지요. 상처를 잘 받는데다 그 상처를 오랫동안 곱씹는 경향이 강해서 우울증과 화병에 잘 걸리는 편입니다. 그리고 완벽주의적 강박이 심하며 스트레스가 심할 경우 욱하는 경향이 있습니다.

스트레스가 유독 심한 날에는 시트러스 계열 즉, 레몬, 라임, 오렌지, 자몽 향기만으로도 스트레스로 인한 마음의 불편함을 완화하는 데 도움을 줍니다. 유리컵에 담긴 시원한 물 한 잔에 레몬 식용 오일을 한 방울 넣어 드셔보세요. 리모넨 성분이 풍부한 레몬 오일은 소화를 돕고 소화기 계통의 각종 불편함을 해소해주어 몸과 마음에 생기를 가득 불어넣어 줍니다.

과거의 힘들었던 경험이 나를 자꾸 괴롭힌다면 베르가못과 프랑킨센스 오일을 블렌딩하여 호흡하는 방법도 좋습니다. 베르가못의 상큼한 향기와 프랑킨센스의 묵직한 향기가 과거에서 오는 힘들고 불안한 마음으로부터 나를 꺼내어 주는 데 도움을 줄 것입니다.

아로마테라피와 관련하여 좀 더 자세한 정보는 카페에서 확인하시면 됩니다.

☕ **MBTI for Love** (cafe.naver.com/mbtiforlove)

자신에게 편안한 장소에서 조용히 휴식을 취하며 쉬는 것이 스트레스를 완화하는 데 큰 도움을 줍니다.

❹ 원하는 연애 스타일과 이상형

ESFJ 유형은 어릴 때부터 발견할 수 있는 한 가지 재미있는 특징이 있습니다. "네 꿈이 뭐야?"라고 물었을 때 ESFJ 유형의 여자아이 중 상당수가 "현모양처요."라고 답변한다는 것입니다(INTP를 포함한 NT 기질의 여성분이 이 이야기를 들었다면 완전히 기겁할 일이지요). 이 아이들이 가부장적인 가치관에 젖어있어서 그런 것이 아니라 자신의 가정과 자녀들에게 헌신하고 살뜰히 챙기면서 화목한 가정을 만드는 것이 꿈이라 그렇습니다. 그래서 ESFJ 유형의 여성들도 그런 꿈을 실현할 수 있는 이상형을 찾는 경우가 많습니다. 배려심이 넘치고 다정다감하며 가정에 충실한 남자를 원하지요. 특히 자신에게 먼저 다가와서 자신을 배려하고 챙겨주는 사람을 원하며 자신 또한 그 상대에게 헌신하고 배려하기를 원합니다.

❺ 가장 잘 맞는 남자 유형

ESFJ 유형의 여자들은 같은 ESFJ 남자들을 만나면 영혼의 단짝을 찾은 듯한 느낌을 받게 됩니다. 심적으로 매우 편안함을 느끼며 생활 패턴이나 가치관, 경제관념 등이 일치하여 정말 행복하게 잘 살아갈 가능성이 크지요. 또한, 자녀들에게도 애정을 듬뿍 쏟아붓기에 참으로 화목한 가정이 될 수 있습니다. 그 외에 ESTJ 남자도 잘 맞는 편입니다. 가치관과 삶의 방식, 경제관념이 비슷해서 매우 잘 맞는다고 할 수 있지요. 단, ESTJ 유형의 남자들은 반드시 건강하게 유형발달을 한 사람이어야 합니다. 그렇지 않으면 공격적이고 독단적인 모습에 ESFJ 여자들이 마음고생을 크게 하게 됩니다.

❻ 노력하면 괜찮은 남자 유형

ISFJ나 ISTJ 남자를 만나도 참 잘 맞는 편입니다. 단지 내향적이기에 남자들이 ESFJ의 오지랖과 넓은 인간관계를 피곤하게 여길 가능성이 있으니 이 부분을 조심해야 합니다. 그리고 ENFJ와 INFJ 남자도 잘 어울리는 편입니다. 가치관과 경제관념은 조금 다르긴 해도 비슷한 생활 패턴과 전형적인 사랑꾼들이기에 잘 맞지요.

❼ 가장 피해야 할 남자 유형

절대로 만나선 안 되는 유형은 INTP, ISTP 유형입니다. 모든 것이 정반대이기에 완전 상극이 됩니다. 그리고 ISFP, ESFP, INFP, ENFP와 만나게 되면 첫인상은 좋게 느끼다가 점점 자존심 싸움이 일어나 서로를 못 잡아먹어서 안달이 나는 관계가 되지요. FP가 들어가는 성격유형은 주기능이든 부기능에 심리기능 중 Fi가 있습니다. 이 기능은 현재 자신의 감정을 기준으로 주관적으로 판단하는 기능이라 자신의 감정에만 충실합니다. 하지만 ESFJ 유형들은 윤리, 도덕적 가치 기준으로 보편타당한 기준을 가지고 판단을 하기에 FP가 들어간 성격의 사람들이 처음에는 자신을 공감해주고 이해해준다는 느낌에 호감을 느끼게 되지만, 점점 가면 갈수록 일관성이 없고 매우 주관적이며 이기적이라고 생각하기 시작합니다. 그래서 서로 이해하지 못하고 잔소리하기 시작하면 점점 감정을 다치기 시작하면서 자존심 싸움으로 치닫게 되지요.

그리고 ESTP와 ENTP 유형의 경우 기존의 질서를 파괴하려는 경향이 강하여 ESFJ 여자들 눈에는 가장 문제가 많고 종잡을 수 없는 사람들이라는 인식을 많이 가지고 있어서 서로 호감을 느끼기 힘들며 마찰이 많이 생기게 됩니다.

MBTI 사랑학개론

❽ 남자를 만날 때 조심해야 하는 것

ESFJ 유형의 여자들에게만 보이는 '현모양처의 욕구' 때문에 누군가를 한 번 좋아하게 되면 자신의 모든 것을 올인하려는 경향이 있습니다. 게다가 기본적으로 상대의 감정, 상황, 의도 등을 파악하는 눈치가 없는 편인데다 오지랖까지 넓어서 남자들이 이들에게 쉽게 흥미를 잃어버리게 만드는 경우가 많습니다. 그래서 결국 차이거나 남자가 바람이 나서 이별을 맞이하는 경우가 많으며 자신의 헌신과 노력을 배신당했다는 분노와 후회, 미련이 심해서 이별 후유증까지 매우 심한 편입니다. 따라서 한번 좋아하면 모든 것을 헌신하려고 하는 욕구를 참는 것이 무엇보다도 중요합니다. ESFJ 유형은 헌신하면 헌신짝 됩니다.

❾ 이별 후 대처법

일상생활 속에 자신에게 가장 편안한 장소와 편안하게 느끼는 친밀한 사람들과 함께 많은 대화를 나누다 보면 마음속에 응어리진 상처가 점점 작아지기 시작합니다. 기본 성향 자체가 사람을 워낙 좋아하는데다 말하는 것을 좋아하기에 빨리 잊는 편이나 간혹 공무원시험 수험생이거나 여타 이유로 대인관계의 폭을 좁힌 경우 그 후유증이 매우 오래가는 모습도 볼 수 있습니다.

❿ 상황별 궁합

ESFJ 유형은 부모에게 자신의 책임과 본분을 다하려는 성실하고 착한 자녀입니다. 스스로 어긋난다 싶은 행동을 절제하고 착실하게 살려고 노력을 다하기에 부모 입장에서는 참 좋은 자녀가 되지요. 하지만 새로운 것을 싫어하고 겁이 많으며 고지식한 모습에서 안타까움도 함께 가지고 있는 편입니다.

ESFJ 유형이 부모가 된 경우 자녀에게 애정과 관심을 듬뿍 쏟아붓는 부모가 됩니다. 하지만 점점 그 도가 지나쳐서 모든 것을 다 해주려고 하는 심리 때문에 자녀가 심리적으로 독립하기 힘들어하는 경우도 생깁니다. 그리고 자녀가 사춘기가 되어 점점 독립하려고 하면 그때부터 서운함과 아쉬움을 느끼며 우울증까지 생길 우려가 있습니다. 자녀에게 최선을 다하는 모습에서 자신의 존재적 의미를 느끼는 경우도 종종 볼 수 있지요. 대체로 SJ와 NF 기질의 자녀와는 상성이 매우 좋으나 SP 기질의 경우 마찰이 심하고 잔소리를 많이 하게 됩니다. 그리고 자녀가 NT 기질이면 진짜 상처를 많이 받게 됩니다. 교육과 관련하여 학원 관계자 말만 믿고 주변 사람들의 말은 걸러 듣는 경향이 강하여 잘못된 정보를 가진 ESFJ 어머니들이 정말 많습니다. 반드시 《MBTI 공부혁명 ver. 청소년 (법률저널)》을 읽어보셔서 자녀 교육에 활용하시길 간곡히 부탁드립니다.

직장에서는 인화 단결을 위해 존재한다고 봐도 과언이 아닐 정도로 사람들을 잘 챙기고 서로 친해질 수 있게 만들지요. 특히 사람들의 특별한 이벤트가 있을 때 먼저 나서서 챙겨주는 것으로 유명합니다. 하지만 과도한 오지랖으로 자신이 남들을 챙기고 신경 쓰는 것만큼 상대가 그렇게 해주지 않으면 마음의 상처를 많이 받게 됩니다. 그래서 혼자 꽁해 있는 경우가 많아요. 특히 사고형 T 사람들과 INFP, 그리고 NT 기질의 사람들에게 상처를 많이 받는 편이지요. INFP의 경우, 상대의 의도나 생각을 읽는 눈치가 부족해서 ESFJ에게 실수를 많이 하는 편이구요.

친구 관계에서도 매우 인기가 많은 편이나 이들의 오지랖을 이용하는 사람들이 종종 있어서 상처를 잘 받는 편입니다. 이들은 직장 동료나 개인적인 친구 관계나 크게 구분 없이 두루 친하게 지내는 편입니다.

E
S
F
J

MBTI 사랑학개론

(3) ESFJ 남자들

❶ 여자와의 차이점

ESFJ 남자들은 사고형들의 문화인 남자들 집단 내에서 적응하는 과정에서 과도한 오지랖으로 상처를 많이 받아온 경우가 많습니다. 그래서 매우 사교적이긴 하지만 ESFJ 여성들에 비해 남들에게 참견하는 일은 적은 편이지요. 하지만 자기 사람이라 생각하는 연인이나 배우자에 대해서는 매우 관여를 많이 하려고 합니다. 감정 기복도 크고 상대가 서운하게 하면 잘 삐지는 편이지요. 그리고 ESFJ 여자들보다 눈치가 없고 센스가 부족한 편입니다.

❷ 남자들의 특징

생활 태도나 사고방식은 매우 보수적이나 정치 성향은 진보적일 가능성이 큽니다. 기본적으로 SJ 기질의 남자들답게 책임감과 근면, 성실한 모습은 이들의 특징이지요. 그리고 다른 사람들을 돕고자 하는 따뜻한 마음씨가 크며 배려심과 공감 능력이 좋습니다. 그러나 갈등을 싫어해서 갈등을 일으킨 문제에 대해 결과를 짓고 넘어가려는 경향이 강합니다.

타고난 효자들로 양가 부모 모두에게 매우 친근하게 잘 대하면서 잘하려고 노력합니다. 그리고 자신의 배우자 또한 자식으로서 도리를 다하도록 강요하는 편입니다. 윤리, 도덕적인 가치 기준으로 세상을 살아가고자 하며 타인에게도 그렇게 살기를 강요하는 편입니다. 만약 그러지 못한 사람이 있다면 타고난 오지랖으로 잔소리를 하는 경우가 많지요.

타고난 근성과 성실함 덕분에 어느 정도 공부는 하는 편이나 대체로 눈치가 없고 센스가 부족해서 일머리는 없는 편입니다.

❸ 좋아하는 것과 싫어하는 것

많은 사람과 어울려서 노는 것을 좋아합니다. 새로운 사람을 만나서 노는 것도 매우 좋아하여 술자리를 즐기는 편이지요. 하지만 유흥은 싫어하는 편입니다. 윤리, 도덕적 가치 기준에 맞게 살아가고자 하기에 자신의 가치관에 벗어나는 행동, 규칙이나 법에 어긋나는 행동은 안 하려고 하며 거짓말을 하거나 신뢰를 저버리는 일 또한 싫어합니다.

❹ 경제 개념과 재테크

매우 절약형 인간으로 당근마켓 같은 앱을 좋아합니다. 10원이라도 싸면 한참을 걸어가서라도 꼭 사려고 하는 돈의 가치를 중요하게 생각하는 사람들이지요. 심지어 금전출납부를 쓰는 사람들도 있습니다. 주식이나 부동산 같은 곳에 재테크 하는 것도 좋아하며 매우 알뜰한 소비를 하는 편입니다.

❺ 유형발달의 상태에 따른 특징

건강한 유형발달을 한 ESFJ 남자는 정말 밝고 유쾌하며 따뜻한 믿음직스러운 남자들입니다. 누구한테나 잘하고 잘 챙기지요. 그래서 정말 인기가 많은 편입니다. 보수적인 성향이지만 남에게 자신의 가치관을 강요하지 않지요. 남이 듣고 싶어 하는 이야기를 잘 던지면서 사람들을 기분 좋게 해줍니다.

건강하지 못한 유형발달을 한 ESFJ 남자는 매우 보수적이면서 자신의 고지식하고 융통성 없는 생각이나 판단을 타인에게 강요합니다. 따라다니면서 잔소리를 퍼붓지요. 그리고 화를 매우 잘 내며 자신의 생각과 판단에 적합하지 않은 행동을 하는 사람에게 그 분노를 표출합니다. 하지만 매우 편협하며 감정적이지요. 재미있는 것은 강자에게는 약하고 약자에게 강한 모습을 보입니다. 매우 비겁한 모습이지요. 그리고 자신의 감정이나 상처를 계속 되뇌며 징징대는 모습을 보여줍니다. 그래서 함께 있는 사람의 기를 다 빼버리지요.

E S F J

❻ 라이프 스타일

매우 바쁩니다. 친구들을 만나러 다녀야 하거든요. 매우 부지런하고 성실하며 집안 살림도 잘하고 정리 정돈도 잘합니다. 그러면서 자기 집에 친구들 데리고 와서 노는 것을 매우 좋아해요. 기본적으로 친구들에게 대접하는 것을 매우 좋아해요. 그래서 이 사람들의 집이 친구들의 사랑방 역할을 하는 경우가 많아요.

❼ 만날 수 있는 곳

사람들이 많은 곳에 이들을 쉽게 찾을 수 있습니다. 사람을 워낙 좋아하다 보니 사교 모임에 빠지지 않거든요. 술자리, 회식에도 꼭 있으며 각종 사교 동호회에도 참석을 많이 하는 편입니다. 하지만 이 유형의 남자 수 자체가 그리 많은 편이 아니라서 체감상 적은 것처럼 느껴집니다.

❽ 설득의 포인트

이들은 동정심이 많고 공감 능력이 좋아서 다른 사람의 어려운 사정을 듣게 되면 일단 도와주고 봅니다. 그래서 나중에 돌려받지 못한 돈이 많지요. 이런 특징 때문에 사기도 많이 당하고 마음고생도 많이 하지만 어쩌겠어요. 다 착해서 그런 것이죠.

이들은 결혼을 빨리하고 싶어 합니다. 그래서 빨리 경제적 자립을 이룬 다음에 한 가정을 이루고자 하지요. 그래서 먼저 결혼하자는 말을 꺼낼 확률이 높아요. 만약 이 유형의 남자가 결혼 얘기를 꺼내지 않고 있다면 정말 피치 못할 사정이 있는 것으로 생각해도 무방합니다. 그럴 때는 너무 캐내려고 하지 말고 스스로 토해내도록 분위기만 조성해도 무엇이 문제인지 금방 실토합니다. 워낙 말하는 것을 좋아하다 보니 비밀이라는 게 없는 사람들이거든요.

❾ 이들에게 사랑이란

이들은 사랑이 넘치는 사람들입니다. 어서 빨리 좋은 사람을 만나 가정을 이루고 싶어 해요. 그러면서 자신의 역할에 최선을 다해서 행복하게 살고 싶어 합니다. 책임, 애정, 의무, 신뢰 이런 키워드를 떠올리면 됩니다.

❿ 연애 스타일

이들은 한번 연애를 시작하면 매우 헌신적입니다. 물론 눈치와 센스가 부족해서 답답한 면은 있지만 노력하는 모습이 가상하지요. 그리고 처음 새로운 사람을 만났을 때는 많은 부분을 재고 따지지만 한번 받아들이면 그때부터 금방 마음이 커져버립니다. 서로의 일상을 함께 공유하고자 하는 마음도 커서 연락도 자주 하는 편입니다. 그리고 열정이 오래가기에 권태기가 쉽게 찾아오지 않지요.

⓫ 이상형

사귀기 전까지는 정말 신중하게 조건을 따집니다. 자신은 한번 빠지면 바로 직진이라는 것을 잘 알기에 시작하기 전에 신중한 편이지요. 무엇보다도 보수적인 가치관이 잘 맞는 상대를 고르는 편입니다. 그리고 신뢰가 가며 약속을 잘 지키는 상대를 좋아하지요. 그러나 일단 한번 좋아지기 시작하면 그 마음을 멈출 줄 모르고 그냥 직진하는 편입니다. 그리고 패션이나 옷차림은 자신의 취향에서 크게 벗어나지 않으면 별로 신경 안 쓰는 편이구요.

⓬ 이들에게 어필하는 방법

이들은 기본적으로 누구에게나 호감을 보이면서 친해지고자 합니다. 이럴 때 그 호감 표시에 적극적으로 감사의 표시를 하면서 함께 호감을 보인다면, 금방 마음을 열면서 다가오기 시작하며 빠르게 사랑에 빠지는 모습을 볼 수 있을 것입니다. 금사빠의 전형적인 모습이지요.

⓭ 싫어하는 여자 스타일

예의와 경우를 모르면서 많은 사람과 갈등을 빚는 여자들을 매우 불편하게 생각합니다. 또한, 전통적인 가치를 무시하고 자기주장이 강한 여자들을 꺼리지요. 그리고 매우 튀는 스타일을 싫어하는 꼰대 기질이 있습니다.

⓮ 감동 포인트와 격려 방식

ESFJ 남자들은 자신이 오지랖이 심하고 눈치와 센스가 부족하다는 것을 잘 알고 있습니다. 단지 본능적인 욕구로 그러고 싶어서 하는 것이지요. 그래서 이들의 그런 오지랖을 불편하게 생각하지 않고 매우 고마워하며 이들의 수고를 인정해준다면 이들은 매우 감동하면서 더욱 잘하려고 할 것입니다. 그리고 감정형 사람들은 입에 발린 말이라도 칭찬 한마디에 매우 동기부여가 되지요.

⓯ 이별을 생각하게 되는 경우

이들이 말하는 것과 행동하는 것마다 비판하면서 갈등을 일으키게 되면 이들은 서서히 마음이 멀어져가기 시작합니다. 특히 이들의 헌신과 노력에 대해 무시하면서 이들을 노골적으로 비판하고 통제하려 들면 어느새 이들은 헤어질 준비를 하고 있습니다.

⓰ 재회 가능성과 방법

이들은 헤어지는 것에 대한 두려움이 매우 큽니다. 이별의 후유증을 크게 앓는 편이라 아무리 상대가 잘못했다 하더라도 이별하고 난 이후에 미련을 많이 가지게 됩니다. 그래서 일정 시점이 지나서 다시 연락하면 매우 반갑게 연락을 받으며 다시 만날 가능성이 큽니다.

⑰ 이들에게 결혼이란

이들은 어릴 때부터 빨리 결혼하고 싶어 합니다. 안정과 완성의 의미로 받아들이는 경향이 크지요. 그래서 빨리 사랑하는 사람을 찾고 빠르게 결혼할 준비를 해서 결혼하려고 합니다. 물론 현실적인 조건도 따지는 편이지만 일단 눈에 콩깍지가 씌면 그런 조건도 다 내팽개치는 경향이 크지요. 비혼 및 딩크는 이들에게 있을 수 없는 일입니다.

⑱ 결혼 생활의 특징

매우 가정적입니다. 가사 노동을 적극적으로 하며 육아도 자신의 책임이라 생각하는 경향이 있습니다. 또한, 배우자가 굳이 하겠다고 하지 않는 이상 맞벌이도 강요하지 않습니다. 그리고 오지랖이 넓어서 이것저것 다 챙겨주려고 하나 배우자가 그런 참견을 귀찮아하는 경우에 주로 갈등이 생깁니다.

⑲ 잘 어울리는 여자 유형

같은 ESFJ 유형을 비롯하여 ISFJ, ENFJ 유형과 정말 잘 맞습니다. 그리고 ISTJ, ESTJ, INFJ 유형과도 어느 정도 서로 노력하면 잘 지낼 수 있어요.

⑳ 이들과 잘 살기 위한 조언

이들의 오지랖과 참견을 기꺼이 받아들이고 고마워할 줄 아는 여유가 필요합니다. 그게 안 되면 좀 많이 피곤할 겁니다.

㉑ 갈등 해소 방식

ESFJ 남자들은 대화하는 것을 중요하게 생각합니다. 그래서 자신의 솔직한 감정을 표현하되 상대의 잘못이나 문제점을 지적할 때는 사전에 충분한 고마움과 애정을 표현하고 난 다음에 말을 꺼내는 것이 좋습니다. 그 후에 그 문제만 개선되면 더 좋을 것 같다고 말하면 이들은 바로 개선하려고 노력할 것입니다.

㉒ 이들을 빡치게 만드는 방법

이들에게 말이 많다거나 오버하지 말라고 무안을 주는 경우 이들은 크게 상처를 받으면서 자존감이 급격히 떨어지게 됩니다. 게다가 남자답지 못하다고 하면서 제발 징징대지 말라고 말하면 이들은 어느 순간 상대와의 관계가 멀어졌다고 느끼게 됩니다. 그럼 크게 삐지며 이때부터 무슨 말을 하든 매우 예민하게 받아들이며 화를 내게 될 것입니다.

MBTI 사랑학개론

5

All that ISTP

백과사전형

The Logical Pragmatist

(1) 기본 특징

조용하고 말이 없으며 인생을 논리적으로 분석하며 객관적으로 관찰합니다. 사실적인 정보를 조직하는 것을 좋아하며 뚜렷한 사실에 근거한 객관적인 추론이 아니면 그 어떤 것도 신뢰하지 않습니다. 직접적으로 관계되지 않는 이상, 어떤 상황이나 다른 사람들의 일에 직접적으로 관여하지 않는 경향이 있습니다. 자신을 필요 이상으로 개방하지 않으려 하며 대체로 가까운 친구들 외에는 다른 사람을 사귀려고 하지 않습니다. 열정적이지만 조용하고 호기심이 많습니다. 노력을 지나치게 절약하려는 경향이 강합니다.

주기능 **Ti**   부기능 **Se**   삼차기능 **N**   열등기능 **Fe**

주기능 Ti는 효과적이고 논리적인 구조를 만들고 분석합니다. 매우 논리적인 사고를 보이며 가장 효율적이고 효과적인 결론을 도출합니다. 매우 머리 회전이 빠릅니다. 받아들인 정보를 토대로 빠르게 논리적으로 판단하여 정확한 결론을 끌어내지요. 그래서 매우 계산적인 면도 강하고 이성적인 편입니다. 이 기능이 매우 뚜렷한 사람들은 모든 것을 논리와 이성으로만 생각하는 경향이 있습니다. 이해력과 추론 능력이 좋아서 분석하고 상황을 예측하는 능력이 좋습니다.

부기능 Se는 다양한 외부 세계에 대한 경험을 선입견 없이 잘 받아들이는 기

I S T P

능입니다. 그리고 오감의 감각신경이 매우 예민한 편이지요.선입견이나 편견 없이 외부 정보를 받아들이기에 정확하게 상황을 파악하는 능력이 탁월하지요. 매우 즉흥적이며 충동적인 경향을 보입니다. 기존에 알고 있는 것보다 지금 들어오는 정보를 더 신뢰하는 편이지요. 또한, 말초신경을 자극하는 쾌락을 매우 즐기는 편으로 쾌락주의적이고 경험주의적인 경향이 강합니다. 온몸에 뻗어있는 신경이 예민하여 미세한 자극에도 바로 반응하는 편으로 허용하는 자극의 역치가 작아서 환경의 변화나 상황의 변화에 대해 매우 민감하게 반응합니다. 그래서 짜증이 많은 편이에요. 그리고 어려운 상황에 처하게 되면 바로 회피하거나 포기하려는 경향이 강합니다.

삼차기능 N으로 인해 삶의 진지함, 인생의 철학 등에 관심이 없고 오로지 물질적인 쾌락만을 추구하는 경향이 강하며 사람의 깊이가 없다는 느낌을 많이 받게 됩니다. 어떤 대상에 대해 거시적으로 통찰력을 발휘하여 앞으로 어떻게 되어갈지에 대해 생각하는 능력이 부족합니다. 그리고 새로운 도전이나 새로운 시각으로 대상을 바라보는 것을 매우 혐오하게 됩니다. 그래서 새로운 시도를 싫어하지요. 늘 고정되고 예측 가능한 환경만 선호하며 타인의 새로운 시도나 새로운 시각에 대해 매우 부정적으로 반응하는 경우가 많습니다.

열등기능 Fe로 인해 타인으로부터 간섭이나 참견을 매우 싫어하게 됩니다. 그리고 기존 사회의 윤리, 도덕적 가치 기준에 대해 반감을 품고 있는 경우가 많습니다. 또한, 자신에게 타인의 감정을 공감하도록 요구하는 것에 대해 매우 불편한 느낌을 많이 받구요. 나와 크게 관련 없는 사람에 대해 무관심하게 생각하는 경향이 강하지요.

1차 유형발달 시기에 도달하면 그동안 너무 즐기고 노는 데만 집중했던 자신의 삶이 점점 공허해지기 시작합니다. 만약 자존감이 높고 우호적인 환경에 노출되어 있다면 자기 객관화가 시작되며 자기반성을 하기 시작합니다. 그러면서 차츰 삼차기능인 직관기능이 발달하기 시작하면서 미래를 위해 현재를 준비하고자 하는 욕구가 생겨나기 시작하면서 새로운 일에 도전하기 시작합니다. 그러면서

MBTI 사랑학개론

자신의 삶이 더욱 충실해지기를 원합니다. 하지만 자존감이 낮고 적대적인 환경에 노출된 상태에 심한 스트레스를 받고 있다면 자기 객관화가 되지 않고 더욱 쾌락만을 탐닉하는 삶에 집중하며 가볍고 현재만을 살아가는 사람이 됩니다.

2차 유형발달 시기에 도달하면 점차 자기 곁에 사람들의 감정이 눈에 보이기 시작하면서 주변 사람을 챙기기 시작합니다. 성과를 올리는 데에 꼭 업무적 효율만이 중요한 것이 아닌 인화 또한 매우 중요하다는 것을 깨닫게 되지요.

1차 유형발달이 건강하게 진행되었다면 자연스레 2차 유형발달도 건강하게 진행되기 시작합니다. 하지만 1차 유형발달이 건강하지 못하면 쾌락만을 탐닉하며 미래를 대비하지 못하는, 오늘만 사는 사람이 됩니다.

(2) ISTP 여자들

❶ 남자에게 어필할 수 있는 매력 포인트

독립적이고 자주적인 차도녀의 기품이 넘치는 여자들입니다. 남자에게 의지하지 않고 자기 일을 당당하게 해나가는 여자들이지요. 자신의 독립성만큼이나 남자의 독립성도 존중하며 대등한 관계로 연애와 결혼을 하려고 하는 여자들입니다.

❷ 건강하지 못한 유형발달을 했을 때의 모습

타인에 대해 극도로 경계하며 대인관계를 잘 맺지 못합니다. 매사 귀찮게 여기는 것이 많아지며 자기가 하고 싶은 것만 하려고 합니다. 가까운 사람에게 짜증을 심하게 부립니다. 전체적으로 이런 특징이 강하게 느껴지는 경우 자존감이 낮은 상황에서 적대적인 환경에 장시간 노출된 채로 1차 유형발달의 시기를 보냈을 가능성이 큽니다. 우호적인 환경에서 우호적인 사람들과 어울리는 시간을 많이 보내다 보면 서서히 건강한 방향을 유형발달이 되기 시작합니다.

❸ 스트레스가 심할 때

ISTP 유형의 여자들은 몸이 매우 예민하여 짜증이 많습니다. 특히 스트레스가 심할 경우 그 짜증이 폭발하여 감정 조절이 되지 않을 경우가 많구요. 또한, 인내심이 부족해져 하나의 일에 오랫동안 집중할 수가 없습니다. 예민함 때문에 근육 긴장도 심한 편이며 불면증까지 생길 가능성이 크지요.

잠을 이루기 어려울 때 라벤더, 마조람, 일랑일랑 오일을 캐리어 오일에 블렌딩하여 목이나 어깨에 바르고 잠을 청해보시길 바랍니다. 높아진 혈압을 낮춰주고 지친 몸과 마음에 휴식을 주어 더 편안한 마음으로 깊은 숙면을 취하는데 도움이 됩니다.

아로마테라피와 관련하여 좀 더 자세한 정보는 카페에서 확인하시면 됩니다.
☕ MBTI for Love (cafe.naver.com/mbtiforlove)

그리고 음악이나 영화, 드라마 등 자신의 오감을 자극하는 활동을 하는 과정에서 스트레스가 완화됩니다.

❹ 원하는 연애 스타일과 이상형

ISTP 유형의 여자들은 독립심이 매우 강한 사람들이지요. 그래서 자신의 일상생활이 방해받는 것을 매우 싫어합니다. 따라서 각자의 사생활을 존중하며 서로 감정적으로 귀찮게 하지 않은 상대를 원하지요. 그리고 밀당하는 것을 매우 싫어하여 의사소통이나 감정 표현을 모호하게 하며 질투심을 유발하거나 헷갈리게 하는 사람을 싫어합니다. 즉, 일상을 방해하지 않고 사생활을 존중해주며 의사소통과 감정 표현이 확실한 사람을 좋아합니다.

❺ 가장 잘 맞는 남자 유형

ISTP 여자들은 자신과 같은 유형인 ISTP 남자들과 정말 잘 맞습니다. 일단 기본적인 가치관, 생활 패턴, 경제관념 등등이 같아서 크게 부딪칠 일이 없어요. 그리고 ESTP 유형의 남자들도 매우 잘 맞는 편이지요. 서로 원하는 것이 거의 일치해서 크게 부딪히는 게 없어요. 그리고 의외로 정반대 유형인 ENFJ 유형의 남자들과 잘 맞는다고 합니다. 서로 가지지 못한 부분을 충족시켜주지요. 물론 서로서로 완전히 이해하기는 힘들지만, 완전히 반대이기에 서로 인정할 것은 인정하는 관계가 되어버리거든요. 그러면서 자신의 삶이 더욱 풍성해진다는 느낌을 받게 됩니다. 또 ESTP 유형과 비슷한 ENTP 유형과도 잘 맞는 편입니다. 자신이 생각하지 못한 새로운 아이디어를 제시하면서 새로운 재미를 선사하거든요. 그러면서 서로에게 감정적인 요구 수준이 높지 않아서 편하게 지낼 수 있지요.

❻ 노력하면 괜찮은 남자 유형

ISTP 유형의 여자와 INTP 유형의 남자는 서로 감정적인 요구가 크지 않고 서로의 선을 지키면서 지낼 수 있지요. 그리고 ISFJ, INFJ 유형의 남자와도 적

I
S
T
P

당한 선을 유지하며 잘 지낼 수 있어요. 그러나 서로 아쉬움이 있는 편입니다. ISTP 유형의 여자들은 이들이 너무 진지한 편이라서 '재미가 없다.', '심심하다.' 라고 느낄 가능성이 크거든요. 그러나 크게 부딪치고 싸울 일은 적어요.

❼ 가장 피해야 할 남자 유형

심리기능 Fi가 주기능이나 부기능에 있는 성격인 ISFP, ESFP, INFP, ENFP 유형과는 매우 힘들 것입니다. 이들의 논리적이지 않고 일관적이지 않은 주관적이고 감정적인 판단의 방식 때문에 ISTP 유형들은 매우 힘들어합니다. 또한, 이들은 자신의 감정, 기분 상태를 공감받으려고 하고 이해받으려고 하는 욕구가 높아서 ISTP 유형들은 이들을 징징대는 남자들이라 생각하면서 매우 피곤해합니다.

그리고 ISTJ, ESTJ, ESFJ, INTJ, ENTJ 유형들은 자유로운 영혼인 ISTP의 생활 패턴에 대해 잔소리가 많아요. 특히 상대를 통제하려고 하는 욕구가 강한 성격들이라서 서로를 이해하지 못하고 치열하게 싸우게 될 가능성이 큽니다.

❽ 남자를 만날 때 조심해야 하는 것

ISTP 유형의 여자들은 전형적인 경상도 남자들의 특징을 그대로 가지고 있는 경우가 많아요. 16가지 성격유형 중에서 가장 무뚝뚝하기로 유명하거든요. 소위 기념일이니 무슨 이벤트니 하는 것과도 매우 거리가 먼 성격유형이지요. 자기와 크게 관계없는 사람에 대해서는 매우 무심한 편이구요. 게다가 귀찮아하는 것들이 매우 많고 자신의 느낌이나 생각을 잘 표현하지 않아요. 그래서 남자들이 '이 여자가 날 좋아하는 게 아닌가 보다, 내가 착각하고 있었나 보다.' 라고 오해를 많이 하게 됩니다. 어느 정도는 자신의 감정도 표현하고 아무리 귀찮더라도 적당한 선에서는 노력하는 모습도 보여주는 것이 좋아요.

MBTI 사랑학개론

겉으로 보기보다는 매우 예민한 편이라 이별의 후유증이 매우 큰 편입니다. 그래서 초반에는 아무것도 못 할 정도로 충격을 받지요. 불면증, 거식증, 우울증 등의 신체 반응이 나타나게 됩니다. 그럴 때 자신을 자극할 수 있는 다양한 활동을 즐겨보시는걸 추천드립니다. 부기능 Se를 자극하게 될 때 스트레스를 확 줄일 수가 있거든요.

❿ 상황별 궁합

부모들에게 ISTP 유형은 매우 까칠하고 도도한 자녀입니다. 특히 SP 기질 특유의 예민함과 짜증을 가족들에게 많이 표출하는 편이거든요. 그래서 사춘기 때 엄청나게 힘들어하는 부모가 많아요. 게다가 말 한마디 툭툭 내뱉으면서 매우 신랄하게 아픈 말을 잘하다 보니 가족들이 눈치를 많이 보게 되는 편입니다. NF 기질의 부모를 포함하여 감정형 부모들은 ISTP 자녀를 많이 어려워하는 편입니다. 그리고 TJ가 들어가는 부모는 ISTP 자녀를 자신의 권위나 논리로 강하게 억압하는 편이구요. 하지만 크게 어긋나는 일을 하지 않기에 이들을 자극하지 않으면 괜찮다는 것을 잘 알아서 서로 선을 지키며 사는 경우가 많습니다.

ISTP 부모는 자녀에게 세상의 즐거움을 많이 가르쳐주려고 하면서 자녀가 자립심을 키울 수 있도록 하는 부모입니다. 그리고 자녀 스스로 생각하는 힘을 키워주려고 지적 토론을 많이 하는 부모가 되지요. 그래서 사고형의 자녀와는 매우 잘 맞는 편이나 감정형의 자녀들은 그들이 원하는 수준의 애정을 받지 못할 가능성이 큽니다. 특히 이들은 자녀를 정서적으로 지지해주고 공감하는 부분에서 부족함이 많은 편이지요. 자녀 교육과 관련하여 어려운 점이 있다면 저의 또 다른 책《MBTI 공부혁명 ver. 청소년(법률저널)》을 참고하시면 많은 도움이 될 것입니다.

직장에서는 자기가 맡은 일에 대해서는 딱 부러지게 하는 커리어우먼입니다. 일 처리 하나만큼은 그 누구도 토를 달지 않을 만큼 철저하게 잘하지만 직장 동료들과는 일정한 거리를 유지하면서 좀 더 친해지려고 하지 않는 경향이 있습니다. 직장과 사생활을 엄격하게 분리하는 편입니다. 특히 직장 내에서 감정형 사람들을 불편하게 생각하는 경향이 강합니다. 그래서 사고형 사람들과 잘 지내는 편이지요. 딱 자기 할 일만 열심히 하는 그 선까지만 회사에 충성하는 실속 있는 사람들입니다.

친구들 사이에서는 조용하지만 한 번씩 툭툭 내뱉는 말로 사람들을 즐겁게 해주는 진국인 친구입니다. 겉으로 표현하지 않아도 뒤에서 조용히 챙기는 타입이지요. 정말 친한 친구 사이에서는 감정형 친구들과도 어느 정도 잘 지내려고 노력하는 편입니다.

(3) ISTP 남자들

❶ 여자와의 차이점

ISTP 남자들은 어릴 때부터 사고형 문화인 남자들 집단 내에서 외로운 늑대처럼 제한된 인간관계 속에서도 잘 버텨온 사람들입니다. 그래서 나이가 들어서도 무뚝뚝함을 잃지 않고 그런 자신의 스타일에 상대가 맞춰주기를 바라는 경우가 많지요. 첫인상부터 무뚝뚝하고 까칠한 상남자 스타일입니다. 하지만

MBTI 사랑학개론

자기가 좋아하는 대상에 대해서는 매우 다정한 모습을 보이기도 합니다. 소위 말하는 츤데레 성향이 가장 강한 타입이지요. 겉으로는 무뚝뚝해도 속으로는 꼼꼼하게 상대를 챙겨주는 남자들입니다.

❷ 남자들의 특징

대체로 생활 태도는 보수적인 성향이 강하며 대부분 귀찮고 복잡한 것을 싫어해서 정치에 관심을 안 가지는 경우가 많습니다. 성격유형 중 귀차니즘이 매우 심한 유형으로 알려져서 어지간하면 책임을 맡으려고 하지 않아요. 근데 한번 맡은 책임은 끝까지 지려고 합니다. 또한, 20대 중후반이 지나 1차 유형발달의 시기가 찾아오면 점점 윤리, 도덕적으로 살아가고자 하는 경향이 생깁니다.

이들은 자신이 처리하기 힘든 문제에 대해서는 매우 귀찮아하면서 회피하려는 성향을 보입니다. 특히 특유의 짜증이 많아서 복잡하고 귀찮은 문제를 계속 걸고넘어지면 순간 짜증을 내기 시작하며 상황을 피해버립니다. 특히 내향적인 성향이 짙어서 말주변이 좋지 않다면 더욱 피하려고 합니다.

이들은 게으르긴 하지만 집중력이 좋기에 공부 머리가 있는 편이며 무엇보다도 복잡한 일을 빠르게 파악하여 처리하는 능력이 탁월합니다.

I
S
T
P

❸ 좋아하는 것과 싫어하는 것

혼자 사색을 즐기거나 무언가를 조작하고 만드는 것에 크게 관심이 있어서 캠핑이나 등산, 자동차 튜닝, 드론, 바이크, 패러글라이딩 같은 익스트림 스포츠 등의 취미를 즐기고 있습니다.

현재를 즐겁게 재미있게 스릴 있게 살고자 하는 가치관을 가지고 있습니다.

즉, 재미없고 복잡한 일들은 귀찮게 여기며 피하려고 하지요. 그래서 최소의 노력, 에너지 투입으로 최대의 성과를 얻으려고 하며 행동 전반에 걸쳐 그런 모습이 엿보입니다. 매우 효율적으로 살고자 하는 사람들입니다.

윤리 의식의 정도에 따라 유흥을 즐기는 정도가 차이가 나며 소수의 친구와 노는 것을 좋아합니다. 이들은 누군가가 감정적으로 공감하기를 바라며 징징대는 것을 매우 싫어합니다. 그리고 쓸데없는 에너지 낭비를 매우 싫어하지요.

❹ 경제 개념과 재테크

소비 지향적인 사람들입니다. 돈을 알뜰살뜰 모으는 걸 잘하지 못해요. 그냥 은행 계좌에 집어넣고 신경 안 쓰는 게 이들의 재테크입니다. 그리고 한 번씩 자기가 하고 싶은 취미나 사고 싶은 물건이 생기면 참지 않고 제일 좋은 거로 지르는 편입니다만 귀찮아하는 것이 많아서 그런 경우가 흔치는 않아요.

❺ 유형발달의 상태에 따른 특징

건강하게 유형발달을 한 ISTP 유형의 남자들은 속정이 매우 깊은 남자들입니다. 아무리 귀찮아도 해야 할 것은 해야 한다는 것을 잘 알기에 겉으로 드러내지 않고 묵묵히 자기가 해야 할 일을 하지요. 특히 눈치와 센스가 매우 좋아서 상대가 말하지 않아도 알아서 척척 준비해서 챙겨줍니다. 또한, 자신이 짜증이 많다는 것을 알기에 가까운 사람들에게 불편함을 주지 않으려고 노력을 하지요. 무엇보다도 겉보기와는 달리 속정이 정말 깊은 사람들입니다. 친해지면 '이 사람 참 좋은 사람이구나.' 하는 걸 확실히 느끼게 됩니다.

건강하지 않은 유형발달을 한 ISTP 유형의 남자들은 매사 짜증이 많고 까칠하게 굴며 말이 거칩니다. 특히 사람을 가리지 않고 자신의 귀찮고 짜증 나는 감정을 그대로 표출하며 사람들을 무시하는 경향이 강하지요. "그래서 뭐? 어쩌라고?" 식으로 매사 부정적으로 받아들이기에 정말 상대하기 까다롭고 무례하다는 느낌이 듭니다.

❻ 라이프 스타일

이들의 일상은 매우 귀찮음과 게으름으로 설명됩니다. 집안일을 최소한으로 하려고 하고 정리 정돈도 매우 귀찮아합니다. 뭐든 대충 그 목적만 해결하려는 경향이 있어서 식사도 대충 배만 채우면 된다는 사고방식을 가지고 있어요. 하지만 밖에서 돈을 주고 사 먹는 경우에는 정말 맛집 위주로만 따지는 경향이 있구요. 생활 습관만 보면 상당수 여성분이 그리 좋아진 않는 편이지요. 싱글일 때는 집은 그저 자고 쉬는 공간일 뿐입니다.

❼ 만날 수 있는 곳

이들은 익스트림 스포츠를 즐기는 곳이나 캠핑장 같은 데서 자주 볼 수 있어요. 그리고 자동차 동호회에도 많이 있구요. 전형적인 상남자 취미, 고독한 남자들의 취미를 즐길 수 있는 곳이라면 이들은 꼭 있습니다. 그 외에는 혼자 다니는 것을 즐기기 때문에 동선이 겹치기 힘든 편이지요.

❽ 설득의 포인트

이들은 매우 효율적인 사고방식을 가지고 있습니다. 최소의 노력으로 최대의 성과를 얻을 방법을 제시한다면 이들은 금방 혹할 것입니다. 물론 그 성과가 이들이 원하는 것이어야 하겠지요.

이들은 결혼에 대해 상당히 부정적입니다. 언젠가는 해야 한다고 생각하지만, 결혼으로 인해 짊어져야 할 책임과 의무에 매우 큰 부담을 느끼며 자신의 자유로운 생활에 방해가 된다고 생각하지요. 게다가 아이들을 매우 귀찮아하고 싫어하는 편이라서 더더욱 피하려고 하고 미루려고 합니다. 따라서 이들에게 결혼하고 싶다는 마음을 먹게 하려면 이들이 좋아하는 취미를 함께 즐기면서 이들이 가진 결혼에 대한 부담보다도 애정이 더 커지도록 만들어야 합니다. 그렇게 한다면 '이 사람과 함께라면 정말 재미있고 즐겁게 살 수 있겠구나.' 하는 마음이 듦과 동시에 이 사람을 위해 기꺼이 책임과 의무를 다하겠다는 생각을 가지게 되지요.

❾ 이들에게 사랑이란

일상의 편안함 속에 느껴지는 끌림, 애정이라 생각이 드네요. 이들은 감정 자체가 매우 무뎌서 열정적인 사랑이나 뜨거운 애정 이런 것과는 거리가 먼, 일상 속에서 편안함과 익숙함을 함께 즐기며 살아가는 존재입니다.

❿ 연애 스타일

이 유형은 겉보기와는 달리 사귀게 되면 의외의 모습을 볼 수 있어요. 자기 사람에게는 정말 재미있게 잘하거든요. 한 번씩 툭툭 내뱉는 말이 매우 재치 있으며 눈치가 빠르고 센스가 좋습니다. 그리고 자신의 감정을 표현하는 것을 매우 쑥스럽게 생각합니다. 그래서 소위 꽃다발 하나 사 들고 와서는 "오다 주웠다. 가지든지 말든지." 하면서 무심하게 건네주는 스타일이 딱 ISTP 남자들이지요. 그런 무심함 속에 속정이 느껴지는 사람들입니다. 게다가 일상 속의 익숙함과 편안함을 추구하기에 무슨 기념일, 이벤트 이런 것들을 매우 귀찮아하고 싫어합니다. 이들은 여자들한테 굳이 표현해야 사랑하는 줄 아는 거냐고 불만을 품고 있지요. 내 사람이란 생각이 들면 그 상대에게 최선을 다하는 편이지만 그 정도가 되기 전까지는 매우 불편하게 굴 것입니다.

이들은 함께 삶을 즐길 수 있는 사람인지에 대해 매우 따지는 편으로 마음을 여는 데까지 오래 걸리는 편입니다. 이들에게는 연애 자체도 처음에는 귀찮은 일이거든요. 근데 한번 마음을 열면 오래가는 편입니다. 왜냐면 새로운 사람을 다시 만나서 처음부터 새로 시작하는 걸 매우 귀찮아하거든요.

그리고 말주변이 별로 없고 상남자 스타일이라 연락을 빈번하게 하는 것을 귀찮아합니다. 따라서 연락 문제로 부딪치는 일이 많을 것입니다.

⑪ 이상형

이들은 자신과 함께 일상을 공유하면서 재미있게 즐기면서 살아갈 수 있는 여성을 이상형으로 생각합니다. 생각보다 보수적이어서 자신의 여자가 다른 사람들 많은 곳에 눈에 띄는 옷차림을 하는 것을 매우 불편하게 생각합니다.

⑫ 이들에게 어필하는 방법

이들이 즐기는 취미나 일상을 함께 공유하면서 즐기는 모습을 보여주면 이들은 매우 호감을 느낄 것입니다. 이들이 즐기는 취미가 대체로 여자들이 안 좋아하는 것들이 많아서 취미냐 여자냐를 놓고 고민할 때 이들은 기꺼이 취미를 선택하는 남자들이거든요. 근데 함께 즐길 수 있다고 생각하게 되면 매우 호감을 느끼게 되지요.

⓭ 싫어하는 여자 스타일

고지식하고 융통성 없으며 말귀를 못 알아듣는 여자들을 매우 싫어합니다. 특히 자기 말만 하면서 자기 생각만 옳다고 주장하는 여자들을 매우 혐오합니다. 그리고 자신이 즐기는 취미에 대해서 부정적으로 말하고 거부하는 여자들도 싫어해요. 그 외에 이들의 자유를 구속하고 생활 태도를 지적하는 꼰대 성향의 여자도 싫어합니다.

⓮ 감동 포인트와 격려 방식

이들은 자신이 즐기는 취미나 일상을 상대가 더 좋아하고 즐길 때 매우 좋아합니다. 바로 영혼의 단짝을 찾았다고 생각하지요. 이들은 구체적이고 명확하게 칭찬할 점을 콕 집어서 칭찬해줄 때 매우 좋아합니다. 그리고 그 칭찬에 이어서 격려의 말을 던져 줄 때 크게 좋아하지요.

⓯ 이별을 생각하게 되는 경우

자신의 자유를 구속하거나 자신의 취미나 일상을 무시하고 통제하려 들 때 이들은 이별을 생각하게 됩니다. 취미냐 여자냐를 놓고 선택하라고 하면 이들은 취미를 선택할 사람들이지요.

⓰ 재회 가능성과 방법

이들은 새로운 사람을 만나서 새롭게 시작하는 것을 매우 힘들어합니다. 일단 귀찮게 생각하는 것이 제일 크지요. 그래서 이별 후유증을 크게 앓는 편입니다. 따라서 이들의 화가 사그라들었겠다는 생각이 들 때쯤 연락해보면 바로

MBTI 사랑학개론

반응할 가능성이 큽니다. 이들에게는 구관이 명관이거든요. 익숙하고 편안함이 새로운 것보다 더 좋게 느껴지는 사람들이지요.

⑰ 이들에게 결혼이란

이들은 현재 자신의 삶에 너무 만족하게 되면 그 삶을 포기하기 싫어서 결혼을 계속 미루는 편입니다. 따라서 ISTP 남자를 연인으로 두고 있다면 이들의 삶에 들어가는 것이 가장 빠른 방법입니다. 그래서 함께 이들의 일상을 즐기기 시작하면 그때부터 이미 부부인 것처럼 인식하게 됩니다. 그러다 자연스레 결혼까지 하게 되는 것이지요. 단, 이들은 허례허식을 매우 귀찮게 생각하고 불필요하게 생각하는 경향이 강해서 결혼'식' 자체에 너무 의미를 두셔서는 안 됩니다. 그럼 그게 부담돼서 거부할 우려가 큽니다. 그리고 기본적으로 아이들을 매우 싫어하는 ISTP 남자들이 많아요. 근데 막상 아이가 태어나면 완전 딸 바보, 아들 바보가 될 가능성이 큽니다.

⑱ 결혼 생활의 특징

집안일에 참여할 가능성이 매우 낮아요. 시키지 않으면 그냥 집안에서 축 처져 있습니다. 근데 또 시키면 시키는 대로는 잘하거든요. 따라서 절대 짜증 내거나 화내지 말고 이들에게 간단명료하게 해야 할 일을 지시하면 됩니다. 육아에 대해서도 많이 힘들어해요. 어색하거든요. 그래서 육아도 집안일처럼 정확하게 지시하셔야 합니다. '알아서 하기를 바란다? ISTP에게?' 이는 절대 있을 수 없는 일입니다.

이들은 자기 사람이 밖에 나가서 고생하는 것을 못 봅니다. 함께 일을 하는 것은 몰라도 남 밑에서 고생하고 들어오는 것을 힘들어해요. 그래서 맞벌이를 요구하지는 않는 편이지요.

주로 이들의 자유를 억압하고 미숙한 감정 이해를 강요할 때 이들은 짜증 내고 회피하려고 듭니다. 그래서 갈등이 자주 일어나지요.

⑲ 잘 어울리는 여자 유형

같은 ISTP 유형과 ISFP, ENFJ 유형과는 매우 잘 맞습니다. 그리고 ESTP, ESFP, INTP, ENTP 유형의 여자와도 어느 정도 노력하면 잘 지낼 수 있어요.

⑳ 이들과 잘 살기 위한 조언

ISTP 남자들의 욕구를 잘 이해하고 한 번씩 이들이 자기가 하고 싶은 취미 생활을 함께 즐기거나 이들이 편하게 즐기고 돌아올 수 있도록 허용한다면 이들은 크게 문제를 일으키지 않고 잘 지낼 수 있어요. 그리고 자신이 원하는 바를 돌려 말하지 말고 명료하게 지시하면 이들은 매우 순종적인 면을 보여줄 것입니다. 단, 절대 자신의 감정을 공감해달라고 징징거리거나 복잡한 문제에 대해서 확실하게 풀고 넘어가자는 식으로 다가간다면 이들은 바로 회피하는 모습을 보이니 이 점 조심하셔야 합니다.

㉑ 갈등 해소 방식

이들은 상대방의 부정적 감정을 이해하는 능력이 매우 미숙합니다. 그래서 힘들거나 상처받았을 때 이를 이들에게 공감해달라고 요구하는 것은 오히려 갈등만 키우게 됩니다. 대신에 자신의 감정 상태를 명료하게 이야기하고 서운했던 점에 대해 구체적으로 말하면 이들은 알아듣고 고치려고 노력할 것입니다.

MBTI 사랑학개론

이들이 즐기고자 하는 취미나 놀이에 대해 철부지 애들이나 좋아하는 것이라 며 무시하고 못 하게 통제하면 이들은 매우 심하게 반발합니다. 게다가 게으 르고 나태한 생활 습관을 억지로 고치려 들면서 자유를 통제한다면 이들은 매 우 화를 낼 것입니다.

6

All that ESTP

수완 좋은 활동가형

The Energetic Problem Solver
---

(1) 기본 특징

이들은 관대하고 느긋합니다. 어떤 사람이나 사건에 대해 별로 선입견을 갖지 않고 개방적입니다. 자신과 다른 사람에 대해 관용적이며 일을 있는 그대로 바라보고 받아들입니다. 그래서 갈등이나 긴장 상황을 잘 무마하는 능력이 있습니다. 꼭 이렇게 되고 저렇게 되어야 한다는 규범을 적용하기보다는 그 상황에 적응하려고 하고 누구나 만족하는 해결책을 잘 찾아내고 타협하고자 합니다. 현재에 초점을 맞추어 현실을 있는 그대로 보기 때문에 현실적으로 발생하는 문제를 해결하는데 뛰어난 능력을 발휘하기도 합니다.

| 주기능 | Se | 부기능 | Ti | 삼차기능 | F | 열등기능 | Ni |

주기능 Se는 다양한 외부 세계에 대한 경험을 선입견 없이 잘 받아들이는 기능입니다. 그리고 오감의 감각신경이 매우 예민한 편이지요.선입견이나 편견 없이 외부 정보를 받아들이기 때문에 정확하게 상황을 파악하는 능력이 탁월하지요. 매우 즉흥적이며 충동적인 경향을 보입니다. 기존에 알고 있는 것보다 지금 들어오는 정보를 더 신뢰하는 편이지요. 또한, 말초신경을 자극하는 쾌락을 매우 즐기는 편으로 쾌락주의적이고 경험주의적인 경향이 강합니다. 온몸에 뻗어있는 신경이 예민하여 미세한 자극에도 바로 반응하는 편으로, 허용하는 자극의 역치가 작아서 환경의 변화나 상황의 변화에 대해 매우 민감하게

반응합니다. 그래서 짜증이 많은 편이에요. 그리고 어려운 상황에 처하게 되면 바로 회피하거나 포기하려는 경향이 강합니다.

부기능 Ti는 효과적이고 논리적인 구조를 만들고 분석합니다. 매우 논리적인 사고를 보이며 가장 효율적이고 효과적인 결론을 이끌어냅니다.매우 머리 회전이 빠릅니다. 받아들인 정보를 토대로 빠르게 논리적으로 판단하여 정확한 결론을 이끌어내지요. 그래서 매우 계산적인 면도 강하고 이성적인 편입니다. 이 기능이 매우 뚜렷한 사람들은 모든 것을 논리와 이성으로만 생각하는 경향이 있습니다. 이해력과 추론 능력이 좋아서 분석하고 상황을 예측하는 능력이 좋습니다.

삼차기능 F로 인해 타인의 감정을 공감하고 이해하는 능력이 매우 미숙합니다. 자신의 감정 상태에 따라 주관적으로 판단이 달라지는 것 자체를 일관성이 없다고 생각하여 매우 혐오합니다. 타인이 자신에게 감정적 공감이나 지지, 배려를 요구하는 경우 매우 불편하게 생각하며 힘들어합니다. 그리고 타인의 간섭이나 참견을 매우 싫어하게 됩니다. 그리고 기존 사회에 적립된 윤리, 도덕적 가치 기준에 대해 반감을 품고 있는 경우가 많습니다. 또한, 자신에게 타인의 감정을 공감하도록 요구하는 것에 대해 매우 불편한 느낌을 많이 받구요. 나와 크게 관련 없는 사람에 대해 무관심하게 생각하는 경향이 강하지요.

열등기능 Ni로 인해 삶의 진지함, 인생의 철학 등에 관심이 없고 오로지 물질적인 쾌락만을 추구하는 경향이 강하며 사람의 깊이가 없다는 느낌을 많이 받게 됩니다.

ESTP 유형의 사람들은 상황에 맞게 적절한 가면을 쓰는 능력이 뛰어납니다. 심리학적 용어로 페르소나라고 하지요. 현재 상황이나 사람, 장소에 따라 정말 다양한 인격처럼 보입니다. 그래서 다중인격으로 오해를 받기도 하나 이는 ESTP 유형의 사람들이 가진 유연성을 의미하지요.

1차 유형발달 시기에 도달하면 항상 타인과의 갈등에서 무조건 이기려고 드는 자기 옆에 점차 친구가 떠나는 것을 느끼게 되어 외로워지기 시작합니다. 만약 자존감이 높고 우호적인 환경에 노출되어 있다면 자기 객관화가 시작되며 자기반성을 하기 시작합니다. 그러면서 차츰 삼차기능인 감정기능이 발달하기 시작하면서 그동안 이기려고 드는 호승심에 자신의 잘못마저 궤변으로 이기려 들었던 자신의 모습을 깨닫기 시작하며 그때 상대의 불편한 감정을 공감하기 시작하게 됩니다. 그 후 점차 타인의 감정을 이해하는 능력이 발달하기 시작합니다. 하지만 자존감이 낮고 적대적인 환경에 노출된 상태에 심한 스트레스를 받고 있다면 자기 객관화가 되지 않고 남을 이기려 들면서 더욱 궤변과 억지 논리로 상대방을 괴롭히는 사람이 됩니다.

 2차 유형발달 시기에 도달하면 점차 삶에 의미를 찾기 시작하면서 세상에 의미 있는 일을 하고자 하는 욕구가 생겨나기 시작합니다. 그러면서 점차 인생의 철학적 고민에 빠져들기 시작하며 의미 있는 삶을 살아가고자 합니다.

 1차 유형발달이 건강하게 진행되었다면 자연스레 2차 유형발달도 건강하게 진행되기 시작합니다. 하지만 1차 유형발달이 건강하지 못하면 아무리 사소한 것이라도 남을 이기는 것만을 생각하는 공격적인 사람이 됩니다.

MBTI 사랑학개론

(2) ESTP 여자들

❶ 남자에게 어필할 수 있는 매력 포인트

선입견 없이 당당하며 거침없이 삶을 즐길 줄 아는 여자들입니다. 새로운 모험을 두려워하지 않고 인생을 제대로 즐길 줄 아는 삶의 자세가 가장 큰 매력입니다. 이 사람과 함께라면 단 한 순간도 지루하지 않고 정말 즐거운 인생을 살아갈 수 있을 것 같은 기대감을 주는 여자입니다.

❷ 건강하지 못한 유형발달을 했을 때의 모습

타인의 잘못이나 실수 등에 민감하게 반응하여 조롱하거나 비난하는 모습을 보이며 상대를 조롱거리로 만들어버리는 경향이 있습니다. 친구가 점점 줄어들면서 외로워지기 시작합니다. 전체적으로 이런 특징이 강하게 느껴지는 경우, 자존감이 낮은 상황에서 적대적인 환경에 장시간 노출된 채로 1차 유형발달의 시기를 보냈을 가능성이 큽니다. 우호적인 환경에서 우호적인 사람들과 어울리는 시간을 많이 보내다 보면 서서히 건강한 방향으로 유형발달이 되기 시작합니다.

E
S
T
P

❸ 스트레스가 심할 때

ESTP 유형의 여자들은 몸이 매우 예민하여 스트레스를 심하게 받을 경우 몸에서 바로 반응이 나타납니다. 매우 짜증이 많아지고 감정 조절이 잘되지 않으며 인내심이 부족하여 하나의 일에 집중할 수가 없지요. 또한, 긴장이 올라가고 불면증까지 생길 우려가 있습니다.

스트레스가 심하여 잠을 이루기 어려울 때 라벤더, 마조람, 일랑일랑 오일을 캐리어 오일에 블렌딩하여 목이나 어깨에 바르고 잠을 청해보시길 바랍니다. 높아진 혈압을 낮춰주고 지친 몸과 마음에 휴식을 주어 더욱 편안한 마음으로 깊은 숙면을 취하는 데 도움이 됩니다.

아로마테라피와 관련하여 좀 더 자세한 정보는 카페에서 확인하시면 됩니다.

MBTI for Love (cafe.naver.com/mbtiforlove)

그 외에 스트레스가 심할 경우 스도쿠 같은 퍼즐 게임을 하면서 집중하다 보면 스트레스가 크게 줄어드는 것을 경험할 수 있습니다.

❹ 원하는 연애 스타일과 이상형

ESTP 유형의 여자들은 상대가 지나치게 관심을 보이면서 개인적인 영역까지 침범하는 것을 싫어합니다. 상대방과의 수 싸움에 매우 능해서 어설프게 밀당을 하다가는 오히려 당하는 경우가 많지요. 잘난 척이나 심한 허풍, 그리고 유치한 말장난이나 과도한 리액션을 매우 싫어합니다. 이들의 있는 그대로의 모습을 좋아하면서 즉흥적으로 재미있는 것을 함께 시도할 수 있는 사람을 원하며 특히 융통성 있게 대응할 수 있고 토론이나 취미를 공유할 수 있는 사람을 이상형으로 꼽습니다.

E
S
T
P

❺ 가장 잘 맞는 남자 유형

ESTP 유형의 여자들은 같은 ESTP 유형의 남자를 만나면 매우 재미난 삶을 살아가게 됩니다. 기본 성향 자체가 매우 쾌락주의 성향에 즉흥적이고 예술과 멋을 아는 사람들이라 생활이 매우 다채롭고 다이내믹합니다. 그리고 ENTP 유형의 남자와도 매우 잘 맞는 편이지요.

❻ 노력하면 괜찮은 남자 유형

ISFJ나 INFJ 유형의 남자를 만나면 크게 부딪치는 일 없이 무난하게 잘 살아 갈 수 있습니다. 기본적으로 이 두 유형의 남자들은 매우 진지한 삶의 자세를 가지고 있고 타인을 통제하려는 경향이 적어서 ESTP 유형의 여자가 건강하게 유형발달을 할 수 있게 도와주면서 부족한 부분을 보완해주는 관계가 되지요. 특히 30대 중후반부터 40대 중반까지 2차 유형발달의 시기에서 ESTP 유형의 여자들은 이 유형의 남자들에게 존경심마저 느끼게 됩니다. 물론, 너무 진지한 나머지 상당 부분 재미를 포기할 수밖에 없지만요.

ISTP 남자와도 잘 맞는 편입니다. 내향적인 모습에서 답답함을 느끼겠지만 어느 정도 서로 죽이 잘 맞는 편이지요. 물론 외향적인 ESTP 여자들은 자신의 다양한 사람을 만나서 친목을 다지는 등의 외향적 욕구를 남자친구나 배우자 외에 다른 대외활동으로 풀어야 하겠지요.

ESTP

❼ 가장 피해야 할 남자 유형

ESTJ, ISTJ, ENTJ, INTJ 유형들은 상대를 자신의 의도나 판단대로 통제하려는 경향이 매우 강해서 ESTP 여자들은 매우 숨이 막히는 경험을 하게 됩니다. 특히 말싸움에서 지는 일이 거의 없는 ESTP 유형의 특성상 한번 논쟁이 시작되면 첨예하게 대립하는 경우가 많습니다.

그리고 감정형의 남자들은 ESTP 여자 눈에는 남자다운 느낌이 들지 않아서 매우 답답하게 여길 가능성이 크지요. 특히 ENFP 남자들은 ESTP 여자 눈에 매우 유치하게 느껴져서 싫어하게 되고 INFP 남자들은 현실성 없고 패기가 느껴지지 않아서 매우 기피하게 됩니다. 또 ISFP나 ESFP 유형은 너무 주관적이고 이기적이라고 느끼며 자신에게 짜증과 징징거림 때문에 싫어하게 되지요. ENFJ, ESFJ 남자들도 너무 요란스럽고 호들갑이 심하다는 생각에 싫어하게 됩니다. INTP 남자들은 자신과 코드가 안 맞고 사교성이 떨어진다고 싫어하지요.

❽ 남자를 만날 때 조심해야 하는 것

ESTP 여자들은 눈치가 매우 빠르고 상대를 자신의 의도대로 교묘하게 조종하려는 경향이 강합니다. 물론 상대는 그런 것을 눈치채지 못하는 경우가 많아요. 하지만 시간이 지나면 어느새 남자들은 깨닫게 됩니다. 자신이 농락당했다고 느끼게 되지요. 특히 건강하게 유형발달을 하지 못한 ESTP 유형은 이런 능력이 더욱 발달하여 타인을 이용하려는 경향이 매우 강해집니다. 그래서 결국 내 곁에는 남아있는 사람은 없이 안 좋은 평판만 남게 되지요. 정말 이 사람이다 싶으면 진심으로 상대를 대하는 것이 중요합니다.

❾ 이별 후 대처법

ESTP 유형들은 자신의 실수에 대해 뒤늦게 후회하는 경향이 있습니다. '그때 그렇게 할걸', '그 상황에서 이렇게 말하면 더 좋았을걸' 하는 후회가 참 많지요. 기본적으로 문제 해결 능력이 좋고 거기에 대한 자부심이 커서 자신의 실수나 실패에 대해 아쉬움을 더 크게 느끼는 편입니다. 그래서 이별하게 되었을

ESTP

때 무엇이 문제였고 그때 어떻게 해야 했는지에 대한 후회가 많은 편이지요. 거기에다 매우 예민한 편이라 심리적으로 힘든 일이 닥치게 되면 몸에서도 바로 반응이 옵니다. 불면증이나 거식증, 우울증 증상이 심하게 오게 되지요. 그래서 이별 후유증이 매우 심한 편입니다. 이럴 때 자기가 잘할 수 있는 일을 시작하는 것이 좋습니다. 부기능인 Ti를 자극하면 이별의 상처가 많이 잊히고 극복이 되거든요. 새로운 프로젝트를 시작하면서 머리로 전략을 생각하고 실행하면서 성공시켜나가는 과정이 이별 후유증을 극복하는 데 크게 도움이 됩니다.

⑩ 상황별 궁합

ESTP 유형의 자녀들은 부모에게는 "우리 애는 머리는 정말 좋은데, 노력을 안 해요."라는 말을 참 많이 듣는 유형입니다. 어릴 때부터 임기응변, 문제 해결 능력, 적응력 등이 또래와 비교해 매우 탁월한 것을 느끼게 되거든요. 그런데 매사 느긋하고, 닥쳐야만 움직이고, 항상 임기응변과 벼락치기로 상황만 모면하려고 하는 모습에서 SJ 기질의 부모들은 잔소리를 많이 하게 됩니다. SP 기질의 부모는 그런 면이 자기를 똑 닮았다고 생각하면서 고쳐주려고 하지만 자기보다 더 심한 모습에서 안타까움을 느끼지요. NF 기질의 부모는 ESTP 자녀에게 휘둘릴 가능성이 매우 크고 자녀의 가능성을 크게 평가하는 NT 기질의 부모는 ESTP 자녀에게 거는 기대가 매우 큽니다.

ESTP 유형의 부모는 자녀들의 일상적인 것들을 매우 흥미롭게 만들어주고 용기를 갖고 세상을 탐구할 수 있도록 격려하는 능력이 탁월합니다. 그리고 아이들 수준에 맞게 잘 놀아주고 행동하게 되지요. 또한, 기본 성향 자체가 매우 융통성이 넘쳐서 자녀들에게도 융통성 있게 행동하도록 가르칩니다. 하지만 내향적인 아이들에게는 행동력이 넘치는 ESTP 부모가 매우 부담스러울 수 있습니다. 자녀 교육과 관련하여 어려운 점이 있다면 저의 또 다른 책《MBTI 공부혁명 ver. 청소년 (법률저널)》을 참고하시면 많은 도움이 될 것입니다.

ESTP

ESTP 유형의 사람들은 직장에서 해결사 역할을 톡톡히 합니다. 어려운 문제가 생겼을 때 책임지고 해결하는 능력이 좋지요. 하지만 평소에는 눈치껏 게으름을 부리면서 적당히 몸을 사리는 모습을 자주 볼 수 있어요. 그리고 권력 관계, 사람들 간의 관계에 대해 눈치가 매우 빨라서 사내 정치에 적극적으로 뛰어드는 모습도 볼 수 있습니다. 이들의 특징을 잘 아는 상사와 일을 하면 매우 인정받게 되지만 이들의 특징을 모르는 상사 중 통제하고자 하는 욕구가 강한 ISTJ와 ESTJ 유형의 상사를 만나게 되면 최악의 궁합을 볼 수 있습니다. 목적 달성을 위해 ESTP 유형들은 수단과 방법을 가리지 않고 가장 효율적인 방법을 찾아내는 능력이 매우 좋습니다. 하지만 자신이 지시한 대로만 움직이기를 원하는 ISTJ와 ESTJ 유형에게는 ESTP 유형의 모습은 오로지 반항하는 것으로만 보일 뿐입니다. 반대로 ESTP 유형은 특공대형 지휘관 스타일로 소규모의 팀을 각자 가장 적합한 업무를 하도록 지시하여 가장 효율적으로 목표 달성을 이루어내는 능력이 매우 탁월합니다.

ESTP 유형은 항상 새로운 재미있는 일이 시작되는 중심 역할을 맡습니다. 그리고 다양한 유형들과 두루 잘 지내는 모습을 볼 수 있어요. 근데 본능적으로 ESTJ 유형과의 관계에서는 주눅이 들거나 기를 못 펴는 모습을 보입니다. 상황에 따른 임기응변으로 매 순간 상황을 헤쳐나가는 특공대형 지휘관 스타일인 ESTP 유형들의 사고방식이나 행동 패턴은 전형적인 군대 중대장 같은 타입인 성실과 노력, 정공파인 ESTJ 유형들을 만나면 자신들은 항상 요령 부리는 것 같고 꼼수를 찾는 것 같은 이미지로 느껴져서 주눅이 들어버리는 경우가 많습니다. 그리고 ENFP 유형의 아이 같은 유치함을 매우 불편하게 생각하는 경향이 강하지요. 또 ESTP 유형 입장에서는 별로 중요하지도 않은 주제로 NT 기질의 사람들이 비판하며 토론을 걸어올 때는 20대 초반까지는 싸움닭 기질이 발동하여 엄청나게 부딪치나 20대 후반의 건강한 유형발달이 되고 난 이후부터는 그냥 회피해버립니다.

MBTI 사랑학개론

(2) ESTP 남자들

❶ 여자와의 차이점

ESTP 남자들은 ESTP 여자들보다 좀 더 거침없고 행동이 앞서는 편입니다. 감정형 위주의 여자들 집단에서는 ESTP 여자들은 좀 더 자신을 누르고 튀지 않으려고 노력하는 반면에 사고형 위주의 남자들 집단에서 살아온 ESTP 남자들은 자신을 누를 필요가 없이 오히려 자기 스타일대로 하는 것이 더 잘 적응하는 것이기 때문이지요. 자존감이 매우 높고 지기 싫어하며 행동파인 사람들이 많습니다.

❷ 남자들의 특징

ESTP 남자들은 자신의 주관이 매우 뚜렷합니다. 그래서 사람에 따라 진보 및 보수 성향을 골고루 가지는 편입니다. 특정한 상황이나 사건에 관한 판단은 매우 단호하고 자기 주관이 뚜렷하지만, 사람에 대해서는 말랑말랑한 편으로 매우 관대합니다. "뭐 그럴 수도 있지." 식으로 받아들이는 편이지요. 나이가 들어가면서 책임감도 매우 강해지는 편입니다. 그리고 살아온 환경에 따라 윤리 의식도 다 다릅니다. 특히 유형발달의 정도에 따라 윤리 의식이 매우 차이가 납니다. 기본 성향 자체가 효율적인 목표 달성에 초점을 맞춘 사고방식을 가지고 있어서 유형발달의 정도에 따라 지켜야 하는 선을 반드시 지키는 사람과 목적 달성만 생각하고 지켜야 할 선을 넘어버리는 사람으로 나뉘게 되지요. 그 간극이 매우 큰 편입니다.

ESTP 남자들은 말주변이 매우 좋고 궤변이 좋아서 유형발달 상태가 좋지 못한 경우, 자신이 불리한 상황에도 궤변으로 이기려고 듭니다. 그래서 회피하는 모습보다는 공격적인 모습을 더 많이 띠게 되지요. 물론 유형발달의 상태가 좋은 경우에는 상대의 감정부터 고려해서 말을 하기에 이기려는 모습이 현저히 줄어듭니다. 또한, 유형발달의 상태에 따라 진심으로 본인이 효자인 경우와 배우자를 억압하고 통제하기 위해 대리 효도를 강요하는 경우로 나뉘게 됩니다.

기본적으로 책을 읽고 공부하는 것 자체를 별로 좋아하지 않고 학교생활에 적응하는 것을 힘들어하는 편이라 성적은 ESTP 유형 안에서도 극과 극으로 나뉘는 편입니다. 하지만 융통성과 임기응변, 문제 해결 능력은 매우 탁월하여 일머리는 매우 좋은 편입니다.

❸ 좋아하는 것과 싫어하는 것

자극적이고 흥분할 수 있는 그 어떤 것이든 이들은 금방 빠져듭니다. 몸으로 하는 것을 배우는 속도가 남들보다 훨씬 빨라서 금방 어느 정도 궤도에 오르나 금방 싫증을 내고 다른 취미로 옮겨가는 모습을 볼 수 있어요. 특히 장비를 갖춰야 하는 취미를 매우 좋아합니다. 대체로 리듬감이나 속도감이 있는 취미를 좋아합니다. 사람들과 어울려서 노는 것은 매우 좋아하나 유형발달의 상태에 따라서 유흥을 좋아하는 정도가 달라집니다. 평균 이상 발달한 경우에는 술자리는 좋아해도 유흥 자체를 매우 싫어하는 경우가 많습니다.

이들은 이 세상에 존재하는 모든 즐거운 것들은 다 즐겨보자는 가치관을 가지고 있어요. 그래서 열린 마음으로 다양한 문화나 취미를 즐기려고 합니다.

그리고 자신의 자유를 억압하고 통제하는 것을 매우 혐오합니다.

④ 경제 개념과 재테크

ESTP 남자들은 돈이 될 만한 사업을 찾아내는 데는 천부적입니다. 어디에 돈이 모이는지 잘 찾아내지요. 그래서 개인 사업을 하는 사람들이 많은 편입니다. 하지만 소비형이라 현재 자신이 꽂혀있는 취미나 관심거리에 돈을 과감히 투자하는 편입니다. 특히 장비를 사야 하는 경우 가장 좋은 것으로 사려는 경향이 강합니다. 대체로 재테크는 귀찮아서 안 하는 경우가 많아요.

⑤ 유형발달의 상태에 따른 특징

ESTP 유형의 남자들은 유형발달의 정도에 따라 매우 극명하게 나뉘기에 반드시 확인해야 합니다. 10대 비행 청소년의 성격유형 중 ESTP 유형이 가장 높은 약 23%가 나올 정도로 위험한 사람이 많습니다. 특히 거짓말하고 남을 속이는 데 천부적인 재능을 가지고 있어서 사기꾼이 가장 많은 유형이며, 그런 사기꾼을 잡으러 다니는 형사도 가장 많은 유형이지요.

건강하게 유형발달을 한 ESTP 유형의 남자들은 매우 유쾌하며 상대방을 즐겁게 해주고 세심하게 배려하는 센스 넘치는 남자들입니다. 겉보기에는 전혀 사고형처럼 보이지 않으며 타인의 기분, 상황에 맞춰서 대응하는 능력이 좋아요. 절대 남한테 싫은 소리 안 하고 상대방을 기분 나쁘지 않게 잘 설득하고 도와주는 편입니다. 성격유형 중에서 상대방의 상태, 기분, 생각 등을 가장 빠르게 읽어내는 능력이 좋아서 세심하게 상대를 챙겨줍니다. 그리고 상대와의 의견이 일치하지 않을 때 상대가 부담스럽지 않고 불쾌감이 들지 않게 잘 설득하는 능력이 좋아요. 어떤 유형의 사람을 만나더라도 상대를 자신의 편으로 만드는 능력이 탁월한 정말 매력적인 남자들이지요.

하지만 건강하지 않게 유형발달을 한 ESTP 유형의 남자들은 말 그대로 사기꾼 기질이 다분한 정말 나쁜 사람들이 많습니다. 자신의 이익을 위해 남을 속이는 능력이 매우 탁월합니다. 이들은 아주 능청스럽게 거짓말을 그럴싸하게 합니다. 특히 거짓말을 하는 순간 자신의 머릿속을 각색해버리는 능력이 매우 좋아요. 하지 않았던 일을 했다고 거짓말하는 순간 했을 때 일어났을 법한 상황과 느낌, 사람들의 반응을 순간 머리에 떠올려서 자신의 기억을 바꿔버리지요. 그래서 이들을 처음 만난 사람들은 쉽게 속습니다. 또, 육체적 자극을 매우 좋아해서 유흥을 매우 좋아하고 성적 윤리 의식이 매우 낮습니다. 항상 목적을 위해 어떠한 수단도 가리지 않는 사람들입니다. 그래서 상대가 전혀 의식하지 못하게 가스라이팅을 하고 자기 의도대로 끌려오도록 만드는 경우가 많습니다.

따라서 ESTP 유형의 남자는 반드시 그 유형발달의 정도를 살펴야 합니다. 만약 상대가 ESTP 유형임을 알았을 때 유형발달의 정도를 파악하는 방법은 특정한 주제에 대해 이들과 토론을 벌여보면 됩니다. 건강한 유형발달을 한 사람들은 매우 허용적이고 관대하며 자신과의 의견이 다른 것에 대해 인정하는 편입니다만 건강하지 않은 유형발달을 한 사람들은 반드시 이기려고 들며 점점 궤변을 쓰기 시작할 것입니다. 또한, 이들이 잘못한 일이 있을 때 어떻게 나오는지 확인해보셔도 됩니다. 유형발달이 잘 된 경우에는 자신의 잘못을 알게 된 즉시 바로 인정하고 사과하는 편이나, 건강하지 않을 경우 절대 인정하지 않고 궤변으로 자기를 합리화할 것입니다. 만약 지금 만나는 남자가 건강하지 않은 유형발달을 한 ESTP 유형의 남자인 것을 알게 되었다면 그 즉시 과감히 손절해야 합니다. 이들은 사기꾼 기질이 매우 많고 거짓말을 매우 능숙하게 하여 나중에 반드시 크게 상처를 받게 됩니다.

❻ 라이프 스타일

이들은 외부에서 보이는 모습과는 달리 생활 패턴은 매우 게으르고 태만합니다. 하루에 두세 가지 업무가 잡히는 것을 안 좋아하지요. 자신의 관심이 꽂

MBTI 사랑학개론

혀있는 것에 대해서는 엄청난 집중과 몰입력을 보이나 그 외의 것에는 매우 귀찮게 생각합니다.

❼ 만날 수 있는 곳

이들은 사람을 상대하는 업종에 정말 두각을 나타내고 있어요. 사람들의 이목을 확 끌어당기는 사람이 보인다면 그 사람이 ESTP 유형일 가능성이 매우 크지요. 영업, 영업 관리, 서비스직 쪽에 많은 편이며 소규모의 인원으로 구성된 프로젝트 팀을 이끄는 경우도 참 많습니다. 소수 정예로 특정한 목적을 달성하는 데 탁월한 능력을 보이는 전형적인 특공대형 지휘관 스타일이거든요.

그리고 음악이나 스포츠, 익스트림 스포츠를 즐길 수 있는 동호회에 이들이 참 많은 편입니다. 특히 장비빨이 중요한 취미일수록 이들이 티가 많이 납니다. 최고급 장비로 도배하는 경우가 많거든요. 그 외 친목 모임에도 많이 볼 수 있어요.

❽ 설득의 포인트

이들은 어떤 이익이나 재미를 얻을 수 있는 일거리를 던져주면 바로 덥석 물어버리는 경향이 있습니다. 어떠한 일이든 자기들이 나서면 해결할 수 있다는 자신감이 넘치는 사람들이기에 이익이 되거나 재미가 있는 것을 던져주면 매우 흥미를 보이며 빠져듭니다. 굳이 애써 설득할 필요 없이 먼저 나서게 되지요.

이들은 결혼에 대해서 가볍게 생각하는 경향이 있습니다. 결혼하면 또 다른 색다른 재미가 있을 것이라는 기대감이 크지요. 하지만 중요한 전제조건은 그런 재미를 기꺼이 선사해줄 수 있는 상대여야 한다는 것입니다. 그래서 구속하지 않고 이들의 취미나 즐기는 것들을 인정하고 함께 즐기는 노력을 보일 때 이들은 결혼하고자 합니다.

❾ 이들에게 사랑이란

이들에게 사랑은 즐거움입니다. 그 상대와 함께 있는 것이 그 무엇보다도 즐겁고 재미있어야 하지요. 미래의 어떤 숭고한 이상을 위해 현재를 희생하는 것은 이들이 가장 싫어하는 스타일이지요. 한번 사는 인생 정말 즐겁게 재미있게 즐기다 가려고 하는 게 이들의 가치관입니다.

❿ 연애 스타일

매우 다이내믹한 연애가 될 것입니다. 성격유형 중에서 가장 맛집 정보에 훤하고 각종 문화 예술을 골고루 다 즐기며 즉흥적이고 충동적으로 정말 재미있는 것들을 잘 찾아다닙니다. 기본적으로 좋아하는 사람이 생기면 그 사람과 모든 것을 과감히 공유하려는 경향이 강해서 연락도 매우 빈번하게 할 것입니다. 하지만 이들의 이런 흥미와 관심, 열정은 오래가지 않는 편이라서 일정 기간이 넘어가면 권태기에 빠지는 경우가 많아요. 그래서 이들의 열정이 식지 않도록 적절한 밀당이 필요합니다.

⓫ 이상형

이들은 여자의 외모를 가장 많이 보는 타입입니다. 얼굴, 키, 몸매 등을 매우 세심히 따집니다. 특히 이들은 시각 정보에 매우 예민하여 관심 있는 여자가 헤어 스타일이 미묘하게 바뀌어도 금방 알아챕니다. 향수를 바꿔도 금방 알아채지요. 네일, 화장, 액세서리까지 말은 안 해도 다 꿰고 있어요. 그래서 외모에 집착을 많이 합니다.

그리고 건강한 유형발달을 한 ESTP 유형의 남자들은 상대 여자의 인성, 배려심, 예의, 매너 등도 매우 까다롭게 보는 편입니다. 겉으로는 상대에게 모든

ESTP

것을 다 맞춰주는 것처럼 보이지만 실제로는 매우 엄격하게 평가하고 있지요.

⑫ 이들에게 어필하는 방법

이들은 상대의 의도를 읽어내는 능력이 타의 추종을 불허합니다. 그래서 이들은 상대가 자신을 위해 노력하고 신경 쓰고 있다는 것을 금방 알아채지요. 따라서 어느 정도 이들을 위해 노력하는 모습을 보여주면 금방 마음을 열게 됩니다. 물론 이들의 까다로운 기준에 어느 정도 부합한다는 전제가 깔려있어야 합니다.

그리고 자신의 어려운 문제에 대해 이들에게 도움을 요청할 경우 이들은 매우 흔쾌히 도와주려고 합니다. 그리고 그 도움에 기꺼이 감사하며 앞으로도 도와달라고 부탁할 때 이들은 그 상대에게 큰 관심을 가지게 됩니다.

⑬ 싫어하는 여자 스타일

합리적인 의사소통이 안 되고 말귀를 못 알아듣는 상대를 매우 싫어합니다. 그리고 이기적이고 고집이 센 여자를 매우 싫어해요.

⑭ 감동 포인트와 격려 방식

이들은 자신을 위해 누군가가 신경을 썼다는 것만으로 매우 고마워합니다. 그리고 함께 취미 생활을 즐겨주는 것만으로도 정말 좋아하지요.

이들에게 자신의 어려운 점이나 고민을 이들에게 말하면서 이들이 정말 탁월한 해결사라는 점을 강조하며 고마워할 때 이들은 매우 좋아합니다. 그리고 어떠한 문제가 생기더라도 충분히 잘 해낼 수 있다고 신뢰를 내비치는 것은 이들에게 최고의 격려가 될 겁니다.

⑮ 이별을 생각하게 되는 경우

이들을 만나는 상대가 너무 수동적이고 이들이 좋아하는 취미나 데이트에 크게 반응을 보이지 않을 경우 이들은 점점 그 상대에게 흥미를 잃기 시작합니다. 그러다 상대에 대해 흥미를 많이 잃기 시작했을 때 그것을 상대가 느끼고 이들에게 과도한 집착을 보이기 시작한다면 급속도로 흥미를 잃어버리면서 이별을 생각하게 되는 경우가 많습니다. 특히 가볍게 만난 사이일수록 그게 더 심해지지요. 상대가 점점 이들을 구속하려 들고 자유를 통제하기 시작하면 이들은 도망치려고 발버둥 칩니다. 이들을 만날 때는 절대 헌신하면 안 됩니다.

⑯ 재회 가능성과 방법

이들은 자신이 찬 경우에는 그 대상에게 미련을 가지지 않을 가능성이 큽니다. 하지만 자신이 차인 경우 과도하게 집착을 보이며 미련을 가지게 되지요. 만약 이들이 찬 경우 그 이후 다른 여자와 만났다가 잘 안 되었을 때 그전에 찬 여자에 대해 미련을 강하게 가지게 될 가능성이 큽니다. 이때를 잘 노리면 재회할 수 있습니다.

⑰ 이들에게 결혼이란

이들에게 결혼이란 함께 이 세상을 즐기는 동반자를 얻는 것입니다. 즐겁고 행복한 일상을 함께 나누면서 살아가고 싶어 하지요. 그러면서 점점 가장으로서의 책임감을 무겁게 느끼고 받아들이게 됩니다. 특히 연애할 때와 결혼할 때

MBTI 사랑학개론

의 삶의 자세가 완전히 달라지는 모습을 보이지요. 그러나 아직 자신이 하고 싶은 것이 많고 결혼의 책임을 질 충분한 조건을 갖추지 못했다 싶으면 일단 결혼을 미루려고 합니다. 무엇보다도 경제적인 조건이 충족되어야 결혼을 생각하게 되지요. 이 유형은 돌싱이 아닌 이상 비혼을 생각하진 않습니다. 그리고 자녀는 꼭 키우고 싶어 합니다. 아이들과 함께 즐거운 시간을 갖기를 원하거든요.

⑱ 결혼 생활의 특징

평균 이상의 유형발달을 한 ESTP 남자를 기준으로 말하자면, 이들은 결혼하게 되면 혼자 있을 때는 매우 게으른 생활 태도를 보이나 배우자와 함께 무언가를 할 때는 생기가 넘쳐납니다. 특히 자신에게 어려운 부탁을 할 때 이를 돕는 것을 매우 좋아하지요. 그래서 배우자가 시키는 일은 기꺼이 잘 수행하는 모습을 보입니다. 특히 배우자가 좋아할 만한 일을 몰래 해서 깜짝 놀래주는 일이 많지요. 육아의 경우에도 매우 헌신적인 태도를 보이는 경우가 많습니다. 배우자가 직장에서 힘들게 고생하는 경우에는 과감히 외벌이하겠다고 합니다. 평균 이상의 유형발달을 한 경우에는 언쟁이나 갈등 상황은 크게 일어나지 않습니다. 이들이 먼저 상대의 서운한 마음을 이해하고 달래주는 편이거든요.

⑲ 잘 어울리는 여자 유형

이들은 같은 ESTP 유형을 비롯하여 ISTJ, ISTP, ISFP, ESFP, INFJ 유형의 여자들과 정말 재미있게 잘 살 수 있습니다. 그리고 ISFJ, ENFJ, ENTP 여자와는 어느 정도 서로 조심하면 재미있게 잘 살 수 있지요. 이 또한 평균 이상의 유형발달을 한 ESTP 남자를 기준으로 한 것입니다.

ESTP

⑳ 이들과 잘 살기 위한 조언

이들과 잘 살기 위해서는 이들의 취미와 욕구를 인정하면서 재미있게 살아가는 것을 함께 즐길 줄 알아야 합니다. 평균 이상의 유형발달을 한 ESTP 남자들은 그런 자신의 욕구만 이해해준다면 먼저 상대를 배려하고 챙기기 시작할 거예요.

㉑ 갈등 해소 방식

평균 이상의 유형발달을 한 ESTP 유형들은 자신의 소중한 사람한테는 절대 이기려고 들지 않습니다. 대신에 너무 자기 의견만 이야기하고 강요한다면 이들이 오히려 속앓이할 경우가 큽니다. 그래서 한 번씩 허심탄회하게 서로 속에 있는 것들을 푸는 시간을 가지시는 게 좋아요.

㉒ 이들을 빡치게 만드는 방법

이들은 상대가 자신에게 악의를 품고 행동할 때 직감적으로 그 악의를 바로 느낍니다. 특히 악의적인 거짓말의 경우 이들은 바로 알아챕니다. 상대의 말이나 행동 등을 근거로 바로 상대의 의도를 눈치채지요. 그러면 이들은 순간 방어적인 자세를 취하면서 공격적으로 나오게 됩니다.

ESTP

MBTI 사랑학개론

7

All that ISFP

성인군자형

The Versatile Supporter

(1) 기본 특징

다른 사람에게 동정적이며 그 따뜻함을 말보다는 행동으로 나타냅니다. 마치 양털 안감을 넣은 코트처럼 속마음이 따뜻한 사람들입니다. 그러나 상대방을 잘 알게 될 때까지 이 따뜻함을 잘 드러내지 않습니다. 사람들을 대하거나 일을 할 때 자신의 내적인 이상과 개인적인 가치에 근거하여 대하며 이를 말로 잘 표현하지 않습니다. 또한, 자신의 주관이나 가치를 타인에게 강요하지 않으며 16가지 성격유형 중에서 자신의 능력에 대해 가장 겸손한 사람입니다. 적응력이 좋고 관용적이며 현재의 삶을 즐깁니다. 일할 때는 목표에 도달하는 것에 조바심을 내지 않으며 여유를 가집니다.

| 주기능 | Fi | 부기능 | Se | 삼차기능 | N | 열등기능 | Te |

주기능 Fi는 자신과 타인의 가치를 잘 이해하고 지지합니다. 자신의 감정 상태를 기준으로 판단을 내리려는 경향이 있습니다.또한, 이들은 타인의 감정에 대해 공감하고 지지하는 따뜻함이 있습니다. 자신의 감정과 타인의 감정을 동일시하여 상대의 입장과 처지를 공감하는 능력이 탁월합니다. 그래서 상처받은 사람들을 따뜻하게 격려하고 온기로 감싸는 능력이 좋아요. 하지만 자신의 감정을 기준으로 판단을 내리는 편이라 주관적이고 감정 상태에 따라 그 판단이 달라지기에 사고형 사람들은 이들의 감정 상태를 따라가기 힘들어하는 편입니다. 또한, 자신의 감정 상

I
S
F
P

태를 중요하게 생각하여 친한 사이일수록 짜증이나 투정을 많이 부리는 편입니다.

부기능 Se는 다양한 외부 세계에 대한 경험을 선입견 없이 잘 받아들이는 기능입니다. 그리고 오감의 감각신경이 매우 예민한 편이지요.선입견이나 편견 없이 외부 정보를 받아들이기에 정확하게 상황을 파악하는 능력이 탁월하지요. 매우 즉흥적이며 충동적인 경향을 보입니다. 기존에 알고 있는 것보다 지금 들어오는 정보를 더 신뢰하는 편이지요. 또한, 말초신경을 자극하는 쾌락을 매우 즐기는 편으로 쾌락주의적이고 경험주의적인 경향이 강합니다. 온몸에 뻗어있는 신경이 예민하여 미세한 자극에도 바로 반응하는 편으로 허용하는 자극의 역치가 작아서 환경의 변화나 상황의 변화에 대해 매우 민감하게 반응합니다. 그래서 짜증이 많은 편이에요. 그리고 어려운 상황에 처하게 되면 바로 회피하거나 포기하려는 경향이 강합니다.

삼차기능 N으로 인해 삶의 진지함, 인생의 철학 등에 관심이 없고 오로지 물질적인 쾌락만을 추구하는 경향이 강하며 사람의 깊이가 없다는 느낌을 많이 받게 됩니다. 어떤 대상에 대해 거시적으로 통찰력을 발휘하여 앞으로 어떻게 되어갈지에 대해 생각하는 능력이 부족합니다. 그리고 새로운 도전이나 새로운 시각으로 대상을 바라보는 것을 매우 혐오하게 됩니다. 그래서 새로운 시도를 싫어하지요. 늘 고정되고 예측 가능한 환경만 선호하며 타인의 새로운 시도나 새로운 시각에 대해 매우 부정적으로 반응하는 경우가 많습니다.

열등기능 Te로 인해 타인을 통제하고 자기 뜻대로 움직이도록 강요하는 것을 매우 혐오합니다. 자신의 자유로운 의지를 구속하고 강요하는 것을 매우 싫어하지요. 또한, 타인에게 따지거나 강요하는 행위를 매우 힘들어합니다. 갈등이나 분쟁을 피하려고 합니다.

1차 유형발달 시기에 도달하면 그동안 너무 즐기고 노는 데만 집중했던 자신의 삶이 점점 공허해지기 시작합니다. 만약 자존감이 높고 우호적인 환경에 노출되어 있다면 자기 객관화가 시작되며 자기반성을 하기 시작합니다. 그러면서 차츰

MBTI 사랑학개론

ISFP

삼차기능인 직관기능이 발달하기 시작하면서 미래를 위해 현재를 준비하고자 하는 욕구가 생겨나기 시작하면서 새로운 일에 도전하기 시작합니다. 그러면서 자신의 삶이 더욱 충실해지기를 원합니다. 하지만 자존감이 낮고 적대적인 환경에 노출된 상태에 심한 스트레스를 받고 있다면 자기 객관화가 되지 않고 더욱 쾌락만을 탐닉하는 삶에 집중하며 가볍고 현재만을 살아가는 사람이 됩니다.

2차 유형발달 시기에 도달하면 점차 타인에 의해 휘둘리고 맺고 끊는 것이 어려워지는 자신에 대해 불만을 품기 시작합니다. 마냥 '좋은 게 좋은 것이다.'라는 생각이 틀렸다는 것을 깨닫기 시작하며 자기 주체성을 가지기 시작합니다.

1차 유형발달이 건강하게 진행되었다면 자연스레 2차 유형발달도 건강하게 진행되기 시작합니다. 하지만 1차 유형발달이 건강하지 못하면 쾌락만을 탐닉하며 미래를 대비하지 못하는, 오늘만 사는 사람이 됩니다.

(2) ISFP 여자들

❶ 남자에게 어필할 수 있는 매력 포인트

매우 섬세하며 따뜻한 배려가 정말 매력적인 여자들입니다. 친절하고 겸손하며 늘 상대를 세심하게 챙겨주지요. 감수성이 풍부하여 자그마한 일에도 감동을 잘 받고 삶의 소소한 행복과 즐거움이 무엇인지 아는 사람들입니다.

❷ 건강하지 못한 유형발달을 했을 때의 모습

감정 기복에 따라 매우 주관적이고 이기적인 모습을 보이게 됩니다. 그리고 가까운 사람에게 짜증을 심하게 부립니다. 전체적으로 이런 특징이 강하게 느껴지는 경우 자존감이 낮은 상황에서 적대적인 환경에 장시간 노출된 채로 1차 유형발달의 시기를 보냈을 가능성이 큽니다. 우호적인 환경에서 우호적인 사람들과 어울리는 시간을 많이 보내다 보면 서서히 건강한 방향을 유형발달이 되기 시작합니다.

❸ 스트레스가 심할 때

ISFP 유형의 여자들은 몸이 매우 예민하여 짜증이 많습니다. 특히 스트레스가 심할 경우 그 짜증이 폭발하여 감정 조절이 되지 않을 경우가 많구요. 또한, 인내심이 부족해져 하나의 일에 오랫동안 집중할 수가 없습니다. 예민함 때문에 근육 긴장도 심한 편이며 불면증까지 생길 가능성이 크지요.

잠을 이루기 어려울 때 라벤더, 마조람, 일랑일랑 오일을 캐리어 오일에 블렌딩하여 목이나 어깨에 바르고 잠을 청해보시길 바랍니다. 높아진 혈압을 낮춰주고 지친 몸과 마음에 휴식을 주어 더욱 편안한 마음으로 깊은 숙면을 취하는 데 도움이 됩니다.

아로마테라피와 관련하여 좀 더 자세한 정보는 카페에서 확인하시면 됩니다.
 MBTI for Love (cafe.naver.com/mbtiforlove)

그리고 음악이나 영화, 드라마 등을 감상하는 과정에서 오감을 자극하게 되면 스트레스가 줄어듭니다.

I
S
F
P

MBTI 사랑학개론

❹ 원하는 연애 스타일과 이상형

ISFP 유형의 여자들은 사슴과 같아요. 참 순하고 여린 내면의 모습을 가지고 있는데 겁도 많아서 쉽게 마음을 열지 않지요. 그래서 첫인상은 차갑게 느껴지는 경우가 많습니다. 그런 벽을 깨뜨리고 안으로 들어가는 사람이 많지 않은 편이며 대다수는 겁부터 지레 먹고 회피해버리려고 하는 편이지요. 그래서 첫인상이 매우 중요하고 이들에게 안심을 줄 수 있는 그런 사람을 원합니다. 다정다감하고 헌신적이며 배려심이 많고 특히 갑자기 확 다가오거나 놀래는 일이 없는 사람을 원합니다.

❺ 가장 잘 맞는 남자 유형

같은 ISFP 유형의 남자를 만나면 서로 영혼의 단짝이라 느끼게 될 것입니다. 그리고 ESFP, ESTP, ISTP 유형의 남자들과도 매우 잘 맞지요. 특히 일상을 소소한 즐거움으로 가득 찬 행복을 즐기면서 살아갈 수 있어요. 같은 SP 기질의 사람들끼리 만나게 되면 진짜 ISFP 여자들은 일상이 정말 즐거워집니다.

❻ 노력하면 괜찮은 남자 유형

INFP, ENFP 유형의 남자들을 만나면 크게 부딪치는 것이 없이 잘 지낼 수 있어요. 물론 현실적인 감각이나 경제관념이 부족하여 답답한 점이 있긴 해도 무난하게 잘 지낼 수 있지요. 그리고 INFJ와 ENFJ 유형과도 무난하게 잘 지내는 편입니다. INFJ와 ENFJ 유형들이 타인을 이해하는 능력이 좋아서 ISFP의 아이 같은 욕구를 잘 받아주는 편이거든요.

❼ 가장 피해야 할 남자 유형

ISFP의 자유로운 영혼을 억압하는 ISTJ, ESTJ, INTJ, ENTJ 유형은 정말 많은 갈등을 겪게 됩니다. 이들의 엄격한 규칙과 정해진 계획은 ISFP 여자의 숨통을 조르게 되지요. 게다가 해당 유형들은 순간마다 치고 올라오는 감정 상태, 기분, 느낌 등의 공감을 구하고 이해받고 싶어 하는 ISFP의 감정적 욕구를 조금도 충족시켜주지 못해서 항상 불만에 가득 찰 수밖에 없습니다.

그리고 ESFJ와 ISFJ 유형과도 매우 상극입니다. 실제로 정말 많은 커플이 이 조합으로 정말 지긋지긋하고 치열하게 자존심 싸움을 하게 됩니다. ESFJ와 ISFJ 유형은 심리기능에 Fe가 있어서 윤리, 도덕적 가치 기준으로 일관성 있게 판단하려고 합니다. 그리고 타인들도 그렇게 살아가기를 원하지요. 하지만 ISFP 유형은 현재 자신의 감정 상태에 따라 매우 주관적이고 일관적이지 못하게 판단을 내리고 행동을 합니다. 이런 모습이 ESFJ와 ISFJ 유형 눈에는 매우 이기적이고 철부지처럼 느껴지지요. 그래서 ISFP 유형에게 감정이 상하는 비판적인 말을 던지게 되고 이 말 때문에 자신을 이해해주지 못한다고 느끼는 ISFP 유형은 순간 감정적으로 서운하여 화를 내게 됩니다. 그럼 ESFJ와 ISFJ 유형들도 감정형이라 이들도 화를 내기 시작하면서 자존심 싸움이 시작되지요. 사실 알고 보면 정말 별것 아닌데 싸움이 매우 심각해지기 시작합니다.

그리고 INTP와 ENTP 유형과도 매우 갈등이 많은 편입니다. 이 두 유형은 상대의 감정을 이해하고 공감하는 능력이 매우 미숙하여 ISFP 유형 입장에서는 항상 감정 이해 욕구가 충족되지 않아서 이들에게 징징대며 힘들어할 가능성이 매우 크지요. 그래서 ISFP 유형이 이들에게 계속 싸움을 걸 가능성이 커집니다.

ISFP

❽ 남자를 만날 때 조심해야 하는 것

ISFP 유형의 여자들은 첫 만남에서나 어느 정도 친분이 있는 상황에서는 매우 예의 바르고 좋은 이미지를 잘 유지하게 되나 연인이 되거나 배우자가 되면 그때부터 짜증과 이기적인 욕구를 막 분출하게 됩니다. 그래서 갈등이 심해지지요. 물론 심리기능의 Se 기능 때문에 일어나는 현상으로 본능적인 부분이긴 하지만 그 정도가 심각할 경우 컨디션에 따라 너무 감정 기복이 커져서 옆에 사람에게 눈치를 보게 만들 수 있습니다. 그리고 심각할 경우 나중에 반드시 후회하는 폭언을 하거나 결정을 내릴 수 있지요. 컨디션이 안 좋을 때는 스스로 자제하는 것이 중요합니다.

❾ 이별 후 대처법

이별하게 되면 ISFP 유형들은 매우 예민하여 일상생활에서도 크게 영향을 받습니다. 우울증을 비롯하여 거식증, 불면증 등 신체적 반응이 심하게 오는 편이지요. 그럴 때 자신을 자극할 수 있는 다양한 활동을 즐겨보시는걸 추천드립니다. 부기능 Se를 자극하게 될 때 스트레스를 확 줄일 수가 있거든요.

❿ 상황별 궁합

부모들에게 ISFP 자녀는 참 어려운 편입니다. 강하게 푸시하면 금방 기가 죽어서 학습된 무기력 상태에 빠지고 그렇다고 신경을 안 쓰고 있으면 나사가 풀려버린 것처럼 게을러져서 아무것도 안 하는 모습을 보여서 부모 입장에서는 정말 어려운 편이지요. 실제로 학생들 상담하러 갔을 때 학습된 무기력이 가장 심한 유형이 바로 ISFP 유형의 아이들입니다. 그리고 SJ 부모에 의한 경우가 참 많아요. 그런 경우 정말 극복하기 힘들지요. NT 기질의 부모와도 매우 사이가 안 좋은 편입니다. 하지만 SP 기질의 부모와 NF 기질의 부모와는 매우

I
S
F
P

관계가 좋아요. 같은 SP 기질의 부모는 ISFP 아이들의 욕구를 이해하고 잘 이끌어가는 편이고 NF 기질의 부모는 아이에게 정서적 욕구를 충분히 충족시켜줘서 자존감을 엄청나게 올려주지요.

 ISFP 유형의 부모는 아이들과 정말 관계가 좋습니다. 기본적으로 아이들을 매우 좋아하기에 아이들의 행동 하나하나에 일일이 반응하며 챙겨줍니다. 그래서 아이들이 정서적으로 매우 안정되고 자존감이 높은 편이지요. 실제로 어린이집이나 유치원 선생님 중에 ISFP 유형이 가장 많은 것도 이런 특성 때문이지요. 아이들을 키우는 데 가장 특화된 성격이 아닐까 하는 생각을 해봅니다. 단 ISFP 유형 중에서도 내향성이 정말 강한 유형의 경우에는 자녀마저 힘들어하는 경우가 가끔 있긴 하더라구요. 그 경우를 제외하고는 정말 좋은 부모가 될 수 있습니다. 자녀 교육과 관련하여 어려운 점이 있다면 저의 또 다른 책《MBTI 공부혁명 ver. 청소년(법률저널)》을 참고하시면 많은 도움이 될 것입니다.

 직장에서는 존재감이 극히 적은 유형으로 알려졌지요. 조용히 묻어가는 타입으로 자신을 내세우거나 자신의 기여를 남에게 알리는 타입은 아닙니다. 하지만 동료들의 정서를 어루만져주면서 챙겨주는 일은 참 잘하기 때문에 인간관계가 매우 좋은 편이지요.

 친구들 사이에서도 정말 착한 친구, 좋은 친구로 통합니다. 그래서 어딜 가나 꼭 친구들이 먼저 챙기는 경우가 많아요. 단, ESTJ, ISTJ, ENTJ, INTJ 같이 타인을 통제하려고 하고 성급하게 판단 내리려고 하는 사람들과는 거리를 두려고 하는 경우가 많습니다.

I
S
F
P

MBTI 사랑학개론

(3) ISFP 남자들

❶ 여자와의 차이점

ISFP 남자들은 거칠고 전투적인 사고형들의 세상에서 살아남기 위해 적응할 수밖에 없었던 마음 여린 남자들입니다. 자신을 보호하기 위한 벽을 강하게 쌓는 게 특징이지요. 그래서 첫인상으로 볼 때는 ISFP 유형이 맞나 싶을 정도로 무뚝뚝하고 강한 느낌이 드는 경우도 종종 있으나 친해져서 그 벽 안으로 들어가면 참 착한 어린아이가 있는 느낌입니다. 마치 겁 많은 사슴 같아요. 사회 생활을 하며 받게 되는 많은 스트레스를 속으로 삼키고 인내하며 버티다가 집에 들어가서 심리적 무장이 해제되면 가까운 사람에게 짜증과 투정을 많이 부리기도 하지요. 그래도 천성은 참 착한 사람들입니다.

❷ 남자들의 특징

대체로 복잡하고 갈등이 많은 정치나 경제에 대해 크게 관심이 없는 편이며 다른 사람들에게 잘 맞추는 편입니다. 성공이나 명예에 대한 큰 욕심과 야망이 거의 없으며 자기가 감당할 수 있는 범위 내에서는 책임감이 강하나 그 이상에 대해서는 회피하려는 경향이 강해요. 특히 특정 문제에 대해 이들에게 강하게 추궁하고 압박하게 되면 이들은 순간 머릿속이 하얗게 변하면서 아무 생각이 안 든다고 합니다. 그리고 기본적으로 착하게 살아가려고 하는 사람들이지요.

이 유형의 남자들은 본인들이 매우 효자인 경우가 많습니다. 아무리 부모와 갈등이 많았다 하더라도 참 착한 아들들입니다. 하지만 배우자에게 대리 효도를 강요하진 않습니다. 기본적으로 타인을 통제하거나 지시하는 것을 싫어하거든요.

이 유형의 특징은 워낙 인간관계에서 스트레스를 많이 받기에 어릴 때 부모로부터 공부에 대해 강한 압박을 받아서 학습된 무기력 상태에 빠져있는 경우가 많아요. 그래서 공부 머리가 그리 좋은 편은 아닙니다. 하지만 자신이 감당할 수 있는 수준의 일에 대해서는 일머리는 좋은 편이지요.

❸ 좋아하는 것과 싫어하는 것

이들은 일상에서의 소소한 즐거움을 누리는 것을 좋아해요. 전형적인 안빈낙도의 삶을 추구하지요. 자신이 좋아하는 소수의 사람과 평범한 일상을 즐기면서 행복을 느끼고 싶어 합니다. 그래서 취미도 매우 개인적이고 가족 중심적인 것들이 많아요. 술자리나 유흥 같은 것은 딱 싫어합니다.

❹ 경제 개념과 재테크

이들은 돈을 알뜰살뜰 모으는 것을 힘들어하며 대체로 소비하는 것을 좋아합니다. 그래서 재테크도 많이 힘들어하는 편이지요. 어떤 것에 꽂히면 꼭 사고 싶어 하는 모습을 볼 수 있어요.

I
S
F
P

❺ 유형발달의 상태에 따른 특징

건강하게 유형발달을 한 ISFP 남자들은 진짜 따스한 양털 같은 느낌이 드는 참 좋은 사람입니다. 상대를 배려하는 마음이 항상 느껴지며 말투부터 '이 사람 정말 착할 것 같아.'라는 느낌이 물씬 풍기지요. 남과의 갈등을 매우 싫어하고 사람들과 잘 어울리게 중재하는 편입니다. 스트레스받는 일이 있어도 겉으로 내색하지 않고 가만히 있다가 나중에 현명하게 잘 풀어내는 편입니다.

건강하지 않은 유형발달을 한 ISFP 남자들은 정말 짜증 많고 징징거림이 많은 남자들이지요. 그러다 갑자기 삐져서 잠수를 타거나 회피해버리는, 정말 종잡을 수 없는 남자들입니다. 심리 상태에 따라서 너무 차이가 크게 나서 주변 사람들은 이들의 눈치를 볼 수밖에 없지요. 특히 약속한 것도 자신의 기분이나 감정, 심리 상태가 내키지 않으면 그냥 아무렇지도 않게 어겨버리는 일이 종종 있어요. 그래서 정말 사람들을 피곤하게 하지요.

❻ 라이프 스타일

매우 단조로운 생활을 즐깁니다. 사진이나 영화, 독서 같은 정적이면서 은근히 즐거움을 누릴 수 있는 취미를 즐기며 요리 같은 것도 곧잘 하는 편입니다. 활동 반경이 크지 않습니다. 대체로 게을러서 계획에 짜인 일상과는 거리가 멀지요.

❼ 만날 수 있는 곳

이들은 사진 찍기, 영화 보기, 드라마 감상 같은 조용하고 혼자 즐기는 취미를 좋아하여 외부활동을 통해서는 만나기 힘듭니다. 의외로 온라인에서 활동을 많이 하지요. 그런 취미의 온라인 커뮤니티에서는 자주 만나실 수 있을 거예요.

I
S
F
P

❽ 설득의 포인트

이들은 상대의 말을 경청하고 존중하며 잘 따르는 것으로 유명합니다. 그래서 설득하는 데에는 어려움이 크게 없지요. 단지 이들에게 지시하거나 통제하고 압박하려고 하면 이들은 바로 회피해버릴 것입니다.

이들은 빨리 결혼하고 싶어 하지만 자신과 맞지 않을 것 같은 상대에 대한 두려움이 있어서 사람은 꽤 까다롭게 고르는 편입니다. 특히 자기주장이 강하고 공격적이며 타협이 어려운 상대인 경우 결혼을 기피하지요. 그래서 절대 이들을 상대할 때는 강하게 나가서는 안 됩니다.

❾ 이들에게 사랑이란

이들에게 사랑하는 사람이란 소소한 일상을 함께 즐기는 편안하고 안심이 되는 사람입니다. 기본적으로 겁 많은 사슴과 같다고 생각하시면 됩니다. 초식동물 특유의 겁 많은 모습을 떠올리시면 되지요. 순간 놀라면 어느새 사라지고 없습니다. 하지만 믿을 수 있고 안심이 되며 편안해지면 한가롭게 다가와서 풀을 뜯고 있는 사슴을 생각하시면 됩니다.

❿ 연애 스타일

이들은 일상에서의 데이트를 선호하기 때문에 그런 재미를 즐기는 여성분들에게는 잘 맞으나 그렇지 않을 경우 불만이 많아질 것입니다. 이들은 겁이 많아서 상대에게 쉽게 마음을 열지 못하나 한번 마음을 열기 시작하면 자신의 많은 부분을 내어주며 헌신하게 되지요. 성향 자체가 여성스럽기에 연락도 자주 하여 연락 문제로 힘들어하는 경우는 잘 없습니다. 이들은 일상에서의 즐거움을 추구하기에 권태기가 잘 오지 않지요.

MBTI 사랑학개론

⓫ 이상형

이들은 함께 일상을 즐기면서 큰 갈등 없이 잘 지낼 수 있는 여자를 원합니다. 감정 교감을 중요하게 생각하고 배려하면서 잘 지낼 수 있는 사람을 원해요. 대체로 여성스러운 패션을 좋아합니다. 그러나 딱히 가리진 않아요. 남한테 싫은 소리 못하거든요.

⓬ 이들에게 어필하는 방법

이들은 누구를 리드하는 능력이 매우 미숙해요. 데이트 코스를 짜고 리드하는 데 어려움을 많이 느끼지요. 그래서 일상적인 데이트를 먼저 제안하면서 즐거워하는 모습을 보여주면 이들은 금방 마음을 열고 빠져들게 됩니다.

⓭ 싫어하는 여자 스타일

이들의 자유를 억압하고 통제하려고 하며 자기주장이 강하고 기가 센 여자를 매우 싫어합니다. 남들과 갈등을 자주 일으키고 도덕적으로 문제를 일으키는 사람에 대해서도 매우 혐오하지요.

⓮ 감동 포인트와 격려 방식

일상 속에서 서프라이즈한 이벤트를 준비하면 이들은 매우 감동하게 되지요. 그리고 이들의 예민한 감각과 센스에 대한 칭찬과 긍정적인 피드백은 매우 큰 동기부여가 됩니다.

ISFP

⓯ 이별을 생각하게 되는 경우

이들을 심리적으로 압박하면서 몰아붙이기 시작하면 순간 머릿속이 새하얗게 변하면서 아무 생각이 안 난다고 합니다. 당장 대답하기를 강요하며 몰아붙인다면 이들은 엄청난 스트레스를 받게 됩니다. 그런 상황이 빈번하게 일어난다면 이들도 결국 못 견디고 이별을 하려고 하지요.

⓰ 재회 가능성과 방법

이들은 미련이 많아요. 기본 천성이 착해서 이별하고 난 후부터는 계속 자신의 잘못을 생각하면서 미안해하지요. 그래서 이별하게 된 이유에 대해 굳이 언급할 필요 없이 그저 자신이 지금 얼마나 후회하고 마음이 아픈지를 허심탄회하게 이야기하며 다시 만나고 싶다고 밝히면 어지간하면 다시 재회할 수 있습니다. 남한테 싫은 소리 못하는 성격이거든요.

⓱ 이들에게 결혼이란

이들에게 결혼이란 곧 일상의 공유이지요. 그래서 그렇게 할 수 있는 사람이 나타나면 결혼을 꿈꾸게 됩니다. 큰 욕심이 없기에 여러 조건을 따지지도 않아요. 이들에게 비혼과 딩크는 있을 수 없는 일이지요. 이들이 아이들을 얼마나 좋아하는데요.

⓲ 결혼 생활의 특징

이들은 사랑하는 사람이랑 함께 있다면 적극적으로 가사 노동을 함께 합니다. 게다가 아이들을 정말 좋아해서 육아를 더 열심히 하는 편이지요. 그러나

MBTI 사랑학개론

특별한 경우가 아니라면 대체로 경제적으로 여유가 있는 편이라 아니라서 맞벌이를 하는 경우가 많습니다. 그리고 아이들 문제라든지 가정을 소홀히 할 때 이들과 갈등을 빚게 됩니다.

⑲ 잘 어울리는 여자 유형

ISFP 남자들은 낯가림이 심하고 겁이 많은 편이라 같은 ISFP 여자 말고는 쉽게 마음을 열지 못하는 경우가 많습니다. 그리고 ESFP, ENFJ, INFP, ENFP 여성들과는 어느 정도 서로 노력하면 잘 지낼 수 있어요.

⑳ 이들과 잘 살기 위한 조언

이들이 아무 말 않는다고 생각조차 없는 것은 아니에요. 항상 갈등 상황을 겪고 싶지 않아서 묵묵히 참고 있는 경우가 많아요. 근데 그게 점점 쌓이다 보면 이들도 사람인지라 결국 터져 나오게 되어 우울증이나 무기력증 등 심리적으로 힘들어하는 경우가 많습니다. 따라서 이들의 마음을 한 번씩 살펴보는 기회를 가지는 게 중요합니다.

㉑ 갈등 해소 방식

이들은 상대가 자신의 상처나 고민, 괴로움 등을 공감해주는 것만으로도 매우 좋아하고 스트레스가 확 풀린다고 합니다. 그래서 무엇보다도 공감해주는 것이 필요해요.

I
S
F
P

㉒ 이들을 빡치게 만드는 방법

이들에게 복잡한 문제에 대해 당장 답하라고 추궁하고 몰아붙이는 경우 순간 매우 힘들어하면서 결국 회피하게 됩니다. 그럴 때 따라다니면서 잔소리를 퍼붓게 되면 이들은 순간 욱해서 그 자리를 박차고 나가버리게 되지요.

I
S
F
P

⑧
All that ESFP

사교적인 유형
The Enthusiastic Improviser

---

(1) 기본 특징

   친절하고 수용적이며 현실적이고 실제적입니다. 어떠한 상황에도 잘 적응하고 타협합니다. 선입견이 별로 없고 개방적이며 관용적이어서 대체로 사람들을 잘 받아들입니다. 주위에서 진행되는 다른 사람들의 일이나 활동들에 관심이 많고 알고 싶어 하며 기꺼이 그 일에 함께 참여하고자 합니다. 또한, 새로운 사건이나 물건에도 관심과 호기심이 많습니다. 이론이나 책을 통해 배우기보다는 실생활을 통해 배우는 것을 좋아합니다. 논리적인 분석보다는 인간 중심의 가치에 따라 어떤 결정을 내립니다. 그러므로 동정적이고 사람들에게 관심이 많습니다. 재치 있고 꾀를 부리기도 합니다. 특히 사람들을 대하는 일에 능숙하며 사람이나 사물을 다루는 사실적인 상식이 풍부합니다.

주기능 Se	부기능 Fi	삼차기능 T	열등기능 Ni

   주기능 Se는 다양한 외부 세계에 대한 경험을 선입견 없이 잘 받아들이는 기능입니다. 그리고 오감의 감각신경이 매우 예민한 편이지요. 선입견이나 편견 없이 외부 정보를 받아들이기에 정확하게 상황을 파악하는 능력이 탁월하지요. 매우 즉흥적이며 충동적인 경향을 보입니다. 기존에 알고 있는 것보다 지금 들어오는 정보를 더 신뢰하는 편이지요. 또한, 말초신경을 자극하는 쾌락을

매우 즐기는 편으로 쾌락주의적이고 경험주의적인 경향이 강합니다. 온몸에 뻗어있는 신경이 예민하여 미세한 자극에도 바로 반응하는 편으로 허용하는 자극의 역치가 작아서 환경의 변화나 상황의 변화에 대해 매우 민감하게 반응합니다. 그래서 짜증이 많은 편이에요. 그리고 어려운 상황에 처하게 되면 바로 회피하거나 포기하려는 경향이 강합니다.

부기능 Fi는 자신과 타인의 가치를 잘 이해하고 지지합니다. 자신의 감정 상태를 기준으로 판단을 내리려는 경향이 있습니다.타인의 감정에 대해 공감하고 지지하는 따뜻함이 있습니다. 자신의 감정과 타인의 감정을 동일시하여 상대의 입장과 처지를 공감하는 능력이 탁월합니다. 그래서 상처받은 사람들을 따뜻하게 격려하고 온기로 감싸는 능력이 좋아요. 하지만 자신의 감정을 기준으로 판단하는 편이라 주관적이고 감정 상태에 따라 판단이 달라지기에 사고형 사람들은 이들의 감정 상태를 따라가기 힘들어하는 편입니다. 또한, 자신의 감정 상태를 중요하게 생각하여 친한 사이일수록 짜증이나 투정을 많이 부리는 편입니다.

삼차기능 T로 인해 계산적이지 못하고 논리적으로 따지는 것을 매우 혐오합니다. 좋은 게 좋은 것으로 생각하는 경향이 강하며 상황을 논리적으로 분석하는 데 매우 미숙한 모습을 보입니다. 그리고 타인을 통제하고 자기 뜻대로 움직이도록 강요하는 것을 매우 혐오합니다. 자신의 자유로운 의지를 구속하고 강요하는 것을 매우 싫어하지요. 또한, 타인에게 따지거나 강요하는 행위를 매우 힘들어합니다. 갈등이나 분쟁을 피하려고 합니다.

열등기능 Ni로 인해 삶의 진지함, 인생의 철학 등에 관심이 없고 오로지 물질적인 쾌락만을 추구하는 경향이 강하며 사람의 깊이가 없다는 느낌을 많이 받게 됩니다.

1차 유형발달 시기에 도달하면 일관되지 못하고 자신의 감정 상태에 따라 매우 주관적인 판단과 타인에게 공감을 강요하여 주변 사람들과 갈등이 생기기 시작하고 매우 힘들어하게 됩니다. 만약 자존감이 높고 우호적인 환경에 노출되어 있다면 자기 객관화가 시작되며 자기반성을 하기 시작합니다. 그러면서 차츰 삼차기능인 사고기능이 발달하기 시작하면서 점차 논리적이고 합리적인 판단을 하기 시작하며 타인과 자신을 분리해 생각하기 시작하게 됩니다. 그러면서 자신의 주관적 감정만이 옳은 것이 아니라는 것을 깨달으며 타인과 건강한 관계를 유지하게 되지요. 하지만 자존감이 낮고 적대적인 환경에 노출된 상태에 심한 스트레스를 받고 있다면 자기 객관화가 되지 않고 자신의 감정 기복에 따라 선택과 판단이 달라져서 주변 사람들을 매우 힘들게 만듭니다. 특히 감정이 우울하거나 컨디션이 안 좋을 때는 매우 히스테릭한 상태가 되어 가까운 사람에게 과도하게 짜증이나 화를 내게 됩니다. 그리고 시간이 지나 자신의 행동과 결정에 큰 후회를 하게 됩니다.

2차 유형발달 시기에 도달하면 점차 삶의 의미를 찾기 시작하면서 세상에 의미 있는 일을 하고자 하는 욕구가 생겨나기 시작합니다. 그러면서 점차 인생의 철학적 고민에 빠져들기 시작하며 의미 있는 삶을 살아가고자 합니다.

1차 유형발달이 건강하게 진행되었다면 자연스레 2차 유형발달도 건강하게 진행되기 시작합니다. 하지만 1차 유형발달이 건강하지 못하면 매우 히스테릭하여 상대방이 계속 눈치 보게 만드는 피곤한 사람이 됩니다.

(2) ESFP 여자들

❶ 남자에게 어필할 수 있는 매력 포인트

타고난 분위기 메이커입니다. 어떤 상황에서든 상대를 즐겁게 하고 눈치도 빨라서 상대의 기분이나 상황에 잘 맞춰주지요. 자신을 가장 아름답게 꾸밀 줄 아는 패션 센스도 남달라서 가장 화려한 매력을 가지고 있습니다.

❷ 건강하지 못한 유형발달을 했을 때의 모습

타인의 사소한 태도에도 일일이 반응하여 감정적으로 예민하게 반응합니다. 또한, 자신의 기분이나 컨디션 상태에 따라서 심하게 짜증 부리기도 합니다. 전체적으로 이런 특징이 강하게 느껴지는 경우 자존감이 낮은 상황에서 적대적인 환경에 장시간 노출된 채로 1차 유형발달의 시기를 보냈을 가능성이 큽니다. 우호적인 환경에서 우호적인 사람들과 어울리는 시간을 많이 보내다 보면 서서히 건강한 방향을 유형발달이 되기 시작합니다.

❸ 스트레스가 심할 때

ESFP 유형의 여자들은 몸이 매우 예민하여 스트레스를 심하게 받을 경우 몸에서 바로 반응이 나타납니다. 매우 짜증이 많아지고 감정 조절이 잘되지 않으며 인내심이 부족하여 하나의 일에 집중할 수가 없지요. 또한, 긴장이 올라가고 불면증까지 생길 우려가 있습니다.

잠을 이루기 어려울 때 라벤더, 마조람, 일랑일랑 오일을 캐리어 오일에 블렌딩하여 목이나 어깨에 바르고 잠을 청해보시길 바랍니다. 높아진 혈압을 낮춰주고 지친 몸과 마음에 휴식을 주어 더욱 편안한 마음으로 깊은 숙면을 취하는 데 도움이 됩니다.

아로마테라피와 관련하여 좀 더 자세한 정보는 카페에서 확인하시면 됩니다.
MBTI for Love (cafe.naver.com/mbtiforlove)

자신의 감정을 이해해주고 배려해주는 사람을 만나 대화를 나누며 공감과 위로를 받으면 스트레스가 현저히 줄어들게 됩니다.

❹ 원하는 연애 스타일과 이상형

ESFP 유형의 여자들은 상대의 사랑을 일상에서 수시로 확인하고 싶어 합니다. 그래서 무엇보다도 연락을 중요하게 생각하지요. 사랑받고 있다는 것을 확인하고 싶어 하고 자주 상대를 만나면서 함께 하는 시간을 많이 가지기를 원합니다. 그리고 ESFP 유형의 여자들이 남자의 외모나 패션 센스 등을 많이 보는 것으로도 알려졌지요.

E
S
F
P

❺ 가장 잘 맞는 남자 유형

ESFP 유형의 여자들은 같은 유형의 ESFP 남자와 만나게 되면 매우 잘 맞아요. 기본적으로 좋아하는 것과 싫어하는 것, 가치관, 생활 방식, 경제관념 등이 같아서 크게 부딪칠 일도 없고 매우 죽이 잘 맞지요. 그리고 ESTP 유형의 남자들도 잘 맞는 편입니다.

❻ 노력하면 괜찮은 남자 유형

ISFP와 ISTP, INFP 유형의 남자들과는 어느 정도 그들의 내향적인 모습을 인정하고 선을 넘지 않으면 잘 지내는 편입니다. 그리고 ENFP 유형의 남자들과도 나쁘지 않지요. 단지, 이들이 조금 오버하거나 아이같이 굴 때 조금 불편함을 잘 참고 넘긴다면 말이지요. 그리고 ENFJ와 INFJ와도 크게 부딪침이 없이 잘 지낼 수 있어요.

❼ 가장 피해야 할 남자 유형

타인을 통제하고자 하는 욕구가 강한 ESTJ, ENTJ, ISTJ, INTJ 유형의 남자들과는 정말 갈등이 심합니다. 특히 자유로운 영혼의 ESFP 여자들은 이들의 고지식하고 꽉 막힌 통제 욕구를 정말 숨 막혀 합니다.

그리고 ISFJ와 ESFJ 유형의 남자와는 최악의 상성을 보입니다. 실제로 정말 많은 커플이 이 조합으로 정말 지긋지긋하고 치열하게 자존심 싸움을 하게 됩니다. ESFJ와 ISFJ 유형은 심리기능에 Fe가 있어서 윤리, 도덕적 가치 기준으로 일관성 있게 판단하려고 합니다. 그리고 타인들도 그렇게 살아가기를 원하지요. 하지만 ESFP 유형은 현재 자신의 감정 상태에 따라 매우 주관적이고 일관적이지 못하게 판단을 내리고 행동합니다. 이런 모습이 ESFJ와 ISFJ 유형 눈에는 매우 이기적이고 철부지처럼 느껴지지요. 그래서 ESFP 유형에게 감정이 상하는 비판적인 말을 던지게 되고 이 말 때문에 자신을 이해해주지 못한다고 느끼는 ESFP 유형은 순간 감정적으로 서운하여 화를 내게 됩니다. 그럼 ESFJ와 ISFJ 유형들도 감정형이라 이들도 화를 내기 시작하면서 자존심 싸움이 시작되지요. 사실 알고 보면 정말 별것 아닌데 싸움이 매우 심각해지기 시작합니다.

그리고 INTP와 ENTP 유형과도 매우 갈등이 많은 편입니다. 이 두 유형은 상대의 감정을 이해하고 공감하는 능력이 매우 미숙하여 ESFP 유형 입장에서는 항상 감정 이해 욕구가 충족되지 않아서 이들에게 징징대며 힘들어할 가능성이 매우 크지요. 그래서 ESFP 유형이 이들에게 계속 싸움을 걸 가능성이 커집니다.

❽ 남자를 만날 때 조심해야 하는 것

ESFP 여자들은 사람들의 감정을 읽고 이해하는 능력이 탁월합니다. 그리고 상대방을 자신의 의도대로 행동하게 만드는 능력도 좋지요. 그래서 남자를 교묘하게 자신의 의도대로 움직이게 만드는 능력이 좋은 편입니다. 남자들은 이를 눈치채지 못하고 의도하는 대로 움직이는 경우가 많아요. 그러나 시간이 지나면 이를 깨닫게 되는 경우가 많습니다. 그리고는 떠나는 경우가 많지요.

그리고 자신의 컨디션에 따라 매우 주관적이고 히스테릭하게 반응하거나 행동하는 경우가 있어요. 결국에는 후회하고 뒷수습하느라 고생하는 경우가 많습니다. 자신의 몸 상태가 안 좋다 싶으면 반드시 절제하도록 노력해야 합니다.

❾ 이별 후 대처법

몸이 매우 예민한 탓에 마음에서 오는 괴로움으로 몸 또한 매우 안 좋아지는 경우가 많아요. 특히 불면증, 우울증, 거식증이나 폭식증 형태로 나타나는 경우가 많지요. 평소 마음을 터놓고 친밀하게 지내는 친구에게 공감을 받고 위로를 받는 것이 매우 중요합니다. ESFP 유형들이 자기가 힘들 때는 주변 사람들에게 힘든 내색을 잘 안 하는 경향이 있어요. 그러지 말고 정말 친한 친구한테는 꼭 털어놓고 위로를 받는 게 좋습니다.

❿ 상황별 궁합

부모에게 ESFP 자녀는 친구들 너무 좋아하고 노는 것을 좋아하는, 그래서 걱정이 많은 자녀입니다. 교우 관계는 참 좋지만, 너무 노는 데만 치중하다 보니 걱정이 많지요. 특히 SJ, NT 기질의 부모에게는 정말 근심, 걱정하게 만드는 자녀입니다. 공부를 안 하려고 하거든요. 그러나 SP 기질과 NF 기질의 부모와는 매우 상성이 좋은 편입니다. 자기와 같은 충동과 욕구가 있는 SP 기질의 부모는 아이가 어떻게 해야 공부에도 관심을 가질지 잘 알고 있어요. 그리고 NF 기질의 부모는 아이의 정서에 대한 욕구를 충분히 제공하는 부모가 되지요.

ESFP 유형의 부모는 아이들에게 헌신하고자 하는 욕구가 매우 강합니다. 항상 아이들에게 조건 없는 사랑을 주고자 하며 아이가 상처받았을 때 아이들의 마음을 편안하게 위로해주지요. 그리고 아이들과 잘 놀아주는 가족 중심의 부모가 됩니다. 또 매우 융통성이 좋아서 아이들이 정말 좋아할 수밖에 없지요. 자녀 교육과 관련하여 어려운 점이 있다면 저의 또 다른 책《MBTI 공부혁명 ver. 청소년(법률저널)》을 참고하시면 많은 도움이 될 것입니다.

직장에서는 ESFP 유형이 조직 내에 가장 확실한 소식통 역할을 합니다. 조직 구성원들의 모든 소식을 ESFP 유형이 다 알고 있다고 봐도 무방하지요. 워낙 사교성이 좋다 보니 여기저기서 듣게 되는 정보가 정말 많아요. 그리고 사람들을 센스 있게 잘 챙기는 편이구요. 그래서 누구나 다 좋아하는 사람입니다.

친구 관계에서도 누구나 다 좋아하는 친구가 됩니다. 어느 한 친구가 사람들과 어울리지 못하고 힘들어하고 있을 때는 먼저 다가가 손을 내밀어주는 사람이지요. 그래서 사람들 사이에 윤활유와 같은 역할을 합니다. 하지만 정작 자기가 힘들 때는 힘든 내색을 안 해요. 그래서 나중에 혼자 속이 곪아서 힘들어하고 있는 경우가 많아요. 자기가 힘들어하면 남들이 자기 눈치를 볼까 봐 미안해서 태를 안 내는 것인데, 그렇게 생각하지 말고 힘들면 힘들다고 표현하는게 정말 중요합니다.

(3) ESFP 남자들

❶ 여자와의 차이점

ESFP 남자들은 매우 사교적이지만 남자들 사이에서 인정을 못 받는 경우가 많습니다. 사람 만나고 어울리는 것을 좋아하지만 사고형 문화인 남자들 집단에서는 강한 성격의 남자들에게 기가 눌리는 편이거든요. 그래서 상대적으로 남자들보다는 여자들과 잘 어울리는 편이지요.

❷ 남자들의 특징

ESFP 남자들은 상대의 감정이나 상황에 맞추는 능력이 탁월하여 자기주장보다는 누구와 함께 있는 시간이 많으냐에 따라 성향이 달라집니다. 하지만 대체로 진보적인 성향을 많이 가지고 있어요. 그리고 현재 자신의 감정이나 컨디션을 기준으로 판단을 하기에 일관성이 없는 편입니다만, 대체로 긍정적인 상태일 때는 책임감은 강한 편입니다. 유형발달의 상황에 따라 윤리 의식의 정도에서 많은 차이를 보이는 편이구요.

대체로 효자인 경우가 많으나 자신이 효도하기보다는 대리 효도를 강요할 가능성이 큽니다. 또한, 복잡한 문제에 대해 깊이 있게 생각하려고 하지 않고 회피하려는 경향이 강하지요. 어릴 때 성격이 강한 부모 밑에서 공부에 관해 강한 압박을 받은 경우 학습된 무기력 상태에 빠져있는 경우가 많으며 대체로 공부보다는 친구들과 어울려서 노는 것을 좋아하여 공부 머리는 좋지 않을 가능성이 큽니다. 하지만 사람과 관련된 일은 매우 일머리가 좋은 편이지요.

❸ 좋아하는 것과 싫어하는 것

사람들과 어울려서 함께 하는 것을 매우 좋아합니다. 가장 사교적인 유형이며 상대에게 맞추는 능력이 탁월하지요. 상대의 기분, 상황, 입장 등을 빠르게 눈치채서 센스 있게 대하기에 이들을 처음 만난 사람들은 바로 마음을 열고 친해집니다. 그래서 술자리도 정말 좋아하는 편이지요. 유형발달의 정도에 따라 유흥에 대한 호불호가 나뉘게 됩니다.

이들은 자신의 의견에 반대하거나 비판하는 사람을 매우 꺼립니다. 그리고 이들의 자유를 통제하고 지시하는 사람을 싫어하지요. 또 이론적이고 현학적인 개념을 다루는 것을 매우 싫어합니다.

❹ 경제 개념과 재테크

이들은 사람들과 어울려서 노는 것을 매우 좋아하여 소비성향이 짙습니다. 꼼꼼하긴 하지만 귀찮아하는 것이 많아서 절약하고 아끼는 것을 힘들어해요. 그래서 대체로 재테크도 잘하지 못하는 편입니다.

❺ 유형발달의 상태에 따른 특징

ESFP 유형은 유형발달의 정도에 따라 정말 차이가 큽니다. 반드시 체크해야 합니다.

건강한 유형발달을 한 ESFP 유형의 남자들은 매우 사교적이고 인정이 많습니다. 누군가가 힘들어하고 있거나 어려운 상황에 처해 있을 때 먼저 손을 내밀어 돕는 사람들이지요. 따뜻한 마음씨와 배려가 몸에 배어있어요. 누구를 만나든 그 사람이 듣고 싶어 하는 말을 찾아서 해주며 상대를 위로하고 격려하는 능력이 탁월합니다. 그래서 이 유형의 사람과 함께 있으면 그 조직이 참 원활하게 잘 돌아가지요.

하지만 건강하지 못한 ESFP 유형의 남자들은 정말 조심하셔야 합니다. 기본적으로 자존감이 매우 낮아서 자존심만 내세웁니다. 특히 허세와 허풍이 매우 심하며 육체적인 쾌락을 매우 탐닉합니다. 사람이 진지하지 못하고 깊이가 없이 말만 많은 편이며 쓸 말이 별로 없는 편이지요. 누군가가 연인이나 남편이 바람을 피워서 고민이라고 하는 상담의 경우 상당수는 건강하지 않은 유형발달을 한 ESFP 남자일 가능성이 큽니다. 이들은 연인이나 배우자로부터 인정받지 못하면 어느 순간 자신을 인정해주는 다른 여자한테 눈을 돌리거든요. 유흥을 매우 좋아하고 절제가 안 되는 경우가 많습니다.

❻ 라이프 스타일

친구들을 매우 좋아하여 친구와의 약속이 항상 잡혀있는 경우가 많으며 술자리 약속도 참 많습니다. 사교, 친목 동호회 활동에 항상 참여하며 두루 친하게 지내는 편입니다. 하지만 개인 생활은 좀 나태하고 게으른 편이지요.

❼ 만날 수 있는 곳

사람을 상대하는 영업이나 영업 관리, 서비스업 분야에 뛰어난 두각을 나타내는 사람들입니다. 순식간에 상대가 원하는 바를 빠르게 눈치채서 즉각적으로 대응을 하기에 영업 분야에 매우 탁월한 사람들이지요. 그리고 사교, 친목 동호회 활동에도 적극적이어서 조금만 사회활동을 하면 이들을 쉽게 발견할 수 있습니다.

❽ 설득의 포인트

이들은 다른 사람의 부탁을 쉽게 거절하지 못하고 만약 자기 능력 밖의 문제라면 넓은 인맥을 활용하여 지인을 찾아서 소개해주는 등 남을 돕는 것을 매우 좋아합니다. 따라서 이들을 설득하기 위해서는 어느 정도 사정을 이야기하고 도움을 요청해보는 게 좋습니다. 그럼 쉽게 들어줄 가능성이 크지요.

이들이 결혼을 마음먹게 만드는 것은 크게 어렵지 않습니다. 기본적으로 좋아하는 사람과 함께 있고 싶어 하는 욕구가 매우 강하거든요. 그래서 이들과 함께 있는 시간을 잘 즐기다 보면 어느새 이들은 결혼을 마음먹게 됩니다. 결혼에 대해 크게 회피하지는 않는 편입니다.

❾ 이들에게 사랑이란

이들에게 사랑이란 쾌락입니다. 함께 있는 시간을 매우 쾌락적으로 즐기고자합니다. 어쩌면 인생의 깊이, 철학적 사유와는 거리가 멀어서 가벼운 것 같아도 근본적으로 이성과 함께 그 순간의 즐거움을 만끽한다는 점에서 더욱 직접적인 사랑이 아닐까 합니다. 즉, 에로스적 사랑인 거죠.

❿ 연애 스타일

ESFP 남자와의 연애는 진짜 즐겁습니다. 상대를 매 순간 기쁘게 하는 능력이 탁월하지요. 상대가 원하는 바를 정확하게 파악하여 센스 있게 대응하거든요. 일반적으로 ESFP 남자들은 감각신경이 매우 발달하여 외적인 모습에서 자기 스타일이면 바로 호감부터 느끼는 경우가 많습니다. 그래서 빠르게 상대에게 빠지는 편이지요. 그리고 한번 마음에 들기 시작하면 그 상대에게 몰입하여 플러팅이 시작되며 매우 헌신적인 상태가 됩니다. 상대와의 교감을 중요하게 생각하기에 연락도 매우 자주 하는 편이구요. 그러나 상대가 이들의 자존감을 건드리거나 따지기 시작하면 점점 권태기가 시작됩니다.

⓫ 이상형

일단 이 유형들은 외모 조건이 자기의 기준 이상이 되어야 합니다. 정말 많이 따지는 편이지요. 그리고 자신을 존중하고 함께 즐길 수 있는 상대를 원합니다. 특히 감정 교감이 되는 여자를 원하지요. 그리고 화려한 패션 감각을 가진 여자를 좋아합니다.

⑫ 이들에게 어필하는 방법

이들은 기본적으로 새로운 호감형의 여자가 나타나면 자연스레 플러팅을 시작합니다. 그때 적극적으로 잘 받아주면 이들은 매우 호감을 느끼게 되지요. 특히 이들이 하는 농담이나 허세를 재치 있게 받아쳐 주면 매우 좋아합니다.

⑬ 싫어하는 여자 스타일

이들이 하는 말에 비판하거나 따지고 드는 여자에 대해 매우 반감을 가지게 됩니다. 물론 겉으로는 티를 내지 않지만, 속으로는 상처를 많이 받지요. 이들의 농담이나 장난을 재치 있게 받아들이지 못하고 무안을 주는 경우 이들은 그 사람을 피하게 됩니다.

⑭ 감동 포인트와 격려 방식

이들은 상대의 호감이나 적극적인 반응에 감동합니다. 그리고 이들의 재치나 임기응변에 대해 칭찬을 하고 지지하면 매우 동기부여가 되지요.

⑮ 이별을 생각하게 되는 경우

이들은 대체로 자존감이 매우 낮은 편입니다. 그래서 자존심을 매우 중요하게 생각하지요. 따라서 그 자존심을 건드리면서 이들을 무시하거나 자주 무안을 주는 경우 점점 소극적으로 변해가면서 삐지게 됩니다. 그러다 결국 이별을 하게 되지요. 이때 유형발달의 상태에 따라 환승 이별을 하기도 합니다. 즉, 다른 여자와 바람을 피우고는 이별을 고하지요.

ⓖ 재회 가능성과 방법

이들은 연애를 위해 태어났다고 봐도 무방하지요. 그래서 현재 만나고 있는 상대에게 집중합니다. 그래서 이별하자마자 바로 다른 여자를 만나는 경우가 많아요. 이는 ESFP 여자도 마찬가지지요. 그래서 과거의 여자에게 미련을 가지는 경우는 드문 편입니다만, 만약 새로 만난 여자와 잘되지 않거나 그 여자한테서 상처를 많이 받는 경우, 과거에 자신에게 잘해줬던 여자한테 되돌아가려고하지요. 이런 사실을 알고서도 이들과 재회하고 싶다면 이때가 기회이지요.

ⓗ 이들에게 결혼이란

유형발달이 건강하게 잘 된 ESFP 유형들은 결혼해서 정말 행복하게 살고 싶어 합니다. 그래서 정말 마음에 드는 상대가 나타나면 결혼을 빨리하려고 하지요. 자신이 생각하는 외적인 조건과 성격적인 조건, 육체적인 조건이 다 맞으면 바로 결혼부터 하려고 합니다. 절대 비혼이나 딩크를 생각하지는 않습니다.

하지만 유형발달이 건강하지 못한 ESFP 유형의 남자들은 결혼을 최대한 뒤로 미루거나 생각 없이 결혼부터 하고는 바람을 피우거나 다른 이유로 인해 이혼하게 되는 경우가 많습니다. 그리고 기본적으로 책임감도 없어서 애도 싫어해요.

ⓘ 결혼 생활의 특징

유형발달이 건강한 ESFP 남자들은 매우 가정적이어서 배우자와 함께 있을 때는 살림에 적극 참여를 하는 편입니다. 육아도 적극적으로 돕는 편이구요. 물론 평소에는 기본 천성이 좀 게을러서 자발적으로 미리 하는 일은 잘 없지만요. 또 맞벌이는 싫어할 가능성이 크지요. 배우자와 함께 있는 것을 좋아하는데 바빠서 늦게 퇴근하는 것을 싫어하거든요.

ESFP

하지만 유형발달이 건강하지 못한 ESFP 남자들은 늦게까지 친구들 만나서 술을 마시거나 놀다 들어가려고 합니다. 그리고 육아 또한 매우 귀찮아하는 편이지요. 또 자신의 자유 시간을 위해 배우자가 맞벌이하는 것을 원하며 이들이 가정에 충실하지 않으려고 하는 모습에서 갈등이 심해집니다.

⑲ 잘 어울리는 여자 유형

같은 ESFP 유형을 비롯해서 ISFP 유형과 매우 잘 지내지요. 그리고 ENFJ, INFP, ENFP 유형의 여자들과도 서로의 차이를 잘 이해하고 배려한다면 무난하게 잘 지낼 수 있어요.

⑳ 이들과 잘 살기 위한 조언

이들은 어릴 때부터 대체로 자존감이 낮은 편이라서 인정받고자 하는 욕구가 매우 높은 편입니다. 그래서 허세도 심하고 허풍도 심한 편이지요. 따라서 적당한 수준에서는 알고도 속아주고 몰라도 속아주는 센스가 필요하며 항상 띄워주는 지혜가 필요합니다. 그럼 기본 천성 자체는 매우 따뜻하기에 더 잘하려고 노력합니다.

㉑ 갈등 해소 방식

ESFP 남자들에게는 절대 추궁하거나 논리적으로 따지지 않는 것이 좋습니다. 단지 현재 내 마음 상태가 매우 힘들다, 상처받았다 등으로 말을 하면 이들은 바로 공감하면서 자신의 잘못을 인정하고 사과할 것입니다. 자존감이 낮아서 공격적으로 대하면 이들은 매우 방어적으로 변하면서 절대 지지 않으려고 하거든요. 즉, 본능적으로 자존심 싸움을 시작하려고 합니다.

MBTI 사랑학개론

㉒ 이들을 빡치게 만드는 방법

이들이 허세를 부리거나 허풍을 칠 때 일일이 사실관계를 따져가면서 무안을 주거나 논리적으로 파고들며 이들의 주장을 반박할 때 이들은 크게 상처받으면서 삐지기 시작합니다. 그럼 사사건건 시비를 걸기 시작할 것입니다.

⑨

All that INFJ

예언자형

The Insightful Visionary

(1) 기본 특징

강한 직관력의 소유자로 창의력과 통찰력이 뛰어납니다. 어떤 일을 할 때 그 일이 갖는 의미가 중요하고 대인관계를 형성할 때는 진실한 관계를 맺고자 합니다. 뛰어난 영감을 가지고 있으며 말없이 타인에게 영향력을 미칩니다. 독창적이고 독립심이 강하며 확고한 신념과 뚜렷한 원리원칙을 생활 속에 가지고 있습니다. 또한, 공동의 이익을 가져오는 일에 심혈을 기울이고 인화와 동료애를 중요시하기 때문에 주변 사람들에게 존경받고 사람들이 따릅니다. 확고한 신념을 가지고 자신이 믿는 영감을 열정적으로 구현시켜 나가는 위대한 정신적 지도자들이 많습니다. 남에게 무엇을 강요하기보다는 자신의 행동과 권유를 통해 사람들의 마음을 움직이고 사람을 따르게 만드는 리더십이 있습니다.

| 주기능 Ni | 부기능 Fe | 삼차기능 T | 열등기능 Se |

주기능 Ni는 어느 주제에 대해 깊이 있고 거시적인 통찰을 하는 기능입니다. 철학적 사유와 통찰력을 의미하는 기능이지요.생각이 매우 깊고 거시적으로 생각하는 통찰력이 탁월합니다. 특히 어릴 때부터 인생의 목적이나 살아가는 이유 등에 대한 실존의 고민에 깊이 빠져드는 경향이 있습니다. 그래서 무엇인가 하나를 하더라도 세상에 큰 의미가 있는 것을 하고 싶어 하지요. 옆에서 보면 별것 아닌 것 같아도 이들에게는 큰 고민거리가 될 수 있습니다. 그래서 미래에 어떤 가

치를 가지는지에 큰 관심을 가지게 됩니다. 비전이 좋습니다. 하지만 현실 세계에 대한 감각이 매우 둔한 편으로 옆에서 볼 때는 답답한 느낌이 많이 들지요.

부기능 Fe은 윤리, 도덕적 가치 기준으로 자신의 외부 세계를 올바르게 살아 가고자 합니다. 타인과의 관계에서 감사와 지지를 바탕으로 조화롭게 살아가 려고 합니다.그래서 자신도 매우 윤리적으로 올바르게 살고자 하고 주변 사람 들에게도 그렇게 살기를 요구하는 경우가 많지요. 자신의 본분, 책임감이 투철 하고 의무감이 강합니다. 그래서 잔소리가 심한 편이며 가까운 사람일수록 간 섭이 많아지는 경향이 있습니다. 사람들을 격려하고 지지하는 것을 매우 좋아 하고 사람들과 함께 조화롭게 살아가고자 하는 욕구가 강합니다.

삼차기능 T로 인해 계산적이지 못하고 논리적으로 따지는 것을 매우 혐오합 니다. 좋은 게 좋은 것으로 생각하는 경향이 강하며 상황을 논리적으로 분석 하는 데 매우 미숙한 모습을 보입니다. 그리고 타인을 통제하고 자기 뜻대로 움직이도록 강요하는 것을 매우 혐오합니다. 자신의 자유로운 의지를 구속하 고 강요하는 것을 매우 싫어하지요. 또한, 타인에게 따지거나 강요하는 행위를 매우 힘들어합니다. 갈등이나 분쟁을 피하려고 합니다.

열등기능 Se로 인해 외부 자극에 매우 둔감한 편입니다. 육체적 쾌락만을 탐 닉하는 것에 대해 혐오하는 경향이 강하며 상대방의 상황이나 감정 변화에 대 해 눈치가 부족한 편입니다.

1차 유형발달 시기에 도달하면 감정적으로 너무 상처를 쉽게 받는 자기 자신 때문에 고민에 빠지기 시작합니다. 만약 자존감이 높고 우호적인 환경에 노출 되어 있다면 자기 객관화가 시작되며 자기반성을 하기 시작합니다. 그러면서 차츰 삼차기능인 사고기능이 발달하기 시작하면서 타인과 자신을 분리해 생 각하기 시작하게 됩니다. 그러면서 점차 거절하는 법과 자신의 감정을 보호하 는 방법을 배우면서 자신을 지키려고 노력하게 되지요. 하지만 자존감이 낮고 적대적인 환경에 노출된 상태에 심한 스트레스를 받고 있다면 자기 객관화가 되지 않고 모든 상처를 곱씹으며 과거의 상처를 떨쳐내지 못하게 됩니다. 그래서 우울증이나 화병에 잘 걸리게 되며 더욱 자존감은 떨어지고 주변 사람을 감정적으로 힘들게 만듭니다.

2차 유형발달 시기에 도달하면 너무 현실적 감각이 없이 너무 이상적인 것만 찾는 게 무리라는 것을 깨닫기 시작하면서 현실과 이상 사이에 타협하는 방법을 배우기 시작하며 균형을 익히게 됩니다. 그러면서 실속을 챙기기 시작하게 됩니다.

1차 유형발달이 건강하게 진행되었다면 자연스레 2차 유형발달도 건강하게 진행되기 시작합니다. 하지만 1차 유형발달이 건강하지 못하면 극단적인 성선설에 빠져서 타인에게 잔소리가 심해집니다.

(2) INFJ 여자들

❶ 남자에게 어필할 수 있는 매력 포인트

신비한 아우라를 가지고 있는 깊이 있는 여자들입니다. 저 안에 무엇이 있을지 모르는 신비감이 가장 큰 매력이지요. 삶의 깊이와 철학적 사유로 기품이 넘쳐납니다. 겉은 차가워 보이지만 속은 매우 따뜻한 사람들입니다.

❷ 건강하지 못한 유형발달을 했을 때의 모습

매사에 자신감 없이 생각만 많아지며 과도하게 계획에만 집착하는 모습을 보입니다. 그리고 자신이 세운 이상적 계획을 달성하지 못하게 되는 경우 또 스트레스를 받으며 힘들어합니다. 전체적으로 이런 특징이 강하게 느껴지는 경우 자존감이 낮은 상황에서 적대적인 환경에 장시간 노출된 채로 1차 유형 발달의 시기를 보냈을 가능성이 큽니다. 우호적인 환경에서 우호적인 사람들과 어울리는 시간을 많이 보내다 보면 서서히 건강한 방향을 유형발달이 되기 시작합니다.

❸ 스트레스가 심할 때

INFJ 유형의 여자들은 스트레스가 심할 때 심각하게 깊은 고민과 생각에 빠지면서 다른 일상생활을 제대로 하지 못하게 됩니다. 그 과정에서 우울증과 무기력증도 동반되기 시작하며 두통과 불면증까지 생겨나지요.

우울증과 무기력이 동반될 때 행복 오일인 오렌지 오일과 페퍼민트 오일을 함께 블렌딩하여 복부, 목 어깨 주변, 척추, 종아리, 발바닥에 발라보세요. 교감신경과 부교감신경을 적절히 자극하여 바닥으로 떨어진 마음과 기운을 끌어 올려주고 무언가 다시 할 수 있다는 자신감을 불어 넣어 주는 데 도움이 됩니다.

아로마테라피와 관련하여 좀 더 자세한 정보는 카페에서 확인하시면 됩니다.
MBTI for Love (cafe.naver.com/mbtiforlove)

그리고 평소 친밀하고 편한 친구와 이런저런 이야기를 나누다 보면 스트레스가 현저히 줄어들게 됩니다.

❹ 원하는 연애 스타일과 이상형

INFJ 유형은 무엇보다도 윤리, 도덕적으로 올바른 사람을 원합니다. 믿을 수 있고 표현을 많이 하며 다정다감하고 배려심이 있는 사람을 좋아하지요. 그리고 겉보기와는 달리 소심하고 생각이 많으며 일상생활에서 허당미가 있는 INFJ의 모습을 귀여워해주면서 서서히 스며들 듯 가까워지는 자연스러운 관계를 좋아합니다. 그리고 이들이 혼자 조용히 사색하고 쉬면서 충전하는 것을 이해해줄 수 있는 사람을 원하지요.

❺ 가장 잘 맞는 남자 유형

같은 INFJ 유형의 남자와는 매우 잘 맞습니다. 무엇보다도 둘 다 생각이 깊고 이상주의 성향이 강해서 말 그대로 영혼의 단짝을 만난 느낌이 들지요. 그 외에도 같은 NF 기질인 INFP와 ENFJ와도 잘 맞습니다. 그리고 의외의 조합으로 생각할 수 있지만, 정반대인 ESTP 유형의 남자들과도 매우 잘 맞는 한 쌍이 되지요. 너무 자기 안으로만 파고드는 INFJ 여자를 자신의 틀 밖으로 나올 수 있도록 하면서 세상의 즐거움을 가르쳐 주는 ESTP 남자를 만나면 본인도 모르게 강한 끌림을 느끼게 됩니다.

❻ 노력하면 괜찮은 남자 유형

ISFJ, ISTJ, ESFJ 남자들은 서로 어느 정도 선을 지킨다면 잘 지낼 수 있는 관계가 되지요. 서로의 특징을 이해하고 선만 넘지 않는다면 무난하게 지낼 수 있어요. ENFP 유형 남자들의 아이 같은 순수함이 INFJ 여자에게는 너무 산만하게 느껴지고 진중한 면이 없어서 불안한 마음이 들기는 해도 사람들이 착하다는 점 하나로 잘 지낼 수 있구요.

MBTI 사랑학개론

❼ 가장 피해야 할 남자 유형

ESTJ, INTJ, ENTJ 유형을 만나게 되면 엄청 마음고생 심하게 합니다. INFJ의 가치관을 이해하지 못하고 무시하면서 자기 의도대로 통제하려고 하는 경향 때문에 정말 힘들어하지요. ISTP, INTP, ENTP 유형을 만나게 되면 감정을 공감받지 못하기에 점점 불만이 쌓여가게 됩니다. ESFP와 ISFP 유형을 만나면 사람의 가벼움, 철학의 부재로 인해 점점 존경하는 마음이 사라지고 혐오하는 마음을 가지게 되지요.

❽ 남자를 만날 때 조심해야 하는 것

INFJ 여자들은 자기 내면의 생각이 너무 많아서 자기 자신도 잘 모르는 경우가 많아요. 그래서 다른 사람에게 그런 생각을 잘 표현하지 않지요. 그래서 남자들은 INFJ들이 참 어렵다고 합니다. 무슨 생각을 하고 있는지 잘 모르겠다고 하거든요. 이런 특징으로 연애의 시작이 참 어렵다고 합니다. 따라서 마음에 들면 어느 정도 마음을 여는 것이 참 중요해요.

❾ 이별 후 대처법

INFJ 유형들은 혼자 고민에 빠져있어요. 그리고 생각하고 또 생각하면서 자신을 괴롭히지요. 그러다 점점 더 우울함에 빠지고 괴로워합니다. 그래서 부기능인 Fe를 자극하는 방향으로 노력하는 게 좋아요. 다른 사람들을 돕거나 남들과 함께 어떤 일을 하다 보면 자연스레 고민에 빠지는 시간이 줄어들면서 점점 회복하기 시작합니다.

❿ 상황별 궁합

INFJ 유형의 자녀는 부모에게는 매우 신중하고 착실한 모범생입니다. 절대 어긋나는 행동을 하지 않고 매사 신중하며 책 읽는 것을 좋아하는 자녀입니다. 하지만 너무 자기 안에 갇혀서 그 틀을 벗어나려 하지 않는 모습이 안타깝지요. SJ, NT 기질의 부모는 이들의 생각이나 가치관을 이해하지 못하고 별로 중요하지 않은 것에 고민에 빠져있다고 느껴서 대화가 잘 안 통한다고 느끼게 됩니다. SP 기질의 부모는 이들이 매사 너무 진지하다고 느끼고 이들은 부모가 너무 생각이 얕다고 느껴서 불편한 관계가 될 가능성이 크지요. 같은 NF 기질의 부모는 이들의 생각, 가치관, 고민 등을 잘 이해하고 공감해주려고 하기에 매우 상성이 잘 맞습니다.

INFJ 부모는 자녀들에게 정서적으로 지지를 해줍니다. 그래서 아이들과 매우 깊은 정서적 유대감을 갖게 되지요. 그리고 아이들이 타고난 그 모습 그대로 건강하게 성장할 수 있도록 돕는 역할에 탁월한 모습을 보입니다. 그래서 이 유형의 부모 밑에 자란 아이들은 자존감이 매우 높은 것을 볼 수 있습니다. SJ, NF 기질의 자녀와 매우 관계가 좋으며 NT 기질의 자녀와는 서로 이해하지 못하고 어려워하는 경향을 보입니다. SP 기질의 자녀는 INFJ 부모에게 가장 힘든 고민을 던져 주게 됩니다. SP 기질의 자녀들은 도저히 이해할 수 없는 정신세계를 가진 것처럼 느껴지거든요. SP 기질의 자녀들은 삼차기능과 열등기능이 INFJ의 주기능인 Ni이기에 이런 현상이 생겨납니다. 자녀 교육과 관련하여 어려운 점이 있다면 저의 또 다른 책《MBTI 공부혁명 ver. 청소년(법률저널)》을 참고하시면 많은 도움이 될 것입니다.

INFJ 유형의 사람들은 직장에서 매우 창의적인 영감으로 자신의 일을 충실히 하는 사람입니다. 자기 역할은 최선을 다해서 해내는 책임감 강한 사람들이지요. 하지만 ESTJ, ENTJ, ISTJ, INTJ 유형의 상사와는 매우 힘든 관계를 맺을 가능성이 큽니다. 남들을 자신의 의도대로 통제하려는 욕구 때문에 INFJ들은 많이 힘들어하지요. 그 외에는 다들 두루두루 친하게 지내는 편입니다. 특히 자신의 내면을 잘 드러내지 않기에 겉으로 보면 적당히 잘 어울리는 것처럼 보이거든요. 감수성이 풍부하고 타인의 말을 잘 들어주기에 많은 사람이 이들에게 의지하는 편입니다.

친구들과의 관계에서는 갈등과 분쟁을 싫어해서 친밀한 관계에 있을 때는 매우 다정하게 잘 지내는 편입니다. 하지만 아니다 싶은 상황이 계속 생기게 되면 어느 순간 인간관계를 과감히 단절하는 모습도 보이지요. 공감 능력이 좋아서 타인의 감정을 잘 읽고 느끼며 타인의 말을 끝까지 경청하기 때문에 친구들 사이에서 인기가 많습니다.

(3) INFJ 남자들

1 여자와의 차이점

사고형의 문화인 남자들 집단에서 적응해온 INFJ 남자들은 겉으로 볼 때는 사고형처럼 보이는 경우가 많습니다. 게다가 주기능이 Ni라 더욱 비판적으로 생각하는 경향이 있지요. 하지만 내적으로는 정말 생각이 많고 고민이 많아요. 그래서 정말 생각을 알 수 없는 남자들입니다. 특히 사회에 적응하기 위해 페르소나를 잘 사용하는 편입니다. 첫인상과 친해지고 난 이후의 느낌이 매우 다른 경우가 많습니다.

❷ 남자들의 특징

사회적 불의에 매우 민감하고 높은 도덕관념을 가지고 있어서 진보 성향이 매우 강합니다. 그리고 책임감도 매우 강하여 워커홀릭인 경우가 많지요. 거짓 말을 매우 싫어하고 진실을 중요시합니다. 매사 진지하기에 회피 성향을 보이는 경우는 잘 없습니다. 높은 수준의 도덕, 윤리 의식을 가지고 있어서 매우 효자일 가능성이 크나 타인에게 강요하는 편은 아닙니다.

어릴 때부터 생각이 깊고 사색을 많이 하여 지능이 매우 높은 편으로 공부 머리는 매우 좋습니다. 그리고 거시적인 통찰을 필요한 기획이나 창의적인 업무는 매우 잘하지만, 대체로 일 처리 속도가 느린 편이고 즉흥적으로 처리해야 하는 일에는 미숙한 편입니다. 완벽주의적인 성향이 매우 강하여 자신을 힘들게 하는 경우가 많습니다.

❸ 좋아하는 것과 싫어하는 것

책 읽는 것을 매우 좋아합니다. 어릴 때부터 본능적으로 책에 강한 이끌림이 있는 것 같더라구요. 학생들 상담하러 갔을 때 학생이 INFJ인 경우 대부분 독서량이 엄청난 것을 알 수 있어요. 그리고 언어에 대한 이해 능력이 매우 탁월하구요. 심오한 철학책도 곧잘 읽어내는 사람들이지요. 이들은 '인생을 어떻게 의미 있게 제대로 살아갈 것인가'에 대해 어릴 때부터 깊은 통찰을 해온 사람들입니다. 그래서 사소한 것 하나를 하더라도 의미 있는 것을 하고 싶어 하고 가치소비를 하려고 하며 신념적으로 완벽함을 추구하지요. 그래서 물질적이고 쾌락적인 것에 대해 혐오하는 편이며 유흥 따위는 이들에게는 있을 수 없는 일입니다.

4 경제 개념과 재테크

　이들은 공정무역과 같은 가치소비를 매우 중요하게 생각합니다. 싸다고 하여 무조건 돈을 쓰지 않지요. 자신의 소비가 어떤 결과를 낳을지에 대한 거시적인 통찰과 함께 세상에 좋은 의미를 남기고 싶어 하는 욕구가 반영된 것이지요. 그래서 SJ 기질의 사람들 눈에는 매우 답답하고 이해할 수 없는 모습으로 보입니다. 그리고 자기 이익을 위해, 자기 재산권을 위해 정치적 활동을 하는 것 자체를 매우 혐오하며 재테크에는 크게 관심이 없는 편입니다. 즉, 물질적 소유에 큰 욕심이 없습니다.

5 유형발달의 상태에 따른 특징

　유형발달이 건강한 INFJ 남자들은 내적으로는 강한 신념을 가지고 있고 외적으로는 자신감이 있어요. 감정형 중에서는 가장 사고기능을 잘 사용하는 유형이라 감정기능과 사고기능을 원활하게 잘 사용하여 다른 사람의 말을 끝까지 경청하면서 이해를 잘하며 내적으로는 명확하게 분석하는 능력까지 탁월하지요. 직관력과 통찰력, 관찰력이 뛰어나지만 상대방의 상황이나 입장을 고려해서 알고도 모르는 척해주는 등 배려심이 많습니다. 항상 다른 사람들을 돕고자 하며 다른 사람에게는 참으로 부드럽지만 자기 자신은 매우 엄격하고 도덕적으로 바르게 살아가고자 합니다. 그래서 정말 성숙한 철학자의 향기가 물씬 나는 사람들이지요.

　하지만 유형발달이 건강하지 못한 INFJ 남자들은 자존감이 매우 낮고 우울증이 매우 심하며 곁에 있는 사람들을 매우 힘들게 합니다. 징징거림이 많으며 매사 자신감이 없어요. 그리고 계획에 너무 집착하여 일이 잘 풀리지 않으면 다시 계획만 수정하고 있습니다. 그리고 타인의 부탁을 거절하지 못하고 자기 인생에 대해서 매우 소극적인 자세를 취하며 자기혐오에 잘 빠져서 함께 있는 사람들이 정말 안타까워합니다.

⑥ 라이프 스타일

INFJ 남자들은 생활이 매우 반듯하고 모범적입니다. 물욕, 소유욕이 없다 보니 생활비도 크게 들어가는 게 없는 편이지요. 일반적으로 신부님, 수녀님, 스님 같은 종교계 지도자 중에 가장 많은 유형인 만큼 자기 절제와 자기 관리에 철저한 편입니다. 생활 태도만큼은 이 유형은 그냥 안심하셔도 됩니다.

⑦ 만날 수 있는 곳

이들은 통계상 매우 희귀한 편이라 만나기가 쉽지는 않은 편이지요. 게다가 나서는 편도 아니며 행동반경도 좁아서 이들을 한 번도 만난 적 없는 사람들도 많아요. 하지만 이들은 종교에 빠져있거나 비종교인이라 해도 매우 종교인과 같은 생활을 합니다. 그래서 종교 모임이나 독서 모임, 인문학 모임 같은 동호회에서 가끔 보이는 편이지요.

⑧ 설득의 포인트

이들은 어떤 이상적인 목적을 추구하는 과정에서 현실적 대안을 제시할 때 큰 흥미를 느끼면서 설득되는 편입니다. 개인적인 욕심이나 물질적인 이익을 위한 제안에 대해서는 크게 관심을 가지지 않으며 특히 이기적인 욕심을 근거한 제안에 대해서는 매우 혐오하는 편입니다.

이들은 자기가 사랑하는 사람과 반드시 결혼하고자 하며 어느 정도 경제적 조건만 충족하면 바로 결혼하려고 합니다. 그러나 만약 결혼을 망설이고 있다면 상대 여자가 이들이 생각하는 기준을 충족하지 못했을 가능성이 있지요.

❾ 이들에게 사랑이란

이들에게는 사랑이란 삶의 목적이라고 합니다. 결국, 사랑하기 위해 살아간 다고 생각하지요. 물론 이들에게 사랑은 정신적인 사랑을 의미합니다.

❿ 연애 스타일

INFJ 남자들은 겉보기와는 달리 친해지기 시작하면 매우 진지한 모습으로 변합니다. 내향적인 성격 탓에 혼자만의 시간과 공간에서 생각을 정리하고 충전해야 하지요. 그래서 같은 내향적인 성격의 여성이라면 이런 특징을 이해할 수 있지만, 만약 외향적인 여성이라면 매우 답답하게 생각하게 됩니다.

이들은 상대 여성에게 쉽게 빠지지는 않아요. 상대가 먼저 다가올 때까지 기다리는 경우가 많으며 오랫동안 지켜보는 경우가 많아요. 자신의 높은 기준에 상대가 맞는지 조용히 지켜봅니다. 하지만 한번 마음을 열기 시작하면 그때부터 매우 헌신적이고 진지하게 대하지요. 하지만 내향적인 성격 때문에 자주 연락하는 편은 아니에요. 연락하더라도 주로 듣는 편이구요. 그리고 이 유형들은 권태기가 잘 오지 않습니다.

⓫ 이상형

솔직하고 적극적이며 감정 표현을 잘하는 여성을 좋아합니다. 특히 자신과 대화가 통하는 사람을 좋아해요. 이상주의적 가치관, 신념이 있는 여성이면 더 좋구요. 그리고 이들은 외적인 모습에는 크게 신경을 안 써서 너무 싼 티 나는 이미지만 아니면 신경 안 씁니다.

⑫ 이들에게 어필하는 방법

이들은 직관력과 통찰력, 관찰력이 매우 좋아서 상대가 지금 진심인지 금방 눈치챕니다. 그래서 이들을 상대할 때 진심 어린 태도로 대하는 것이 매우 중요해요. 절대 가식적인 말이나 거짓말을 하면 안 됩니다. 그리고 거친 말, 부정적인 말을 조심하셔야 합니다.

⑬ 싫어하는 여자 스타일

이들은 속물적이고 퇴폐적인 느낌의 여자를 매우 혐오합니다. 그리고 끼가 있어 보이거나 도덕적으로 문제가 있어 보이는 여자도 매우 싫어해요. 자기주장이 강하고 타협이 안 되며 남을 통제하고 지시하기를 좋아하는 여자도 정말 싫어합니다.

⑭ 감동 포인트와 격려 방식

INFJ 남자들은 자신을 진지하게 생각하면서 공감하고 배려하는 모습에서 크게 감동합니다. 이들은 결과보다는 과정, 성의를 더 중요하게 생각하는 사람들이라 그런 마음에서 감동하지요. 그리고 이들은 진심 어린 지지가 이들에게 크게 동기부여가 됩니다.

⑮ 이별을 생각하게 되는 경우

이들이 생각했던 상대의 모습과는 다른, 이들이 싫어하는 모습을 발견하게 되면 이별을 생각하게 됩니다. 속물적이거나 퇴폐, 향락적인 모습, 그리고 윤리, 도덕적으로 문제가 있는 모습을 보게 되면 이들은 자신이 이들을 감당할 자신이 없다고 생각하면서 이별을 생각하지요.

⑯ 재회 가능성과 방법

이들은 쉽게 이별을 생각하는 편은 아닙니다. 하지만 장기간에 걸쳐 이들의 마음을 다치게 하는 상황이 지속되면 어느 순간 이들은 마음을 확 닫아버리게 되지요. 그 이후부터는 어떻게 하든 이들 마음을 되돌릴 수는 없습니다.

그리고 만약 어떤 이벤트로 인해 연인 사이에서 이별하게 된 경우에는 이들의 성격적 특성상 자기검열이 매우 심해지면서 자책을 많이 하게 됩니다. 상대가 아무리 잘못했다 하더라도 그렇게 만든 원인이 자기에게도 있다고 생각하면서 매우 미안한 마음을 가지게 되지요. 이런 경우에는 진지하게 자신의 잘못을 인정하면서 사과하고 다시 만나고 싶다고 진심으로 말한다면 이들은 또 금방 받아주게 됩니다.

⑰ 이들에게 결혼이란

이들은 결혼을 사랑의 완성이라 생각하며 가정에 매우 충실히 하고자 합니다. 경제적인 제반 조건은 자신의 책임을 다할 수 있을 정도면 충분하다고 생각하며, 심사숙고하여 선택한 자신의 배우자와 이상적이고 완벽한 가정을 만들고자 매우 헌신하는 편입니다. 이들에게는 비혼이나 딩크라는 개념은 아예 없다고 봐도 무방하지요. 하지만 예외적으로 종교적 신념이 강한 남자들은 기꺼이 종교에 투신하는 편입니다.

⑱ 결혼 생활의 특징

이들은 결혼 생활에 헌신하려고 노력하지요. 물론 직장생활을 하는 경우 마음과는 괴리가 있지만 그래도 이들은 기꺼이 참여하려고 합니다. 그래서 살림, 육아 모두 허용하는 한 최선을 다하려고 합니다. 그리고 맞벌이와 관련해서는 이들은 배우자의 뜻에 맡기는 편입니다. 배우자가 S형인 경우 현실과 이상 사이에서의 괴리 때문에 갈등이 많이 일어나는 편입니다. 하지만 같은 NF 기질의 배우자인 경우 갈등이 좀처럼 생기지는 않지요.

⑲ 잘 어울리는 여자 유형

같은 INFJ 유형의 여자를 비롯하여 ENFJ, INFP 여자와는 매우 잘 맞습니다. 어지간하면 갈등 없이 서로 잘 맞춰가며 잘 지내지요. ISFJ, ESFJ, ISTP, ESTP, ISFP, ESFP, ENFP 여자와는 서로의 특징을 잘 이해하고 배려한다면 큰 문제 없이 잘 지내게 됩니다.

⑳ 이들과 잘 살기 위한 조언

이들은 이상주의적 신념이 매우 중요한 사람들입니다. 따라서 이들과 잘 지내기 위해서는 이들이 중요하게 생각하는 신념과 가치관에 대해서는 반드시 존중할 필요가 있습니다. 또한, 이들의 말에 경청하면서 배려한다면 정말 행복하게 잘 살 수 있습니다.

㉑ 갈등 해소 방식

　이들과 갈등이 생겼을 경우 이들은 곧 자기반성을 철저하게 합니다. 그래서 이들에게는 이기려고 들지 말고 있는 그대로 허심탄회하게 자신의 잘못을 인정하고 사과하면 금방 해소될 것입니다.

㉒ 이들을 빡치게 만드는 방법

　이들에게 특정 주제를 논쟁하기 시작하면서 강하게 압박하며 몰아붙이는 경우 매우 당황하기 시작하면서 정말 힘들어합니다. 그리고 매우 화를 내기 시작하지요.

All that ENFJ

언변능숙형
The Compassionate Facilitator

---

(1) 기본 특징

동정심과 동료애가 많습니다. 친절하고 재치 있으며 인화를 매우 중요하게 여깁니다. 민첩하고 참을성이 많으며 성실합니다. 다른 사람들의 의견을 존중하고 그 의견이 가진 가치를 볼 줄 압니다. 공동의 선을 위해 대체로 상대방의 의견에 동의하고 새로운 아이디어에 대한 호기심이 많습니다. 생각을 글보다는 말로 더 잘 표현합니다. 자신이 생각한 계획을 편안하고 능숙하게 제시하며 조직을 이끌어나가는 능력이 있습니다. 주위 사람들에게 관심이 많으며 조화로운 인간관계에 높은 가치를 둡니다. 작은 일에도 순서를 따르고 다른 사람들도 자기와 같을 것으로 생각하는 경향이 있습니다. 이들은 주위 사람들의 온정에서 기쁨과 만족을 얻습니다. 또한, 자신이 존경하는 인물, 제도 혹은 이념을 지나치게 이상화하는 경향도 있습니다.

| 주기능 | Fe | 부기능 | Ni | 삼차기능 | S | 열등기능 | Ti |

주기능 Fe은 윤리, 도덕적 가치 기준으로 자신의 외부 세계를 올바르게 살아가고자 합니다. 타인과의 관계에서 감사와 지지를 바탕으로 조화롭게 살아가려고 합니다.윤리, 도덕적 가치 기준으로 올바르게 살아가고자 하는 경향이 매우 강합니다. 그래서 자신도 매우 윤리적으로 올바르게 살고자 하고 주변 사람들에게도 그렇게 살기를 요구하는 경우가 많지요. 자신의 본분을 지키려고 노력하고

책임감이 투철하며 의무감이 강합니다. 그래서 잔소리가 심한 편이며 가까운 사람일수록 간섭이 많아지는 경향이 있습니다. 사람들을 격려하고 지지하는 것을 매우 좋아하고 사람들과 함께 조화롭게 살아가고자 하는 욕구가 강합니다.

부기능 Ni는 어느 주제에 대해 깊이 있고 거시적인 통찰을 하는 기능입니다. 철학적 사유와 통찰력을 의미하는 기능이지요.생각이 매우 깊고 거시적으로 생각하는 통찰력이 탁월합니다. 특히 어릴 때부터 인생의 목적이나 살아가는 이유 등에 대한 실존의 고민에 깊이 빠져드는 경향이 있습니다. 그래서 무엇인가 하나를 하더라도 세상에 큰 의미가 있는 것을 하고 싶어 하지요. 옆에서 보면 별것 아닌 것 같아도 이들에게는 큰 고민거리가 될 수 있습니다. 그리고 어떤 대상에 대해 거시적인 통찰력도 좋아요. 그래서 미래에 어떤 가치를 가지는지에 큰 관심을 가지게 됩니다. 비전과 통찰력이 좋습니다. 하지만 현실 세계에 대한 감각이 매우 둔한 편으로 옆에서 볼 때는 답답한 느낌이 많이 들지요.

삼차기능 S로 인해 사람들이 기존의 방식을 따르는 것을 매우 혐오합니다. 고지식하게 구는 것도 매우 싫어하는 편이며 예측할 수 있는 뻔한 상황도 싫어합니다. 대체로 끈기가 없고 참을성이 부족하지요. 하나를 지긋하게 오랫동안 집중하는 것에 약한 편입니다. 그리고 외부 자극에 매우 둔감한 편입니다. 육체적 쾌락만을 탐닉하는 것에 대해 혐오하는 경향이 강하며 상대방의 상황이나 감정 변화에 대해 눈치가 부족한 편입니다.

열등기능 Ti로 인해 계산적이지 못하고 논리적으로 따지는 것을 매우 혐오합니다. 좋은 게 좋은 것으로 생각하는 경향이 강하며 상황을 논리적으로 분석하는 데 매우 미숙한 모습을 보입니다.

1차 유형발달 시기에 도달하면 자신의 가치관, 이상, 신념만을 고집하며 살아가기에는 현실적인 장애가 크다는 것을 깨닫기 시작합니다. 그래서 가치관의 혼란을 겪기 시작하게 됩니다. 만약 자존감이 높고 우호적인 환경에 노출되어 있다면 자기 객관화가 시작되며 자기반성을 하기 시작합니다. 그러면서 차츰 삼차기능인 감각기능이 발달하기 시작하면서 점차 타인의 생각, 기존의 사회질서 등을 존중하기 시작하며 이상과 현실 사이에 균형을 찾아가기 시작합니다. 하지만 자존감이 낮고 적대적인 환경에 노출된 상태에 심한 스트레스를 받고 있다면 자기 객관화가 되지 않고 매우 고집스럽게 변해가면서 자신의 신념과 가치관만을 타인에게 강요하고 그런 생각을 받아들이지 못하는 상대에게 쉽게 잔소리 혹은 화를 내는 사람으로 변해갑니다.

2차 유형발달 시기에 도달하면 점차 '좋은 게 좋은 게 아니다.'라는 사실을 깨달으면서 타인의 요구와 부탁을 거절하지 못하고 들어주면서 느끼게 되는 부담감과 회의감에 힘들어하기 시작합니다. 그러면서 점차 현명하게 거절하는 법을 배우면서 자신의 주체성을 확립해갑니다.

1차 유형발달이 건강하게 진행되었다면 자연스레 2차 유형발달도 건강하게 진행되기 시작합니다. 하지만 1차 유형발달이 건강하지 못하면 매우 독선적이고 자기중심적이며 잔소리가 심해집니다. 또한, 자신의 감정을 타인에게 강요하여 남을 힘들게 만드는 사람이 됩니다.

(2) ENFJ 여자들

❶ 남자에게 어필할 수 있는 매력 포인트

풍부한 리액션과 감정 표현으로 주변 사람들을 행복하게 해주는 능력이 탁월합니다. 어떤 상황에서든 상대방을 기쁘게 해주는 예쁜 말을 참 잘하는 사람들이지요. 탁월한 공감 능력과 사교 능력으로 누구에게나 환영받는 사람들입니다.

❷ 건강하지 못한 유형발달을 했을 때의 모습

과도하게 일을 벌이며 제대로 수습하기 전에 번아웃되어 의기소침해져 버립니다. 그러면서 매우 자존감이 떨어져서 힘들어하는 모습을 보이지요. 또한, 자신의 이상적 신념만을 타인에게 강요하며 타인과 다름을 인정하지 않는 모습을 보이기 시작합니다. 전체적으로 이런 특징이 강하게 느껴지는 경우 자존감이 낮은 상황에서 적대적인 환경에 장시간 노출된 채로 1차 유형발달의 시기를 보냈을 가능성이 큽니다. 우호적인 환경에서 우호적인 사람들과 어울리는 시간을 많이 보내다 보면 서서히 건강한 방향으로 유형발달이 되기 시작합니다.

❸ 스트레스가 심할 때

스트레스가 심해지기 시작하면 번아웃증후군이 나타나기 시작하면서 심각한 우울증과 무기력증에 빠지기 시작합니다. 그러면서 생각이 많아지며 두통과 불면증까지 겹치기 시작하지요. 스트레스가 해소되기 전까지는 일상생활에도 크게 지장을 받게 됩니다.

우울증과 무기력이 동반될 때 행복 오일인 오렌지 오일과 페퍼민트 오일을 함께 블렌딩하여 복부, 목, 어깨 주변, 척추, 종아리, 발바닥에 발라보세요. 교감신경과 부교감신경을 적절히 자극하여 바닥으로 떨어진 마음과 기운을 끌어 올려주고 무언가 다시 할 수 있다는 자신감을 불어 넣어 주는 데 도움이 됩니다.

아로마테라피와 관련하여 좀 더 자세한 정보는 카페에서 확인하시면 됩니다.
MBTI for Love (cafe.naver.com/mbtiforlove)

그리고 앞으로 무엇을 할 것인지에 대한 계획을 세우면서 자신의 가치관과 신념을 다시 한번 떠올리며 사색하다 보면 스트레스가 확 줄어든 기분을 느낄 수가 있습니다.

❹ 원하는 연애 스타일과 이상형

자신의 신념에 따라 많은 일을 벌이고 타인에게 긍정적인 에너지를 퍼트리기를 좋아하는 ENFJ 유형의 여자들은 자신의 그런 노력을 고맙게 여길 줄 알고 긍정적으로 평가해줄 수 있는 사람을 원합니다. 타인과 대화하는 것을 매우 좋아하기에 먼저 다가와서 자신의 이야기를 즐겁게 잘 들어주며 지속해서 긍정적인 피드백을 주는 사람을 좋아합니다. 16가지 성격유형 중에서 가장 로맨틱한 것을 좋아하기에 로맨틱한 이벤트를 해주는 사람에게 크게 감동하기도 합니다.

❺ 가장 잘 맞는 남자 유형

같은 ENFJ 유형의 남자를 만나면 전형적인 금사빠 성격이기에 금방 불꽃이
튀는 모습을 볼 수 있어요. 그리고 정반대인 ISTP 유형의 남자를 만나게 되면
자신이 가지지 못한 모습에 확 빠지는 것을 느낄 수가 있지요. INFJ, ISFJ, ESFJ
유형과도 잘 지낼 수 있습니다. 기본적으로 타인을 배려하고 공감하는 능력이
좋은 성격이라 어느 선에서 잘 맞춰서 지낼 수 있지요.

❻ 노력하면 괜찮은 남자 유형

INFP, ENFP, ISFP, ESFP 유형과도 자존심 싸움만 조심하면 무난하게 잘 살
수 있습니다. ISTP만큼은 아니지만, ESTP 유형과도 잘 맞는 편입니다.

❼ 가장 피해야 할 남자 유형

일단 모든 NT 기질의 남자들은 ENFJ 여자들에게 상처를 많이 주게 됩니다.
특히 타인의 어려운 점이나 문제가 있으면 헌신적으로 돕고자 하는 ENFJ 유형
의 특성상 바보 온달을 장군으로 만들었던 평강공주처럼, 감정기능이 미숙한
NT 남자들을 고쳐주고 싶어 하는 욕구 때문에 혼자서 엄청 마음고생을 합니
다. 그렇게 수십 번, 수백 번 마음을 다쳐도 끝내 포기하지 못하고 힘들어하고
있는 ENFJ 여자들이 참 많습니다. 하지만 NT 남자들이 감정을 이해하는 능력
이 좋아지는 일은 극히 드문 일이니 애초에 시도조차 하면 안 되는 것입니다.

ISTJ와 ESTJ 유형과는 가치관에서 큰 차이를 보여서 부딪칠 가능성이 큽니
다. 지극히 현실주의에 전통주의자이며 자신의 판단을 타인에게 강요하고 통
제하려는 경향이 강해서 지극히 이상주의적인 ENFJ와 사사건건 부딪칠 가능
성이 큽니다.

❽ 남자를 만날 때 조심해야 하는 것

ENFJ 유형의 여자들은 금사빠로 유명하지요. 자기감정에 도취하여 상대보다도 더 빠르게 감정적으로 진도를 나가버립니다. 그래서 남자 입장에서는 갑자기 너무 커진 상대의 감정에 부담을 느끼고 피해버릴 수 있어서 상대와 호흡을 맞추는 게 매우 중요합니다.

그리고 상대의 어려운 처지나 상처, 장애 등을 보면 그냥 지나치지 못하고 연민의 감정 때문에 더 집착하고 오지랖을 부리는 경우가 종종 있어요. 그러다 자신도 거기에 얽혀버리게 됩니다. 주변에서 아무리 그건 잘못됐다고 조언을 해줘도 자기 한 몸 희생해서 큰 뜻을 이룰 수 있다면 기꺼이 희생하려는 마음이 강합니다. 그러다 결국 시간이 한참 지난 뒤에야 비로소 자신의 잘못을 뉘우치고 후회하는 경우가 많지요. 그래서 주변 사람의 말도 들을 필요는 있어요.

❾ 이별 후 대처법

언제나 이별은 참 힘들고 아픈 법이죠. 특히 공감 능력이 뛰어나고 감수성이 풍부한 ENFJ 여자들은 정말 힘들어합니다. 그래서 부기능인 Ni 기능을 자극하는 방법으로 힘든 마음을 잠시 잊을 수 있도록 하는 것이 좋지요. 자신의 가치관, 신념을 다시 떠올리면서 다른 힘든 사람들을 돕고 챙기는 봉사활동을 시작해보는 것을 고려해볼 수 있겠습니다.

❿ 상황별 궁합

부모에게 ENFJ 자녀는 꿈 많고 사랑이 넘치는 아이입니다. 공부보다는 동화나 만화에 관심이 더 많지요. 그리고 친구들을 매우 좋아하고 또 친구들 때문에 상처도 많이 받아요. 윤리, 도덕적으로 잘못된 일은 절대 하지 않으며 규칙과 계획을 잘 따르는 모범생입니다. 감정 기복이 너무 커서 감정 상태에 따라 학습 효율에도 크게 영향을 받는 편이며 계획에 집착하는 경향이 강해요. 너무 이상적인 계획을 수립하여 실제로 달성률이 저조한 경우가 많으며 그것 때문에 많이 힘들어하지요. 같은 NF 성향의 부모와 매우 상성이 좋으며 SJ, SP 부모에게는 매우 순종적인 모습을 보여줍니다. NT 성향의 부모와는 매우 안 좋은 편입니다.

부모로서 ENFJ 유형은 아이와 의사소통을 통해 이해, 친밀감, 정서적 지지에 탁월한 모습을 보입니다. 그리고 아이들에게 열정적이고 상상력이 풍부한 창조적 재능을 발휘하여 잊을 수 없는 생일 파티나 이벤트, 추억을 많이 만들어주지요. 그리고 아이들이 공동체에 잘 적응할 수 있도록 도와주는 데 탁월한 모습을 보입니다. 대체로 NF를 포함한 감정형의 아이와 상성이 매우 잘 맞으며 SJ, SP 기질과도 모두 잘 맞는 편입니다. 하지만 NT 기질의 아이들에게는 오히려 상처를 받는 경우가 종종 있습니다. 자녀 교육과 관련하여 어려운 점이 있다면 저의 또 다른 책《MBTI 공부혁명 ver. 청소년(법률저널)》을 참고하시면 많은 도움이 될 것입니다.

직장에서는 분위기 메이커로 통합니다. 이들 덕분에 많은 사람이 즐거움과 행복을 느끼지요. 그리고 기획이나 디자인 관련 업무에서 거시적인 통찰력을 바탕으로 뛰어난 재능을 보입니다. 사람들과 두루 잘 지내는 편이나 특히 NF 성향의 사람들과 매우 친밀합니다. 남한테 싫은 소리를 잘하지 못하고 해야 하는 상황에 닥치게 되면 매우 힘들어하는 편입니다. 대체로 ESTJ, ISTJ 유형과는 부딪칠 가능성이 크고 NT 기질의 사람들과는 겉으로만 친하게 지내는 경우가 많습니다.

친구들 사이에서 ENFJ 유형은 매우 인기가 높습니다. 이들은 항상 상대가 듣고 싶어 하는 말을 해주는 능력이 탁월하여 누구에게나 친절하고 좋은 인상을 남깁니다.

(3) ENFJ 남자들

❶ 여자와의 차이점

사고형의 문화인 남자들 집단에 적응하여 타인에 의해 감정이 상하는 폭이 상대적으로 적은 편이긴 합니다만, 실제로 이 유형에서는 남녀의 차이가 그리 큰 편은 아닙니다. 긍정적이고 낙천적인 성격과 함께 자신의 열정을 실현하고자 노력하는 삶의 자세 때문에 남자들의 집단 안에서도 그 문화적 영향을 크게 받지는 않은 것 같습니다.

❷ 남자들의 특징

매우 이상주의적이고 거시적 통찰력을 기반으로 자신의 이상을 실현하고자 하는 열정이 가득합니다. 그래서 진보적인 성향이 매우 강하며 매우 양심적이고 인내심이 강하지요. 책임감 또한 매우 강한 편입니다. 가치가 있다고 여기는 일에는 매우 헌신적인 모습을 보입니다. 그리고 관계에 있어 아무리 복잡한 문제라도 회피하려고 하진 않구요. 항상 타인의 말에 귀를 기울이며 배려하고 매우 말을 잘하는 편입니다.

공부 머리는 매우 좋으나 공부보다 더 큰 것을 이루고자 하는 열정이 가득하

MBTI 사랑학개론

여 다른 곳에 더 시간을 쏟는 경향이 있으며 거시적 통찰력이 좋아서 일머리도 좋은 편입니다.

❸ 좋아하는 것과 싫어하는 것

이들은 어려운 사람들을 돕는 것을 매우 좋아합니다. 그래서 봉사 단체나 구호 단체에서 활동하는 것을 매우 좋아하지요. 그리고 감수성이 풍부하여 그런 예술적 기질을 표현할 수 있는 취미 활동을 좋아합니다. 속물적이고 퇴폐, 향락적인 유흥을 매우 혐오하는 편입니다.

❹ 경제 개념과 재테크

경제 개념은 좀 부족한 편입니다. 이상적인 가치를 실현하기 위해 기꺼이 큰돈을 투자하는 편이지요. 그런 투자가 있어야 큰 이상을 실현할 수 있다고 믿거든요. 그리고 자신의 이익을 위한 재테크에 대해서는 크게 관심이 없는 편입니다.

❺ 유형발달의 상태에 따른 특징

건강한 유형발달을 한 ENFJ 남자들은 거시적 통찰력과 이상적인 신념으로 카리스마를 가진 타고난 지도자가 됩니다. 따뜻한 마음씨와 열정이 가득한 말과 행동 그리고 인간관계에서의 진실성은 다른 사람들이 기꺼이 이들을 믿고 따르게 만드는 원동력이 되지요. 타인에 대한 연민과 동정, 이해심이 많아서 누구나 이들을 좋아하게 됩니다.

유형발달이 건강하지 못한 ENFJ 남자들은 타인에 대한 오지랖이 매우 심하며 극단적인 성선설에 입각하여 타인을 성급하게 평가해버립니다. 가치 없는 대의명분에 쓸데없이 시간 낭비를 많이 하며 자기감정에 빠져서 논리적인 결과를 보지 못합니다. 현실을 직시하지 못하고 이상에만 빠져서 많은 일을 벌이지만 결국 하나도 제대로 이루지 못하고 번아웃 상태에 빠집니다. 그리고 극단적인 자기혐오에 빠지게 되며 회피하게 되는 경우가 빈번합니다. 특히 어떤 이상적인 일에 꽂혀서 거기에 열정을 다해 집중하기 시작하면 그 누구도 못 말리는 상태가 되어버립니다.

❻ 라이프 스타일

하고 싶은 것이 너무 많은 사람들이라 정말 바쁘게 살아가는 편입니다. 그래서 이들은 편하게 집에서 쉬는 모습을 보는 것이 힘든 편이지요. 그래도 그 많은 일을 다 해내면서 자신이 맡은 일까지 잘 해내는 사람들입니다. 매우 성실하고 부지런합니다.

❼ 만날 수 있는 곳

기획하는 부서나 창의적인 일을 하는 곳에 이들이 있을 가능성이 매우 큽니다. 다만 문제는 이들 자체가 매우 희귀한 성격이라 만나기가 쉬운 편은 아니에요. 그리고 봉사 활동하는 곳이나 종교 모임에도 찾을 수 있어요.

❽ 설득의 포인트

이들은 거시적인 통찰력을 가지고 있어 실현 가능성이 있는 것에 매우 고무됩니다. 실현 가능성이 있는 획기적인 아이디어에 쉽게 꽂히는 편이지요. 그리고 많은 사람이 행복해지고 좋아질 수 있는 주장에 쉽게 설득됩니다.

그리고 이들은 16가지 성격유형 중에서 가장 로맨틱한 것을 좋아하는 사람들입니다. 그래서 이들은 분위기에 매우 약해요. 따라서 분위기를 먼저 조성하고 결혼 이야기를 꺼내면 쉽게 넘어옵니다.

❾ 이들에게 사랑이란

이들에게는 사랑이란 삶의 목적이지요. 기본적으로 매우 로맨틱한 것을 좋아하기에 사랑을 위해서라면 기꺼이 자기 자신을 던질 수 있을 만큼 열정이 가득한 사람들입니다.

❿ 연애 스타일

이들은 자신이 이상적으로 생각하는 여자가 나타나면 바로 깊은 사랑에 빠져버리는 전형적인 금사빠 스타일입니다. 그리고 한 번 사랑에 빠지면 진짜 헌신하면서 온갖 이벤트 다 벌이고 로맨틱한 것은 다 찾아서 하려고 해요. 진정한 로맨틱 가이들이지요. 일단 이들과 연애를 시작한다면 이들이 초반에 너무 사랑에 불타올라서 그게 더 걱정일 정도로 잘할 것입니다. 연락도 정말 잘할 것입니다. 하지만 어느 시점이 되면 너무 몰입한 나머지 번아웃 상태에 빠질 우려가 있어요. 이것을 정말 조심해야 하지요.

⓫ 이상형

이들은 자신의 이상적 가치를 이해하고 그 열정을 격려해주는 여자에게 매우 호감을 느끼는 편입니다. 그리고 자신의 로맨틱한 이벤트에 매우 크게 반응해주는 여자에게 순식간에 빠져드는 경향이 있어요. 이들은 한번 콩깍지가 씌면 어떤 패션이든 신경 안 쓰는 편이지요. 하지만 대체로 여성스러운 패션을 좋아합니다.

⑫ 이들에게 어필하는 방법

이들은 매우 감동을 잘 받는 사람들입니다. 따라서 화려한 이벤트 같은 걸 매우 좋아하지요. 우리가 영화나 드라마에서 흔히 볼 수 있는 프러포즈 이벤트를 현실에서 하는 실행에 옮기는 사람들이 주로 이 유형의 남자들이지요. 따라서 그 정도 규모는 아니라 하더라도 어느 정도 의미가 깊은 이벤트를 하면 이들은 매우 감동하게 됩니다. 이들은 그 마음, 진정성에 크게 감동하거든요.

⑬ 싫어하는 여자 스타일

이들은 속물적이고 계산적이며 자신의 이익만을 추구하는 사람들에게 환멸을 느끼는 편입니다. 그리고 근시안적이고 자기주장만 고집하는 꽉 막힌 사람도 매우 싫어하며 특히 윤리, 도덕적으로 문제가 있는 사람을 매우 혐오합니다.

⑭ 감동 포인트와 격려 방식

이들은 누군가가 자신을 위해 노력했다는 사실만으로도 크게 감동합니다. 그래서 이들에게 감동을 주는 것은 크게 어렵지는 않아요. 그리고 이들의 거시적인 통찰력과 열정에 찬사를 보내면서 지지를 보내면 크게 동기부여가 됩니다.

⑮ 이별을 생각하게 되는 경우

이들은 윤리, 도덕적으로 문제를 일으키거나 속물근성이 드러난 경우, 계산적으로 굴면서 이기적인 행동을 하는 경우에 혐오의 감정을 느끼게 되며 이들을 비판하거나 이들이 애써 준비한 로맨틱한 행동에 대해 무시하거나 무안을 주면 점점 마음이 떠나기 시작합니다.

⑯ 재회 가능성과 방법

이들과 일시적으로 싸워서 헤어지게 되었다면 이들도 매우 힘들어하고 있을 것입니다. 무엇보다도 이들은 로맨틱한 것에 약하고 감동에 약한 편이기에 진심으로 자신의 잘못을 인정하고 사과하며 자신의 뜻을 내비친다면 쉽게 마음을 열 것입니다. 하지만 이들과 오랜 시간 동안 실망을 주고받으며 고민 끝에 이별하게 되었다면 솔직히 힘들 것 같네요.

⑰ 이들에게 결혼이란

이들은 충동적인 성격은 아니지만, 자신의 감정에 도취하여 현실을 보지 못하는 경우가 많아요. 그래서 점점 사랑하는 마음이 커져서 어느 임계점을 넘어가게 된다면 결혼을 생각하게 됩니다. 상대의 조건이 아무리 열악하든, 자신의 처지가 아무리 곤궁하든 사랑하는 마음으로 얼마든지 극복 가능하다고 생각하지요. 이들에게 비혼과 딩크는 있을 수 없는 개념이지요.

⑱ 결혼 생활의 특징

이들은 사랑의 열정이 가득하여 상대를 위해 최선을 다하려고 합니다. 그래서 살림과 육아 또한 자신의 할 일 목록 최상단에 올라가 있는 편이지요. 그리고 될 수 있으면 외벌이를 하려고 합니다. 하지만 너무 이상적이고 열정만 가득하여 비현실적인 주장과 한번 꽂힌 일을 막 벌이려는 것 때문에 갈등을 빚게 되지요.

ENFJ

⑲ 잘 어울리는 여자 유형

같은 ENFJ 여자를 비롯하여 INFJ, INFP, ENFP, 그리고 ISTP 유형의 여자와
만난다면 정말 잘 살아갈 수 있어요. 특히 정반대 유형인 ISTP 여자와는 맞지
않을 것 같은 생각이 드나 서로가 부족한 부분을 충족시켜줄 수 있어서 본능
적인 끌림이 있다고 하네요. 그리고 ISFJ, ESFJ, ISFP, ESFP 유형과는 서로의
차이를 인정하고 배려한다면 잘 살아갈 수 있어요. 특히 ISFP와 ESFP 유형과
는 자존심 싸움이 일어나지 않도록만 조심하면 됩니다.

⑳ 이들과 잘 살기 위한 조언

이들은 열정이 너무 지나쳐 자신이 감당하기 힘든 수준까지 일을 벌이기 쉽
습니다. 그러다 어느 순간 번아웃이 되어 한동안 축 처져 있지요. 그때 자존감
도 떨어지고 의욕을 잃어버립니다. 따라서 일을 벌이기 시작할 때 어느 정도 자
제할 수 있게 옆에서 균형추 역할을 해주는 것이 좋습니다. 하고자 하는 의욕
은 격려하고 지지하되 현실적인 가능성에 대해 말하면서 지금 하는 것부터 마
무리하고 순차대로 진행하는 것이 어떠냐고 제안을 하는 것이 좋습니다. 그럼
번아웃되는 상황까지는 가지 않게 되지요.

㉑ 갈등 해소 방식

이들은 자신의 감정에 도취하기 시작하면 현실적 감각이 매우 둔해지는 특
징이 있습니다. 갈등이 생겼을 때 조금은 극적으로 그 갈등으로 인해 자신이
받은 상처를 표현하며 자신의 잘못을 인정하고 먼저 사과한다면 이들은 반드
시 더 미안해하면서 사과를 할 것이며 더욱 관계가 돈독해지게 될 것입니다.

㉒ 이들을 빡치게 만드는 방법

이들이 또 어떤 것에 꽂혀서 일을 벌이기 시작할 때 대놓고 핀잔을 주고 이들의 열정에 대해 비판을 하며 사사건건 부정적인 말과 무안을 주게 되면 이들은 매우 화를 낼 것입니다.

⑪
All that INFP

~~~~~~~~~~~~~~~~~
잔다르크형
The Thoughtful Idealist
~~~~~~~~~~~~~~~~~

(1) 기본 특징

마음이 따뜻하나 상대방을 잘 알게 될 때까지 그 마음을 잘 표현하지 않습니다. 조용하며 자신과 관련된 사람이나 일에 대해 책임감이 강하고 성실합니다. 또한, 자신이 지향하는 이상에 대해서는 열정적인 신념을 가지고 있습니다. 자신이 지닌 내적 성실성과 이상, 깊은 감정과 부드러운 마음을 좀처럼 표현하지 않지만 조용하게 생활 속에서 묻어납니다. 이해심 많고 적응력이 좋으며 대체로 관대하고 개방적입니다. 하지만 내적인 신념이 위협당하면 한 치의 양보도 없습니다. 남을 지배하거나 좋은 인상을 주고자 하는 경향이 거의 없습니다. 어떤 일에 깊은 관심을 가질 때 완벽주의로 나가는 경향이 있습니다. 노동의 대가를 넘어서 자신이 하는 일에 의미를 찾고자 하는 경향이 있으며, 인간을 이해하고 삶의 질이 좋아질 수 있는 일에 기여할 수 있기를 원합니다.

주기능 Fi	부기능 Ne	삼차기능 S	열등기능 Te

주기능 Fi는 자신과 타인의 가치를 잘 이해하고 지지합니다. 자신의 감정 상태를 기준으로 판단을 내리려는 경향이 있습니다.타인의 감정에 대해 공감하고 지지하는 따뜻함이 있습니다. 자신의 감정과 타인의 감정을 동일시하여 상대의 입장과 처지를 공감하는 능력이 탁월합니다. 그래서 상처받은 사람들을 따뜻하게 격려하고 온기로 감싸는 능력이 좋아요. 하지만 자신의 감정 기준으

로 판단을 내리는 편이라 주관적이고 감정 상태에 따라 판단이 달라지기에 사고형 사람들은 이들의 감정 상태를 따라가기 힘들어하는 편입니다. 또한, 자신의 감정 상태를 중요하게 생각하여 친한 사이일수록 짜증이나 투정을 많이 부리는 편입니다.

부기능 Ne는 가능성과 다양성에 대한 열정과 통찰력이 탁월한 기능입니다. 새로운 아이디어나 새로운 시각으로 상황이나 사물, 사람 등을 바라보지요. 매우 창의적인 아이디어가 샘솟는 유형입니다. 항상 새로운 관점에서 바라보고 새로운 도전을 즐기며 실패하더라도 나름의 의미를 찾는 매우 긍정적인 유형이지요. 간단한 것 하나를 하더라도 항상 새로운 방법으로 시도하려는 도전정신이 이 능력의 특징입니다. 하지만 기존의 방식을 따르거나 구태의연한 것에 대해서는 금방 지치고 집중력을 잃어버리는 경향이 강해요. 그리고 특정한 단어나 표현, 뉘앙스 등으로 의해 현재의 집중을 잃어버리고 딴생각에 빠지는 경향도 강하구요. 그래서 집중의 길이와 질이 좋지 않은 편이나 자신이 관심있어 하는 대상에 대해서는 엄청난 몰입을 보여줍니다.

삼차기능 S로 인해 사람들이 기존의 방식을 따르는 것을 매우 혐오합니다. 고지식하게 구는 것도 매우 싫어하는 편이며 예측 가능한 뻔한 상황도 싫어합니다. 대체로 끈기가 없고 참을성이 부족하지요. 하나를 지긋하게 오랫동안 집중하는 것에 약한 편입니다. 그리고 외부 자극에 매우 둔감한 편입니다. 육체적 쾌락만을 탐닉하는 것에 대해 혐오하는 경향이 강하며 상대방의 상황이나 감정 변화에 대해 눈치가 부족한 편입니다.

열등기능 Te로 인해 타인을 통제하고 자기 뜻대로 움직이도록 강요하는 것을 매우 혐오합니다. 자신의 자유로운 의지를 구속하고 강요하는 것을 매우 싫어하지요. 또한, 타인에게 따지거나 강요하는 행위를 매우 힘들어합니다. 갈등이나 분쟁을 피하려고 합니다.

1차 유형발달 시기에 도달하면 현실 세상보다는 자신이 만들어낸 공상의 세상, 상상 속의 세상에 빠져 지내는 것에 대해 현실과의 괴리를 느끼면서 갈등에 빠지기 시작합니다. 만약 자존감이 높고 우호적인 환경에 노출되어 있다면 자기 객관화가 시작되며 자기반성을 하기 시작합니다. 그러면서 차츰 삼차기능인 감각기능이 발달하기 시작하면서 현실 감각이 생겨나기 시작하며 이상과 현실 사이에 균형을 찾아가기 시작합니다. 하지만, 자존감이 낮고 적대적인 환경에 노출된 상태에 심한 스트레스를 받고 있다면 자기 객관화가 되지 않고 자기만의 세상에 갇혀서 외부 세상과 교류를 단절하며 은둔형 외톨이가 되는 경향이 있습니다.

2차 유형발달 시기에 도달하면 점차 '좋은 게 좋은 게 아니다.'라는 사실을 깨달으면서 타인의 요구와 부탁을 거절하지 못하고 들어주면서 느끼게 되는 부담감과 회의감에 힘들어하기 시작합니다. 그러면서 점차 현명하게 거절하는 법을 배우면서 자신의 주체성을 확립해갑니다.

1차 유형발달이 건강하게 진행되었다면 자연스레 2차 유형발달도 건강하게 진행되기 시작합니다. 하지만 1차 유형발달이 건강하지 못하면 대인관계 기술이 발달하지 못하여 혼자만의 세상에 갇혀서 은둔형 외톨이가 되어버립니다.

(2) INFP 여자들

I
N
F
P

❶ **남자에게 어필할 수 있는 매력 포인트**

시크하고 도도한 외면의 모습과는 달리 친해지면 친해질수록 알게 되는 순둥순둥하고 허당기 넘치는 모습이 지켜주고 싶은 마음, 챙겨주고 싶은 마음을 강하게 자극하는 매력이 있는 여자들입니다. 톡톡 튀는 아이디어와 따뜻한 마음씨, 특히 뛰어난 공감 능력과 배려심이 이 여자들의 매력이지요.

❷ **건강하지 못한 유형발달을 했을 때의 모습**

대인관계 기술이 매우 부족하여 새로운 사람들을 만나는 것을 매우 불편하게 생각하며 낯가림이 매우 심해집니다. 매우 소심해져 자신의 생각이나 감정을 남에게 표현하지 못하고 혼자 끙끙 앓는 경우가 많으며 새로운 일을 시작하는 것에 어려움을 많이 느낍니다. 전체적으로 이런 특징이 강하게 느껴지는 경우 자존감이 낮은 상황에서 적대적인 환경에 장시간 노출된 채로 1차 유형발달의 시기를 보냈을 가능성이 큽니다. 우호적인 환경에서 우호적인 사람들과 어울리는 시간을 많이 보내다 보면 서서히 건강한 방향을 유형발달이 되기 시작합니다.

❸ 스트레스가 심할 때

INFP 유형의 여자들은 스트레스가 매우 심하게 되면 대인기피 증상이 심해지면서 혼자만의 공간에 들어가게 됩니다. 사람들을 상대하지 않고 혼자 고민에 빠지기 시작하지요. 그러면서 무기력증과 우울증 증상이 나타나기 시작하며 매사 의욕을 잃어버립니다.

우울증과 무기력이 동반될 때 행복 오일인 오렌지 오일과 페퍼민트 오일을 함께 블렌딩하여 복부, 목, 어깨 주변, 척추, 종아리, 발바닥에 발라보세요. 교감신경과 부교감신경을 적절히 자극하여 바닥으로 떨어진 마음과 기운을 끌어 올려주고 무언가 다시 할 수 있다는 자신감을 불어 넣어 주는 데 도움이 됩니다.

아로마테라피와 관련하여 좀 더 자세한 정보는 카페에서 확인하시면 됩니다.
☕ **MBTI for Love** (cafe.naver.com/mbtiforlove)

또한, 새로운 생각이나 상상을 하다 보면 어느새 자신을 힘들게 했던 것을 잊고 새롭게 에너지를 얻을 수 있습니다.

❹ 원하는 연애 스타일과 이상형

INFP 유형의 여자들은 부끄러움이 많지만, 남들이 자신에게 주목해주기를 바랍니다. 자신의 사소한 것 하나까지도 관심 가져주기를 원하며 다정다감한 사람을 원합니다. 이들의 엉뚱한 생각, 상상을 이야기해도 이를 받아주고 이해해주는 사람을 원하며 자신에게 관심을 많이 가져주기를 원합니다. 그러면서 자신을 특별하게 생각해주고 대해주는 사람을 원하지요.

❺ 가장 잘 맞는 남자 유형

INFP 유형의 여자들은 같은 유형의 INFP 남자를 만났을 때 영혼의 단짝을 만난 것만 같은 기분을 느끼게 됩니다. 그리고 같은 NF 기질의 남자들, 즉 ENFP, ENFJ, INFJ 남자들을 만나게 되면 정말 편안한 연애와 결혼 생활을 할 수 있게 되지요.

❻ 노력하면 괜찮은 남자 유형

ISFP나 ESFP 남자를 만나면 어느 정도 맞춰가며 잘 지낼 수 있어요. 그 외 ISFJ 유형과도 서로 선만 넘지 않으면 잘 지낼 수 있지요.

❼ 가장 피해야 할 남자 유형

절대로 NT 기질의 남자들을 만나서는 안 됩니다. INTJ, INTP, ENTP, ENTJ 유형의 남자를 만나게 되면 정말 마음고생 많이 하고 힘들어하게 됩니다. 그리고 ESTJ, ISTJ 유형과는 상극이지요. 특히 ESTJ 남자를 만나게 되면 서로 매우 혐오하는 관계로 변해갑니다. 그 외에 ISTP와 ESTP 유형과도 많은 부분에서 부딪침이 크지요. ESFJ 유형의 남자와 만나게 되면 ESFJ 남자들이 가진 오지랖 때문에 자유로운 영혼인 INFP 여자는 매우 숨 막혀 할 가능성이 큽니다.

❽ 남자를 만날 때 조심해야 하는 것

온정적이고 동정심이 많은데다 가능성을 중요하게 생각합니다. 자신과 맞지 않고 문제가 많은 남자를 만나게 되면 이를 고쳐주고자 하는 헌신적 생각 때문에 마음고생을 심하게 하는 경우가 많습니다. 특히 자기 자신을 희생해서라도 누군가를 바꿀 수 있다면 얼마든지 던지고자 하는 신념과 이상을 가지고 있어요. 하지만 나쁜 사람이 좋게 되는 경우는 극히 드물기에 남들이 '저 사람은 아닌 것 같다.'라고 조언을 해주는 경우 그 말을 들을 필요가 있습니다.

❾ 이별 후 대처법

INFP 유형은 이별을 경험하게 되면 극도의 대인기피증과 함께 혼자 고민에 빠지게 되지요. 그리고 자책하면서 자존감이 무너지게 됩니다. 계속 자신의 잘못과 실수만 떠오르게 되면서 힘들어합니다. 그럴 때는 자신의 영감을 자극하는 새로운 일을 시작해보면 많이 좋아지기 시작합니다.

❿ 상황별 궁합

INFP 유형들은 부모에게는 어찌 대해야 할지 감을 잡기 힘든 자녀입니다. 혼자 골똘히 생각하면서 무언가 그리고 만드는 일은 참 잘하는데 감각형 S형의 부모들은 그걸 공감할 수가 없어요. 너무 창의적이고 이상적이라서요. 그리고 SJ 기질의 부모 눈에는 매사 미숙하고 덜렁대면서 실수투성이인 INFP 자녀가 항상 걱정되지요. 그래서 공부든 뭐든 계속 개입하려고 하면서 마찰이 심해지는 경향이 있습니다. 그리고 SP 기질의 부모도 INFP 아이를 어떻게 대해야 할지 난감해하는 경우가 많아요. 이 아이가 원하는 것을 이해할 수가 없거든요. NT 기질의 부모와는 매우 상성이 안 좋아서 아이가 많이 힘들어하는 경우가 많아요. 그리고 같은 NF 기질의 부모와는 매우 관계가 좋습니다. 이런 경우 학업 성취도 또한 매우 좋은 편입니다.

INFP 유형의 부모는 아이의 감정을 빠르게 알아채고 아이의 마음에 공감하고 이해해주는 정서적으로 충분한 사랑을 주는 부모가 됩니다. 특히 행복한 어린 시절을 만들어주고 싶어 하는 부모가 되지요. 그래서 같은 NF 기질의 자녀들은 부모와의 관계가 매우 좋습니다. 하지만 SJ 기질의 자녀는 INFP 부모의 마음을 잘 이해하지 못하는 경우가 많아서 부모로서 좀 안타까움이 있는 경우가 많고 SP 기질의 아이들은 INFP 부모의 순수하고 착한 마음을 이용하는 경향이 종종 있어요. 그리고 NT 기질의 아이들은 INFP 부모의 마음을 정말 아프게 하지요. 자녀 교육과 관련하여 어려운 점이 있다면 저의 또 다른 책《MBTI 공부 혁명 ver. 청소년(법률저널)》을 참고하시면 많은 도움이 될 것입니다.

직장에서는 INFP 유형은 조용히 묻어가는 유형 중의 하나입니다. 자기 역할만 다하려고 하는 편이지요. 그러나 같은 부서에 ESTJ 유형이 있다면 꼭 갈등을 겪더라구요. INFP와 정반대인 ESTJ 유형들은 꼭 INFP 유형을 건드리고 싶나 봅니다. INFP 유형들은 남들과 마찰과 갈등을 매우 싫어해서 좋게 좋게 넘어가려고 노력하지만, 자신들이 생각하는 이상적 신념이 위협을 당한다면 절대 양보하는 일이 없어요. 이 경우 이들의 새로운 모습을 볼 수 있게 됩니다.

친구 관계에서는 항상 친구들을 먼저 배려하고 공감하고 이야기를 들어주는 사람입니다. 그래서 친구들 사이에서는 참 인기가 많은 편이지요.

(3) INFP 남자들

❶ 여자와의 차이점

INFP 여자들에 비해 INFP 남자들은 어릴 때부터 받은 상처가 많습니다. 부모나 또래 집단으로부터 기대하는 사회 통념상 남자로서 역할, 이미지 등이 이들과 맞지 않은 부분이 많아서 부모로부터는 걱정의 대상이 되었고 또래 집단에서는 따돌림과 놀림을 당했을 가능성이 큽니다. 무엇보다도 섬세한 감수성과 탁월한 공감 능력으로 주변 사람들의 그런 감정, 느낌을 그대로 느끼고 있어서 그들의 기대에 못 미치는 자신에 대해 매우 주눅 들어있는 경우가 많았으며 자존감과 자신감 또한 낮을 가능성이 큽니다.

❷ 남자들의 특징

INFP 남자들은 따뜻한 마음과 갈등을 싫어하는 성격이며 전통적인 관습에 얽매이는 것을 싫어하여 진보적인 경향이 매우 큽니다. 매우 이상주의적이고 뜨거운 신념을 가지고 있어서 선과 악에 대한 도덕적 가치 기준이 매우 높은 편입니다. 그리고 자신의 신념과 관계된 일에 대해서는 책임감이 매우 높으며 자신의 도리를 다하려고 하지요. 물론 기본 성향 자체가 게으른 편이라 몸이 마음을 못 따라가는 것이 문제입니다. 어릴 때부터 생각이 많고 책 읽는 것을 좋아하여 머리는 매우 좋은 편이지만 전략적인 사고가 부족하여 일머리는 매우 안 좋은 편입니다. 특히 해보지 않은 일을 처음 시도할 때는 시행착오를 많이 겪는 편입니다.

❸ 좋아하는 것과 싫어하는 것

INFP 남자들은 어릴 때부터 만화책, 웹툰, 판타지 소설 읽는 것을 매우 좋아합니다. 그리고 조용히 엉뚱한 상상에 빠져있는 것을 좋아해요. 백지 한 장을 주면 자기 머릿속에 떠오르는 그런 상상을 그림으로 그리는 걸 매우 좋아하구요. 그래서 그런 창의적인 활동을 많이 합니다. 흥미로운 것은 일본 애니메이션에 빠진 INFP 사람들이 참 많아요. 또한, 글 쓰는 재주가 매우 탁월하여 유명 작가들이 INFP인 경우가 많아요.

그리고 이들은 자신이 지향하는 이상에 대해 열정적인 신념을 가지고 있어요. 평소에는 매우 이해심이 많고 적응력이 좋으며 대체로 관대하고 개방적이긴 하나 자신의 내적 신념이 위협을 당하면 절대 한 치의 양보도 없습니다. 만약 어떤 분이 이들을 두고 매우 깐깐하고 타협이 안 되는 고집이 센 사람이라고 말한다면 그 사람은 지금 이 사람의 신념을 건드리고 있는 상태이며 매우 위험한 상황이라는 뜻입니다.

이들은 물질적이고 퇴폐 향락적인 것들을 매우 혐오합니다. 그래서 유흥 같은 것을 매우 싫어해요. 그리고 남을 억압하고 통제하려고 드는 것도 극단적으로 혐오합니다.

❹ 경제 개념과 재테크

각종 통계자료에 의하면 16가지 성격유형에 따른 평균 연봉 리스트에서 INFP가 가장 적은 16위를 기록했지요. 이들은 돈 욕심이 크지 않고 돈의 가치보다 더 중요하게 생각하는 가치가 많다는 것을 의미합니다. 그래서 대체로 모 아니면 도인 경우가 많아요. 매우 창의적이고 사람의 심리를 이해하는 능력이 매우 탁월하여 유명 웹툰 작가나 연기자들이 가장 많은 유형이라 잘 터지면 정말 엄청난 부를 얻게 되지만 그렇지 않을 경우 경제적으로 매우 힘든 경우가 많습니다. 그리고 돈 욕심이 크지 않아서 재테크에도 크게 관심이 없는 편입니다.

❺ 유형발달의 상태에 따른 특징

건강하게 유형발달을 한 INFP 남자들은 올바른 가치관과 신념을 가진 인격적으로 매우 성숙한 따뜻한 남자들입니다. 남을 배려하는 마음이 커서 이 사람들을 믿고 따르는 사람들이 참 많지요. 자신에게 의미 있는 가치나 사람들에게 매우 충성하고 헌신하며 자신의 가치를 이루기 위해 노력하는 사람들입니다. 하지만 타인의 가능성을 믿고 지지하며 이들이 성장할 수 있도록 돕습니다. 주변 사람들과 조화롭게 살고자 하며 타인의 정서를 잘 이해하고 원만한 관계를 맺습니다. 정말 이 사람은 절대 날 배신하거나 실망하게 하지 않을 것 같다는 확신이 드는 멋진 사람들이지요.

건강하지 않게 유형발달을 한 INFP 남자들은 매사 자신이 없고 주눅 들어있으며 혼자만의 세상에 갇혀서 사람들과 건강한 대인관계를 맺지 못하는 사람이 됩니다. 대인기피증이 매우 심하고 자기혐오에 빠져있는 경우가 많습니다. 하는 일마다 자신감이 없으며 대체로 사람들과 눈 맞춤을 못 하고 시선을 피하는 경우가 많습니다. 사람 자체는 착하나 사회성이 극단적으로 떨어져서 혼자 엉뚱한 망상에 빠져있는 경우가 많으며 다른 사람들의 의도를 오해하는 경우가 많습니다.

❻ 라이프 스타일

몸의 감각이 매우 둔한 경우가 많아요. 그래서 정리 정돈을 잘하지 못하고 환경적으로 쾌적하지 못한 곳에서도 아무렇지도 않게 잘 지내는 경우가 많습니다. 그리고 워낙 생각을 많이 하다 보니 정신적 에너지 소모가 다른 그 어떤 유형보다도 많아서 잠이 매우 많은 편입니다. 그래서 생활 태도가 매우 게으르고 나태한 편이지요. 자기가 하고 싶은 것에는 엄청난 몰입력을 보이지만 그 외의 것에는 길게 집중하지 못하고 무심히 지나치는 것들이 많아요. 그래서 보호자의 손길이 많이 필요한 편입니다.

I
N
F
P

❼ 만날 수 있는 곳

이들은 온라인에서 정말 많이 볼 수 있어요. 심리 관련 커뮤니티에 가장 왕성하게 활동하는 사람들이지요. MBTI에 대해 가장 관심이 많은 유형이며 이들만 따로 독립된 커뮤니티가 있을 정도입니다. 그 외 만화나 웹툰을 그리는 그림 동호회나 애니메이션을 즐기는 동호회, 그 외 일본 문화를 동경하는 경우가 많아서 그와 관련된 동호회에 참 많이 볼 수 있어요. 소위 덕질을 제일 많이 하는 유형입니다.

❽ 설득의 포인트

이들은 엉뚱한 상상을 하며 그 상상을 펼쳐나가는 것을 매우 좋아합니다. 그리고 현실에 기반하지 않더라도 그런 상상을 자극하는 것에 대해 매우 깊은 관심을 보이지요. 특히 사람을 이롭게 하는 새로운 아이디어를 매우 좋아합니다. 따라서 그런 것을 기반으로 새로운 제안을 할 때 이들은 매우 흥미를 보이면서 받아들일 가능성이 큽니다.

이들에게 결혼을 설득하기 위해서는 이들이 상대에게 흠뻑 빠져들도록 해야합니다. 이들은 현실적인 조건보다는 순수한 사랑 그 자체를 더 중요하게 생각하거든요. 그래서 그 열정에 사로잡히게 되면 현실을 외면하는 경향이 있어요. 그래서 결혼을 마음먹지요.

❾ 이들에게 사랑이란

이들에게 사랑은 가장 중요한 가치입니다. 사랑이 없다면 절대 결혼을 생각할 수 없지요. 그 관계에 따라 정도의 차이는 있겠지만 이들은 모든 사람을 사랑으로 대하려고 합니다. 그리고 사랑이 없는 관계의 경우 매우 피상적이고 사무적으로 대하게 되지요.

❿ 연애 스타일

이들은 누군가에게 마음을 열기까지 오래 걸리는 편이나, 한번 마음을 열면 그 상대에게 금방 깊이 빠져드는 경향이 있습니다. 첫인상은 조용하고 과묵하지만, 마음을 열고 나면 참 따뜻하고 엉뚱하며 참 착하다는 느낌을 많이 받게 됩니다. 큰 재미가 있는 것은 아니지만 정이 많고 대화 코드가 일치한다면 정말 재미있는 사람이지요. 그리고 상대에 대해 깊은 헌신을 하는 사람들이라 그런 부분을 받아들일 수 있다면 정말 좋은 사람입니다. 내향성이 너무 짙으면 연락하는 것을 매우 어려워할 수 있는데 기본적으로 내향적인 사람들도 친밀한 사람에게는 외향적인 모습이 나타나기에 연락하는 주기는 사람에 따라 다를 듯합니다. 이 유형들은 권태기라는 게 거의 없는 편이지요.

MBTI 사랑학개론

⑪ 이상형

 자신을 좋아해 주고 표현을 많이 해주는 사람을 좋아하며 관심사와 대화 코드, 개그 코드가 맞아야 합니다. 그리고 이들의 가치관과 신념을 이해하고 지지해줄 수 있는 사람이어야 하지요. 이들은 여자들의 패션에 대해서는 너무 퇴폐적이지만 않으면 크게 신경 안 쓰는 타입들입니다.

⑫ 이들에게 어필하는 방법

 이들과 대화 코드가 맞아서 이들의 머릿속에 들어있는 것들을 신나게 끄집어낼 수 있게 만들어주면 그 상대에게 깊은 호감을 느끼게 됩니다. 어릴 때부터 INFP 남자들은 사차원, 외계인, 이해할 수 없는 애들 등의 별명을 들을 만큼 엉뚱한 상상을 많이 하는 사람들이지요. 그래서 사람들에게 그런 이야기를 꺼냈다가 핀잔을 듣거나 무시당했던 경험이 많은 사람들입니다. 따라서 이들의 그런 이야기를 매우 관심을 가져주고 호기심을 보이면 이들이 그 사람에게 호감을 안 가지려야 안 가질 수가 없지요.

⑬ 싫어하는 여자 스타일

 현실적인 근거와 논리로 따지고 들고 이들을 궁지로 몰아붙이는 화법을 구사하는 여자들을 매우 싫어합니다. 또한, 물질적인 욕심과 이해타산적인 모습을 매우 싫어하며 특히 타인을 통제하고 구속하려는 사람에 매우 환멸을 느낍니다. 그리고 타인의 가능성을 무시하고 성급한 판단으로 부정적인 평가를 하는 사람을 정말 싫어하지요.

⓴ 감동 포인트와 격려 방식

INFP 사람들은 사람들의 진정성을 매우 중요하게 생각합니다. 가식적이거나 피상적, 상투적인 것에 큰 거부감을 가지고 있어요. 그리고 이들은 결과보다는 과정을 매우 중요하게 생각합니다. 그래서 진정성이 느껴지는 대화, 노력, 성의 등에 매우 감동하구요. 그리고 그런 진정성이 느껴지는 지지와 격려에 크게 동기부여가 됩니다.

⓯ 이별을 생각하게 되는 경우

이들은 자신의 내적 신념을 무시하거나 공격하는 사람에게 완강히 저항하며 그들을 밀어냅니다. 특히 사람의 가치와 가능성을 무시하고 통제하고 구속하려 들며 지시하려고 하는 사람을 매우 혐오합니다. 이런 모습을 보게 되면 마음속으로 이별을 생각하게 되지요.

⓰ 재회 가능성과 방법

이들은 마음이 참 따뜻해서 이별 후에 상대가 진정성 있게 자신의 잘못을 인정하고 사과하면서 다시 만나고 싶다고 말할 때 그 사람에게 다시 한번 기회를 주는 경우가 많습니다. 이들은 과거보다는 미래의 가능성을 더 크게 평가하는 사람들이거든요.

⓱ 이들에게 결혼이란

이들에게 결혼이란 끊을 수 없는 인연의 끈으로 묶이는 관계를 의미하지요. 이들은 인연, 운명을 믿는 사람들입니다. 그래서 이들은 운명의 상대가 나타났다고 느끼면 바로 결혼을 생각하게 됩니다. 물론 경제적 조건이나 상황 따위는 이들에게 큰 문제가 되지는 않지요. 이들에게 비혼과 딩크는 있을 수 없는 개념이지요.

⓲ 결혼 생활의 특징

이들은 사랑하는 사람에 대해 정말 진심으로 헌신하고자 하나 행동이 마음처럼 따라주지는 않는 편이지요. 가사 노동과 육아에 매우 미숙한 편이라 이들에게 맡기느니 차라리 내가 하고 만다고 생각하는 분들이 많지요. 그리고 경제적으로 풍족하지 못하여 맞벌이하는 경우가 많으며 이상과 현실 사이에서의 괴리로 인해 자주 갈등을 겪는 편입니다.

⓳ 잘 어울리는 여자 유형

같은 INFP 여성을 비롯하여 INFJ 여성과는 크게 부딪치는 일 없이 정말 잘 맞는 조합입니다. 그리고 ISFP, ESFP, ENFJ, ENFP 유형의 여성들과는 어느 정도 서로의 차이를 이해하고 배려한다면 큰 갈등 없이 잘 살아갈 수 있어요.

⓴ 이들과 잘 살기 위한 조언

이들의 신념과 가치관을 인정하고 존중하는 것이 매우 중요합니다. 그리고 이들의 독창성과 감수성을 인정하고 이해하면서 배려해주는 것이 중요합니다. 특히 이들의 창의적인 생각과 이야기를 잘 들어주고 관심을 가져주는 것이 매우 중요해요. 결정을 너무 빨리 내리도록 강요하지 말고 정리 정돈에 대해 잔소리를 하지 않는 것이 좋습니다.

I
N
F
P

㉑ 갈등 해소 방식

이들은 상대의 입장에서 생각하고 이해하는 능력이 좋습니다. 그래서 갈등이 생겼을 때 진정성 있게 자신의 감정과 입장을 이야기하고 자신의 잘못에 대해 인정하면서 사과를 한다면 이들은 오히려 더 감싸주려고 할 것입니다.

㉒ 이들을 빡치게 만드는 방법

논리적으로 따지고 들면서 이들에게 빨리 결정하도록 강요하고 통제하고 지시하려고 하면 이들은 매우 힘들어하면서 폭발하게 됩니다. 특히 이들이 중요하게 생각하는 신념과 가치관에 대해 비판하면서 공격하기 시작하면 그동안 볼 수 없었던 전투적인 모습을 볼 수 있게 됩니다.

All that ENFP

스파크형
The Imaginative Motivator

(1) 기본 특징

이들은 열성적이고 창의적입니다. 풍부한 상상력과 영감을 갖고 새로운 프로젝트를 잘 시작합니다. 어떤 일을 할 때 풍부한 상상력과 순간적인 에너지를 발휘하여 즉흥적이고 재빠르게 해결해 나갑니다. 관심이 있는 일이면 무엇이든 척척 해내는 열성파입니다. 뛰어난 통찰력으로 그 사람 안에 있는 성장 가능성을 들여다볼 줄 압니다. 자신의 열정으로 다른 사람들도 어떤 프로젝트에 흥미를 느끼도록 하며 다른 사람을 잘 돕습니다. 어려움을 당할 때 더욱 자극을 받고 어려움을 해결하는 데 아주 독창적입니다. 연속적으로 새로운 열정을 쏟아내는 것 자체에서 힘을 얻고, 이들의 세계는 많은 가능성으로 가득 차 있습니다. 이들의 열정은 다른 사람도 그 일에 관심을 갖도록 만들기도 합니다.

주기능 Se	부기능 Fi	삼차기능 T	열등기능 Ni

주기능 Ne는 가능성과 다양성에 대한 열정과 통찰력이 탁월한 기능입니다. 새로운 아이디어나 새로운 시각으로 상황이나 사물, 사람 등을 바라보지요.매우 창의적인 아이디어가 샘솟는 유형입니다. 항상 새로운 관점에서 바라보고 새로운 도전을 즐기며 실패하더라도 나름의 의미를 찾는 매우 긍정적인 유형이지요. 간단한 것 하나를 하더라도 항상 새로운 방법으로 시도하려는 도전정신이 이 능력의 특징입니다. 하지만 기존의 방식을 따르거나 구태의연한 것

에 대해서는 금방 지치고 집중력을 잃어버리는 경향이 강해요. 그리고 특정한 단어나 표현, 뉘앙스 등으로 의해 현재의 집중을 잃어버리고 딴생각에 빠지는 경향도 강하구요. 그래서 집중의 길이와 질이 좋지 않은 편이나 자신이 관심 있어 하는 대상에 대해서는 엄청난 몰입을 보여줍니다.

부기능 Fi는 자신과 타인의 가치를 잘 이해하고 지지합니다. 자신의 감정 상태를 기준으로 판단을 내리려는 경향이 있습니다.타인의 감정에 대해 공감하고 지지하는 따뜻함이 있습니다. 자신의 감정과 타인의 감정을 동일시하여 상대의 입장과 처지를 공감하는 능력이 탁월합니다. 그래서 상처받은 사람들을 따뜻하게 격려하고 온기로 감싸는 능력이 좋아요. 하지만 자신의 감정 기준으로 판단을 내리는 편이라 주관적이고 감정 상태에 따라 판단이 달라지기에 사고형 사람들은 이들의 감정 상태를 따라가기 힘들어하는 편입니다. 또한, 자신의 감정 상태를 중요하게 생각하여 친한 사이일수록 짜증이나 투정을 많이 부리는 편입니다.

삼차기능 T로 인해 계산적이지 못하고 논리적으로 따지는 것을 매우 혐오합니다. 좋은 게 좋은 것으로 생각하는 경향이 강하며 상황을 논리적으로 분석하는 데 매우 미숙한 모습을 보입니다. 그리고 타인을 통제하고 자기 뜻대로 움직이도록 강요하는 것을 매우 혐오합니다. 자신의 자유로운 의지를 구속하고 강요하는 것을 매우 싫어하지요. 또한, 타인에게 따지거나 강요하는 행위를 매우 힘들어합니다. 갈등이나 분쟁을 피하려고 합니다.

열등기능 Si로 인해 사람들이 기존의 방식을 따르는 것을 매우 혐오합니다. 고지식하게 구는 것도 매우 싫어하는 편이며 예측 가능한 뻔한 상황도 싫어합니다. 대체로 끈기가 없고 참을성이 부족하지요. 하나에 지긋하게 오랫동안 집중하는 것에 약한 편입니다.

1차 유형발달 시기에 도달하면 일관되지 못하고 자신의 감정 상태에 따라 매우 주관적인 판단과 타인에게 공감을 강요하여 주변 사람들과 갈등이 생기기 시작하고 매우 힘들어하게 됩니다. 만약 자존감이 높고 우호적인 환경에 노출되어 있다면 자기 객관화가 시작되며 자기반성을 하기 시작합니다. 그러면서 차츰 삼차기능인 사고기능이 발달하기 시작하면서 점차 논리적이고 합리적인 판단을 하기 시작하며 타인과 자신을 분리해 생각하기 시작하게 됩니다. 그러면서 자신의 주관적 감정만이 옳은 것이 아니라는 것을 깨달으며 타인과 건강한 관계를 유지하게 되지요. 하지만 자존감이 낮고 적대적인 환경에 노출된 상태에 심한 스트레스를 받고 있다면 자기 객관화가 되지 않고 자신의 감정 기복에 따라 선택과 판단이 달라져서 주변 사람들을 매우 힘들게 만듭니다. 특히 감정이 우울하거나 컨디션이 안 좋을 때는 매우 히스테릭한 상태가 되어 가까운 사람에게 과도하게 짜증이나 화를 내게 됩니다. 그리고 시간이 지나 자신의 행동과 결정에 큰 후회를 하게 됩니다.

2차 유형발달 시기에 도달하면 점차 기존의 사회질서에 대한 필요성과 가치를 깨닫기 시작하면서 삶의 안정감을 찾아가기 시작합니다. 점차 현실 감각을 가지게 되며 현실과 아이디어 사이에 균형감을 가지게 됩니다.

1차 유형발달이 건강하게 진행되었다면 자연스레 2차 유형발달도 건강하게 진행되기 시작합니다. 하지만 1차 유형발달이 건강하지 못하면 매우 히스테릭하여 상대방에게 계속 눈치 보게 만드는 피곤한 사람이 됩니다.

(2) ENFP 여자들

❶ 남자에게 어필할 수 있는 매력 포인트

풍부한 표현력과 열정이 넘치는 모습, 그리고 아이와 같은 순수함이 이 사람들의 매력이지요. 밝고 착하며 어디로 튈지 모르는 엉뚱함, 그러면서도 상대에게 헌신하는 모습이 참 좋게 보이는 사람들입니다.

❷ 건강하지 못한 유형발달을 했을 때의 모습

일어나지 않은 일에 대해 부정적으로 혼자 망상에 빠지는 경우가 많습니다. 그래서 타인을 매우 힘들게 하는 경향이 있으며 특히 자신의 감정을 공감하고 이해하지 못한다고 징징대거나 타인을 괴롭히는 경향이 있습니다. 또한, 타인의 거절에 대해 매우 민감하게 받아들여 격하게 짜증을 내거나 화를 내는 경우가 있습니다. 전체적으로 이런 특징이 강하게 느껴지는 경우 자존감이 낮은 상황에서 적대적인 환경에 장시간 노출된 채로 1차 유형발달의 시기를 보냈을 가능성이 큽니다. 우호적인 환경에서 우호적인 사람들과 어울리는 시간을 많이 보내다 보면 서서히 건강한 방향을 유형발달이 되기 시작합니다.

E
N
F
P

320   MBTI 사랑학개론

❸ 스트레스가 심할 때

ENFP 유형의 여자들은 일을 많이 벌이긴 하지만 잘 수습하지 못하는 경향이 있지요. 그리고 그 일들이 다 꼬여가기 시작하면 점점 스트레스를 받게 됩니다. 불안한 마음이 점점 커져서 감당하기 힘든 생각과 망상에 사로잡혀서 매우 힘들어하지요. 그러면서 극도의 우울증과 무기력증 증상을 보이며 두통과 불면증이 심해지지요.

우울증과 무기력이 동반될 때 행복 오일인 오렌지 오일과 페퍼민트 오일을 함께 블렌딩하여 복부, 목, 어깨 주변, 척추, 종아리, 발바닥에 발라보세요. 교감신경과 부교감신경을 적절히 자극하여 바닥으로 떨어진 마음과 기운을 끌어 올려주고 무언가 다시 할 수 있다는 자신감을 불어 넣어 주는 데 도움이 됩니다.

아로마테라피와 관련하여 좀 더 자세한 정보는 카페에서 확인하시면 됩니다.
☕ **MBTI for Love** (cafe.naver.com/mbtiforlove)

자신의 감정을 이해해주고 배려해주는 사람을 만나 대화를 나누며 공감과 위로를 받으면 스트레스가 현저히 줄어들게 됩니다.

❹ 원하는 연애 스타일과 이상형

개성과 취향이 매우 분명해서 자신이 좋아하는 사람에게 빠집니다. 그리고 재미있게도 그 사람도 ENFP 유형의 남자일 가능성이 크지요. 특히 성격유형 중에서 가장 금사빠 기질이 강해서 한번 호감을 느끼게 되면 그 애정이 엄청나게 커지는 경향을 보입니다. 그래서 같은 ENFP 유형끼리 만나게 되면 정말 불꽃 튀게 진도가 빨라지는 모습을 볼 수 있지요. 다양한 화제와 재미를 공유하며 솔직하고 성실한 사람을 좋아합니다. 지속해서 애정 표현을 확실하게 해주는 신뢰감이 가는 사람을 좋아하며 질질 끄는 상황을 매우 싫어합니다.

❺ 가장 잘 맞는 남자 유형

같은 ENFP 남자를 만나게 되면 정말 불꽃이 튀게 급격히 친밀해지고 사귀게 됩니다. 금사빠로 유명한 성격이라 같은 성격끼리 만나면 그 시너지가 엄청나지요. 그리고 또 다른 금사빠 성격인 ENFJ 남자들을 만나도 장난 아닌 모습을 볼 수 있어요. 특히 16가지 성격유형 중에서 가장 로맨티스트인 ENFJ의 열정은 ENFP 여자가 완전히 빠져들 수밖에 없도록 만들어버리지요.

❻ 노력하면 괜찮은 남자 유형

같은 NF 유형인 INFJ, INFP 유형을 만나면 조금 답답하긴 해도 항상 애정을 느끼면서 잘 살아갈 수 있어요. 그리고 정반대 유형인 ISTJ 유형을 만나서 잘 살아가는 커플도 제법 많더라구요. 1년에 딱 한 번 잔소리를 참으면 나머지 1년이 편안해진다고 하네요. ISTJ 남자들의 가장으로서 책임감이 강하고 ENFP 여자들의 보호 본능을 일으키는 매력에 이끌려서 의외로 잘 맞는다고 하네요. ISFJ 유형도 ISTJ와 비슷하구요. 그리고 ISFP, ESFP 유형과도 잘 맞는 편입니다.

❼ 가장 피해야 할 남자 유형

일단 ESTJ와는 매우 상극이니 반드시 조심해야 합니다. 그리고 NT 기질의 성격들, INTJ, INTP, ENTP, ENTJ 유형과도 엄청나게 갈등을 일으키니 피해야 합니다. 또 극단적인 현실주의자들인 ISTP, ESTP 유형과도 마찰이 생기지요. 마지막으로 오지랖이 매우 넓어서 따라다니면서 잔소리하는 타입인 ESFJ 남자와도 마찰이 심할 우려가 있습니다.

❽ 남자를 만날 때 조심해야 하는 것

ENFP 여자들은 자신의 감정, 기분에 도취하여 기복이 극단적으로 변하는 편이지요. 그래서 남자들이 ENFP 여자들을 상대할 때 그 감정을 따라가기 참 힘들어하는 편입니다. 그리고 상대를 한번 의심하기 시작하면 걷잡을 수 없이 부정적으로 망상이 심해지는 경향이 있어요. 이는 정말 조심해야 합니다. 관계를 치명적으로 망쳐버릴 수 있는 심각한 문제입니다.

❾ 이별 후 대처법

자신의 힘든 감정을 친한 친구한테 털어놓고 위로를 받는 것이 매우 중요합니다. 타인으로부터 공감받는 것에 대한 욕구가 그 어느 성격보다 크기에 곁에서 이야기를 들어주고 위로 몇 마디 들으면 한결 마음이 풀어지게 되지요.

❿ 상황별 궁합

부모에게 ENFP 자녀는 미워할 수 없는 애물단지 같은 존재입니다. 애정 욕구가 매우 높아서 항상 부모로부터 애정을 확인받고자 하지요. 게다가 질투도 매우 많구요. 그리고 조금만 귀찮다는 티를 내거나 싫은 티를 내면 바로 알아채고는 또 기분이 확 다운되는 모습을 보면서 이들을 양육하는 부모들이 매우 힘들어하는 모습을 볼 수 있어요. 같은 NF 기질의 부모와는 매우 잘 지내며 SJ 기질의 부모와는 생활 태도 면에서 부딪치는 일이 많은 편입니다. SP 기질의 부모와는 무난하게 지내는 편이고 NT 기질의 부모와는 갈등이 심한 편입니다. 특히 ENFP 자녀들이 NT 부모로부터 상처를 많이 받는 편이지요.

부모로서 ENFP 유형은 아이들과 가장 잘 놀아주고 공감을 잘해주는 친구 같은 부모가 됩니다. 그래서 아이들이 사춘기 이전까지는 부모와의 관계가 매우 좋지요. 하지만 사춘기가 지나가게 되면서 아이들의 기질에 따라 차이가 나기 시작해요. NF 자녀들은 ENFP 부모와 여전히 잘 지내지만, SJ, SP 자녀들은 ENFP 부모가 좀 피곤하다고 느끼게 되고, NT 자녀들은 ENFP 부모에게 상처를 많이 주는 편입니다. 자녀 교육과 관련하여 어려운 점이 있다면 저의 또 다른 책《MBTI 공부혁명 ver. 청소년(법률저널)》을 참고하시면 많은 도움이 될 것입니다.

직장에서는 분위기 메이커가 됩니다. 어디로 튈지 모르는 톡톡 튀는 매력을 그대로 발산하는 사람들이지요. 항상 밝고 긍정적이며 사람들에게 에너지를 주는 사람들이에요. 그래서 참 인기가 많은 편입니다. 하지만 ESTJ 유형들은 이들을 곱게만 보지 않을 가능성이 큽니다.

친구들 사이에서는 이들 때문에 새로운 일이 시작되고 즐거운 일이 일어나지요. 그래서 어딜 가나 꼭 끼게 됩니다.

(3) ENFP 남자들

❶ 여자와의 차이점

ENFP 남자들은 ENFP 여자들보다 더 극단으로 치닫는 경향이 있습니다. 직관이 높을 경우 더 이상주의적인 성향이 현실 감각이 부족하고 외향성이 높은 경우 사고기능이 좀 더 발달하게 됩니다. 직관이 강할수록 ENFP 특유의 낙천적이고 뚜렷한 개성이 더욱 강화되어 타인의 시선을 의식하지 않고 자기가 꽂히는 대로만 하려고 하는 경향이 매우 강해지며 외향성이 강할수록 사고형의 집단 내에서 부딪치고 적응하는 과정에서 사고기능이 강화됩니다. 그래서 ENFP 남자들은 그 스펙트럼이 넓은 편이지요.

❷ 남자들의 특징

기존의 틀대로 살아가는 것을 거부하며 창의적인 방법을 선호하여 진보적인 경향이 매우 강합니다. 새로운 아이디어에 꽂혀서 일을 벌이는 것을 좋아하며 매우 충동적이어서 하나의 일이 채 끝나기도 전에 새로운 일을 또 벌이기 시작하는 경향이 강합니다. 꼼꼼하게 마무리 짓는 것을 매우 힘들어하지요. 그래서 이들과 함께 있는 사람들은 이들이 매우 책임감 없는 것처럼 보입니다.

이들은 다른 사람들을 즐겁게, 행복하게 만들고 싶어 하는 욕구가 강하며 사람들을 모으고 분위기를 띄우는 것을 좋아합니다. 기본적으로 착한 심성을 가지고 있으나 매우 충동적이고 자기감정에 충실하기에 판단이 일관적이지 않을 가능성이 큽니다. 또한, 자신의 가치관이나 신념에 대해 열정을 가지고 있어서 이 부분에 대해 타협하지 않는 편입니다. 부모에게 잘하고자 하는 욕구가 강하여 효자인 경우가 많습니다.

어렵고 복잡한 일은 피하려고 하며 특히 부정적 감정을 강하게 일으키는 사건에 대해서는 회피하려는 경향이 매우 강합니다. 그냥 덮어놓고 넘어가려는 경향을 보이기도 합니다. 직관력이 좋아서 추상적인 개념을 빠르게 이해하고 두뇌 회전이 빠른 편이나 집중력이 약하고 집중의 길이가 짧은데다 단순 암기 능력이 매우 약해서 공부 머리가 좋지는 않습니다. 하지만 임기응변으로 어려운 문제를 해결하는 능력은 탁월합니다.

❸ 좋아하는 것과 싫어하는 것

새로운 사람들을 만나서 친해지는 것을 매우 좋아합니다. 감동을 잘 하고 눈물도 많은 편이지요. 위기 대처 능력이 좋아서 행사나 일을 잘 벌입니다. 인생을 즐겁게 살아가려고 하나 유흥이나 퇴폐 향락적인 취미는 매우 싫어하는 편입니다. 하기 싫은 일에 대한 인내력이 매우 부족하고 사람에 대한 호불호가 매우 확실한 편입니다. 일단 한번 싫은 사람은 계속 싫어할 가능성이 큽니다. 그리고 남과 경쟁하는 것 또한 매우 싫어합니다.

❹ 경제 개념과 재테크

경제 개념이 매우 희박하여 돈을 모으는 것을 매우 힘들어하는 편입니다. 특히 이해타산적으로 자신의 이익을 추구하는 일을 불편하게 생각하며 남에게 받는 것보다 자기가 주는 것을 더 좋아하지요. 그래서 재테크도 매우 힘들어하는 편입니다.

❺ 유형발달의 상태에 따른 특징

건강한 유형발달을 한 ENFP 남자들은 아이 같은 순수함을 가지고 있으면서도 생각이 깊고 열정적이며 자신의 신념을 이루기 위해 노력하는 정말 멋진 사람들입니다. 그 누구를 만나더라도 금방 친해지며 상대의 장점을 발견하는 능력이 탁월합니다. 그리고 사람들을 기쁘게 해주는 능력이 좋으며 이들과 함께 있으면 긍정의 에너지를 팍팍 받습니다. 의사소통 능력이 매우 좋고 대인관계 능력이 좋아서 그 누구도 미워할 수 없는 사람들이지요.

유형발달이 건강하지 않은 ENFP 남자들은 어디로 튈지 모르는 불안함과 마구 널뛰는 감정 기복 때문에 주변 사람들이 매우 힘들어합니다. 특히 시기 질투가 매우 심하며 헛된 망상으로 상대를 의심합니다. 매우 즉흥적이고 고집이 세며 사람을 매우 피곤하게 합니다. 남의 일에 매우 오지랖이 넓으며 자기가 제안한 방법대로 상대가 행동하지 않으면 갑자기 불같이 화를 내기도 합니다. 나이만 잔뜩 먹은 철부지 꼬마애를 상대하는 기분이 듭니다.

❻ 라이프 스타일

이들은 매우 즉흥적입니다. 미리 계획해서 움직이기보다는 그때그때 일을 처리하는 편으로 생활 패턴이 예측하기 힘들지요. 생활 습관도 매우 불규칙하여 습관이라는 것을 찾아보기 힘들어요. 정리 정돈하는 것도 극히 일부를 제외하고는 매우 힘들어하는 모습을 보입니다. 그래서 보호자의 손이 많이 필요한 사람들이지요.

➐ 만날 수 있는 곳

이들은 사람들이 많은 곳에 항상 만날 수 있는 유형입니다. 특히 요즘 10대, 20대에는 이 유형의 비율이 매우 높아요. 그리고 워낙 개성이 강해서 어디서든 이들의 존재감은 확실히 눈에 띕니다. 사람들을 잘 끌어모으고 행사나 일을 잘 벌입니다. 그리고 분위기 띄우는 데 일가견이 있어서 이들 중심으로 일이 많이 벌어지지요. 그 외 창의적인 업무를 하는 마케팅, 홍보, 기획 부서에서 쉽게 만날 수 있어요.

➑ 설득의 포인트

이들은 새로운 아이디어를 던져주거나 어떤 어려운 문제를 던져주면 금방 덥석 물어버립니다. 특히 어떤 가능성이 엿보이는 일이라면 이들은 매우 흥미를 보이면서 금방 열정을 드러냅니다. 그럼 금방 의도하는 대로 따라오지요. 물론 이런 모습은 40대 이후의 ENFP 남자들에게는 좀 덜한 편이구요.

이들은 금사빠의 대명사이기에 결혼을 미루는 일은 거의 없어요. 누군가와 사랑에 빠지면 이미 머릿속에서는 아이들 몇 명은 낳아서 키우고 있는 상태입니다.

➒ 이들에게 사랑이란

이들이 생각하는 모든 가치와 신념의 근본 바탕이 사랑입니다. 사랑을 위해서 모든 창의적 아이디어와 활동을 하는 것이라 할 수 있지요. 전형적인 사랑꾼이라 생각하면 됩니다.

MBTI 사랑학개론

❿ 연애 스타일

이들은 자기가 좋아하는 여자에게 깊이 빠집니다. 금사빠로 유명하며 한번 사랑에 빠지면 이미 머릿속에는 자녀 계획까지 다 세울 정도로 깊이 빠져드는 것으로 유명합니다. 그리고 사랑하는 사람을 위해서는 무엇이든 할 수 있을 만큼 헌신을 다하지요. 그리고 기본적으로 매우 유쾌하고 재미있는 사람들이라서 대화나 유머 코드만 맞는다면 연애의 재미가 엄청납니다. 하지만 상처를 잘 받는 사람들이라서 감정의 기복이 극단적으로 큰 만큼 빨리 식기도 합니다. 이들이 상대에게 빠져있을 때는 연락을 자주 하는 편이라 여자들이 많이 좋아하지요.

⓫ 이상형

이들은 자기가 좋아하는 사람이 바로 이상형입니다. 워낙 개성이 강하고 취향이 독특해서 '어떤 스타일이다.'라고 정의하기가 힘듭니다. 하지만 솔직하고 같이 있으면 편안하며 이들의 열정과 노력, 헌신을 이해하고 받아주며 고마워하는 사람이지요. 그리고 사랑에 빠지면 콩깍지가 씌기 때문에 옷이나 패션에 크게 신경을 쓰지 않습니다.

⓬ 이들에게 어필하는 방법

이들은 자신의 창의적인 유머나 아이디어에 적극적으로 반응하며 호감을 표현하면 이들 또한 매우 호감을 느끼면서 좋아하게 됩니다. 특히 매우 쉽게 흥분하는 탓에 조금만 호응을 잘해주고 맞장구 잘 쳐주면 금방 빠져드는 것을 볼 수 있지요.

⓭ 싫어하는 여자 스타일

이들은 자기 의견에 반대하거나 비판적인 사람에 크게 상처받습니다. 그래서 논리적으로 분석하기를 좋아하고 비판하고 토론하기를 좋아하는 사람을 매우 싫어하며 타인을 자신의 기준대로 통제하고 지시하려고 하는 사람을 매우 싫어합니다. 또한, 보수적이고 고지식한 사람들을 안 좋아합니다.

⓮ 감동 포인트와 격려 방식

이들은 감수성이 매우 예민하고 감동을 잘 받으며 눈물도 잘 흘리는 편으로 자기를 위해 성의껏 준비한 그 어떤 것이라도 이들은 금방 감동합니다. 또한, 자신이 상대를 위해 어떤 것을 노력하거나 이벤트를 준비했을 때 상대가 진심으로 감동하면 본인들 또한 감동하여서 어쩔 줄 몰라 합니다.

이들은 자신의 창의적 아이디어와 이들의 가능성을 믿고 지지해줄 때 매우 동기부여가 됩니다.

⓯ 이별을 생각하게 되는 경우

이들은 자신이 무시당한다는 생각이 들면 극단적으로 상대를 미워하게 됩니다. 감정 기복이 매우 커서 마치 양은 냄비처럼 금방 뜨겁게 달아올랐다가 빠르게 식어버리는 특징을 가지고 있어요. 특히 자존감이 낮고 유형발달이 건강하지 않으면 더욱 극단적으로 움직이지요. 게다가 질투도 많고 의심이 많아서 그런 오해를 빠르게 풀어주지 않으면 어느 순간 극단적인 망상에 빠져버릴 가능성이 큽니다.

E
N
F
P

MBTI 사랑학개론

⑯ 재회 가능성과 방법

이 유형의 남자들은 성격이 급한 만큼 오해나 질투로 인해 일시적인 감정 변화로 성급하게 이별하게 되는 경우도 종종 있어요. 그래서 나중에 정신 차리고 나서는 크게 후회하는 경우가 많습니다. 그래서 미련이 많은 편이지요. 따라서 이들이 다른 사람에게 빠지기 전에 다시 연락해서 다시 만나자고 하면 금방 재회가 가능할 것입니다.

⑰ 이들에게 결혼이란

이들은 자신이 생각하는 사랑이라는 개념의 확장으로 결혼을 생각합니다. 자신이 사랑하는 사람과 사랑하는 가족을 만들어서 정말 행복하고 즐겁게 살아가기 위해 결혼을 해야 한다고 생각하지요. 따라서 그런 이상적 목표를 이루기 위해 그런 이상적인 사람이 있느냐를 중요하게 생각하며 현실적 조건을 상대적으로 덜 고려하는 편입니다. 그런 사람만 있다면 언제든 결혼할 수 있다고 생각하는 것이지요. 이들에게는 비혼, 딩크는 아예 없는 개념입니다.

⑱ 결혼 생활의 특징

이들은 자신의 이상을 이루기 위해 결혼을 한 만큼 살림과 육아에 최선을 다하려고 노력합니다. 하지만 그 마음만큼 몸이 따라주지 않아서 문제지요. 이들은 매우 낙천적이고 긍정적인 사람들로, 자기 힘으로 내 가족을 먹여 살릴 수 있다고 생각해요. 그래서 맞벌이에 대해 부정적으로 생각하는 편이 많습니다. 주로 이런 낙천적이고 긍정적인 모습이 현실주의와 많이 부딪치는 경향이 있어요.

ENFP

⑲ 잘 어울리는 여자 유형

같은 성격의 ENFP 유형의 여자와 INFP 여자를 만나게 되면 정말 갈등이 거의 없이 잘 살게 됩니다. 그리고 INFJ, ENFJ, ISFP, ESFP 여자와 만나게 되면 서로의 차이와 특징을 잘 이해하고 배려한다면 큰 문제 없이 잘 살 수 있지요.

⑳ 이들과 잘 살기 위한 조언

이들의 독특한 개성과 낙천적인 생활 태도 그리고 유머 코드, 대화 코드를 충분히 이해한다면 잘 지낼 수 있어요. 특히 이들은 감정 기복이 크기에 그 감정 상태를 잘 살펴서 대응한다면 이들이 오히려 더 잘해줄 것입니다. 절대 자존심 싸움을 걸어선 안 됩니다. 이들의 낙천적인 성향이 자존심 싸움과 연결되면 무모하게 배짱을 부리면서 극단적인 행동을 취할 가능성이 크거든요. 절대 조심하셔야합니다. 나이 먹은 철부지 꼬마를 어르고 달래서 키운다 생각하시는 게 편해요.

㉑ 갈등 해소 방식

이들의 감정 상태가 매우 안 좋을 경우에는 그 순간은 피하시는 게 좋아요. 이들이 현재 우울하거나 짜증이 나 있거나 화가 난 상태라면 그 어떤 대응도 다 부정적으로 받아들이거든요. 그 순간을 피해서 감정이 다시 좋아지기 시작하면 그때 잘 이야기하는 게 좋아요. 그럼 자기 잘못도 인정하면서 순순히 말을 잘 듣게 됩니다.

㉒ 이들을 빡치게 만드는 방법

이들의 창의적 아이디어나 열정을 현실적인 근거와 논리로 비판하거나 따지고 들 때 이들은 순간적으로 매우 감정이 상해버립니다. 그리고 이들의 자유를 구속하고 통제하고 지배하려 들면 크게 반발하지요. 또한, 유치한 사람이나 철부지 취급을 해버리면 단단히 삐지게 됩니다.

All that INTJ

과학자형

The Conceptual Planner

---

(1) 기본 특징

행동과 사고에 있어 독창적입니다. 내적인 신념과 비전은 산이라도 움직일 만큼 강합니다. 16가지 유형 중에서 가장 독립적이고 단호하며 때로는 어떤 문제에 대해 고집도 셉니다. 자신이 가진 영감과 목적을 실현하려는 의지와 결단력, 인내심을 가지고 있습니다. 자신과 다른 사람의 능력을 중요하게 여기며 목적을 달성하기 위해 모든 시간과 노력을 바칩니다. 이들의 대담한 직관력은 비교할 수 없는 가치를 가졌으며 일상이 반복되는 직종에서는 이 능력을 발휘하지 못합니다. 행동뿐만 아니라, 생각도 냉철하게 혁신을 추구하는 사람들입니다.

주기능	Ni	부기능	Te	삼차기능	F	열등기능	Se

주기능 Ni는 어느 주제에 대해 깊이 있고 거시적인 통찰을 하는 기능입니다. 철학적 사유와 통찰력을 의미하는 기능이지요. 생각이 매우 깊고 거시적으로 생각하는 통찰력이 탁월합니다. 특히 어릴 때부터 인생의 목적이나 살아가는 이유 등에 대한 실존의 고민에 깊이 빠져드는 경향이 있습니다. 그래서 무엇인가 하나를 하더라도 세상에 큰 의미가 있는 것을 하고 싶어 하지요. 옆에서 보면 별것 아닌 것 같아도 이들에게는 큰 고민거리가 될 수 있습니다. 그리고 어떤 대상에 대해 거시적인 통찰력도 좋아요. 그래서 미래에 어떤 가치를 가지는지에 큰 관심을 가지게 됩니다. 비전과 통찰력이 좋습니다. 하지만 현실 세계에

대한 감각이 매우 둔한 편으로 옆에서 볼 때는 답답한 느낌이 많이 들지요.

부기능 Te은 외부 세계에 논리적이고 체계적으로 대응하며 결단력이 있습니다. 아주 효율적이고 효과적으로 자신의 외부 세상을 통제하고 대응합니다.결단력과 리더십이 있으며 매사 효율적으로 상황을 지배하려는 경향이 강합니다. 자신의 결정에 대해 매우 단호한 편이며 논리와 이성으로 자기 주변 환경을 통제하고자 합니다. 일 처리가 깔끔하며 군더더기가 없는 것이 특징이지요. 대체로 업무 중심적, 효율 중심적 사고방식을 가지고 있습니다. 일 중독일 가능성이 큽니다. 불합리한 상황에 분개하며 따지고 들거나 매우 분노하는 경향이 있습니다.

삼차기능 F로 인해 타인의 감정을 공감하고 이해하는 능력이 매우 미숙합니다. 자신의 감정 상태에 따라 주관적으로 판단이 달라지는 것 자체를 일관성이 없다고 생각하여 매우 혐오합니다. 타인이 자신에게 감정적인 공감이나 지지, 배려를 요구하는 경우를 매우 불편하게 생각하며 힘들어합니다. 그리고 타인으로부터의 간섭이나 참견을 매우 싫어하게 됩니다. 그리고 기존 사회의 윤리, 도덕적 가치 기준에 대해 반감을 품고 있는 경우가 많습니다. 또한, 자신에게 타인의 감정을 공감하도록 요구하는 것에 대해 매우 불편한 느낌을 많이 받게 되구요. 나와 크게 관련 없는 사람에 대해 무관심하게 생각하는 경향이 강하지요.

열등기능 Se로 인해 외부 자극에 매우 둔감한 편입니다. 육체적 쾌락만을 탐닉하는 것에 대해 혐오하는 경향이 강하며 상대방의 상황이나 감정 변화에 대해 눈치가 부족한 편입니다.

1차 유형발달 시기에 도달하면 주변 사람들과의 감정적인 마찰이 심해지기 시작하면서 고민에 빠지기 시작합니다. 만약 자존감이 높고 우호적인 환경에 노출되어 있다면 자기 객관화가 시작되며 자기반성을 하기 시작합니다. 그러면서 차츰 삼차기능인 감정기능이 발달하기 시작하면서 타인의 감정, 상황을 고려하기 시작하면서 점점 부드러워지기 시작합니다. 하지만 자존감이 낮고 적대적인 환경에 노출된 상태에 심한 스트레스를 받고 있다면 자기 객관화가 되지 않고 남 탓을 하게 되며 모든 것을 논리와 효율 중심으로 생각하게 됩니다. 매우 계산적이고 속물적인 성향이 강해집니다.

2차 유형발달 시기에 도달하면 너무 현실적 감각이 없이 너무 이상적인 것만 찾는 게 무리라는 것을 깨닫기 시작하면서 현실과 이상 사이에 타협하는 방법을 배우기 시작하며 균형을 익히게 됩니다. 그러면서 실속을 챙기기 시작하게 됩니다.

1차 유형발달이 건강하게 진행되었다면 자연스레 2차 유형발달도 건강하게 진행되기 시작합니다. 하지만 1차 유형발달이 건강하지 못하면 매우 고지식하고 자기중심적인 깐깐한 사람이 되어버립니다. 소위 전형적인 꼰대가 되어버립니다.

(2) INTJ 여자들

❶ 남자에게 어필할 수 있는 매력 포인트

냉철한 지성과 철두철미한 자기 관리, 그리고 거시적인 통찰력을 가진 이지적인 매력을 가진 여자들입니다. 명석한 두뇌와 계획대로 추진해나가는 근성이 있어 존경할 수밖에 없는 사람들입니다.

❷ 건강하지 못한 유형발달을 했을 때의 모습

타인의 감정 상태를 인지하지 못한 채 자신의 생각과 판단을 거르지 않고 있는 그대로 쏟아부으며 비판을 하는 경향이 강해집니다. 대인관계 기술이 매우 미숙해지며 상대의 실수나 잘못에 대해 매우 비판적인 태도를 취하게 됩니다. 전체적으로 이런 특징이 강하게 느껴지는 경우 자존감이 낮은 상황에서 적대적인 환경에 장시간 노출된 채로 1차 유형발달의 시기를 보냈을 가능성이 큽니다. 우호적인 환경에서 우호적인 사람들과 어울리는 시간을 많이 보내다 보면 서서히 건강한 방향을 유형발달이 되기 시작합니다.

❸ 스트레스가 심할 때

INTJ 유형의 여자들은 상황이 자기 생각대로 돌아가지 않고 통제할 수 없는 상황에 닥칠 때 스트레스를 심하게 받게 됩니다. 이 경우 감정 조절이 잘 되지 않아 분노하는 경우가 많습니다. 긴장이 심해지고 감수성이 둔감해지게 되지요. 그래서 공격적인 모습을 보이는 경우가 많습니다.

스스로 마음에 분노가 가득 찬 모습이라고 생각이 들 때 유칼립투스, 사이프레스, 티트리, 로즈마리, 페퍼민트 등의 잎 오일과 샌달우드, 프랑킨센스 등 나무오일을 블렌딩하여 호흡해보세요. 감정적으로 격해지고 공격적인 마음을 가라앉혀주고 마음의 평정심을 찾는 데 도움이 될 것입니다.

'열정, 자극, 지금을 산다'의 의미가 있는 레몬그라스 오일을 롤온 공병에 캐리어 오일과 희석하여 향수처럼 사용해보세요. 무뎌지고 무기력해진 마음에 감수성을 끌어내는 데 도움이 될 것입니다.

아로마테라피와 관련하여 좀 더 자세한 정보는 카페에서 확인하시면 됩니다.
🍵 **MBTI for Love** (cafe.naver.com/mbtiforlove)

그리고 차분히 자신의 방에 가구 배치를 바꿔보는 것도 스트레스 해소에 크게 도움이 됩니다.

④ 원하는 연애 스타일과 이상형

INTJ 유형의 여자들은 이미지와는 달리 금사빠인 경우가 많습니다. 한결같고 예의 바르며 똑똑하고 지식이 풍부하며 논리정연하면서도 차분한 사람을 좋아합니다. 하지만 사생활에 선을 넘는다거나 즉흥적인 사람, 가르치려고 드는 사람, 자기 자랑과 허풍, 허세가 심한 사람을 매우 싫어하지요. 감정에 기대어 호소하는 사람도 안 좋아합니다.

⑤ 가장 잘 맞는 남자 유형

같은 INTJ 유형을 만나게 되면 저돌적인 모습으로 변해서 금방 연애를 시작하게 되지요. 특히 자신과의 동질감을 느껴 영혼의 단짝으로 느끼게 됩니다. 그리고 ESTJ 남자를 만나게 되면 자기 관리와 자기 계발에 최선을 다하는 모습에 반하게 됩니다. 또한, ENTJ 남자들을 만나도 강한 매력을 느끼게 됩니다.

⑥ 노력하면 괜찮은 남자 유형

INTP와 ENTP 유형의 남자들을 만나게 될 때 대화가 매우 즐겁고 시간 가는 줄 모르는 것을 느끼게 됩니다. 하지만 충동적이고 게으른 모습에서 불만을 품게 될 우려가 크지요. 그리고 ISTJ 남자와도 어느 정도 맞춰가면서 지낼 수 있어요.

❼ 가장 피해야 할 남자 유형

일단 감정형 남자들과는 만나지 않는 것이 좋습니다. ISFJ, ISFP, ESFP, ESFJ, INFJ, INFP, ENFP, ENFJ 유형의 남자들을 만나게 되면 남자다운 느낌을 받지 못하고 논리적이고 이성적이지 못한 모습에서 금방 매력을 잃어버리게 됩니다. 그리고 ISTP와 ESTP 유형의 남자들은 이들과의 대화를 싸우자는 의도로 받아들일 가능성이 큽니다.

❽ 남자를 만날 때 조심해야 하는 것

INTJ 여자들은 감정 이해 능력이 미숙해서 자신이 지금 하는 이야기가 상대에게 어떻게 들릴지에 대한 감이 부족합니다. 그래서 상대를 본의 아니게 도발하는 경우가 종종 있어요. 별문제도 아닌데 감정을 다친 상대는 괜히 시비를 걸려고 하는 경우가 있으니 항상 내가 하는 말이 상대에게 어떻게 들릴지 조심하는 것이 좋습니다. 특히 상대의 실수에 대한 지적질이 매우 심한 편이라 특히 조심해야 합니다. 그리고 상대가 틀렸음을 증명하기 위해 과도하게 상대의 논리를 물고 늘어지거나 바닥 끝까지 깔아뭉개려는 기질이 있으니 반드시 조심해야 합니다.

I N T J

❾ 이별 후 대처법

사랑이라는 감정 자체를 이성과 논리로 파악하는 경향이 있으나 이별을 하게 되면 순간 자신의 아픈 감정을 주체하지 못하고 힘들어하는 모습을 볼 수 있습니다. 하지만 대체로 논리적으로 자기 합리화를 하면서 쉽게 극복해버리는 경우가 많아요.

INTJ 유형의 자녀는 부모에게는 남한테는 부러움을 사게 하는 존재지만 집 안에서는 상대하기 불편한 존재이지요. 학구열이 불타고 자기 관리, 자기 계발에 철저하여 어딜 가나 모범생 소리를 듣습니다. 하지만 가족 관계에서 형제, 자매에게 까칠하게 대하고 자기가 할 말은 끝까지 다 하는 존재로 같은 NT 기질의 부모가 아니면 정말 힘들어하는 경우가 많습니다.

INTJ 유형의 부모는 자녀들에게 자립심을 키워주고 매사 최선을 다하는 삶의 자세를 가르쳐주는 부모가 됩니다. 그래서 같은 NT 기질이나 ISTJ, ESTJ 아이들과는 잘 지내는 편입니다만 NF, SP 그리고 감정형의 자녀와는 어려운 점이 많습니다. 아이들의 감수성을 이해하기 힘들어서 스트레스받는 경우가 많아요. 자녀 교육과 관련하여 어려운 점이 있다면 저의 또 다른 책《MBTI 공부혁명 ver. 청소년(법률저널)》을 참고하시면 많은 도움이 될 것입니다.

직장에서는 자기 일은 확실하게 하며 자기 관리와 자기 계발에 철저한 사람이지요. 거시적 안목과 통찰력으로 비전을 제시하는 일에 탁월합니다. 학구적인 자세로 항상 공부하고 배우려고 하기에 사람들이 대단하다고 느낍니다. 하지만 사람들과 잘 어울리지 못하고 입바른 말을 잘하는 탓에 친하게 지내는 사람은 극히 적은 편이지요.

친구가 많지 않아요. 토론하는 것을 좋아하기에 대화가 통하는 사람과 친한 경우가 많습니다. 자신이 존경할 수 있는 사람과 교우 관계를 넓혀나가려는 경향이 있습니다.

(3) INTJ 남자들

❶ 여자와의 차이점

INTJ 남자들은 사고형들의 집단 속에 그 특징이 더 강화되어 감정형들의 집단 내에서 적응한 INTJ 여자들보다 훨씬 강한 편입니다. 매우 이론적이고 논리적이며 비판하는 것을 좋아하지요. 그리고 감정을 이해하는 능력이 매우 미숙하며 감정을 이론과 논리로 이해하려고 합니다. 게다가 지식 추구 욕구가 매우 강하며 자기 관리와 자기 계발에 매우 철저한 모습을 보입니다. 그리고 그런 욕구를 상대방에게 강요하고 통제하려고 하며 가르치려고 하는 경향이 매우 강하지요.

❷ 남자들의 특징

기본적으로 혁신을 좋아하며 현재의 잘못된 점을 찾아 개혁하려는 경향이 강하여 대체로 진보적인 성향을 가지고 있습니다. 그리고 자신의 주장이나 계획, 이론, 역할에 대한 책임감이 매우 강하며 자기 말은 지키려고 합니다. 기본적인 성향은 효자지만 전통적인 관행이나 관습 자체를 거부하는 경향이 강하여 남에게 강요하진 않습니다. 지식을 추구하고자 하는 욕구가 매우 강하여 공부 머리가 매우 탁월하며, 거시적 안목으로 통찰하고 전략적으로 일을 처리하는 능력이 매우 좋습니다.

매우 냉소적인 경향이 강하고 오만하게 보이기도 하며 지능이나 지식에 대한 고집과 욕심이 다소 지나친 경우가 많습니다. 그리고 문제가 생겼을 때 이들은 절대 회피하지 않고 끝까지 따라다니며 자기 생각과 논리를 주장하며 맞서 싸우는 편입니다.

❸ 좋아하는 것과 싫어하는 것

INTJ 남자들은 지식 욕구가 매우 강하며 자기 관리와 자기 계발에 많은 시간을 투자합니다. 그래서 책 읽는 것도 좋아하고 토론하는 것도 좋아하지요. 그리고 의미 없이 시간을 낭비하거나 흥청망청 노는 것 자체를 매우 싫어합니다. 따라서 사람들과 친목을 도모하며 술자리를 갖는 것도 좋아하지 않지요.

❹ 경제 개념과 재테크

이론은 거시경제를 논하고 국가 경제를 토론할 정도로 매우 해박하지만 실제로 자기 주머니에 돈이 얼마나 있고 얼마나 새는지는 모르는 경제 개념이 부족한 사람들입니다. 따라서 재테크에도 소질이 없는 편이지요.

❺ 유형발달의 상태에 따른 특징

유형발달이 건강한 INTJ 남자들은 타인의 잘못을 지적하거나 통제하려는 욕구를 강하게 억누르면서 다른 사람과 잘 어울릴 수 있는 사회성을 많이 키운 편입니다. 물론 사람의 감정이나 개인적인 상황을 잘 이해하고 인간적인 공감대를 형성하는 일에는 어려움을 느끼지만 그런 자신의 내면적인 어려움을 겉으로 표현하지 않아서 사람들과 잘 어울리려고 노력하는 편입니다.

유형발달이 건강하지 않은 INTJ 남자들은 매우 오만하고 남을 무시하는 발언을 아무렇지도 않게 내뱉는 사람들입니다. 모든 것을 이론과 논리로만 생각하려는 경향이 있으며 자신의 말을 상대가 들었을 때 어떤 감정이 들지에 관한 생각이 없습니다. 그래서 매우 공격적이고 냉소적이지요. 특히 상대가 틀렸음을 증명하려고 필요 이상으로 거칠게 나오는 경향이 있습니다. 다른 사람을 자신의 논리와 판단으로 통제하고 지시하려고 하며 고치려고 드는 경향이 매우 강합니다.

⑥ 라이프 스타일

철저한 자기 관리를 통해서 바른 생활을 합니다. 규칙적이고 모범적인 생활을 합니다. 매우 독립적인 성격으로 혼자 알아서 잘하지요. 하지만 전통적인 규칙이나 관습, 위계질서나 술 예절 같은 사회적 불문율에 대해서는 매우 부정적인 편입니다.

⑦ 만날 수 있는 곳

이들은 공대 실험실, 연구실, IT 관련 기업, 법조인 모임 등에 많습니다. 일반적인 사교, 친목 모임에서는 거의 볼 수 없으며 간혹 독서 관련 모임에서는 독특한 개성으로 남들의 이목을 사로잡는 경우가 있습니다. 그 외 컴퓨터 관련된 동호회나 수영, 등산, 마라톤, 배낭여행 같은 혼자 묵묵히 고군분투하는 스포츠 동호회에서 찾아볼 수 있어요.

INTJ

이들이 세상을 바라보는 관점을 이해하지 않으면 설득하기 정말 어렵습니다. 매사 비판적이고 냉소적이어서 오히려 역으로 이들을 설득하고 싶은 주장의 반대 주장을 이들에게 제시하면 이들은 우리가 원하는 대로 강하게 주장하면서 설득되는 경우가 있습니다.

또한, 이들은 매우 이론적이고 개념과 논리로 주장하기에 정말 설득력이 있으나 현실적이고 경험적인 데이터, 통계를 가지고 대응을 하면 쉽게 수긍합니다. 이들은 이론을 근거로 추론하기에 실제 데이터에 매우 취약한 편이지요.

이들은 결혼을 빨리하고 싶어 합니다. 금사빠 유형 중의 하나이며 자신의 감정을 논리와 이성으로 이해하지 못하여 어떻게 표현해야 할지를 몰라서 힘들어하는 편이라 매우 직설적이고 성급한 편입니다. 그래서 매우 저돌적이지요. 따라서 상대와 사귀기 시작하면 이것저것 고려하지 않고 바로 결혼으로 돌진하려는 경향이 매우 강해요.

❾ 이들에게 사랑이란

마음이 너무 아프고 힘들며 그 사람에게 집착하게 되는, 이성과 논리로는 도저히 납득이 안 되는 개념이라고 할 수 있겠습니다.

❿ 연애 스타일

일반적인 관점에서는 솔직히 재미없습니다. 사람의 감정을 이해하는 센스가 없어서 대화 주제가 교수님 강의 같은 느낌이 많이 들어요. 게다가 자기 잘난 맛에 사는 사람들이라 어지간한 성격이 아니고서는 이들의 태도에 불편하지 않을 사람이 없는 편이지요. 하지만 이들과 대화 코드나 유머 코드가 맞는 사람들에게는 매우 지적이고 창의적이며 현명한 사람으로 느껴집니다. 게다가 자기 관리에 철저하여 이들에게 존경심을 품는 사람들도 많아요. 특히 편하게 생각하는 관계가 되어야만 이들의 재치 있는 입담을 들을 수 있어요.

또 이들은 누군가에게 빠지면 이것저것 재지 않고 그 한 사람만 깊이 사랑하지요. 그러면서 진심으로 헌신하는 모습을 볼 수 있습니다. 이런 매력에 INTJ 남자들에게 빠지는 경우가 많습니다. 특히 이들은 자기가 호감을 느끼는 상대에게 자신도 주체할 수 없이 매우 빠르게 빠져드는 편이라 겉으로 보이는 모습과는 어울리지 않게 짝사랑 전문가로도 통합니다.

이들은 연애를 감정적인 흐름으로 파악하기보다는 이성적으로 파악하려고 합니다. 그래서 연애의 단계별로 이론이나 전략으로 접근하려는 경향이 강하지요. 그래서 연애를 과제 수행처럼 인식합니다.

이들은 감정 교감, 일상적인 대화를 나누는 능력이 매우 미숙해서 자주 연락하는 것을 힘들어하는 편입니다. 물론 이 유형에게 빠질 수 있는 여성 유형들 또한 연락 자주 하는 것을 중요하게 생각하지 않을 가능성이 커서 큰 문제가 되진 않을 듯싶습니다.

⑪ 이상형

이들은 첫인상 그대로 한결같으며 자신과 대화가 통하고 자신의 지적 능력에 대해 인정하고 받아들일 수 있는 사람을 원합니다. 그래서 그 기준이 매우 까다로운 편입니다. 사람 그 자체에 빠져드는 편이지만 의외로 사람을 보는 눈이 보수적인 편이라 너무 화려하게 꾸미거나 끼가 다분히 느껴지는 패션에는 거부감을 느끼는 편입니다.

⓬ 이들에게 어필하는 방법

이들은 지적 대화를 매우 좋아해요. 이들과 대화 코드가 맞아야 그 관계가 발전적으로 나아갈 수 있어요. 또한, 이들의 오만하고 냉소적인 말을 아무렇지도 않게 받아들이면서 거기에 쿨하게 대응할 줄 아는 게 중요하지요. 그리고 자기 관리에 노력하는 모습을 보일 때 이들은 매우 호감을 느끼게 됩니다.

⓭ 싫어하는 여자 스타일

현재만을 즐겁게 살아가려고 하며 자기 관리가 안 되고 흥청망청 사는 나태한 여자를 매우 혐오합니다. 그리고 이들에게 감정적으로 대하거나 논리가 전혀 없는 주장으로 대화가 통하지 않는 사람을 매우 싫어하지요. 지식이 얕고 지적 능력이 부족한 사람을 싫어합니다.

⓮ 감동 포인트와 격려 방식

이들은 자신의 지식과 지혜, 통찰력 등을 인정하고 존중할 때 매우 흡족해합니다. 그리고 자신이 생각하지 못했던 창의적인 생각을 기반으로 한 깊이 있는 대화를 나눌 때 이들은 크게 감동합니다.

⓯ 이별을 생각하게 되는 경우

이들에게 감정적인 요구가 심해지기 시작하고 어색하고 모호한 감정이 지속되면 이들은 명확하게 결판내려는 경향이 있습니다. 관계 정리에서는 단호한 편이지요. 그리고 함께했을 때 좋은 영향을 공유할 수 없다는 생각이 들 때도 관계를 과감히 정리하는 편입니다.

이들은 매우 단호한 편입니다. 그리고 자기감정도 강하게 억누르는 편이지요. 그래서 이별을 결정하고 난 후에는 미련을 가지는 경우가 극히 드물어요. 재회의 가능성은 거의 없다고 봐도 무방합니다.

⑰ 이들에게 결혼이란

이들은 결혼을 당연히 해야 하는 과정이라 생각합니다. 인생의 여러 관문 중 하나라고 인식하지요. 그러나 연애에 대해 워낙 우둔한 편이라 연애 기간을 오래 끌려고 하진 않아요. 빠르게 결혼으로 골인하려고 하는 경향이 강해서 매우 저돌적으로 몰아붙여서 결혼하게 되는 경우가 참 많습니다. 그리고 연애에 좌절의 경험이 많은 경우 비혼도 생각하는 경우가 있으나 INTJ 여자들에 비해서는 적은 편입니다. 그리고 딩크를 생각할 가능성이 어느 정도 있는 편이지요.

⑱ 결혼 생활의 특징

이들은 잔소리만 많고 직접 하려고 하지 않는 경우가 많습니다. 육아에 대해서도 잔소리만 많고 직접 참여하는 것을 힘들어해요. 이들은 이론가 스타일이지 행동가 스타일이 아니어서 그렇습니다. 그리고 독립적인 성향이 매우 강하고 자기 관리, 자기 계발에 대한 욕구가 매우 강해서 배우자가 직업을 가지는 것에 대해서도 매우 찬성하는 편이며 오히려 집에 나태하게 있는 것을 매우 불편하게 생각하는 편입니다. 이들은 대체로 잔소리가 많은 것 때문에 갈등이 많이 일어나는 편입니다.

INTJ

⑲ 잘 어울리는 여자 유형

같은 INTJ 여자를 비롯하여 INTP 여자와 매우 잘 맞는 편이며 ISTJ, ESTJ, ENTJ, ENTP 유형과는 어느 정도 배려하면 잘 지낼 수 있는 관계가 됩니다. 나머지 유형은 절대 만나서는 안 됩니다.

⑳ 이들과 잘 살기 위한 조언

이들의 특징을 잘 이해하고 감정적인 배려나 공감 따위는 기대하지 말아야 하며 이들의 잔소리를 한 귀로 듣고 한 귀로 흘릴 줄 알면 잘 지낼 수 있어요.

㉑ 갈등 해소 방식

이들과 갈등을 빚거나 열띤 토론을 할 때 이들의 비판적이고 냉소적인 발언에 대해 크게 상처를 받아서는 안 됩니다. 이들의 말은 그저 주장일 뿐이고 그들의 본심이 아니거든요. 토론과 본심을 분리해서 생각할 줄 알아야 갈등이 쉽게 해소되기 시작합니다. 그럼 이들은 매우 쿨한 모습으로 문제를 해결하고 넘어갈 것입니다.

㉒ 이들을 빡치게 만드는 방법

비과학적인 상식이나 논리가 없는 억지 주장, 감정에 기대는 호소 등을 할 때 이들은 매우 힘들어합니다. 그리고 그런 주관적인 감정 상황에 따라 행동할 때 이들은 그런 행동을 이해하지 못하고 매우 혼란스러워하지요. 그러다 일방적으로 소통을 단절해버리게 되면 이들은 매우 분노하기 시작합니다.

MBTI 사랑학개론

14

All that ENTJ

지도자형

The Decisive Strategist

(1) 기본 특징

활동적이며 행정적인 일과 장기 계획을 선호합니다. 이들은 논리적이고 분석적입니다. 사전 준비를 철저하게 하는데, 조직적으로 계획하여 목적을 달성하기 위해 체계적으로 추진하는 지도자들이 많습니다. 비능률적이거나 확실하지 않은 상황에 대해서는 인내심이 별로 없어요. 필요한 경우에는 강하게 대처합니다. 솔직한 성격의 소유자로, 결정력과 통솔력이 있으며 거시적인 안목으로 일을 밀고 나갑니다. 관념 자체에 집중하는 경향이 있으며 관념 이면에 있는 사람에게는 별로 관심이 없습니다.

주기능	Te	부기능	Ni	삼차기능	S	열등기능	Fi

주기능 Te는 외부 세계에 논리적이고 체계적으로 대응하며 결단력이 있습니다. 아주 효율적이고 효과적으로 자신의 외부 세상을 통제하고 이에 대응합니다. 결단력과 리더십이 있으며 매사 효율적으로 상황을 지배하려는 경향이 강합니다. 그리고 매우 성격이 급한 편이지요. 자신의 결정에 대해 매우 단호한 편이며 논리와 이성으로 자기 주변 환경을 통제하고자 합니다. 일 처리가 깔끔하며 군더더기가 없는 것이 특징이지요. 대체로 업무 중심적, 효율 중심적 사고방식을 가지고 있습니다. 일 중독일 가능성이 큽니다. 불합리한 상황에 분개하며 따지고 들거나 필요 이상으로 분노하는 경향이 있습니다.

E
N
T
J

부기능 Ni는 어느 주제에 대해 깊이 있고 거시적인 통찰을 하는 기능입니다. 철학적 사유와 통찰력을 의미하는 기능이지요. 생각이 매우 깊고 거시적으로 생각하는 통찰력이 탁월합니다. 특히 어릴 때부터 인생의 목적이나 살아가는 이유 등에 대한 실존의 고민에 깊이 빠져드는 경향이 있습니다. 그래서 무엇인가 하나를 하더라도 세상에 큰 의미가 있는 것을 하고 싶어 하지요. 옆에서 보면 별것 아닌 것 같아도 이들에게는 큰 고민거리가 될 수 있습니다. 그리고 어떤 대상에 대해 거시적인 통찰력도 좋아요. 그래서 미래에 어떤 가치를 가지는지에 큰 관심을 가지게 됩니다. 비전과 통찰력이 좋습니다. 하지만 현실 세계에 대한 감각이 매우 둔한 편으로 옆에서 볼 때는 답답한 느낌이 많이 들지요.

삼차기능 S로 인해 사람들이 기존의 방식을 따르는 것을 매우 혐오합니다. 고지식하게 구는 것도 매우 싫어하는 편이며 예측 가능한 뻔한 상황도 싫어합니다. 대체로 끈기가 없고 참을성이 부족하지요. 하나를 지긋하게 오랫동안 집중하는 것에 약한 편입니다. 그리고 외부 자극에 매우 둔감한 편입니다. 육체적 쾌락만을 탐닉하는 것에 대해 혐오하는 경향이 강하며 상대방의 상황이나 감정 변화에 대해 눈치가 부족한 편입니다.

열등기능 Fi로 인해 타인의 감정을 공감하고 이해하는 능력이 매우 미숙합니다. 자신의 감정 상태에 따라 주관적으로 판단이 달라지는 것 자체를 일관성이 없다고 생각하여 매우 혐오합니다. 타인이 자신에게 감정적 공감이나 지지, 배려를 요구하는 경우 매우 불편하게 생각하며 힘들어합니다.

1차 유형발달 시기에 도달하면 자신의 가치관, 이상, 신념만을 고집하며 살아가기에는 현실적인 장애가 크다는 것을 깨닫기 시작합니다. 그래서 가치관의 혼란을 겪기 시작하게 됩니다. 만약 자존감이 높고 우호적인 환경에 노출되어 있다면 자기 객관화가 시작되며 자기반성을 하기 시작합니다. 그러면서 차츰 삼차기능인 감각기능이 발달하기 시작하면서 점차 타인의 생각, 기존의 사회질서 등을 존중하기 시작하며 이상과 현실 사이에 균형을 찾아가기 시작합니다. 하지만 자존감이 낮고 적대적인 환경에 노출된 상태에 심한 스트레스를 받고 있다면 자기 객관화가 되지 않고 매우 고집스럽게 변해가면서 자신의 신념과 가치관만을 타인에게 강요하고 그런 생각을 받아들이지 못하는 상대에게 쉽게 잔소리 혹은 화를 내는 사람으로 변해갑니다.

2차 유형발달 시기에 도달하면 점차 자기 곁에 사람들의 감정이 눈에 보이기 시작하면서 주변 사람을 챙기기 시작합니다. 성과를 올리는 데에 꼭 업무적 효율만이 중요한 것이 아닌 인화 또한 매우 중요하다는 것을 깨닫게 되지요.

1차 유형발달이 건강하게 진행되었다면 자연스레 2차 유형발달도 건강하게 진행되기 시작합니다. 하지만 1차 유형발달이 건강하지 못하면 매우 고지식하고 자기중심적인 깐깐한 사람이 되어버립니다. 소위 전형적인 꼰대가 되어버립니다.

(2) ENTJ 여자들

❶ 남자에게 어필할 수 있는 매력 포인트

확실한 리더십과 거시적인 통찰력으로 사람들을 압도하는 카리스마가 넘치는 사람들입니다. 대담한 실행력과 열정이 넘치는 모습에 존경할 수밖에 없지요.

❷ 건강하지 못한 유형발달을 했을 때의 모습

타인의 상황이나 감정을 고려하지 않고 가르치려고 합니다. 성격이 매우 급하며 성급하게 판단과 결정을 내리려는 경향을 보입니다. 점점 친구가 줄어들며 곁에 사람들이 떠나기 시작합니다. 전체적으로 이런 특징이 강하게 느껴지는 경우 자존감이 낮은 상황에서 적대적인 환경에 장시간 노출된 채로 1차 유형발달의 시기를 보냈을 가능성이 큽니다. 우호적인 환경에서 우호적인 사람들과 어울리는 시간을 많이 보내다 보면 서서히 건강한 방향을 유형발달이 되기 시작합니다.

❸ 스트레스가 심할 때

자기 관리에 매우 철저한 ENTJ 유형의 여자들은 현재 처한 상황이 예측하기 힘들고 통제를 벗어나며 자신의 계획대로 되지 않을 경우 스트레스를 많이 받습니다. 이 경우 감정 조절이 잘 되지 않아 분노하는 경우가 많습니다. 긴장이 심해지고 감수성이 둔감해지게 되지요. 그래서 공격적인 모습을 보이는 경우가 많습니다.

스스로 마음에 분노가 가득 찬 모습이라고 생각이 들 때 유칼립투스, 사이프레스, 티트리, 로즈마리, 페퍼민트 등의 잎 오일과 샌달우드, 프랑킨센스 등 나무 오일을 블렌딩하여 호흡해보세요. 감정적으로 격해지고 공격적인 마음을 가라앉혀주고 마음의 평정심을 찾는 데 도움이 될 것입니다.

'열정, 자극, 지금을 산다'의 의미가 있는 레몬그라스 오일을 롤온 공병에 캐리어 오일과 희석하여 향수처럼 사용해보세요. 무뎌지고 무기력해진 마음에 감수성을 끌어내는 데 도움이 될 것입니다.

아로마테라피와 관련하여 좀 더 자세한 정보는 카페에서 확인하시면 됩니다.
☕ **MBTI for Love** (cafe.naver.com/mbtiforlove)

차분히 앉아서 앞으로 무엇을 할 것인가, 어떻게 할 것인가에 대한 거시적 통찰과 고민을 하는 과정에서 스트레스가 해소될 것입니다.

❹ 원하는 연애 스타일과 이상형

ENTJ 유형들은 기본적으로 자기 관리와 자기 계발에 가장 관심이 많은 자기애가 큰 사람들이지요. 그래서 자기 일에 최선을 다하고 노력하는 사람에게 반하는 경우가 많습니다. 또한, 장기적이고 거시적인 계획에 따라 움직이는 경향 때문에 연인이나 배우자를 만나더라도 가벼운 관계를 매우 싫어하고 불호의 기준이 매우 높습니다. 인간적으로 존경심이 드는 사람에게 반하는 경향이 강하며 밀당을 매우 싫어합니다. ENTJ 유형의 여자들은 연인, 배우자를 원하기 보단 함께 세상을 살아가는 동반자, 전우, 존경하는 스승과 같은 사람을 원하는 경우가 많습니다.

❺ 가장 잘 맞는 남자 유형

같은 ENTJ 유형을 만나면 정말 잘 맞을 것입니다. 가치관, 생활 태도, 경제관념 등이 다 같아서 영혼의 단짝을 만난 기분이 들 것입니다. 그리고 ESTJ 유형의 남자를 만나도 자기 관리와 자기 계발에 철저한 모습에서 정말 잘 맞는다고 생각하게 됩니다.

E
N
T
J

❻ 노력하면 괜찮은 남자 유형

자기 관리와 자기 계발에 철저한 ISTJ와 INTJ를 만나면 너무 신중한 편이라 조금 답답함이 있겠지만 그 부분만 감안하고 이해한다면 매우 잘 맞는 편입니다.

❼ 가장 피해야 할 남자 유형

감정형인 남자들은 ENTJ 여자에게 스트레스를 많이 주는 편입니다. ISFJ, ISFP, ESFP, ESFJ, INFJ, INFP, ENFP, ENFJ 유형의 남자들은 자신의 감정을 이해받고자 하고 공감하려고 하는 경향이 매우 강하나 ENTJ 여자들은 그런 부분에서 매우 미숙하여 서로 갈등이 심해지게 되며 결국 ENTJ 여자들이 이런 유형의 남자들을 회피하게 됩니다.

또한, ISTP, ESTP, INTP, ENTP 유형들은 충동적이고 생활 태도가 나태한 편이라 갈등을 많이 초래하게 되지요.

❽ 남자를 만날 때 조심해야 하는 것

연애 또한 자기 관리, 자기 계발의 하나라고 생각하는 ENTJ 여자들의 모습에 남자들이 마음 상할 수 있어요. 한 번씩은 연애 그 자체에만 초점을 맞춰서 연애를 즐기는 모습이 필요합니다. 남자들도 마음 상하거든요.

❾ 이별 후 대처법

감정기능이 매우 미숙하여 이별을 겪은 후에도 금방 털고 일어나는 ENTJ들을 볼 수 있어요. 무엇보다도 거시적이고 통찰력 있는 계획을 다시 수립하고 도전해나가는 과정에서 상처를 금방 극복하게 됩니다.

⑩ 상황별 궁합

부모에게 ENTJ 자녀는 남들에게는 자랑거리인 자녀입니다. 교우 관계를 비롯하여 학교생활, 학습 태도까지 흠잡을 데가 없는 모범생이지요. 하지만 가족 간에는 너무 입바른 소리를 해서 본의 아니게 상처를 주는 경우가 종종 있지요. 대체로 SJ, SP, NT 부모에게는 거의 완벽에 가까운 자녀의 역할을 하지만 NF 부모에게 감정적인 부분에서 상처를 주게 되는 경우가 많습니다.

ENTJ 부모는 자녀의 자립심을 가지도록 도와주며 거시적인 안목으로 자녀가 나아갈 수 있도록 도와줍니다. 그리고 아이들의 지적 사고 능력을 발달시키는 데 큰 도움을 주게 되지요. 대체로 SJ 자녀와 NT 자녀와는 관계가 좋은 편이나 SP 자녀와 NF 자녀와는 관계가 안 좋은 경우가 많습니다. SP 자녀의 경우 생활 태도 면에서 게으르고 나태한 점 그리고 현재만을 즐기려고 하는 모습에서 잔소리를 많이 하게 되고 NF 자녀의 경우 감정적인 욕구를 충족시키는 데 어려움을 많이 느끼게 되지요. 자녀 교육과 관련하여 어려운 점이 있다면 저의 또 다른 책《MBTI 공부혁명 ver. 청소년 (법률저널)》을 참고하시면 많은 도움이 될 것입니다.

직장에서는 ENTJ 유형의 사람들은 거시적인 안목과 통찰력으로 프로젝트를 기획하고 이끌어가는데 탁월한 능력을 보입니다. 하지만 너무 업무 중심적이고 성과 중심적인 사고방식 때문에 대인관계에서 시기 질투를 많이 받을 수 있으며 남들을 가르치려고 드는 경향이 강하여 마찰이 있는 편입니다.

친구 사이에서는 항상 뭔가 일로 바쁜 친구로 통합니다. 현재 하는 것들, 하고 싶은 것들이 워낙 많아서 친구들을 만나 수다를 떨고 노는 일에 관심을 적게 보이는 편이지요.

E
N
T
J

(3) ENTJ 남자들

❶ 여자와의 차이점

ENTJ 남자들은 사고형들의 집단인 남자들 사이에서 자신의 성격적 특징인 리더십을 인정받아서 사람들을 이끌고 조직화하는 데 특화되어 있어요. 반면에 ENTJ 여자들은 감정형의 집단인 여자들 사이에서 그렇게 나서다간 어려움에 부딪칠 수 있기에 많이 자제하는 편이지요. 그래서 ENTJ 남자들은 ENTJ의 기본 특징이 매우 강해져 있는 경우가 많습니다. 하지만 나이가 들수록 외향적인 성격으로 인해 사람들과 부딪쳐가면서 많이 순화되는 경향을 보입니다.

❷ 남자들의 특징

사회 개혁에 대한 열정이 매우 강하며 자기주장이 강하고 지도력과 통솔력이 있어서 사람들을 이끄는 매력이 있는 남자들입니다. 대체로 진보적인 성향이 매우 강한 편이며 강한 책임감이 그 특징이지요. 이것저것 논리적으로 계산이 빠르고 자기 관리에도 매우 뛰어나 정말 유능한 사람들로 정평이 나 있지요. 아무리 어려운 문제도 회피하는 일은 없어요. 자신이 관계를 주도하려고 하기에 회피하지는 않지만, 티를 내지 않을 뿐이지요.

대체로 자기가 맡은 모든 역할을 다 잘하려고 하기에 효자인 경우가 많으며 거시적인 관점에서 올바른 일을 하려고 하는 경향이 강하여 윤리, 도덕적으로도 바른 사람들이 많습니다.

타고난 머리가 좋고 자기 계발에 철저하여 학업 성취도가 매우 높은 사람들이 많으며 거시적인 통찰력으로 조직적이고 체계적으로 접근하여 일을 처리해 나가기에 뛰어난 성과를 보이는 경우가 많습니다.

❸ 좋아하는 것과 싫어하는 것

ENTJ 남자들은 취미 생활이 공부하기일 정도로 자기 계발에 열을 올립니다. 게다가 자기 계발과 관련된 많은 것들에 대해 매우 개방적인 태도를 보이지요. 그래서 자기 계발과 관련된 모든 취미나 학문을 좋아합니다. 특히 이론적이면서 미래 지향적이고 다양한 활용 가능성이 있다고 생각하는 것을 배우려고 합니다.

그리고 시간을 헛되이 쓰는 것을 매우 싫어해요. 의미 없는 사교 모임이나 친목 같은 것에는 크게 관심이 없어요. 특히 어떤 소기의 목적이 없는 행동을 싫어합니다.

❹ 경제 개념과 재테크

16가지 성격유형 중 평균 연봉의 순위에서 ENTJ 유형이 당당히 1위를 차지하는 만큼 경제 개념이 좋을 것 같이 보입니다. 실제로 이들은 자기 관리와 자기 계발에 철저하고 높은 학업 성취도 덕분에 전문직에 종사하는 비율이 높습니다. 그리고 기업가로 크게 성공하거나 어느 조직에서든 유능한 직원, 팀장으로 인정받는 편이지요. 그래서 수입이 높은 것일 뿐 경제 개념 자체가 좋은 것은 아닙니다. 돈 그 자체보다는 그런 시스템을 만들고 사람들을 이끌어가는

.

것에 큰 관심을 가집니다.

이들은 재테크로 돈을 불리는 것보다 자신의 능력을 키워서 자신이 성장하
는 것을 더 선호합니다.

❺ 유형발달의 상태에 따른 특징

유형발달이 건강한 ENTJ 남자들은 모든 분야에서 완벽한 모습을 보이는 사
람들입니다. 그리고 질투심까지 느끼지 못할 정도로 남에게도 잘합니다. 대체
로 전문직에 종사하거나 하나의 조직을 이끌어가는 기업인 혹은 리더 역할을
맡은 사람들이 많지요. 거시적인 통찰력과 리더십 그리고 남을 배려하는 마음
마저 두루 갖춘 사람들입니다. 첫인상에서 절대 ENTJ 유형이라는 느낌을 받
지 못할 만큼 원숙한 모습을 보여줍니다.

유형발달이 건강하지 못한 ENTJ 남자들은 성격이 매우 급하고 자기 목적을
달성하기 위해 주변 사람들을 수단으로 이용하려 들며 성급하게 결정짓고 남
을 평가하는 사람들입니다. 특히 남을 훈계하거나 가르치려 들면서 자신의 자
존심을 세우려고 하지요. 자기 자랑이 정말 심하고 아랫사람을 포용할 줄 모
르는 사람이 됩니다. 대인관계에서도 자신에게 맞춰주는 사람만 상대하려고
하여 매우 편협합니다. 자신에게 비판적인 사람에 대해 매우 공격적인 모습을
보입니다. 그리고 큰 거 한 방을 노리려는 경향이 매우 심하며 뜬구름을 잡으
려는 경향이 매우 심합니다.

❻ 라이프 스타일

이들은 자기 관리에 매우 철저하기에 정말 모범적인 생활 습관을 가지고 있
습니다. 그리고 거시적인 목표와 계획이 있기에 항상 바쁩니다. 목표를 이루기

위한 공부와 연습을 게을리하지 않지요. 너무 완벽주의를 추구하기에 남이 비집고 들어갈 틈이 없어요. 그래서 사회적으로 성공할 수밖에 없는 생활 습관을 가지고 있습니다. 또한, 정리 정돈에 대한 강박이 있을 만큼 깔끔하게 살아가는 편입니다.

❼ 만날 수 있는 곳

이들은 각종 전문 직군에서 많이 볼 수 있습니다. 의사, 한의사 같은 의료 계통과 변호사, 검사 같은 법조계 그리고 기업인, 정치인, 사무관, 외교관, 군인 장교 쪽에서 이 유형을 정말 쉽게 만날 수 있습니다. 그래서 일반적인 환경에서는 만나기가 쉽지는 않은 편이지요.

❽ 설득의 포인트

이들은 거시적인 통찰을 바탕으로 혁신적인 아이디어에 크게 반응합니다. 특히 미래의 가능성을 크게 평가하기에 도전 과제가 있고, 그 과제의 결실을 통해 크게 성장할 수 있는 것에 큰 매력을 느끼게 됩니다.

이 유형들은 결혼에 대해서는 회의적인 생각을 많이 합니다. 결혼으로 인해 자기 계발이 더디게 되고 정체될 것 같다는 생각이 들면 결혼 생각을 접어버리는 경향이 있어요. 그래서 이들이 현재 만나고 있는 상대와 결혼하고 싶다는 생각이 들게 하기 위해서는 이들이 생각하는 수준의 자기 관리와 자기 계발을 함께 할 수 있어야 하며 적어도 이들의 계획에 방해되어서는 안 됩니다. '정말 이 사람과 함께라면 함께 성장할 수 있겠다.'라는 미래가 기대될 때 결혼을 마음먹습니다.

❾ 이들에게 사랑이란

세상을 살아가는 동안 함께 성장하는 동반자 또는 친구입니다. 그리고 연애와 사랑도 자기가 익혀야 하는 자기 계발, 자기 관리의 하나라고 생각합니다. 기본적으로 NT 기질인 만큼 감정을 이해하는 능력이 부족하고 자신의 감정 상태를 인지하는 능력이 미숙하지요. 그래서 감정적인 것보다 미래 지향적인 발전을 더 중요하게 생각하는 경향이 강하며 그걸 도와주는 수단으로 생각하는 경향이 있어요.

❿ 연애 스타일

이들은 자신이 관계를 주도하고자 합니다. 기본 성향 자체가 리더십이 있기 때문이지요. 그리고 밀당이나 썸 타는 것 같은 가벼운 관계보다는 진중하게 시작하는 것을 선호합니다. 연애마저도 자기 관리, 자기 계발의 하나라 생각하거든요. 그래서 연애를 시작하면 안정기에 돌입할 때까지는 진지하게 임하며, 어느 정도 안정이 되었다 싶으면 또 자신의 거시적인 계획에 맞춰서 또 다른 자기 계발과 자기 관리가 시작됩니다. 이들은 사람을 보는 눈이 매우 기준이 높아서 까다로운 편입니다. 적어도 일정 수준의 지적 능력이 되어야 하고 자기 계발과 자기 관리가 철저한 사람이어야 합니다. 그리고 그 수준에 미치는 사람이 나타나지 않으면 시작조차 안 하려는 경향도 있습니다.

이들은 공과 사를 엄격히 구분하며 현재 다른 일을 하는 중이라면 연락을 안 합니다. 기본적으로 이들은 어떤 목적이 있어야만 연락하는 편이며 가벼운 스몰토크에는 약한 모습을 보입니다.

MBTI 사랑학개론

⑪ 이상형

일정 수준 이상의 지적 능력과 자기 계발의 의지가 있어야 하며 자기 관리에 철저한 사람을 좋아합니다. 그리고 진취적이고 혁신적인 마인드를 가진 여성에게 크게 매료됩니다. 그 외 부차적인 것에는 크게 신경을 쓰지 않습니다.

⑫ 이들에게 어필하는 방법

자기 계발과 자기 관리에 철저한 모습을 보이면서 이들과 대화하고 토론할 수 있는 모습을 보이는 것이 매우 중요합니다. 특히 자신만의 전문 분야에 관해서는 이들을 압도하는 모습을 보여줄 때 이들은 크게 반합니다.

⑬ 싫어하는 여자 스타일

게으르고 태만하며 대화가 되지 않고 현재만을 즐기고 놀려는 사람을 매우 싫어합니다. 그리고 자신의 감정에 도취하여 현재 문제를 회피하고 나약한 모습을 보이는 사람을 정말 싫어하지요.

⑭ 감동 포인트와 격려 방식

이들은 감정을 이해하는 능력이 미숙하고 항상 자기 계발에 미쳐있는 사람들이라 타인에게 감동하는 일은 잘 없습니다만, 자신이 미처 알지 못했던 지식이나 사고의 체계를 가르쳐주는 사람에게 크게 감동하게 됩니다. 그리고 이들은 자신이 인기 있는 사람으로 보이기보다는 능력 있는 사람으로 여겨지기를 원하여 이들의 리드에 고마워하고 그 능력을 인정해줄 때 크게 동기부여가 됩니다.

⑮ 이별을 생각하게 되는 경우

이들에게 감정적으로 서운함을 내비치며 자주 삐지거나 힘들어하는 모습을 보일 때 이들은 점점 지쳐갑니다. 게다가 게으르고 나태한 생활 태도를 보이면서 정리 정돈이 잘 안 될 때 이들은 잔소리를 심하게 하는 편이며 그 잔소리에 반응하지 않을 때 어느 순간 이별을 결정짓게 됩니다. 이들은 매우 성격이 급해서 금방 결정지어버리는 특징이 있어요.

⑯ 재회 가능성과 방법

이들은 결단력이 있어 매우 단호합니다. 한번 마음먹고 이별을 통보하면 그것으로 끝인 경우가 많아요. 게다가 연애 자체를 해도 그만, 안 해도 그만이라고 생각하는 사람들이라 아쉬운 것이 없다고 생각하기에 자기와 맞지 않다고 결단을 내린 상태에서는 단호하게 돌아섭니다.

⑰ 이들에게 결혼이란

성격유형 중에서 자발적 비혼의 비율이 가장 높은 성격이 아닐까 하고 생각합니다. 독립적인 성향이 가장 강하고 혼자서도 매우 완벽하게 잘 살아가기에 누군가와의 결혼이 그런 자신의 완벽함에 지장을 준다고 생각하면 그 필요성을 못 느끼게 되는 것이지요(이는 ENTJ 여자들에게 상대적으로 더 많이 나타나는 현상입니다). 이들은 자신이 매료될 만한 지적 능력을 갖추고 있고 자기 관리에 철저한 상대가 나타났을 때 함께 성장할 수 있는 과정으로서 결혼을 생각하게 됩니다. 따라서 이들이 원하는 상대가 흔한 것이 아니라서 지금까지는 부모님이나 주변 사람들의 성화에 못 이겨 가장 적당한 상대와 결혼을 했을 가능성이 매우 크지요. 그러나 ENTJ 남자들은 딩크까지는 생각하지 않는 듯합니다.

⑱ 결혼 생활의 특징

이들은 리더십은 있으나 권위적인 사람들은 아니라서 가정일에 매우 충실한 모습을 보입니다. 완벽주의 성향 때문에 밖에서나 안에서나 완벽해지려고 노력하지요. 그래서 살림, 육아, 자녀 교육에 이르기까지 정말 최선을 다하는 모습을 볼 수 있어요. 그리고 경제적인 이유가 아닌, 자기 계발과 자기 관리의 목적으로 배우자도 직업을 가지길 바라는 경우가 많습니다. 정리 정돈이 안 되거나 게으르고 태만한 가족 구성원에게는 심하게 잔소리하는 사람이 될 수 있습니다.

⑲ 잘 어울리는 여자 유형

같은 유형인 ENTJ 여자를 만나면 최상의 단짝이 되며 ESTJ, INTJ, INTP, ENTP 여자와는 잘 지낼 수 있어요. 그리고 ISTJ 여자와는 어느 정도 서로의 속도만 잘 맞추면 잘 지낼 수 있지요. 하지만 나머지 성격유형과는 정말 최악의 궁합이 될 것입니다.

⑳ 이들과 잘 살기 위한 조언

군인과 같은 계획대로 움직이는 생활에 잘 적응하는 것이 좋으며 자기 계발과 자기 관리에 철저해야 하고 시간 관리, 정리 정돈 등이 몸에 밴 사람이어야 이들과 잘 살 수 있어요. 그리고 특정 주제에 관해 토론하는 것에 마음 상하지 않아야 하며 이들의 직설적인 화법에 적응해야 합니다.

E
N
T
J

㉑ 갈등 해소 방식

이들은 고집이 센 것 같지만 정당한 비판에 대한 수용이 매우 빠릅니다. 그리고 권위적이지 않기에 갈등을 일으키는 문제에 대해 직접 자신의 의사를 밝히고, 있는 그대로 이야기하면 이들은 쉽게 수용하며 고치려고 노력할 것입니다.

㉒ 이들을 빡치게 만드는 방법

자신의 잘못에 대해 인정하지 않고 이들의 잔소리를 대놓고 무시하며 같은 실수를 지속해서 반복하게 되면 이들은 불같이 화내기 시작합니다. 특히 게으르고 나태한 생활 태도로 인해 이들을 자극하면 매우 화를 내지요.

E
N
T
J

⑮
All that INTP

아이디어 뱅크형

The Objective Analyst

(1) 기본 특징

조용하고 과묵하나 관심 있는 분야에 대해서는 말을 잘합니다. 사람이 중심이 되는 가치보다는 아이디어에 관심이 많습니다. 매우 분석적이고 논리적이며 객관적인 비평을 잘합니다. 일의 원리와 인과관계에 관심이 많으며 실체보다는 실체가 안고 있는 가능성에 관심이 많습니다. 이해가 빠르고 높은 직관력으로 통찰하는 재능이 있으며 지적인 것에 관심이 많습니다. 개인적인 인간관계나 파티 혹은 잡담에는 별로 흥미가 없습니다. 이들의 교제 범위는 일반적으로 아이디어를 토론할 수 있는 소수의 가까운 사람들입니다. 때로는 어떤 아이디어에 몰입하여 주위에서 돌아가고 있는 일을 모를 때도 있습니다.

| 주기능 Ti | 부기능 Ne | 삼차기능 S | 열등기능 Fe |

주기능 Ti는 효과적이고 논리적인 구조를 만들고 분석합니다. 매우 논리적인 사고를 보이며 가장 효율적이고 효과적인 결론을 끌어냅니다.매우 머리 회전이 빠릅니다. 받아들인 정보를 토대로 빠르게 논리적으로 판단하여 정확한 결론을 끌어내지요. 그래서 매우 계산적인 면도 강하고 이성적인 편입니다. 이 기능이 매우 뚜렷한 사람들은 모든 것을 논리와 이성으로만 생각하는 경향이 있습니다. 이해력과 추론 능력이 좋아서 분석하고 상황을 예측하는 능력이 좋습니다.

I
N
T
P

부기능 Ne는 가능성과 다양성에 대한 열정과 통찰력이 탁월한 기능입니다. 새로운 아이디어나 새로운 시각으로 상황이나 사물, 사람 등을 바라보지요.매우 창의적인 아이디어가 샘솟는 유형입니다. 항상 새로운 관점에서 바라보고 새로운 도전을 즐기며 실패하더라도 나름의 의미를 찾는 매우 긍정적인 유형이지요. 간단한 것 하나를 하더라도 항상 새로운 방법으로 시도하려는 도전정신이 이 능력의 특징입니다. 하지만 기존의 방식을 따르거나 구태의연한 것에 대해서는 금방 지치고 집중력을 잃어버리는 경향이 강해요. 그리고 특정한 단어나 표현, 뉘앙스 등으로 인해 현재의 집중을 잃어버리고 딴생각에 빠지는 경향도 강하구요. 그래서 집중의 길이와 질이 좋지 않은 편이나 자신이 관심 있어 하는 대상에 대해서는 엄청난 몰입을 보여줍니다.

삼차기능 S로 인해 사람들이 기존의 방식을 따르는 것을 매우 혐오합니다. 고지식하게 구는 것도 매우 싫어하는 편이며 예측 가능한 뻔한 상황도 싫어합니다. 대체로 끈기가 없고 참을성이 부족하지요. 하나를 지긋하게 오랫동안 집중하는 것에 약한 편입니다. 그리고 외부 자극에 매우 둔감한 편입니다. 육체적 쾌락만을 탐닉하는 것에 대해 혐오하는 경향이 강하며 상대방의 상황이나 감정 변화에 대해 눈치가 부족한 편입니다.

열등기능 Fe로 인해 타인으로부터의 간섭이나 참견을 매우 싫어하게 됩니다. 그리고 기존 사회의 윤리, 도덕적 가치 기준에 대해 반감을 품고 있는 경우가 많습니다. 또한, 자신에게 타인의 감정을 공감하도록 요구하는 것에 대해 매우 불편한 느낌을 많이 받게 되구요. 나와 크게 관련 없는 사람에 대해 무관심하게 생각하는 경향이 강하지요.

1차 유형발달 시기에 도달하면 현실 세상보다는 자신이 만들어낸 공상의 세상, 상상 속의 세상에 빠져 지내는 것에 대해 현실과의 괴리를 느끼면서 갈등에 빠지기 시작합니다. 만약 자존감이 높고 우호적인 환경에 노출되어 있다면 자기 객관화가 시작되며 자기반성을 하기 시작합니다. 그러면서 차츰 삼차기능인 감각기능이 발달하기 시작하면서 현실 감각이 생겨나기 시작하며 이상

INTP

MBTI 사랑학개론

과 현실 사이에 균형을 찾아가기 시작합니다. 하지만 자존감이 낮고 적대적인 환경에 노출된 상태에 심한 스트레스를 받고 있다면 자기 객관화가 되지 않고 자기만의 세상에 갇혀서 외부 세상과 교류를 단절하며 은둔형 외톨이가 되는 경향이 있습니다.

2차 유형발달 시기에 도달하면 점차 자기 곁에 사람들의 감정이 눈에 보이기 시작하면서 주변 사람을 챙기기 시작합니다. 성과를 올리는 데에 꼭 업무적 효율만이 중요한 것이 아닌 인화 또한 매우 중요하다는 것을 깨닫게 되지요.

1차 유형발달이 건강하게 진행되었다면 자연스레 2차 유형발달도 건강하게 진행되기 시작합니다. 하지만 1차 유형발달이 건강하지 못하면 대인관계 기술이 발달하지 못합니다.

(2) INTP 여자들

❶ 남자에게 어필할 수 있는 매력 포인트

자기 분야에 엄청난 집중력을 보이는, 하지만 실생활에서는 허당미가 넘치는 사람들입니다. 집중력이 뛰어나고 창의력이 풍부합니다. 그리고 문제 해결 능력이 탁월하며 솔직하고 쿨한 매력을 가지고 있습니다.

❷ 건강하지 못한 유형발달을 했을 때의 모습

극단적으로 게으른 생활 태도를 보이며 자기가 하고 싶은 것만 하려고 합니다. 대인관계 기술도 매우 미숙하며 낯가림이 심해집니다. 전체적으로 이런 특징이 강하게 느껴지는 경우 자존감이 낮은 상황에서 적대적인 환경에 장시간 노출된 채로 1차 유형발달의 시기를 보냈을 가능성이 큽니다. 우호적인 환경에서 우호적인 사람들과 어울리는 시간을 많이 보내다 보면 서서히 건강한 방향을 유형발달이 되기 시작합니다.

❸ 스트레스가 심할 때

INTP 유형의 여자들에게 가장 큰 스트레스는 대인관계에서 비롯되는 경우가 많습니다. 기본적으로 사람들과 어울려 지내는 능력이 매우 미숙해서 자신에게 공감 능력을 요구하는 경우 매우 난감해하고 힘들어하는 경우가 많습니다. 게다가 상대의 무례함에 대해 감정적으로 분노하는 경우가 많지요. 그래서 스트레스가 심할 경우 감정 조절이 힘들고, 분노하게 되는 경우가 많으며 타인에게 공격적인 모습을 보이는 경우가 많습니다.

스스로 마음에 분노가 가득 찬 모습이라고 생각이 들 때 유칼립투스, 사이프레스, 티트리, 로즈마리, 페퍼민트 등의 잎 오일과 샌달우드, 프랑킨센스 등 나무 오일을 블렌딩하여 호흡해보세요. 감정적으로 격해지고 공격적인 마음을 가라앉혀주고 마음의 평정심을 찾는 데 도움이 될 것입니다.

'열정, 자극, 지금을 산다'의 의미가 있는 레몬그라스 오일을 롤온 공병에 캐리어 오일과 희석하여 향수처럼 사용해보세요. 무뎌지고 무기력해진 마음에 감수성을 끌어내는 데 도움이 될 것입니다.

아로마테라피와 관련하여 좀 더 자세한 정보는 카페에서 확인하시면 됩니다.

☕ **MBTI for Love** (cafe.naver.com/mbtiforlove)

그리고 자신이 관심이 생기는 분야에 깊이 파고들면서 몰입하다 보면 스트레스가 현저히 줄어들 것입니다.

❹ 원하는 연애 스타일과 이상형

INTP 유형의 여자들은 자신과 취향이 맞거나 대화의 주제나 코드가 맞는 사람을 매우 좋아합니다. 끼 부리지 않고 밀당하지 않으며 집착하지 않는 사람을 좋아하지요. 지식이 풍부하고 똑똑하며 똑 부러진 사람을 좋아하며 자신이 존중할 수 있는 사람을 원합니다. 그리고 감정적인 공감이나 호소를 하지 않는 사람을 원하지요.

❺ 가장 잘 맞는 남자 유형

같은 성격인 INTP 남자를 만나게 되면 매우 편안한 관계가 될 것입니다. 서로 감정 이해에 대한 요구가 적으며 대화 코드가 통하고 삶의 방식이 비슷합니다. 그리고 INTJ, ENTJ, ENTP 유형과도 매우 잘 지낼 수가 있어요. 무엇보다도 대화가 통한다는 점에서 삶이 흥미로워집니다.

❻ 노력하면 괜찮은 남자 유형

ISTP 유형의 남자를 만나게 되면 둘 다 감정 공감에 대한 요구가 적어서 편하며, 자신의 약점인 꼼꼼한 현실 감각을 채워줄 수 있어서 잘 어울릴 수 있습니다. 하지만 대화는 잘 통하지 않아서 답답할 수 있어요.

I
N
T
P

❼ 가장 피해야 할 남자 유형

감정형 남자들은 INTP 여자에게는 매우 피곤한 사람들입니다. ISFJ, ISFP, ESFP, ESFJ, INFJ, INFP, ENFP, ENFJ 유형은 자기감정에 대한 이해를 자주 요구합니다. 하지만 INTP 여자들은 그게 너무 힘들거든요. 스트레스 많이 받게 되어 결국 심한 갈등을 겪게 됩니다. 그리고 ISTJ, EST, ESTP 유형은 INTP 여성의 대화 코드, 생활 패턴, 경제관념 등에서 안 맞다고 느껴서 심한 갈등을 빚게 됩니다.

❽ 남자를 만날 때 조심해야 하는 것

INTP 여자들은 남의 감정에 대해 매우 무심한 경우가 많습니다. 그래서 상대가 어떤 기분을 느끼고 있는지 눈치채지 못하는 경우가 많아요. 게다가 소위 오글거리는 행동, 애교 등은 아예 없는 편이지요. 그래서 남자들의 감정이 상했을 때 무심코 지나쳤다가 일이 커지는 경우가 많습니다. 어느 정도 적당한 선에서는 남자들의 감정 상태를 체크할 필요가 있어요.

❾ 이별 후 대처법

자신의 힘든 감정을 객관화시켜서 바라보는 특징을 가지고 있어요. '아, 나에게도 슬픔이라는 게 있구나.'라는 식으로 받아들이지요. 그래서 자신도 모르게 우울증 증세도 보이게 되고 대인기피증도 보이게 됩니다. 그럴 때 부기능 Ne 기능을 자극하여 자신이 관심이 있는 대상에 대해 집중해서 파고들다 보면 어느 순간 힘든 상황을 극복할 수 있을 것입니다.

I
N
T
P

MBTI 사랑학개론

부모에게 INTP 자녀는 항상 이것저것 챙겨줘야 하는 자녀입니다. 머리는 매우 똑똑하지만, 생활지능이 떨어지는 편으로 물건을 잘 잃어버리거나 길을 잃어버리고 뭔가 잘 빠뜨리는 모습을 보이지요. 그래서 부모들은 심각하게 아이의 상태에 대해 고민하게 됩니다. 그리고 친구들 관계에서도 어려움이 많은 탓에 걱정을 많이 하지요. 대체로 오만해 보이는 이미지 때문에 자신의 양육 태도에 문제가 있었던 것은 아닌지 하며 부모가 마음고생을 많이 합니다. SJ, SP, NF 부모들은 INTP 자녀 때문에 마음고생을 많이 하며 NT 부모들은 아이의 성향을 잘 이해하기에 잘 맞는 편이지요.

INTP 부모는 자녀에게 자립심을 키우고 지적 호기심을 충족시켜 지적 발달을 촉진하는 능력이 탁월합니다. 아이들이 가지는 호기심을 매우 잘 파악하는 편이지요. 그리고 아이들의 실수에 대해 비평적이지 않고 관대하며 침착한 편으로 아이들이 실수를 통해 많은 것을 배울 수 있도록 돕습니다. 감정형 아이들에게는 감정 이해의 욕구를 충족시켜주기 힘들어하여 어려움을 많이 느끼지만, 사고형 아이들에게는 최고의 선생님이 됩니다. 자녀 교육과 관련하여 어려운 점이 있다면 저의 또 다른 책《MBTI 공부혁명 ver. 청소년(법률저널)》을 참고하시면 많은 도움이 될 것입니다.

직장에서는 묵묵히 자기 일만 열심히 하는 사람이며 나서거나 튀는 행동은 하지 않는 편입니다. 직장과 사생활을 분리하는 것 같진 않아도 주변 사람 눈에는 분리하는 것처럼 보입니다. 실제로 대인관계의 폭이 매우 좁기에 그런 착각을 하게 만드는 것이지요. 사람들과 어울리는 것을 불편하게 생각하며 자신과 코드가 같거나 대화가 통하는 사람과 친하게 지내는 편입니다.

친구 관계에서도 매우 무심한 편으로 소수의 마음 맞는 사람들과 친하게 지내는 편입니다.

INTP

(3) INTP 남자들

❶ 여자와의 차이점

INTP 남자들은 혼자 있을 때는 내향적이고 사교적이지 않아서 존재감이 거의 없어요. 하지만 온라인에서 INTP 남자들에 대해 성토하는 글을 참 많이 보게 됩니다. INTP 여자들과는 달리 유독 INTP 남자들에 관한 이야기가 끊임없이 올라오는 것을 보면 확실히 큰 차이가 있습니다. 무엇보다도 생활 태도 면에서 너무 부족한 부분이 많아서 INTP 남자들의 연인이나 배우자가 이들을 어찌해야 할지 자문하는 글이 대부분이지요. INTP 여자들은 그나마 자기 관리를 어느 정도 하지만 대다수의 INTP 남자들은 생활 태도가 참 문제 많은 경우가 많아요.

❷ 남자들의 특징

INTP 남자들은 어떤 하나에 생각이 꽂히면 거기에 과몰입하는 경향이 있습니다. 특히 남자들의 뇌 구조상 한 부위가 활성화가 되면 나머지 부위는 잠시 꺼지는 특징이 있는데 INTP 남자들은 그게 매우 심한 편이지요. 그래서 자신이 관심 있는 분야는 엄청난 천재성을 보이나 관심 없는 일상적인 것들에는 매우 허술한 모습을 보입니다. 그리고 관심을 가지는 분야는 이론적이고 개념적인 것들 혹은 복잡한 현상 속에서 논리적이고 일관된 개념을 잡아갈 수 있는 분야를 매우 좋아해요. 특히 수리 추론 능력이 탁월하여 과학이나 IT, 공학, 법률 등에 관심이 매우 높아요. 그러나 그 외의 것은 매우 힘들어서 회피하려는 모습을 보입니다. 특히 복잡한 사회, 정치, 국제 정세 등에 대해서는 크게 관심을 안 가지는 경우가 많아요.

이들은 마음은 효자지만 그 마음을 어떻게 써야 할지 몰라서 남에게 강요하기는커녕 본인이 욕먹는 경우가 많습니다. 그리고 적극적으로 윤리적인 행동을 하려고 하지는 않지만 잘못된 행동도 하지 않으려고 합니다.

일관된 논리와 근거가 있고, 추론해서 이해하는 능력이 탁월하여 공부 머리는 매우 좋으나 사람들과 어울려서 하는 일이라든지 경험적이고 실용적인 일에 관해서는 매우 미숙한 모습을 보입니다.

❸ 좋아하는 것과 싫어하는 것

이들은 온라인에서 활동을 많이 하는 편으로 게임에 깊이 빠져있거나 각종 인터넷 커뮤니티 활동을 많이 하는 편입니다. 특히 IT 관련해서는 전형적인 얼리어답터이며 IT 활용 능력이 그 어떤 유형보다도 좋습니다.

하지만 실제로 사람들을 만나서 친목을 다지거나 유흥을 즐기는 일은 매우 싫어하는 편이며 유흥과 관련한 문제를 거의 일으키지 않는 편이지요.

❹ 경제 개념과 재테크

경제학에 관한 학문적 지식은 매우 많을 수 있으나 실제 돈에 대한 감각은 매우 떨어집니다. 외출하는 것을 매우 싫어하고 물질적인 소유욕 자체가 거의 없어서 돈 쓰는 일이 극히 적어 돈 욕심이 거의 없습니다. 재테크는 남들이 다 하고 주변에서 하라고 하니깐 덩달아 하는 시늉을 하지만 제대로 하지는 못합니다.

INTP

➎ 유형발달의 상태에 따른 특징

유형발달이 건강한 INTP 남자들은 사람들과 어울려서 지내는 사교적인 능력이 매우 향상되어 있습니다. 자기만의 강한 개성이 있고 다른 외향적인 유형보다는 미숙하다 하더라도 남들과 어울리는 능력이 있어요. 그리고 어느 정도 자신의 주변을 돌아보는 능력도 있어서 사람들과 큰 마찰 없이 잘 지냅니다. 비록 타인의 감정을 이해하는 능력은 미숙해도 무심하게 타인을 대하여 상처주는 일은 매우 적지요. 즉, 매우 사회화가 잘 된 INTP 남자들입니다.

유형발달이 건강하지 못한 INTP 남자들은 자기가 하고 싶은 것만 하려고 하는, 매우 사교성이 떨어지는 까칠한 남자들입니다. 관심 있는 분야는 뛰어난 천재성을 보이지만 그 외의 것에는 매우 귀찮아하고 일체 관심을 안 보여서 이들 주위에는 항상 이들을 돌봐주는 사람이 필요하지요. 그래서 나이만 많은 철부지 꼬마 같은 이미지로 많은 사람을 힘들게 합니다. 특히 나이 잔뜩 먹고 게임에 빠진 게임 중독자가 정말 많습니다. 그리고 자신을 위해 수고하는 사람들의 고마움을 전혀 모르구요.

➏ 라이프 스타일

상당수 INTP 남자들의 생활 태도는 정말 엉망인 경우가 많습니다. 감각에 대해 매우 무딘 편으로 가끔 도저히 사람이 살 수 없을 것만 같은 공간에서도 매우 잘 지내는 INTP 남자들을 볼 수 있어요. 대체로 정리 정돈하는 것을 매우 힘들어하며 매우 게으르고 태만한 경우가 많습니다. 그래서 나이 들어서도 보호자와 함께 생활하는 경우도 종종 있으며 생활 태도 때문에 인터넷에서 욕을 많이 먹는 대표적인 유형이지요.

❼ 만날 수 있는 곳

이들은 바깥 활동은 정말 귀찮아하면서 안 하는 경우가 많아요. 하지만 온라인에서는 정말 왕성한 활동을 합니다. SNS에 돌아다니는 각종 밈, 짤 등이 이들에 의해 만들어진 것들이 참 많구요. 온라인 커뮤니티 정모를 하게 되면 이들을 많이 만나볼 수 있어요.

대체로 공학, 과학, IT 등의 학교, 연구실, 실험실, 기업체에서 많이 볼 수 있습니다. 일단 머리 하나는 정말 비상한 경우가 많거든요.

❽ 설득의 포인트

이들은 혁신적이면서 새로운 가능성이 보이는 제안에 크게 매료됩니다. 전통적인 방식을 벗어나 남들이 생각하지 못한 새로운 아이디어를 제시하면 이들은 순간 거기에 빠져들어 깊은 관심과 열정을 보이게 되지요. 특히 논리적인 분석과 큰 그림을 보여주면 쉽게 설득당합니다.

결혼에 관해서는 이들은 주로 끌려가는 편입니다. 남을 지시하거나 리드하려는 경향은 거의 없고 감정 이해 능력이나 공감 능력이 부족하여 어떤 상대와 결혼을 해야 하는지도 별생각이 없는 경우가 많아요. 그저 자기 자신을 이해해주고 대화 코드가 잘 맞는 상대가 나타나면 그 대상에게 깊이 몰입합니다. 그때 결혼하자고 확 당기면 그대로 끌려가는 편이지요.

❾ 이들에게 사랑이란

이들은 사랑이라는 감정을 잘 몰라요. 그저 본능적인 끌림에 의해 어느덧 그 사람이 자신의 마음에 들어와 있는 것이지요. 그래서 어떻게 해야 하는지도 잘 모르고 상대의 마음을 얻기 위해 어떻게 해야 할지도 잘 몰라요.

⑩ 연애 스타일

이들은 사랑에 쉽게 빠지지는 않아요. 무엇보다도 활동 범위가 매우 좁고 대인 관계 기술이 부족해서 새로운 사람을 만나기 쉽지 않거든요. 근데 한번 빠지면 자기 딴에는 매우 헌신적으로 노력을 다합니다. 문제는 상대는 그렇게 느끼지 못한다는 점이지요. 이들과 대화 코드나 유머 코드가 맞으면 이들은 정말 재치 있고 재미있는 사람들이지만 그게 맞지 않으면 정말 무뚝뚝하고 정이 없는 사람처럼 느껴집니다. 이들은 함께 있는 것은 좋아하나 연락하는 건 정말 힘들어합니다.

⑪ 이상형

이들은 자신과 대화가 통하고 유머 코드가 맞는 사람을 원합니다. 그리고 이들의 생활 태도를 이해하고 있는 그대로 받아줄 수 있는 사람을 좋아하며 이들의 독립적인 공간과 시간을 존중해줄 수 있는 사람을 원합니다. 또한, 자신들이 가지지 못한 적극성과 사교성이 있는 사람을 원합니다.

⑫ 이들에게 어필하는 방법

이들은 자신들이 하는 이야기를 잘 들어주는 사람, 특히 새로운 아이디어나 시각에 대해 흥미를 가져주며 이해할 수 있는 사람에게 크게 반합니다. 그리고 자신만의 아이디어나 새로운 시각을 이들에게 제시할 때도 크게 반하게 됩니다. 새로운 아이디어, 시각에 대해 매우 개방적인 태도를 취하면서 그런 대화를 나누는 것을 매우 좋아하거든요.

INTP

MBTI 사랑학개론

⓭ 싫어하는 여자 스타일

무엇보다도 대화가 통하지 않고 꽉 막힌 사람을 매우 싫어합니다. 이들은 자신의 외모를 놀리는 것에는 전혀 기분 나쁘게 생각하지 않다가 비과학적이고 비논리적인 이야기를 늘어놓는 상대를 만나게 되면 순간 욱하면서 상대를 매우 혐오하는 모습을 볼 수 있어요.

⓮ 감동 포인트와 격려 방식

이들은 자신의 새로운 아이디어나 시각을 상대가 이해해주고 놀라워하면서 칭찬할 때 이들은 매우 감동하게 됩니다. 그런 능력을 칭찬하면서 인정할 때 매우 고무되지요.

⓯ 이별을 생각하게 되는 경우

말이 안 통하고 이들에게 감정적인 공감과 이해, 배려를 요구하면서 이들을 몰아붙일 때 이들은 이별을 생각하게 됩니다. 특히, 자기 딴에는 헌신한다고 노력했는데 이를 몰라주면서 이들을 궁지로 몰 때 이들은 정말 힘겨워합니다.

⓰ 재회 가능성과 방법

이들은 감정이 매우 무디며 부정적 감정을 억누르는 힘이 좋습니다. 그래서 어느 정도 명백하게 이별을 하게 되면 감정정리를 매우 쉽게 잘하는 편이라 미련이 없어요.

INTP

⑰ 이들에게 결혼이란

이들은 일정 나이가 되면 당연히 결혼은 해야 한다고 생각하고 있습니다. 그 과정에서 사랑이나 어떤 의미를 생각하진 않는 편이구요. 그래서 자신의 외로움을 달래고 편하게 한 공간에서 지낼 수 있으면서도 자신만의 시간과 공간을 인정받을 수 있는 그런 상대가 나타나면 결혼을 하려고 합니다. 그리고 한번 결혼에 실패하게 되면 그 이후부터는 비혼을 생각하게 되지요. 또 INTP 남자나 여자 모두 아이를 안 좋아해서 딩크로 살아갈 가능성도 매우 커요.

⑱ 결혼 생활의 특징

이들은 집안일에 대해 귀찮게 여기는 것이 참 많아요. 특히 왜 해야 하는지 이해하지 못하면 안 움직이지요. 쉬는 날에는 밖에 나가지 않고 거의 집안에만 있는 편이지만 집안일은 아예 안 하려고 하기에 금방 엉망이 되는 경우가 많아요. 특히 위생 관념이 매우 부족하여 더더욱 마찰이 심하죠. 그래서 집안일과 육아 때문에 갈등을 많이 빚는 편입니다. 그리고 경제적인 이유가 아닌 각자의 사생활을 존중하자는 의미에서 맞벌이를 원하는 경우가 많아요.

⑲ 잘 어울리는 여자 유형

이들은 같은 유형인 INTP 여자가 아니고서는 이들의 생활 태도를 이해하고 받아들일 수 있는 유형은 없어요. 같은 INTP 여자를 만나게 되면 정말 즐겁게 잘 살 수 있어요. 물론 집안 상태는 장담할 수는 없지만, 대체로 INTP 여자들은 남자들과는 달리 어느 정도 할 것은 하는 편이라 그나마 괜찮지 않을까 하는 생각을 해봅니다. 그리고 ISTP, INTJ, ENTP 유형의 여자와는 서로의 차이만 잘 이해하면 나름 큰 마찰 없이 잘 지내는 편이지요. 하지만 그 외 나머지 성격유형들과는 정말 마찰이 심하니 피하시는 게 좋습니다.

I
N
T
P

⑳ 이들과 잘 살기 위한 조언

이들의 성향을 잘 이해하지 않으면 정말 마찰이 심해집니다. 특히 생활 태도 면을 이해하지 못하면 항상 싸움만 있지요. 근데 재미있는 것은 이들에게 비난의 말을 최대한 조심하면서 자신이 원하는 바를 하나씩 지시하면 또 말 잘 듣습니다. 아무렇지도 않게 시키는 대로 잘 따라 합니다. 물론 몇 번 그렇게 시켰다고 해서 이들이 앞으로 그 일을 자발적으로 잘하리라 생각하시면 안 되고 매번 지시해주시면 매우 순종적인 모습을 볼 수 있을 것입니다. 즉, 이들은 지시해야 말을 듣습니다.

㉑ 갈등 해소 방식

이들은 갈등을 일으킨 문제에 대해 허심탄회하게 대화로 풀어나가면 의외로 잘 풀리는 경우가 많습니다. 절대 감정적으로 반응하지 마시고 이들의 모습 그대로 인정하면서 어떻게 해결할지에 대해 브레인스토밍하듯 대화로 풀어나가면 쉽게 갈등을 해결할 수 있어요.

㉒ 이들을 빡치게 만드는 방법

일단 이들은 대화가 통하지 않고 비과학적이고 논리가 없는 말에 매우 과민하게 반응하며 미치려고 합니다. 특히 감정적인 이유로 이들을 몰아붙이기 시작하면 이들은 폭발하지요. 그리고 이들의 해명을 들으려고 하지 않고 바로 대화를 단절하면 이들이 단단히 화가 나서 난리 치는 모습을 볼 수 있을 것입니다.

INTP

16
All that ENTP

발명가형
The Enterprising Explorer
---

(1) 기본 특징

독창적인 혁신가이고 창의력이 풍부합니다. 항상 새로운 가능성을 찾고 새로운 시도를 하는 유형입니다. 넓은 안목을 가지고 있으며 다방면에 재능이 많습니다. 이들은 풍부한 상상력을 가지고 어떤 새로운 프로젝트를 남들보다 먼저 시도하는 경향이 있습니다. 민첩하고 여러 가지 일에 재능을 발휘하며 자신감이 높습니다. 이 유형의 사람들은 사람들의 동향에 대해 기민하고 박식합니다. 다른 사람을 판단하기보다 많이 이해하려고 노력합니다. 복잡한 문제 해결에 뛰어난 재능을 가졌으며 지칠 줄 모르는 에너지를 소유하고 있습니다.

주기능 Ne는 가능성과 다양성에 대한 열정과 통찰력이 탁월한 기능입니다. 새로운 아이디어나 새로운 시각으로 상황이나 사물, 사람 등을 바라보지요.매우 창의적인 아이디어가 샘솟는 유형입니다. 항상 새로운 관점에서 바라보고 새로운 도전을 즐기며 실패하더라도 나름의 의미를 찾는 매우 긍정적인 유형이지요. 간단한 것 하나를 하더라도 항상 새로운 방법으로 시도하려는 도전정신이 이 유형의 특징입니다. 하지만 기존의 방식을 따르거나 구태의연한 것에 대해서는 금방 지치고 집중력을 잃어버리는 경향이 강해요. 그리고 특정한 단어나 표현, 뉘앙스 등으로 인해 현재의 집중을 잃어버리고 딴생각에 빠지는

ENTP

380   MBTI 사랑학개론

경향도 강하구요. 그래서 집중의 길이와 질이 좋지 않은 편이나 자신이 관심 있어 하는 대상에 대해서는 엄청난 몰입을 보여줍니다.

부기능 Ti는 효과적이고 논리적인 구조를 만들고 분석합니다. 매우 논리적인 사고를 보이며 가장 효율적이고 효과적인 결론을 끌어냅니다.매우 머리 회전이 빠릅니다. 받아들인 정보를 토대로 빠르게 논리적으로 판단하여 정확한 결론을 끌어내지요. 그래서 매우 계산적인 면도 강하고 이성적인 편입니다. 이 기능이 매우 뚜렷한 사람들은 모든 것을 논리와 이성으로만 생각하는 경향이 있습니다. 이해력과 추론 능력이 좋아서 분석하고 상황을 예측하는 능력이 좋습니다.

삼차기능 F로 인해 타인의 감정을 공감하고 이해하는 능력이 매우 미숙합니다. 자신의 감정 상태에 따라 주관적으로 판단이 달라지는 것 자체를 일관성이 없다고 생각하여 매우 혐오합니다. 타인이 자신에게 감정적 공감이나 지지, 배려를 요구하는 경우 매우 불편하게 생각하며 힘들어합니다. 그리고 타인으로부터의 간섭이나 참견을 매우 싫어하게 됩니다. 그리고 기존 사회의 윤리, 도덕적 가치 기준에 대해 반감을 품고 있는 경우가 많습니다. 또한, 자신에게 타인의 감정을 공감하도록 요구하는 것에 대해 매우 불편한 느낌을 많이 받게 되구요. 나와 크게 관련 없는 사람에 대해 무관심하게 생각하는 경향이 강하지요.

열등기능 Si로 인해 사람들이 기존의 방식을 따르는 것을 매우 혐오합니다. 고지식하게 구는 것도 매우 싫어하는 편이며 예측 가능한 뻔한 상황도 싫어합니다. 대체로 끈기가 없고 참을성이 부족하지요. 하나를 지긋하게 오랫동안 집중하는 것에 약한 편입니다.

1차 유형발달 시기에 도달하면 항상 타인과의 갈등에서 무조건 이기려고 드는 자기 옆에 점차 친구가 떠나는 것을 느끼게 되어 외로워지기 시작합니다. 만약 자존감이 높고 우호적인 환경에 노출되어 있다면 자기 객관화가 시작되며 자기반성을 하기 시작합니다. 차츰 삼차기능인 감정기능이 발달하기 시작하면서 그동안 이기려고 드는 호승심에 자신의 잘못마저 궤변으로 이기려 들었던 모습을 깨닫기 시작하며, 당시 상대가 느꼈을 불편한 감정에 대해 미안함을 느끼고 반성하는 것이지요. 그 후 점차 타인의 감정을 이해하는 능력이 발달하기 시작합니다. 하지만 자존감이 낮고 적대적인 환경에 노출된 상태에 심한 스트레스를 받고 있다면, 자기 객관화가 되지 않고 남을 이기려 들면서 더욱 궤변과 억지 논리로 상대방을 괴롭히는 사람이 됩니다.

2차 유형발달 시기에 도달하면 점차 기존의 사회질서에 대한 필요성과 가치를 깨닫기 시작하면서 삶의 안정감을 찾아가기 시작합니다. 점차 현실 감각을 가지게 되며 현실과 아이디어 사이에 균형감을 가지게 됩니다.

1차 유형발달이 건강하게 진행되었다면 자연스레 2차 유형발달도 건강하게 진행되기 시작합니다. 하지만 1차 유형발달이 건강하지 못하면 아무리 사소한 것이라도 남을 이기는 것만을 생각하는 공격적인 사람이 됩니다.

(2) ENTP 여자들

❶ 남자에게 어필할 수 있는 매력 포인트

호기심 많고 모험 정신이 넘치는 열정 가득한 사람들이지요. 재치가 넘치고 매우 쿨하며 에너지가 넘칩니다. 활력이 넘치며 자기 주관이 매우 뚜렷하며 이들과 함께 있으면 재미가 넘쳐흐르지요.

❷ 건강하지 못한 유형발달을 했을 때의 모습

타인을 조롱하고 장난치는 것에 치중하여 상대의 감정이나 생각을 인지하지 못합니다. 그래서 대인관계 기술이 매우 부족하며 점점 친구가 떠납니다. 진득하게 하나의 일에 집중하기보다는 계속 새로운 일만 벌이며 잘 마무리 짓지 못합니다. 전체적으로 이런 특징이 강하게 느껴지는 경우 자존감이 낮은 상황에서 적대적인 환경에 장시간 노출된 채로 1차 유형발달의 시기를 보냈을 가능성이 큽니다. 우호적인 환경에서 우호적인 사람들과 어울리는 시간을 많이 보내다 보면 서서히 건강한 방향을 유형발달이 되기 시작합니다.

❸ 스트레스가 심할 때

ENTP 유형의 여자들은 평소 매우 쿨한 모습으로 스트레스를 잘 받지 않은 편이지만, 정의롭지 않거나 공정하지 않은 상황 그리고 감정에 호소하는 경우 매우 스트레스를 받게 됩니다. 특히 이들은 감정 조절이 힘들어져서 분노하게 되는 경향이 강하며 공격적인 모습을 보이게 됩니다.

스스로 마음에 분노가 가득 찬 모습이라고 생각이 들 때 유칼립투스, 사이프레스, 티트리, 로즈마리, 페퍼민트 등의 잎 오일과 샌달우드, 프랑킨센스 등 나무 오일을 블렌딩하여 호흡해보세요. 감정적으로 격해지고 공격적인 마음을 가라앉혀주고 마음의 평정심을 찾는 데 도움이 될 것입니다.

'열정, 자극, 지금을 산다'의 의미가 있는 레몬그라스 오일을 롤온 공병에 캐리어 오일과 희석하여 향수처럼 사용해보세요. 무뎌지고 무기력해진 마음에 감수성을 끌어내는 데 도움이 될 것입니다.

아로마테라피와 관련하여 좀 더 자세한 정보는 카페에서 확인하시면 됩니다.

☕ **MBTI for Love** (cafe.naver.com/mbtiforlove)

스도쿠 같은 퀴즈나 퍼즐에 몰입하다 보면 어느새 스트레스가 많이 줄어들어 있을 것입니다.

❹ 원하는 연애 스타일과 이상형

ENTP 유형의 여자들은 자기만의 취향이 분명합니다. 그래서 자신의 마음에 드는 사람을 원하지요. 말보다는 행동으로 움직이는 사람을 좋아하며 스스로 성장하면서 비전을 가지고 있는 사람을 원합니다. 독특한 개성이 강하고 자유분방한 사람을 좋아하지만, 허세가 심하거나 밀당을 하는 사람을 싫어합니다.

❺ 가장 잘 맞는 남자 유형

ENTP 여자들은 같은 ENTP 남자를 만나면 정말 정신없이 재미있는 나날들을 보낼 수 있습니다. 서로 쿨하고 진취적이며 관대하고 허용적인 사람들이라 세상을 살아가는 친구 같은 동반자가 되지요. 그리고 ENTJ 남자를 만나게 되면 ENTJ의 거시적 안목과 통찰력에 깊이 반하게 되며 지적 대화에 즐거움을 느끼게 됩니다. 매우 잘 통하는 커플이 되지요.

❻ 노력하면 괜찮은 남자 유형

INTJ, INTP 유형과는 조금 답답하긴 해도 대화와 유머 코드가 통해서 잘 지낼 수 있습니다. 그리고 ESTP, ISTP 유형의 남자와도 잘 통하지요.

❼ 가장 피해야 할 남자 유형

감정형인 남자들과는 피하는 것이 좋습니다. ISFJ, ISFP, ESFP, ESFJ, INFJ, INFP, ENFP, ENFJ 유형의 남자들을 만나게 되면 이들의 감정 이해 요구에 매우 스트레스를 받게 되며 결국 심각한 갈등을 빚게 됩니다. 그리고 천성이 매우 자유로운 영혼인 탓에 ISTJ, ESTJ 유형을 만나게 되면 타인을 통제하려는 욕구가 강하여 매우 힘들어하게 됩니다.

❽ 남자를 만날 때 조심해야 하는 것

ENTP 여자들은 너무 쿨합니다. 그것을 잘 아는 남자들도 자기가 잘못해도 어느 정도는 쿨한 여자친구나 배우자가 이해해주겠지 하는 마음을 가지게 되지요. 그래서 그 정도가 점점 심해지게 되지요. 따라서 가끔은 자신의 마음이 힘들다는 것을 표현할 필요가 있어요. 말하지 않으면 알 수가 없는 법이지요.

❾ 이별 후 대처법

아무리 쿨한 ENTP라도 이별 앞에서는 상처받고 힘들어합니다. 단지 자신의 이미지와 힘들어하는 모습이 어울리지 않아서 자신의 이야기를 잘 꺼내지 않으려고 합니다. 근데 힘들면 가까운 친구나 편한 사람에게 상처를 털어놓고 위로받는 것이 좋아요. 그리고 부기능인 Ti 기능을 자극하게 되면 스트레스가 한결 완화되는 것을 느끼지요. 퍼즐이나 퀴즈 등을 풀다 보면 많이 좋아질 것입니다.

❿ 상황별 궁합

부모에게 ENTP 자녀는 정말 통제하기 힘든 장난꾸러기입니다. 호기심은 매우 많으나 공부에 집중하지 않고 항상 자기가 관심 있는 분야에만 집중하려고 하지요. 그래서 SJ 기질의 부모는 자기가 하고 싶어 하는 것만 하려고 하는 ENTP 자녀에게 걱정이 많습니다. 그리고 SP와 NT 기질의 부모는 ENTP 자녀의 그런 호기심에 부응하려고 노력을 많이 하지요. 하지만 NF 기질의 부모는 ENTP 자녀가 예의가 없고 남에게 짓궂은 장난을 치면서 괴롭히는 것에 크게 걱정하는 편입니다. 또한, 감정 공감 능력이 미숙한 ENTP에게 상처를 많이 받게 되지요.

ENTP 부모는 자녀에게 자립심을 키워주고 항상 새로운 관점에서 세상을 바라보도록 도와줍니다. 타인의 실수나 상황에 대해 관대함과 수용성을 키워줍니다. 또한, 아이들의 수준에 이해하기 쉽게 잘 가르치는 편이지요. NT, SP 기질의 자녀와는 말할 것 없이 상성이 좋으나 NF 기질의 아이들은 많이 힘들어 하는 편이지요. SJ 기질의 자녀와는 무난하게 잘 지내는 편입니다. 자녀 교육과 관련하여 어려운 점이 있다면 저의 또 다른 책《MBTI 공부혁명 ver. 청소년(법률저널)》을 참고하시면 많은 도움이 될 것입니다.

직장에서는 동료들에게 특이한 사람, 재미있는 사람, 그러나 뛰어난 일 처리 능력을 가진 사람으로 통합니다. 틀에 얽매이지 않고 항상 새로운 방법을 추구하며 혁신을 찾는 사람이지요. 주변 동료들은 처음에는 특이한 사람으로 색안경을 끼고 이들을 바라보나 점점 이들의 진가를 알아보기 시작하면서 매우 친해지게 됩니다. 대체로 두루 잘 지내는 편이나 ESTJ와 ISTJ 유형들은 이들의 특이한 행동과 말에 거부감을 느끼게 됩니다. 하지만 ENTP 유형의 사람들은 남이 어떻게 생각하든 말든 자기 갈 길을 가는 편이지요.

친구들 사이에는 매우 인기가 좋습니다. 쿨하고 남의 실수에 대해 매우 관대하며 수용적이라 대인관계가 매우 넓은 편입니다.

(3) ENTP 남자들

❶ 여자와의 차이점

ENTP 여자들은 감정형들의 집단인 여자들 사회에서 어릴 때부터 반발심을 많이 가지고 성장하지만, 어느 시기가 되면 감정형들의 문화에 서서히 적응한 모습을 보여줍니다. 그래서 자신의 모습을 어느 정도 숨기고 내향적인 모습도 보이는 경우가 있어요. 하지만 ENTP 남자들은 사고형들의 집단 속에서 잘 적응하며 살아왔기에 대체로 자존감이 높고 자기 뜻대로 살아가고자 하며 개성이 강합니다.

❷ 남자들의 특징

매우 다재다능한 사람들입니다. 무엇을 하든 평균 이상은 하는 편이지요. 매우 두뇌 회전이 빠르고 직관력이 좋아서 어떤 문제에 대한 대략적인 이해가 매우 뛰어납니다. 그리고 전통적인 가치나 구태의연한 관습에 대해서는 매우 거부감을 가지고 있어서 진보적인 성향이 강합니다. 또한, 자기만의 가치 기준으로 세상을 바라보기에 나름의 윤리 기준이 명확한 편입니다. 그리고 자신의 부모에게 자기 스타일로 효도를 다 하려고 하지요. 또 남을 따라 하기보다는 자신이 리드하는 것을 좋아하며 책임감도 강한 편입니다. 그리고 타인에게 매우 관대한 편입니다.

지능이 높고 머리 회전이 매우 빠르지만, 공부에 대한 필요성을 느끼지 않으면 공부에 손을 아예 대지 않는 경우가 많아서 뒤늦게 공부에 맛을 들인 사람들이 많은 편이며, 어떠한 일이든 한번 맡으면 책임지고 일정 수준 이상은 해내는 사람들입니다. 하지만 기본적인 것에 잔 실수가 잦은 덤벙거리는 성격입니다.

❸ 좋아하는 것과 싫어하는 것

이들은 토론하는 것을 매우 좋아합니다. 특정 주제에 관해 자기 생각을 말하고 타인의 주장을 듣는 것을 즐깁니다. 그리고 아무리 관심이 없던 분야라도 처음 접할 때는 새로운 지식을 쌓는다는 생각으로 어느 정도 관심을 가지지요. 음악이나 예술 분야에 취미를 가진 경우도 많고 남들한테 재미있는 이야기를 하면서 웃기는 것을 좋아합니다. 다양한 취미를 즐기지만 금방 싫증을 내는 편이지요. 새로운 경험을 즐기며 사람들과 어울리는 것을 좋아하는데다 자기만의 가치 기준을 가지고 있어서 술자리나 유흥을 즐기는 편입니다.

기본 천성이 반골 기질이 강하여 사회적 지위나 권위에 대해 크게 개의치 않는 성격이며, 토론 과정에서 부정적 감정을 드러내며 화를 내거나 권위로 누르려고 하는 상대를 매우 혐오합니다. 평소에 아무 생각 없을 때는 남들을 신경 쓰지 않고 자기 마음대로 행동하는 편이지요.

❹ 경제 개념과 재테크

이 유형의 남자들은 경제 개념은 그리 좋은 편은 아닙니다. 돈을 알뜰살뜰 모으는 타입은 아니지요. 하지만 기본적으로 이들이 주로 하는 일 자체가 매우 부가가치가 높은 고소득의 일을 많이 하는 편이라 경제 수준은 높은 편이며 이 유형 안에서 빈부 격차가 큰 편입니다. 재테크에도 미숙한 편이지요.

❺ 유형발달의 상태에 따른 특징

건강한 유형발달을 한 ENTP 남자들은 매우 사교적이면서 자신의 말이 상대에게 어떻게 들릴지 먼저 생각하여 말을 조심할 줄 아는 NT 기질의 남자 중 가장 따뜻한 남자들입니다. 자신이 잘못했을 때 기꺼이 먼저 사과할 줄 알며 상대를 배려하려고 나름 노력하는 것이 보이는 사람들이지요. 그리고 자신이 해야 하는 일을 진득하게 하는 인내심이 있지요.

유형발달이 건강하지 못한 ENTP 남자들은 매우 공격적이며 상대의 잘못이나 실수를 인터넷 드립과 연결 지어 놀리는 경우가 많으며 상대의 말이나 상황을 비꼬는 능력이 탁월하여 상대방에게 상처를 주는 일이 많습니다. 그리고 자기가 하고 싶은 일만 하려고 하며 한 가지 일을 진득하게 하지 못합니다. 그래서 한 직장에서 오래 일하는 경우가 거의 없어요. 어느 조직을 가든 처음에는 환영을 받지만, 점점 대인관계에 문제를 일으키고 적응하지 못해서 새로운 직장으로 이직하는 경우가 많습니다. 그리고 반사회적인 성향을 드러내어 문제를 일으킬 가능성이 매우 큽니다.

❻ 라이프 스타일

ENTP 남자들은 집보다는 항상 밖에 돌아다니는 일이 많아요. 사람들 만나는 걸 좋아하고 자기가 하고 싶은 취미 활동하느라 바쁜데다 새로운 곳에 가는 것을 매우 좋아합니다. 그래서 싱글일 때는 집에 잘 붙어있질 않는 편이지요. 따라서 집안일이나 정리 정돈하는 게 좀 미숙하지요.

❼ 만날 수 있는 곳

이들은 창의적 아이디어와 실행력을 요구하는 기업이나 법조계, 언론, 정치, 강사, 엔지니어, 과학자, IT 업계 등에서 전문적인 역량을 발휘하는 경우가 많습니다. 그리고 친목 모임이나 동호회에도 이들을 자주 볼 수 있어요.

❽ 설득의 포인트

이들은 토론하는 것을 매우 좋아하여 확실한 근거와 논리적인 주장을 가지고 토론을 하다 보면 어느 선에서 타협점을 얻을 수 있습니다. 그 과정에서 이들도 설득되는 편이구요. 이들을 상대하기 위해서는 이들과의 토론을 절대 무서워해서는 안 됩니다.

이 유형은 자기가 원하는 이상적인 상대를 만나게 되면 결혼을 당연히 해야 한다고 생각하는 편입니다. 만약 이들이 연애만 하고 결혼을 피한다면 결혼까지는 생각하지 않고 있다는 의미지요.

❾ 이들에게 사랑이란

함께 이 세상을 즐겁게 살아가면서 자기만의 이상적 세상을 함께 만들어가는 존재로 생각합니다. 그래서 이상형과 연애하기를 원하는 경향이 강하여 그런 상대를 찾지 못했다면 솔로 생활을 지속할 가능성이 크지요.

❿ 연애 스타일

이들은 매우 재치가 있고 유쾌해서 연애 자체는 매우 재미있습니다. 항상 새로운 재미를 추구하거든요. 하지만 연애 초기에는 말이 과하게 많거나 없어지거나 하면서 매우 어색한 모습을 보이게 됩니다. 그리고 자신의 이상형을 만난 경우에는 매우 빠르게 사랑에 빠지는 모습을 볼 수 있어요. 또한, 그런 이상형을 만나서 연애를 시작하면 정말 헌신적인 모습도 보여줍니다. 이들은 자신의 상황에 따라 연락하는 시간대를 정합니다. 업무 중이거나 바쁜 시간대에는 연락을 최대한 자제하며 딱 정해진 시간에 연락하는 편이라 연락 문제로 갈등을 빚는 경우는 잘 없는 것 같습니다.

⓫ 이상형

이들은 무엇보다도 대화가 잘 통하느냐에 큰 가치를 부여합니다. 어느 정도의 지적 수준과 대화 코드, 유머 코드가 맞아야 합니다. 대화가 잘 통하면 점점 그 상대에게 빠져들지요. 한번 빠져들면 다른 부분은 크게 개의치 않는 편입니다.

⓬ 이들에게 어필하는 방법

이들은 사람들에게 수시로 농담을 잘하고 재치 있는 말을 많이 합니다. 그럴 때 적절하게 반응하면서 잘 받아 쳐주는 티키타카가 중요하지요. 그리고 이들의 통찰력과 직관력을 인정하면서 이들의 아이디어를 경청하며 자유롭게 대화를 나누다 보면 이들은 상대에게 매우 깊이 빠져들어 있을 것입니다.

ENTP

⓭ 싫어하는 여자 스타일

대화가 통하지 않고 꽉 막혔으며 고지식한 사람을 매우 싫어합니다. 특히 자신의 논리가 빈약하고 설득력이 전혀 없는데도 끝까지 자기가 맞다고 우기는 사람을 매우 혐오하지요. 그리고 감정적인 호소나 공감을 요구하며 급격한 감정 기복을 보여서 이들이 적응하기 힘들게 만드는 여자를 매우 싫어합니다.

⓮ 감동 포인트와 격려 방식

이들이 생각하지도 못한 센스있는 배려나 도움을 받게 되는 경우 크게 감동하는 편입니다. 대체로 이들은 남의 도움을 크게 기대하지 않고 혼자 잘 알아서 하는 타입입니다. 그래서 이들이 미처 생각하지 못한 자신의 실수나 빈틈을 센스 있게 채워줄 수 있는 사람을 정말 높게 평가하지요. 그리고 이들의 통찰력, 직관력을 높게 평가하면서 인정해줄 때 크게 고무되는 편입니다.

⓯ 이별을 생각하게 되는 경우

이들과 언쟁을 벌이면서 대화가 되지 않고 억지 주장을 펼치며 감정적으로 폭발하는 경우 이들은 상대와의 이별을 생각하게 됩니다. 거기다 자기 말만 하고 일방적으로 대화를 끊어버리는 경우 그 자리에서 바로 이별을 통보해버리기도 합니다. 이들은 관계 정리에서 매우 단호한 편이지요.

⓰ 재회 가능성과 방법

ENTP 남자들은 이들이 이별하기로 마음먹으면 크게 후유증을 앓지는 않습니다. 단호하게 마음을 정리하는 편이지요. 하지만 이들이 배신을 당하거나 차이는 경우에는 후유증을 크게 앓으면서 매우 집착하는 경향을 보입니다. 이 상태일 때는 재회가 가능하지요. 이들은 사람에 대해 매우 관대한 편이라 허심탄회하게 다시 만나자고 하면 금방 재회가 가능합니다.

⑰ 이들에게 결혼이란

이들은 자신의 이상형을 만나서 연애하기 시작하여 일정 기간이 지나면 바로 결혼하려고 합니다. 이들은 결혼을 당연히 해야 하는 인생의 관문이라 생각합니다. 그리고 이들은 미래에 대한 자신감이 넘치기에 크게 조건에 개의치 않은 편이지요. 또 자녀를 낳아서 키우는 것 또한 하나의 관문이라 생각하기에 비혼과 딩크와는 상관이 없는 사람들입니다.

⑱ 결혼 생활의 특징

이들은 살림과 육아에 관하여 하고자 하는 마음은 충만하나 무엇을 어떻게 해야 하는지를 몰라서 자발적으로 하지는 못합니다. 특히 이들은 같은 일을 단순 반복하는 것을 매우 힘들어합니다. 그래서 때에 맞게 하나하나 지시하면 매우 순종적인 모습을 볼 수 있습니다. 그 일들이 습관이 될 것이라는 기대는 안 하시는 게 좋아요. 상대의 의사를 매우 존중하는 편으로 맞벌이를 고집하지는 않지만, 이들은 배우자가 자신의 자존감과 이상 실현을 위해 일하고자 한다면 기꺼이 인정하고 존중할 것입니다.

이들은 지시하지 않으면 움직이지 않고 자기가 하고 싶은 일만 하려는 경향이 강해서 마찰이 있는 편입니다.

⓳ 잘 어울리는 여자 유형

이 유형은 같은 ENTP 여자를 비롯하여 ISTJ, ISTP, ESTP, INTP 여자와 매우 재미있게 잘 살 수 있습니다. 그리고 ISFJ, INTJ 여자와는 서로의 차이를 이해하고 배려한다면 큰 마찰 없이 잘 지낼 수 있어요.

⓴ 이들과 잘 살기 위한 조언

이들은 그 무엇보다도 대화가 중요합니다. 공감 능력이 매우 무디고 감정 이해 능력이 매우 미숙해서 말하지 않고 이들이 알아서 이해해주고 공감해주기를 바라는 것은 정말 어리석은 행동입니다. 말로 표현하면 이들은 충분히 알아듣고 노력하는 남자들입니다.

㉑ 갈등 해소 방식

이들은 뒤끝이 없고 누군가에게 불만이 있다면 단시간 내 빨리 해결하려는 경향이 있어요. 그래서 갈등이 생겼을 때 반드시 그 갈등에 대해 감정을 싣지 않고 있는 그대로 말을 하는 것이 좋습니다. 그럼 자신의 잘못을 깔끔하게 인정하고 사과하는 태도를 보일 것입니다.

㉒ 이들을 빡치게 만드는 방법

이들에게 감정 공감을 요구하며 무작정 화를 내거나 이들을 무시할 때 이들은 매우 화를 내기 시작합니다. 또한, 이들의 자유를 억압하고 통제하려고 하며 자기 뜻대로 이들을 구속하려고 들면 이들은 매우 반발합니다.

6

FAQ

MBTI 궁합표

많은 분이 성격유형별 궁합표를 만들어달라고 하셔서 정리해보았습니다. 이 표는 제가 지금까지 상담하고 체험했던 유형별 사례를 근거로 해서 만든 표입니다. 그리고 이 표에서의 좋고 나쁨의 기준은 일반적으로 평범하게 유형발달을 했을 때를 기준으로 삼았습니다. 정말 건강하게 유형발달을 해서 인격적으로 성숙한 성격유형에게는 이 표가 무의미해집니다. 예컨대, ESFP와 ISFJ의 만남은 정말 상극인 것으로 알려졌지요. 진짜 시간이 가면 갈수록 툭하면 자존심 싸움을 하면서 정말 치열하게 싸우는 모습을 볼 수 있어요. 그러나 아주 가끔 정말 유형발달이 잘된 ESFP와 ISFJ 유형의 커플을 만나게 됩니다. 그런 분들은 싸우기는커녕 너무 성숙한 관계를 잘 만들어나가고 있어요. 매우 행복하게 잘 지내고 있지요.

이 표는 상대의 유형발달의 정도를 잘 모르는 경우에 참고하시면 크게 도움이 되실 것입니다. GOOD 은 서로 노력하면 괜찮은 궁합이고 ★BEST 는 말할 나위 없이 정말 좋은 궁합이지요. BAD 는 뒤도 돌아보지 말고 피하시는 것이 정신건강에 좋습니다.

여자＼남자	ISTJ	ESTJ	ISFJ	ESFJ	ISTP	ESTP	ISFP	ESFP
ISTJ	★BEST	★BEST	GOOD	GOOD	BAD	★BEST	BAD	BAD
ESTJ	GOOD	★BEST	GOOD	GOOD	BAD	BAD	BAD	BAD
ISFJ	★BEST	GOOD	★BEST	★BEST	BAD	GOOD	BAD	BAD
ESFJ	GOOD	★BEST	GOOD	★BEST	BAD	BAD	BAD	BAD
ISTP	BAD	BAD	GOOD	BAD	★BEST	★BEST	BAD	BAD
ESTP	BAD	BAD	GOOD	BAD	GOOD	★BEST	BAD	BAD
ISFP	BAD	BAD	BAD	BAD	★BEST	★BEST	★BEST	★BEST
ESFP	BAD	BAD	BAD	BAD	GOOD	★BEST	GOOD	★BEST
INFJ	GOOD	BAD	GOOD	GOOD	BAD	★BEST	BAD	BAD
ENFJ	BAD	BAD	★BEST	★BEST	★BEST	GOOD	GOOD	GOOD
INFP	BAD	BAD	GOOD	BAD	BAD	BAD	GOOD	GOOD
ENFP	GOOD	BAD	GOOD	BAD	BAD	BAD	GOOD	GOOD
INTJ	GOOD	★BEST	BAD	BAD	BAD	BAD	BAD	BAD
ENTJ	GOOD	★BEST	BAD	BAD	BAD	BAD	BAD	BAD
INTP	BAD	BAD	BAD	BAD	GOOD	BAD	BAD	BAD
ENTP	BAD	BAD	BAD	BAD	GOOD	GOOD	BAD	BAD

남자

여자

MBTI 사랑학개론

INFJ	ENFJ	INFP	ENFP	INTJ	ENTJ	INTP	ENTP	
BAD	BAD	BAD	BAD	GOOD	GOOD	BAD	★ BEST	ISTJ
BAD	BAD	BAD	BAD	GOOD	★ BEST	BAD	BAD	ESTJ
GOOD	GOOD	BAD	BAD	BAD	BAD	BAD	GOOD	ISFJ
GOOD	GOOD	BAD	BAD	BAD	BAD	BAD	BAD	ESFJ
GOOD	★ BEST	BAD	BAD	BAD	BAD	GOOD	★ BEST	ISTP
GOOD	BAD	BAD	BAD	BAD	BAD	BAD	★ BEST	ESTP
GOOD	GOOD	GOOD	GOOD	BAD	BAD	BAD	BAD	ISFP
GOOD	GOOD	GOOD	GOOD	BAD	BAD	BAD	BAD	ESFP
★ BEST	★ BEST	★ BEST	GOOD	BAD	BAD	BAD	BAD	INFJ
★ BEST	★ BEST	GOOD	GOOD	BAD	BAD	BAD	BAD	ENFJ
★ BEST	★ BEST	★ BEST	★ BEST	BAD	BAD	BAD	BAD	INFP
GOOD	★ BEST	GOOD	★ BEST	BAD	BAD	BAD	BAD	ENFP
BAD	BAD	BAD	BAD	★ BEST	★ BEST	GOOD	GOOD	INTJ
BAD	BAD	BAD	BAD	GOOD	★ BEST	BAD	BAD	ENTJ
BAD	BAD	BAD	BAD	★ BEST	★ BEST	★ BEST	★ BEST	INTP
BAD	BAD	BAD	BAD	GOOD	★ BEST	GOOD	★ BEST	ENTP

여자

② 나에게 가장 최고인 남자 고르는 법

 우선 자신의 성격이 어떤 유형인지 아는 것이 제일 중요하지요. 그리고 자신의 유형발달 상태가 어떤지를 확인하는 게 좋습니다. 만약 건강하게 유형발달을 한 것 같으면 어지간한 상대도 잘 만나서 포용할 수 있지요. 하지만 평범한 수준인 것 같으면 반드시 상대도 평범한 수준 이상을 만나시는걸 추천드립니다. 만약 상대는 건강하지 않게 유형발달을 했다면 아무리 궁합이 좋다 하더라도 문제가 심각해지거든요. 진짜 마음고생 많이 하게 됩니다. 그리고 자신의 유형발달이 건강하지 못하다 싶으면 반드시 건강하게 유형발달을 한 남자를 만나셔야 합니다. 이것이 정말 중요합니다. 그런 남자를 만나면 자신 또한 점점 건강하게 유형발달을 시작하게 되거든요. 그런 상대가 나에게 가장 최고의 남자인 것이지요. 함께 성장할 수 있으니까요.

사람은 절대 고쳐 쓰는 게 아니다

가끔 남자 때문에 힘들어하는 여성분이 제게 상담을 요청하는 경우가 있어요. 조용히 사연을 들어보면 너무 힘들어하는 모습에서 참 안타까운 생각이 많이 들더라구요. 누가 봐도 이건 아닌 남자인데 그 남자를 놓지 못하고 혼자 힘들어하고 있거든요. 그러면서 남자가 바뀔 것을 기대하고 있어요.

자, 생각해봅시다. 30대 중반인 커플의 경우 서로 30여 년 가까이 자기 방식대로 살아온 사람들이지요. 특히 어릴 때 부모로부터 받은 상처가 어떤 트라우마가 되어 자존감이 많이 떨어져 있는 상태에서 건강하지 못한 유형발달을 하여 그 성격유형이 가진 안 좋은 특징이 고착화되어버렸으면 그 누구도 고쳐줄 수 없어요. 아무리 헌신적으로 대한다고 하더라도 못 고칩니다. 그런 경우 과감히 손절해야 합니다. 답이 없어요. 가끔은 부부 상담도 요청이 들어와서 MBTI 검사를 하고 양쪽 이야기를 들어보면 진짜 심각하게 불건전한 유형발달을 한 사람이 꼭 있어요. 그러한 경우에는 진짜 답이 없습니다. 헤어지셔야 합니다. 본인만 괴로운 게 아니라 자녀들까지 힘들어요.

자신을 테레사 수녀님 같은 성녀라고 생각하지 마세요. 특히 NF 기질의 여성분들, 진짜 조심하셔야 합니다. 현실을 직시합시다.

이혼보다 파혼이 낫고, 파혼보다 결별이 낫습니다.

성격유형보다 유형발달 상태가 훨씬 중요하다

사람의 성격유형은 고작 16가지에 불과하지만 실제로 만나보면 같은 성격이라도 그 스펙트럼은 매우 넓습니다. 인격적으로 매우 성숙하여 존경심이 절로 나는 사람이 있는가 하면, 매사 부정적이고 남 탓을 하며 사과할 줄 모르는 사람도 있습니다. 그래서 누구를 만날 때는 반드시 그 사람의 유형발달 상태를 꼭 확인하는 것이 중요하지요.

성격유형별로 유형발달 상태별 특징에 관해 설명하기는 했지만, 다시 한번 말씀드리자면, 그 성격유형의 주기능과 부기능을 먼저 생각해보시고 그게 뒤틀린 형태로 강화가 되었을 때의 모습을 떠올려보시면 그 특징을 알 수가 있지요. 예컨대 ISTJ 유형의 경우 주기능 Si와 부기능 Te가 뒤틀린 형태로 튀어나오게 되면 과거나 현재 자신의 상황에만 집중하며 남에게 따지기만을 좋아하는, 그러면서 이기려고 들고 자신의 잘못을 사과할 줄 모르는 사람이 됩니다. 이런 사람들은 주변 사람들과 어울릴 줄 모르고 매우 히스테릭한 모습을 보여줍니다. 하지만 유형발달이 잘 된 사람의 경우에는 삼차기능과 열등기능이 발달하여 그 성격유형을 한 번에 알아채기 힘들지요. ISTJ의 경우 삼차기능인 Fi와 열등기능인 Ne가 발달하여 타인의 기분이나 상황을 공감하기 시작하고 자신의 잘못을 인정하고 사과할 줄 알며 새로운 가치, 시각을 가지고 미래 지향적인 사람이 되는 것이지요. 그런 사람과 함께 있다면 그 어떤 성격유형이든 잘 지낼 수 있습니다.

상담을 많이 하다 보니 체감상 남자들이 유형발달의 상태가 더 안 좋은 경우를 많이 봤습니다. 추측건대, 감정형의 집단인 여자들의 문화에서는 대체로 관계 지향적인 감정형들이 서로 우호적인 관계가 잘 형성된 경우가 많아서, 상호 긍정적인 피드백을 통해 유형발달의 상태가 건강한 모습으로 발달해 가는 경우가 많습니다. 반면에 남자들의 경우 서로 경쟁이 치열하고 냉정하며 상대적으로 나약해 보이는 경우 무시당할 가능성이 크기에 매우 적대적인 환경에 장기간 노출되는 경우가 많습니다. 그래서 유형발달의 상태가 매우 안 좋은 경우가 참 많았습니다. 그래서 유형발달 상태가 정말 건강하고 멋진 여성분께서 유형발달의 상태가 정말 안 좋은 나쁜 남자를 만나서 정말 힘들어하며 고생하는 사례를 정말 많이 접했습니다. 나이가 차서 결혼할 상대가 그 사람뿐이라고 문제가 많은데도 불구하고 무작정 결혼까지 감행했다가 몸 고생, 마음고생 실컷 하며 괴로워하다가 결국 이혼하는 사례를 정말 많이 봤어요. 부디 자신을 나이 같은 아무것도 아닌 것 때문에 헐값에 내던지는 일은 없기를 바랍니다.

MBTI 궁합표는 참고만 하시고 유형발달의 정도를 유심히 살피셔서 상대의 진정한 가치를 발견하시기를 바랍니다.

이제 제발
그만 꼬아!

5

자기 팔자 자기 손으로 꼰다

가끔 '아, 이건 아닌데? 왜 내 말 안 듣지?' 싶은 상황을 마주하게 됩니다. 분명히 그 길로 가게 되면 파국으로 치닫고 결국 불행한 결말을 맞이하게 될 것이 너무나도 자명한데 차마 헤어지지 못해서 그 길로 가는 사람들을 보게 됩니다. 참 안타까워요. 이런 걸 두고 자기 팔자 자기 손으로 꼰다고 그러죠.

생각해봐요. 그 무엇보다도 소중한 건 내 인생입니다. 부모의 기대, 상대와의 약속 이런 건 아무것도 아니에요. 부모가 나 대신 살아주지 않아요. 나의 소중한 인생을 왜 그렇게 낭비합니까? 결국, 멍에 아닌 멍에를 쓰고 주눅 들어가면서 살아갈 필요 없잖아요. 결혼식 당일이라도 아닌 것 같다는 생각이 들면 과감히 그만두는 용기가 필요합니다. 그게 바로 나를 위하는 일입니다. 남을 위해서 살지 마세요. 제발!

6

잠수이별을 하는 남자들의 심리

남자가 잠수이별을 하는 경우에 대해 알아보도록 합시다.

일반적으로 먼저 남자가 적극적으로 구애를 해서 사귀게 되지요. 대부분 처음에는 정말 잘해주고 잘 맞춰주지요. 근데 일반적으로 30대 넘어가는 남자들의 경우 금방 사랑의 열정이 식는 편입니다. 점점 만나다 보니 보이게 되는 상대의 문제점이 점점 늘어나기 시작해요.

'아, 이건 아닌데?'
'아, 이건 정말 피곤하겠다.'
'흠, 이건 좀 무섭군. 쉽게 고쳐질 문제가 아니네.'

이렇게 그 여자의 단점들을 점점 보기 시작하면서 자신이 허용할 수 있는 그 범위를 넘어가기 시작하면 그 열정이 급속히 사그라지기 시작합니다. 그럴 때 점점 말수도 적어지고 표현도 적어지면서 만나는 횟수가 줄어들어요. 또 혹시나 육체적 관계까지 맺은 상황이라면 정말 빨리 식어버려요. '아, 이 여자는 나와는 안 맞는구나.' 하는 결정을 쉽게 내려버리게 되는 거지요.

근데 남자의 심리에서 문제가 되는 것은 바로 자기가 먼저 사귀자고 했던 것입니다. '아이고, 이런 애인 줄 미리 알았으면 좀 더 신중할걸.' 하는 후회가 엄청나게 소용돌이치지요. 그리고는 차마 헤어지자는 말을 못 꺼내요. 뚜렷한 명분이 있는 게 아니거든요. 싸운 것도 아니고 그렇다고 그 여자가 큰 잘못을 한 것도 아니구요. 그저 자기 안에서 혼자 '아니다.'라고 판단 내린 게 다거든요. 그러다 보니 남자들이 점점 연락을 끊기 시작하고 말수를 확 줄이기 시작해요. 만나는 횟수도 줄고, 건성건성 연락하기 시작합니다. 특히 여자가 점점 자기를 좋아하기 시작한다는 느낌이 들면 더욱 부담스러워하지요.

물론 그냥 내지르는 스타일의 남자들이야 대놓고 헤어지자고 할 수 있겠지만, 잠수 타는 스타일들은 남한테 싫은 소리 못하는 타입입니다. 그래서 결국 어느 시점 되면 연락을 딱 끊어버려요. 보통 하루 이틀 서로 연락이 툭 끊겼을 때 '바로 이때다.' 싶어지는 것이죠. 전화도 안 받고 카톡이나 문자도 답을 안 하게 되지요. 물론 속으로는 정말 미안한 마음을 가지고 있지만, 도저히 헤어지자고 말할 자신이 없거든요.

당연히 정말 비겁하고 치졸한 행위지요.

근데 제 생각에는 여자분들도 조금은 신중해질 필요가 있어요. 사귀기 시작했다고 완전히 내 남자 된 것처럼 자신의 욕구와 호불호를 대놓고 드러내거나 집착하기 시작하거나 남자들을 휘어잡으려고 들면 남자들이 마음을 닫게 될 가능성이 크지요.

특히 연락 문제와 거짓말에 대한 민감도, 행동의 제약 같은 문제들, 쉽게 얘기하자면 매일 연락하기를 강요하거나 남자들 사이에서는 크게 의식하지 않을 만한 사소한 거짓말에 대해 민감하게 굴거나 특정 취미나 행동, 모임 등을

MBTI 사랑학개론

제약하거나 하면 남자들은 처음에는 타협하고자 하다가 그게 말이 안 통하면 서서히 마음의 문을 닫아버려요.

  물론 안 맞다 싶으면 깔끔하게 빨리 헤어지는 게 더 맞을지도 모르지만, 남자들의 그런 비겁한 잠수이별에 당하고 혼자 힘들어하는 일이 없기를 바랍니다.

7
자존심 싸움이란

연인이나 부부간에 가장 문제가 되는 게 바로 이 자존심 싸움이 아닐까 합니다. 자존심 싸움이라는 게 일단 연애하면 어떤 것인지 누구나 알 수 있을 것으로 생각합니다. 아무리 상대방의 말이 맞아도 내 마음이 내키지 않아서 고집부리기 시작하는 순간 그때부터 자존심 싸움이 시작되는 것이지요. 이 자존심 싸움이 관계를 해치는 데 가장 큰 주범이지요.

일반적으로 자존감이 낮으면 낮을수록 상대의 지시나 요구에 예민하게 반응하게 됩니다. 자존감이 낮은 사람들은 상대의 지적이나 비판을 듣게 되면 곧자신의 존재가 부정당하는 기분이 들게 되지요. 그래서 사소한 것 하나에도 순간 감정적으로 욱하게 됩니다. 이때 사고형인 사람들과 감정형인 사람들은 반응이 조금 달라집니다. 사고형인 사람들은 그때부터 이기려고 드는 호승심이 강하게 발동하면서 논리적으로 따지고 들기 시작하지요. 만약 논리적으로 반박하기 힘들면 그때부터는 상대를 비난하거나 조롱하기 시작합니다. 반면에 감정형인 사람들은 감정적으로 폭발하면서 화를 내기 시작합니다. 그러면서 대화가 안 되는 논리적 비약이 심한 말을 퍼붓기 시작하지요.

많은 사람이 연애를 시작하거나 결혼을 하고 나면 일정 기간 서로 맞춰가는 단계를 거치면서 많이 싸우게 된다고 하는데 그때 자존심 싸움이 시작되면 정말 위험해집니다. 자존심 싸움은 절대 맞춰갈 수 있는 것이 아니거든요. 가면 갈수록 서로 마음만 너덜너덜해져 갑니다. 상처만 깊어져 가는 것이지요.

MBTI 성격유형 중에서 어느 성격이 자존심 싸움을 많이 하는지는 알 수 없습니다. 모든 성격이 다 가능하거든요. 단지 어떻게 유형발달을 해왔느냐에 달려있어요. 어릴 때부터 자존감이 높은 상태로 건강하게 유형발달을 한 사람은 어지간한 도발에도 자존심 싸움에 응하지 않아요. 무엇보다도 자존감이 높기에 타인의 마음을 이해하고 공감하는 능력이 탁월하거든요. 이건 감정 이해 능력이 미숙하기로 유명한 NT 기질의 사람들도 마찬가지입니다. 그래서 자신의 의도와 달리 상대의 마음이 상했거나 상처를 받게 되었다면 기꺼이 사과하고 상대의 마음을 어루만져 줄 수 있지요. 그들은 상대를 이기려는 마음보다 그 상대를 사랑하는 마음이 훨씬 중요하다는 것을 알거든요. 그리고 상대 마음에 생긴 생채기는 반드시 상처로 남는다는 것이라는 것도 잘 알구요. 건강한 유형발달을 한 사람들은 다음과 같은 말을 충분히 공감하고 이해합니다.

"말이라고 하는 것은 말하는 사람의 의도보다 듣는 사람의 이해가 더 중요하다. 내가 한 말의 의도를 상대가 다르게 받아들였다면 내가 말을 잘못한 것이다."

물론 성격유형의 조합 중에 자존심 싸움이 쉽게 일어나는 조합이 있어요. ESFJ vs ISFP, ESFJ vs ESFP, ISFJ vs ESFP, ISFJ vs ISFP 조합은 어쭙잖은 일로 자존심 싸움이 심하게 일어납니다. 하지만 둘 중의 한 명이라도 건강한 유형발달을 한 사람이 있다면 자존심 싸움은 현저히 줄어들지요.

자존심 싸움을 줄이려면 무엇보다도 서로를 인정하고 공감하며 배려하는 마음을 가져야 합니다. 자존심 싸움의 가장 근본 원인은 상대를 이기려고 하는 마음이잖아요. 근데 사랑하는 사이에서 상대를 이겨봐야 뭐합니까? 원래 가까우면 가까울수록 사소한 것에 더 크게 상처받고 힘들어하잖아요. 더욱 아끼고 사랑해야지요. 연인, 배우자에게 자존심을 내세울 필요는 없지요.

만약 내가 먼저 내려놓았을 때 그 틈을 이용하여 자기주장만 관철하려는 사람이라면 관계가 더 깊어지기 전에 끝내는 게 맞아요. 그런 사람은 건강하게 유형발달을 한 사람이 아니거든요. 그리고 어느 정도 적당하게 유형발달을 한 사람이라면 상대가 먼저 자존심을 내려놓고 배려하게 되면 자신도 따라서 자존심을 내려놓고 배려하게 됩니다. 그러면서 서로 건강하게 유형발달을 하며 성숙한 연애, 결혼 생활을 하게 되는 것이지요.

내가 먼저 바뀌면 상대도 바뀌게 됩니다.

⑧
회피 본능에 관하여

　남자들은 약 70%가 사고형이라 감정 이해 능력이 기본적으로 미숙하지요. 게다가 연애에 대해서도 좀 복잡하게 생각해서 힘들어하는 경향이 있어요. 특히 여자들의 복잡다단한 심리를 이해하는 걸 매우 힘들어해요. 마치 여자들에게 자동차의 구동 원리라든지 자동차 부품의 장단점이라든지 이런 걸 남자들이 아무리 설명해봤자 대다수 여자는 관심 없고 이해하기 힘들어하는 것처럼요. 그래서 남자들은 갑자기 이해하기 힘들고 자기가 다루기 힘든 문제가 터지면 그 문제를 덮어버리고 그냥 넘어가려고 하지요. 그게 안에서 곪아서 터지든 어떻게 되든 일단은 그 문제를 피하고 싶어 합니다. 마치 자동차의 경고등이 떠도 그게 뭔지 잘 모르는 사람들은 일단 차는 잘 굴러가니깐 무시해버리고 그냥 타는 것처럼요. 결국, 그 경고등이 울린 원인 때문에 차는 퍼지고 수리비는 크게 깨지게 되는 것이지요.

　그래서 남자들이 특정 문제에 대해 회피하기 시작할 때는 아직 그 문제에 대해 깊이 생각하고 싶지 않다거나 심리적 부담감이 매우 크다는 의미입니다. 즉,

그 문제에 접근하기 위한 심리적 저항이 매우 크다는 의미지요. 이럴 때 많은 여성분은 속이 타지요. 왜 계속 회피만 하고 가타부타 답변을 주지 않는지 애가 탑니다.

대표적으로 결혼을 할 것인지, 한다면 언제 할 것인지 같은 문제는 30대 여성들에게 가장 중요하고 민감한 문제입니다. 그럴 때 그 남자 성격유형마다 가지고 있는 특징을 잘 이용해야 합니다. 예컨대 SJ 기질의 남자들은 일단 자기가 그 문제를 맡을 수 있는 책임감, 자격을 매우 민감하게 따집니다. 가령, 아직 경제적 기반이 제대로 안 잡혔거나 부모와의 관계가 정확하게 잡히지 않은 상태에서는 결혼을 피하려고 하지요. 그래서 SJ 기질의 남자들은 자기가 준비될 때까지는 안 움직이는 편입니다. 그리고 SP 기질의 남자들은 현재가 너무 즐겁고 편하다면 결혼할 생각을 안 합니다. 책임과 의무를 짊어지는 고생길처럼 느껴지거든요. 그래서 SP 기질의 남자를 상대할 때는 그런 의미, 책임감에 대한 저항을 줄여줘야 합니다. NT 기질의 남자 중 INTJ와 ENTJ 유형은 결혼에 대해 자신의 거시적 계획에 따라 한번 하고 가야 하는 과정이라 생각하는 경향이 있어서 딱 '저 여자다.' 싶으면 저돌적으로 다가가는 경향이 있지요. INTP와 ENTP 유형은 막연하게 결혼해야 한다는 생각하고 있으며 대화가 통하고 편한 상대를 만나면 결혼을 생각하구요. NF 기질의 남자들은 대체로 결혼에 대한 저항이 적은 편입니다.

그 외 싸우고 난 이후에 보이는 회피 행동은 대체로 남자들 문화에서 기인한다고 생각해도 됩니다. 남자들은 사고형 문화라서 싸울 때 감정적으로 화를 낸다기보다는 열띤 토론처럼 서로 따지고 드는 경향이 있어요. 그리고 한번 그렇게 부딪치면 진짜 관계가 크게 틀어지지요. 그러다 어느 한쪽이 "미안하다, 술 한잔하고 풀자."라고 먼저 다가오면 그전까지는 죽일 듯이 미워하고 싫어해도 순간 마음이 풀려서 "그래, 나도 과했다. 미안하다."라고 하면서 다시 화해하고는 더는 그 문제를 언급하지 않습니다. 즉, 한번 싸웠던 주제에 대해 다시 언급하는 것을 피하는 게 남자들의 암묵적 룰인거죠. 근데 여자 중에 감정형 사람들은 그때 쌓였던 감정을 풀고 가려는 경향이 있어요. 그게 남자들한테

MBTI 사랑학개론

는 엄청 불편하고 힘든 것입니다. 다시 그 문제를 꺼낸다는 것은 또다시 싸우자는 의미로 받아들이게 되거든요. 즉, 싸우고 난 다음에는 어느 정도 시간이 흐른 후에 그때의 감정이 좀 사그라들고 괜찮아졌다 싶을 때 그 문제에 대해 넌지시 말을 꺼내는 게 현명합니다. 생각해보면 이는 남녀 문화가 서로 다르기에 일어나는 현상입니다. 싸우고 나면 꼭 풀고 넘어가려는 여자들의 생각은 어쩌면 여자들만의 문화에 남자들을 억지로 끌어들인 것입니다.

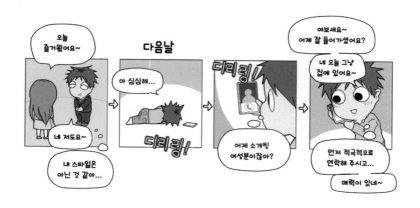

9

남자가 먼저 연락해주기를 기다리는 분들에게

"남자가 먼저 연락하기를 무조건 기다려라. 남자들은 마음에 들면 무슨 일이 있어도 먼저 연락하게 되어 있다."

가끔 여초 카페에서 소개팅을 하고 난 후 남자한테서 연락이 안 온다고 고민 글 올리는 분들을 보게 됩니다. 그럼 많은 여성분이 댓글을 달아주지요. 딱 위에 저런 말을요. 저 글을 보면 정말 안타깝습니다. 왜 남자에 대한 조언을 여자들한테 물어보는 것일까요? 그리고 저 말이 틀렸다고 말해주면 여성분들이 왜 저한테 뭐라고 하시는 걸까요? 남자들의 심리를 남자가 답해주는데 틀렸다고 하시니 참 황당할 뿐이지요.

일부 남자들은 저 말이 맞습니다. 특히 ENFP나 ENFJ, INTJ 등과 같은 유형들은 매우 저돌적이어서 저렇게 나오지요. 그러나 그것도 20대 후반까지만 해당할 가능성이 큽니다. 30대가 넘어가기 시작하면 남자들도 거절당하는 게 부담스럽고 싫습니다. 거절당할까 봐, 혹은 자존심에 먼저 연락하길 주저하는 여성분들, 남자 입장에서 참 답답합니다.

간단하게 생각해봅시다.

남녀가 소개팅했다고 합시다. 그리고 여자는 그 남자가 마음에 든 상황일 때 몇 가지 경우의 수를 생각해봅시다.

남자도 여자가 마음에 들었다면 남자가 먼저 여자한테 연락하겠지요. 혹시나 여자가 먼저 연락했다 하더라도 남자는 호감 있는 상대가 먼저 연락해주니 더욱 호감이 생기고 관심이 생길 테고요. 그럼 자연히 둘의 관계는 잘될 수밖에 없는 거죠.

그러나 남자는 여자가 마음에 안 드는 경우라면, 남자 입장에서는 연락할 동기 자체가 없으니 연락을 하지 않을 테고 그러면 거기서 끝이 나게 됩니다. 하지만 여자가 먼저 연락하게 되면 남자의 대다수는 이런 경우 의외의 매력을 느끼게 될 가능성이 크지요. 왜냐면 먼저 연락하는 여자들이 많이 없거든요. 그리고 누구나 자기에게 호감을 보이는 상대한테 어느 정도 호감을 느끼게 됩니다. 또 만약 남자가 거절했다 하더라도 어차피 더는 안 볼 사이인데 손해 볼 건 없잖아요. 잘되면 좋은 기회가 생기는 것이구요.

그리고 여자가 먼저 연락했다고 해서 그 여자를 가볍게 느끼거나 쉬운 여자 혹은 자존심도 없는 여자라고 절대 생각하지 않습니다. 남자 자신도 뭐가 잘났다고 그렇게 생각할까요? 똑같은 입장이지요. 즉, 마음에 들었다면 남자로부터 연락 오기만을 기다릴 것이 아니라 먼저 연락하는 편이 오히려 훨씬 나은 결과를 가져옵니다.

그뿐만 아니라 평소 직장이나 어느 모임에서 자주 만나게 되는 남자가 마음에 드는 경우도 생각해봅시다. 혼자 가만히 있는데 남자가 어떻게 자기한테 호감을 가지고 있다는 걸 알 수 있을까요? 사과나무 아래에서 사과 떨어지기만을 기다리는 것도 아니고 말이죠. 사과는 중력이라는 게 있어서 언젠가는 떨어지겠지만, 그 남자는 여자한테 갈 가능성은 극히 드물지요.

그러나 여초 카페 회원의 대다수는 그냥 기다리라고 합니다. 기다리면 그 남자가 알아준답니까? 제발 좀 수동적으로 행동하지 마세요. 직접적이지는 않더라도 간접적으로나마 계속 '나는 당신한테 호감이 있다.'라는 신호를 보내야 그 남자가 그걸 알아챕니다. 그래야 그 남자가 자연스레 여자한테 접근할 용기를 내게 되는 것이구요. 아무리 저돌적인 남자라도 자기한테 호감이 있는지 없는지 모르는 여자한테 먼저 대놓고 호감을 표시하기 쉽지 않아요.

많은 여자가 먼저 다가갔다가 혹시나 하고 우려하는 어색한 상황, 관계 등을 만들기 싫어하듯이 남자들도 괜히 여자한테 찝쩍대는 그런 남자로 찍히기 싫거든요. 그니깐 마냥 기다리고만 있는 어리석은 행동은 제발 하지 맙시다. 좋으면 어느 정도는 마음에 든다는 신호를 표현해줘야 남자들도 그 신호를 느끼고 다가옵니다.

10
바람을 많이 피우는 남자 유형과 심리 상태

많은 여성분이 바람을 많이 피우는 남자 유형이 있냐고 질문을 많이 하십니다. 물론 몇몇 성격유형의 남자들은 진짜 많이 피우는 편이지요. 하지만 그 유형 아니어도 바람 많이 피우더라구요. 그리고 남자만 바람을 피우는 것도 아니고 여자들도 많이 피웁니다. 제가 30대 초반에 창원에 내려와서 4~50대 사람들이 많은 동호회에 가입했더니 너무 자연스럽게 바람을 피우고 있고 다른 회원들은 알아도 모르는 척, 몰라도 아는 척해주면서 쉬쉬하는 분위기더라구요. 처음에는 그게 어찌나 충격이 컸던지 내가 이상한 건지, 그들이 이상한 건지 헷갈리기 시작했습니다. 어떤 경우에는 부부 둘 다 바람을 피우는 것을 봤습니다. 진짜 그때 저의 가치관도 혼란이 오기 시작하더라구요. 과연 가족이라는 것이 무엇인지, 부부라는 것이 무엇인지 정말 모르겠더라구요.

근데 시간이 지나 그런 사람들을 흔하게 보다 보니 깨닫게 되었습니다. 그게 다 끼리끼리 그러더라구요. 막상 건강하게 유형발달을 한 분들은 전혀 그런 모습을 찾아볼 수가 없었습니다. 건강한 유형발달을 하신 분들의 가정은 정말 화목하고 자녀들도 올바르게 잘 자랐더라구요. 그래서 '역시 유형발달이 중요하구나.' 하는 걸 또 한 번 깨달았지요.

물론 타고 난 성향이 여자를 너무 좋아하고 신의가 없는 사람들이 있어요. 이건 성격유형과는 무관합니다. 그런 남자들은 저 또한 매우 극혐하는 부류로 개인적으로 사람 취급을 안 합니다. 하지만 그런 부류가 아닌데도 불구하고 바람 피우는 경우를 종종 볼 수 있습니다. 그 경우를 가만히 관찰해보면 한 가지 공통점이 있어요. 바로 연인이나 배우자로부터 자존감이 무너진 경우입니다.

일례로 정말 내적 신념이 강하고 바람은 절대 피우지 않을 것만 같았던 INFP 여성도 바람을 피우는 것을 봤습니다. 자세히 내막을 알아보니 ESFJ 남편과의 관계에서 남편이 자신의 신념을 무너뜨리는 행위를 목격한 뒤부터 남편을 사람 취급하지 않고 직장 동료와 바람을 피우기 시작했더라구요. 외도의 이유가 자신의 신념을 무너뜨리는 행위라는 것이 참 역시 INFP 유형답구나 싶었습니다. 그 부부가 결혼하기 전에 유기견을 데려다 키우기 시작했는데 어느 시점부터 유기견이 나이가 많아서 아프기 시작했다고 해요. 그러다 병원에서 검사를 받아본 결과 암이었다고 합니다. 근데 문제는 여자가 벌어들인 수입 대부분은 친정어머니께서 매우 편찮으셔서 병원비와 생활비로 다 드리고 남자가 번 돈으로 생활을 했다고 하네요. 그래서 남자도 경제적으로 매우 힘든 상황이었다고 합니다. 그러다 개가 아파서 수술해야 하는 상황이었던 것이지요. 병원비가 남자의 월급보다 많은 액수였다고 하네요. 그런 상황이다 보니 남자는 심각하게 고민하기 시작해서 여자와 언쟁을 벌이기 시작했대요. 여자는 일단 수술을 시키자는 입장이었고 남자는 그 비용이 너무 부담된다는 입장이었지요. 그렇게 언쟁을 벌이는 동안 남자가 충격을 받은 사건이 있었어요. 여자가 남자 몰래 적금을 넣어놓은 통장이 발견된 거죠. 그 통장 안에 자그마치 1,000만 원이 들어있었다네요. 순간 제대로 빡친 남자는 그 여자가 사용하던 그 남자의 신용카드를 그대로 가위로 잘라버리고 "개를 수술시키고 싶으면 네 돈으로 해라. 난 단돈 10원도 못 보태준다."라고 선언해버렸다네요. 그 사건 이후로 얼마 안 가서 개는 병으로 죽게 되었고 여자는 더는 남자를 사람 취급하지 않게 되

었다고 하네요. 그리고 얼마 안 가 직장 동료와 바람을 피우다가 남자한테 들
켜서 이혼 소송 중에 있지요. 솔직히 이건 누가 잘했다, 잘못했다고 판단하는
것을 넘어 그 신념이 강한 INFP 여자도 바람을 피울 수 있다는 사례입니다.

　남자들 유형 중에 특히 ESFP 유형들이 유형발달이 건강하지 않을 때 연인이
나 배우자에게 무시를 많이 받는 편입니다. 친구를 너무 좋아하고 노는 것을
너무 좋아하지요. 그리고 삶의 깊이가 없고 사람이 너무 가볍게 느껴져서 철부
지 아이처럼 느껴지게 되며 감정 기복도 커서 SJ, NF, NT 기질 모두 싫어할 가
능성이 큽니다. 그런 경우 이들은 연인이나 배우자에게 자존감이 많이 무너지
게 되지요. 그래서 자연스레 자존심 싸움을 많이 걸게 되며 그 과정에서 더욱
자존감이 무너지게 됩니다. 근데 문제는 ESFP 유형은 본능적으로 부기능이 Fi
기능 즉, 자기감정이나 기분을 타인에게 공감받고 위로받는 과정에서 그동안
받았던 스트레스를 풀어버리려고 합니다. 그리고 기본적으로 주기능이 Se 기
능이라 육체적 쾌락을 매우 좋아하구요. 이 두 기능이 시너지를 일으켜 바람을
피우게 만듭니다. 물론 연인이나 배우자로부터 자존감이 무너지지 않고 존중
과 배려를 받은 ESFP 남자들은 절대 바람을 피우지 않지요. 따라서 존중과 배
려가 무엇보다 중요합니다.

그리고 ESFP 유형 중에 한번 바람으로 문제를 일으켰던 남자들은 그게 절대로 한 번으로 끝나지 않습니다. 많은 상담 사례 중에 남자의 바람 문제로 상담을 요청하는 경우 상당수 ESFP였으며 이미 몇 번의 전적이 있어서 고민하는 경우가 많았습니다.

또한, 남자들은 기본적으로 자존감이 낮고 자존심을 많이 내세우며 최근에 진급했거나 좋은 일이 생겨서 기가 양껏 올라가 있을 때 유혹에 약합니다. 평소에 자기보다 나은 조건, 직업이나 자신보다 더 많은 급여를 받는 연인 혹은 배우자가 있을 때 자존감이 낮은 남자들은 엄청 자존심 상해합니다. 그래서 상대나 자신보다 잘난 사람을 계속 깎아내리려고 해요. 이런 상태에 있을 때 매우 예민하게 굴어요. 별 뜻이 아닌데도 자기를 무시한 것 같다는 느낌이 드는 말을 듣게 되면 매우 민감하게 반응하면서 화를 냅니다. 열등감에 젖은 상태인 거죠. 이 상태에서 어느 날 좋은 일이 생겨 자존심이 확 올라간 상황에서 자기보다 지위가 낮거나 어린 여자가 자신을 떠받들어주고 존중한다면, 그동안 무너져있던 자존심과 열등감이 금방 회복되는 것을 느끼면서 짜릿한 쾌감을 느끼게 됩니다. 처음에는 어느 선을 지키려고 노력하지만, 다시 연인이나 배우자를 만나게 되면서 자존심은 무너지고 열등감에 사로잡히게 되지요. 그럼 마치 담배나 마약의 금단증상처럼 자기를 떠받들어주는 사람을 만났을 때의 쾌감을 다시 찾게 됩니다. 그러다 점점 선을 넘게 되면서 제어하지 못하게 되지요. 그러다 시간이 가면 결국 조심성이 없어서 바람피운 것을 들키게 됩니다. 한바탕 난리를 치르고 겨우 용서를 받은 후에도 어느 순간 똑같은 짓을 저지르는 경우가 많아요. 근본 원인인 낮은 자존감과 열등감이 사라지지 않았기 때문이지요. 결국, 결별하거나 이혼을 하게 됩니다. 일반적으로 이 경우 자기보다 잘난 여자를 만났을 때 흔히 일어나는 바람의 패턴입니다. 만약 자신보다 돈을 못 벌거나 사회적 인지도가 낮은 직업의 남자를 만나게 된다면 반드시 그 남자의 자존감이 어느 정도인지, 유형발달 상태가 어떠한지를 꼭 확인하셔야 합니다. 자존감이 낮거나 유형발달 상태가 매우 건강하지 못하다면 거의 바람피울 확률이 100%에 수렴합니다.

MBTI 사랑학개론

그리고 앞서 말한 남자 중에 기본적으로 여자를 좋아하는 부류들은 찾아내기 간단합니다. 걔네들은 자기들끼리 친합니다. 그리고 다른 남자들은 그런 부류의 남자들을 매우 싫어하기에 피하는 편입니다. 그러다 보니 그런 남자들은 자기 주변에 남은 남자들이 다 자기들과 똑같아서 "남자들은 다 그래!"라는 말을 쉽게 하지요. 그래서 한두 명 정도 바른 정신세계를 가진 남자 사람 친구가 있다면 그 친구한테 평판을 물어보면 됩니다. 만약 그 대상이 유흥을 좋아하고 여자를 좋아하는 부류라면 그런 질문을 들었을 때 분명하게 "그 남자 좋은 사람이야."라고 말하지 못하지요. 유흥을 싫어하는 남자들은 그런 남자들 잘 알아보거든요. 한두 번 술만 마셔봐도 금방 알 수 있어요.

만약 남자 사람 친구도 없고 잘 모르겠다 싶으면 반드시 핸드폰 앱을 확인해보세요. 모든 바람의 핵심에는 핸드폰이 있거든요. 특히 채팅 만남 앱이 있는지 확인 필수입니다. 그리고 핸드폰 보안에 매우 신경을 쓰고 경계한다면 한 번쯤 의심해볼 만합니다. 예컨대 누구랑 통화하다가 저쪽에서 불러주는 전화번호나 받아적어야 할 주소 등이 있다면 잠깐 남자친구나 배우자 핸드폰 좀 달라고 해서 거기에 기록할 수 있잖아요. 아무 문제 없는 남자들은 크게 신경 안 쓰고 핸드폰을 내어줍니다. 어떤 남자들은 핸드폰 보안을 매번 풀고 들어가는 걸 귀찮아해서 아주 간단한 패턴으로 설정해 놓는 경우도 많습니다. 근데 만약 핸드폰에 켕기는 것이 있다면 쉽게 내어주지 못하며 핸드폰 보안 설정을 매우 까다롭게 해놓습니다.

채팅 앱은 안드로이드 기준 앱스 화면으로 들어가서 검색란에 채팅 앱 이름 넣어보면 그 앱이 깔려있는지 확인할 수 있습니다. 연인이 있거나 유부남이 그런 채팅 앱을 깔고 있다? 지금 당장은 아니라고 해도 잠재적으로 바람을 피울 사람으로 보는 것이 맞는 거죠.

11

유혹에 약한 남자 유형

여기서 말하는 유혹은 앞서 말한 바람, 불륜을 제외한 유혹을 말합니다. 게임이나 취미 혹은 솔깃한 제안, 이직, 퇴사 및 주변에서 이들을 꼬드기는 그 모든 것들을 말합니다.

일반적으로 P가 들어가는 유형들이 유혹에 많이 약해요. 특히 SP 유형들은 쾌락, 즐거움에 매우 약하지요. 그래서 게임이나 취미, 유흥 등에 매우 약한 편입니다. 그리고 ENFP 유형이나 ENTP 유형은 한 직장에 오래 있지 못하고 이직이나 자신의 아이디어를 기반으로 한 창업 유혹에 약하지요. 특히 ENTP 유형은 공방이나 자기만의 자그마한 사무실, 공장을 차려서 운영하는 사람이 참 많아요. ENFP 유형은 너무 낙천적인 성격이라 회사를 관두고 나가서 자기가 창업하면 반드시 성공할 수 있을 것이라는 강한 믿음을 가지고 있는 경우가 많아요. 근데 주변에서 계속 말려서 주저하고 있지요. 그리고 현재 직장에서 조금만 서운한 일이 생겨도 창업하려는 욕구가 솟구치지요.

　유혹에 강한 타입은 SJ 기질의 남자들입니다. 이들은 매우 고지식해서 앞에 말한 것들의 유혹에 잘 넘어가질 않아요. 하지만 이들 또한 치명적인 약점이 있습니다. 이들은 재테크와 관련한 유혹에 매우 약해요. 한때 가상화폐 열풍이 불었을 때 SJ 기질의 남자들이 대거 투자했었지요. 그리고 주식 열풍이 불었을 때 동학 개미 운동이라고 하여 많은 사람이 빚을 내어 투자했던 그 시기에도 SJ 기질의 남자들이 대다수를 차지했어요. 특히 이들이 갑자기 큰돈을 쥘 수 있다는 감이 오기 시작하면 눈빛부터 달라져서는 주변 사람 말은 절대 안 듣고 기어코 투자하고야 맙니다. 그리고는 일시적으로 수익을 보았다면 더 큰 돈을 투자하기 시작하면서 결국 폭락 시장에서 나라 탓하고 주변 탓하게 되지요. 언론에 장식하는 각종 투자를 빙자한 투기 사건의 희생자 중에 SJ 기질이 참 많은 편입니다.

　그리고 NF와 NT 기질의 사람들은 네트워크 마케팅에 잘 빠지는 경향이 있어요. 직관형 N의 특징이 과거와 현재의 평판보다는 미래의 가치에 더 초점을 맞추는 경향이 있고 이론가 성향이 강해서 그럴싸하게 수익구조를 만든 네트워크 마케팅에 쉽게 빠져듭니다. 문제는 그 수익구조의 이론 자체는 너무 이상적이어서 문제가 없는 것 같은데, 실제로 그걸 현실적으로 생각해보면 말도 안 되는 구조가 되어버리는 것이지요. 예컨대 어느 정도 수익 이상이 보장되려면 대한민국 국민의 7~80% 이상이 회원이 되어야 하거나 제품을 팔아줘야 한다는 계산이 나오는 경우가 많습니다. 일반적으로 네트워크 마케팅 사업에서 사용하는 2라인 구조의 단계가 10번만 돼도 그 수가 1024가 되거든요. 근데 단계가 20번이 되면 100만 명이 넘어갑니다. 자기 위 단계가 19명 있을 때 전체 회원 수는 100만 명이 넘는다는 거죠. 계속 2^n으로 늘어날 거라서 얼마 안 가 대한민국 인구를 넘어서게 됩니다. 물론 합법적이고 합리적인 네트워크 마케팅 사업이 있겠지만 대다수의 네트워크 마케팅 사업은 현실적인 계산만 조금 두드려봐도 허무맹랑하다는 것을 알 수 있지요. 근데 N형들은 이론 중심의 사고체계를 가지고 있어서 이를 너무 이상적으로만 받아들이는 경향이 있어서 네트워크 마케팅 사업의 회원 상당수를 차지하고 있지요.

12
최악의 커플 조합

　가끔 사람들이 저에게 "연인으로서 가장 좋은 성격유형은 뭐예요?" 혹은 "배우자로서 가장 좋은 성격유형은 뭐예요?"라는 질문을 많이 합니다. 그리고 그에 못지않게 "가장 최악인 성격유형은 뭐예요?"라는 질문도 많이 하지요. 그때마다 전 "어떤 성격유형을 기준으로 하느냐에 따라 다 달라요. 어느 한 성격유형은 특정 성격유형에서는 최악일지 몰라도 다른 성격유형에서는 최고의 성격유형이 될 수 있거든요."라고 답하게 됩니다.

　그리고 한 가지 확실한 것은 건강하게 유형발달을 한 사람은 상대가 매우 건강하지 않은 유형발달을 한 사람이 아닌 한, 어떠한 성격유형이든 다 잘 맞춰서 살아갑니다. 예컨대, 완전 상극이라고 알려진 ESTJ 남자와 INFP 여자의 만남이라도 ESTJ 남자가 매우 건강하게 유형발달을 한 경우라면, 정말 유형발달 상태가 최악의 경우가 아니라면 INFP 여자와 매우 잘 살아가게 되는 것이지요. 또한, 둘 다 평범한 수준의 유형발달 상태인 경우라면 앞서 소개한 궁합표에서 GOOD 등급까지는 크게 문제없이 잘 살아갈 수 있어요. 물론 BAD 등급의 조합은 정말 최악이 되는 것이구요.

 하지만 아무리 궁합표에서 BEST 등급의 조합이라도 건강하지 못한 유형발달 상태를 보이는 두 사람의 만남은 결국 파국으로 치닫게 됩니다. 이는 피할 수 없는 것 같습니다. 예컨대 같은 유형끼리는 진짜 잘 맞는 편이지만 둘 다 건강하지 못한 유형발달을 한 상태라면 자존감이 매우 낮고 상대의 비난이 섞인 말 한마디에 매우 히스테릭하게 반응하여 금방 치열하게 싸우게 되거든요. 매우 불안정한 관계가 되는 것이지요.

 즉, 최악의 커플 조합은 바로 건강하지 않은 유형발달을 한 사람들끼리의 조합이라고 할 수 있겠지요.

13
가스라이팅과 자기애성 성격장애

최근 모 연예인의 가스라이팅 사건으로 인해 가스라이팅이라는 단어가 대중들에게 널리 알려지게 되었습니다. 그러자 가스라이팅이 데이트 폭력의 한 종류로 인식되기 시작했지요. 근데 많은 분을 상담해드리다 보면 가스라이팅 사례를 참 많이 듣게 됩니다. 피해자들의 말에 따르면 처음에는 그게 가스라이팅인지 몰랐다고 하네요. 그 과정에서 점점 자존감이 떨어지고 심리적으로 매우 위축되면서 상대에게 의존하게 되는 경향이 강해집니다. 그리고는 자신의 내면에 상대의 지시에 순종하는 것이 가장 좋은 가치로 자리 잡게 되더라구요. 그러다 '이건 아닌데?'라고 깨닫는 순간이 오면 그제야 자기가 가스라이팅의 피해자였다는 것을 깨닫게 되는 것이지요.

가스라이팅 관련한 상담을 많이 하다 보면 공통점이 있어요. 가스라이팅을 시도하는 상대의 유형이 몇몇 유형에 한정되더라는 것이지요. 대체로 ST가 들어가는 성격유형들이 건강하지 못한 유형발달을 한 상황일 때 가스라이팅을 시도하는 경우가 많았습니다. 그리고 망상과 집착이 심한 ENFP 유형들도 많았구요.

 ST가 들어가는 성격들은 기본적으로 매우 꼼꼼하고 기억력이 좋으며 매우 전략적입니다. 여기에 P가 들어가는 경우 상대의 심리를 교묘하게 지배하려는 경향이 강하고 J가 들어가는 경우에는 상대를 통제하려고 하는 욕구가 매우 강해집니다. 특히 건강하지 못한 유형발달을 한 ESTJ 유형들이 체감상 가장 많았던 것 같습니다. 지속해서 상대의 자존감을 무너뜨리는 비난조의 말과 자신의 말에 순종할 때 칭찬과 만족을 보이는 행태를 보이지요. 그리고 자신의 말을 거역할 경우 극심한 비난과 통제가 들어가게 됩니다. 그래서 결혼한 경우 피해자를 장기간 피해자의 부모나 형제, 자매와의 접촉을 못 하게 방해하거나 친구 관계를 끊도록 만들어서 오로지 자기 말만 듣도록 만듭니다.

 건강하지 못한 유형발달을 한 ENFP 유형의 경우 상대에 대한 의심이 매우 강합니다. 그리고 매우 집착하게 되지요. 그 과정에서 피해자는 이들의 집착을 이들의 사랑이라 생각하게 되면서 이들의 의심을 피하고 안심시키고자 이들의 지시를 따르게 됩니다.

 대체로 피해자들은 감정형의 사람들이 많습니다. 이성과 논리보다는 관계 지향적인 성향 때문에 관계를 깨뜨리기 싫어서 이들의 가스라이팅을 참고 견디게 되는 것이지요. 그러다 결국 어느 순간 정신을 차리고 나면 오랜 세월이 흐른 뒤라 개인적인 인간관계는 물론 직장, 가정 모두 큰 피해를 보게 되는 경우가 많지요.

 그래서 가스라이팅을 극복하는 방법의 가장 큰 핵심은 바로 자존감을 키우는 것입니다. 물론 가스라이팅 가해자들이 제일 먼저 시도하는 것이 피해자의 자존감부터 무너뜨리는 것이라 쉽지는 않아요. 하지만 어느 순간 내 대인관계가 무너지기 시작했고 매사 자신감을 잃어가며 상대에게 의존하는 경향과 나 자신에 대한 확신이 없어지기 시작한다면 그 관계와 가스라이팅을 의심해봐야 합니다. 그리고 가만히 자신에 대해 생각해보는 겁니다. 이 사람을 만나기 전까지의 자신을 모습을 떠올려봅시다. 그리고 자신이 가장 자신감이 넘쳤던 때를 떠올려보는 겁니다. 그리고 현재를 가만히 생각해봅시다. 현재 내 모습이 과연 나다운 모습인지를요.

　그 후 자신을 가장 아끼고 사랑하는 제3의 조력자를 찾아봅시다. 부모님이 될 수 있고 형제자매가 될 수 있어요. 아니면 정말 친한 친구가 될 수 있겠지요. 그리고 이들의 조언을 들어보면 더욱 명확하게 보이기 시작할 것입니다. 가스라이팅이 확실하다는 확신이 들기 시작하면 그때부터 과감히 관계를 단절할 각오로 마음의 자세를 굳히는 게 중요합니다. 상대의 그런 경향은 절대 바뀌지 않아요. 그리고 저항하려고 하면 할수록 더욱 강하게 나올 것입니다. 가스라이팅 하려는 그 본심 기저에는 낮은 자존감과 상대를 지배하려는 통제 욕구가 있는, 건강하지 못한 유형발달을 한 사람이기에 나를 위해서라도 반드시 관계를 끊어야 하는 사람입니다. 절대로 아쉬워하지 마세요. 자신의 인생, 자신의 행복이 중요하다면 과감하게 잘라내어야 합니다.

　다음은 더 심각한 상태인 자기애성 성격장애에 대해 말씀드릴까 합니다. 자기애성 성격장애를 다른 말로 나르시시즘이라 하고 성격장애가 있는 사람을 나르시시스트라고 합니다. 자신만만한 성격의 극단적인 형태이지요. 타인을 자기 눈 아래로 보며 극단적으로 오만하다는 게 큰 특징입니다.

　나르시시스트는 성격유형과는 상관없이 다양한 유형에서 관찰됩니다. 남을 통제하고 자존심이 매우 센 ESTJ 유형에서부터 이상주의적 신념으로 세상을 아름답게 보며 16가지 성격유형 중에서 가장 로맨티스트로 알려진 ENFJ 유형까지 다양하게 만나볼 수 있었지요. 즉, 성격유형과는 별개로 어린 시절에 어떤 환경에서 양육되었느냐에 달린 것으로 보입니다. 특히 일란성 쌍둥이 사이에서도 차이가 나는 것을 보면 유전적인 원인보다는 환경적인 원인이 큰 것으로 보입니다.

　제가 정신과 전문의가 아닌 관계로 나르시시스트에 대한 자세한 설명은 정신과 전문의 선생님들에게 넘기고, 여기에서는 어떤 특징이 있고 어떤 문제가 있으며 어떻게 대처할 것인가에 대해서 말씀드릴까 합니다.

　일단 나르시시스트는 자기가 제일 잘났다고 생각하는 사람들입니다. 그 기저에는 자존감이 매우 약해서 자존심만 강하게 내세우려고 하며 타인에 의해 그 자존심이 깎아내려질 때 매우 완강히 저항하고 공격적인 모습을 보입니다. 예컨대, 나르시시스트는 절대 자신의 잘못을 인정하거나 사과하지 않습니다. 자신의 잘못을 인정하는 행위 자체가 곧 자존심이 무너져내리는 문제와 직결되거든요. 그리고 타인과 정서적인 공감을 하지 않습니다. 감정 자체가 매우 미숙한 상태로 머물러 있거든요. 그래서 타인의 고통이나 상황을 공감하지 못하고 깎아내리려고 하지요. 또한, 자신의 자존심을 지키기 위해 혹은 잠깐의 위기를 모면하기 위해 거짓말을 아무렇지도 않게 하기도 합니다. 그리고 모든 것을 흑백논리로 보는 경향이 있구요.

가장 큰 특징은 타인의 비판을 전혀 받아들이지 못한다는 것입니다. 대접을 제대로 받지 못했거나 무시당했을 때 혹은 그렇게 착각하는 것만으로도 크게 분노하여 주변을 힘들게 합니다. 그리고 자기보다 우월한 사람이 있어도 계속 깎아내리려고 하지요. 자신이 100점 만점에 10점이라면 주변 사람을 모두 깎아내려 -90으로 만들어서 자신을 상대적으로 100점이 되도록 만들지요. 늘 과거 자신의 무용담이나 미래에 대한 장담 그리고 타인에 대한 험담을 계속 떠들어댑니다. 이들은 자신의 잘못을 상대에게 투사하거나 자기 합리화 그리고 가스라이팅을 하는 경우가 매우 흔합니다. 영화 〈베테랑〉에서 유아인이 악역을 맡았던 '조태오'가 전형적인 나르시시스트입니다.

이들은 주변 사람들을 심각하게 괴롭힙니다. 특히 관계 지향적 판단을 하는 감정형들에게 치명적인 악영향을 미치지요. 이들에게 오랜 시간 지속해서 괴롭힘을 당할 경우 심각한 무기력증, 불안장애나 우울장애, 공황장애, 심하면 복합외상후스트레스장애 같은 극심한 정신적 피해를 입게 됩니다. 그래서 "나르시시스트는 상담을 받지 않고, 상대방이 병에 걸려서 상담받으러 온다."라고 말하지요.

나르시시스트는 고칠 수 없어요. 정신과 선생님들 말로는 이들 스스로가 자신은 너무나도 완벽한 인간이라고 생각하고 있어서 치료받으러 올 생각 자체를 안 하며 이들로 인해 극심한 정신적 피해를 입은 사람들만 치료받으러 온다고 합니다. 그래서 썸남, 연인 그리고 배우자가 나르시시스트인 것 같단 생각이 들면 일단 피하셔야 합니다. 아무리 잘난 사람이라도 그냥 피해야 합니다. 답 없습니다. "내가 어떻게 하면 좋아지겠지." 이런 생각 절대 하지 마세요. 절대 고칠 수 없습니다. 그냥 관계를 끊는 것만이 답입니다.

그리고 가끔 상담하러 다니다 보면 자수성가형 ESTJ, ISTJ 유형을 만날 수 있습니다. 이들에게서도 나르시시스트의 모습을 엿볼 수가 있어요. 제 생각에는 경도 나르시시스트가 아닐까 합니다. 찢어지게 가난했던 어린 시절을 딛고 일어서서 자신의 사업을 일으키고 결국 부자가 된 사장님들 중에 나르시시스트의 특징을 그대로 가지고 있는 분들을 제법 많이 관찰할 수 있었어요. 그런 사장님들 가족들을 상담해보면 사장님 본인만 가장 잘난 사람이고 나머지는 정말 한심한 사람들이라고 평가하는 사장님 말씀을 들을 수 있으며, 상담하는 동안 여러 차례 사장님의 성공기를 들을 수가 있어요. 그리고 배우자와 자녀는 계속 똥 씹은 표정만 짓고 있지요. 이런 집의 특징으로 특히 자녀와의 관계에서 정말 안 좋은 걸 볼 수 있습니다.

아무리 사회적 지위가 높고 조건이 좋다 하더라도 나르시시스트는 진짜 걸러야 합니다. 대처 방법은 따로 없습니다. 그냥 도망가세요. 뒤도 돌아보지 말고 뛰어가세요. 그것만이 살길입니다.

7

마무리

선생님, 제 남친이랑
6개월을 사귀었는데
아직까지 어떤 성격을 가진
사람인지 잘 모르겠어요….

1

MBTI 궁합 상담

저는 어릴 때부터 오목을 매우 좋아했어요. 초등학교 5학년 때쯤에는 오목으로 누군가에게 져본 적이 거의 없었지요. 적어도 10개 수 이상을 미리 내다보면서 제 의도대로 상대가 다음 수를 놓을 수밖에 없도록 만드는 걸 잘했어요. 그러다 삼국지에 빠지기 시작했습니다. 처음에는 제갈량이 소설에 등장하여 상대의 행동을 살펴본 후, 그 심리를 읽어 상대가 자신의 의도대로 움직일 수밖에 없도록 전략을 펼치는 것을 보고 얼마나 희열을 느꼈는지 모릅니다. 특히 〈적벽대전〉에서 조조의 100만 대군이 한 번의 전투로 거의 전멸하고 부하 장수 몇십 명만 거느린 채 도주하는 장면은 수많은 장면 중에서도 단연 백미입니다. 일부러 매복한 길에 불을 피워놓으니 그 머리 좋은 조조가 자기 꾀에 빠져 그 길로 들어서는 장면이 나오지요. 조조는 그 연기를 보고는 허허실실 전략이라 생각하며 그 길로 들어섰다가 남은 병력 상당수를 잃게 되었지요. 그게 전략입니다. 상대를 읽고 특정 상황을 만들어 의도했던 심리 상태가 되도록 하여 특정 행동을 하게 만드는 것, 이것이 정말 중요하지요.

그리고 제가 대학교 2학년 때 기숙사 체육대회를 하면서 우리 팀 총 대장 역할을 했어요. 여자 발야구 게임을 하던 중이었습니다. 투수가 일정 거리가 떨어진 곳에서 배구공을 굴려서 홈 베이스의 일정 범위 안을 통과할 때 타자가 발로 차야 했지요. 앞선 다른 팀 경기를 곰곰이 지켜보던 저는 우리 팀 여자 선수들에게 공격할 때는 마치 저 멀리까지 뻥 찰 것처럼 시늉은 하되, 절대 차지 말라고 했습니다. 왜냐하면, 투수가 공을 굴릴 때 바닥 면이 고르지 않아서 10번 던지면 8번은 다른 곳으로 이탈했으니까요. 굳이 그걸 차려고 했다가 엉뚱하게 차서 파울이 되거나 상대 수비수에게 바로 잡혀서 죽을 필요는 없잖아요. 그랬더니 대부분 볼넷으로 나갈 수 있었지요. 그때 우리 팀이 종합 우승을 했었습니다.

제가 대학교 기숙사 생활할 때 연애 상담을 정말 많이 했었습니다. 생각해보면 좀 웃기긴 했어요. 그때까지 저는 연애를 해본 적이 한 번도 없었거든요. 근데 한 가지 재미있는 것은 상담하면서 상황을 들으면 상대방이 어떤 스타일의 사람인지, 특정한 행동의 의도가 무엇인지가 읽히기 시작했어요. 그래서 갓 소개팅을 한 상황이나 썸 타는 상황에서는 빨리 상대가 먼저 사귀자고 고백하도록 유도하게 했고, 사귀는 과정에서 생겨나는 많은 상황을 통제하는 방법도 가르쳐 줬으며, 상대의 행동이나 말 등을 통해 바람을 피운 것을 알아내거나 이별의 의도를 파악하면 먼저 차버릴 수 있게 도와줬지요. 같은 이별의 상황이라도 내가 먼저 차느냐, 차이느냐에 따라 받게 되는 정신적 충격은 매우 다르니까요.

그 과정에서 상대가 여운을 느끼게 만드는 문자 메시지나 헤어지고 나서 다시 재회할 수 있게 만드는 편지를 대필해준 적 많았고 상대의 잘못된 행동을 기분 나쁘지 않게 고치도록 만드는 방법, 상대가 실수했을 때 현명하게 그 기회를 이용하는 법 등 참 많은 전략을 익히고 제시했었지요.

그때 제가 깨달았던 것은 아주 간단한 이치였어요. 사람의 감정은 정말 복잡다단한 것 같지만 실제로는 상황에 지배받을 수밖에 없어요. 특정한 상황에

MBTI 사랑학개론

처하면 의도했던 그 감정을 느낄 수밖에 없고 그 감정 때문에 그 이후 의도했던 행동을 할 수밖에 없지요. 가령, 누군가가 나에게 실수했을 때, 그는 나에 대해 심리적 부채를 가지게 된 것이지요. 하지만 그 실수한 것에 대해 내가 화를 한번 내버리고 나면 그와 나 사이에 존재하는 심리적 부채는 0이 됩니다. 많은 사람은 누군가 자신에게 실수했을 때 그 상대에게 화를 내면서 그 부채를 0으로 만들어버리지요. 하지만 상대가 나에게 실수했을 때 오히려 감싸주고 이해해주면서 감동을 주게 된다면 그 사람이 느낀 심리적 부채는 더 커지게 됩니다. 물론, 그 사람이 제대로 된 사람이라는 조건이 붙어야 하지만요. 그렇게 심리적 부채가 큰 상태가 되면 그 사람은 나를 절대 배신할 수 없지요. 그 부채를 다 갚기 전에는요. 즉, 현재 상황에서 내가 느낀 감정대로 바로 행동으로 옮겨봤자 큰 실제적 이익은 없다는 것이지요. 하지만 그 순간만 참으면 오히려 나에게 큰 이익이 되도록 상황을 만들 수가 있습니다. 삼국지에서 조조가 관우를 붙잡아두기 위해 했던 전략이지요. 결국, 관우는 오관참육을 하며 조조에게 크게 잘못을 저지르지만 조조는 기꺼이 용서하고 관우가 떠나도록 놔주지요. 그 행동이 결국 조조가 적벽에서 대패하고 도주하다 화용도에서 관우에게 붙잡혔을 때 자신을 살릴 수 있었던 신의 한 수가 되었던 것이구요.

물론 사람이 그런 전략에 너무 능하면 사기꾼이 됩니다. 그리고 그걸 잘 알아내는 사람이 바로 사기꾼을 잡으러 다니는 형사가 되구요. 실은 ESTP 유형들이 그런 능력이 매우 탁월해요. 특정한 상황을 미리 만들어놓고 그 대상이 되는 사람이 이들의 의도대로 느끼게 하고 행동하게 만드는 능력이 좋아서 타고난 사기꾼이 될 소지가 다분하며 그런 심리적 트릭을 바로 알아채고 그 허점을 찾아내어 이들을 잡는 형사도 ESTP 유형들이 많지요. 그래서 앞서 ESTP 유형을 소개하면서 이 유형은 반드시 유형발달의 정도를 살펴야 한다고 경고했던 것도 이 이유 때문입니다.

전 어릴 때부터 남자들 틈에서만 커와서 다양한 남자들의 심리 상태와 성향을 경험적으로 많이 알게 되었습니다. 그러다 대학생 때 ESTP 유형이 가진 특기를 기숙사 여학생들을 대상으로 많이 활용할 수 있었어요. 저에게는 그런 상담이 마치 오목을 두는 것과 같았거든요. 어쩌면 오목보다 더 쉬운 게임이었어요. 그러다 30대에 MBTI를 알게 되고 난 이후부터는 어떤 유형끼리 만났느냐에 따라 어떤 사이가 될 것이고 어떤 갈등이 있을 것인지 그리고 그 관계가 결국 어떻게 될 것인지에 대한 예측이 매우 정확해지더라구요. 그래서 레몬테라스에서 댓글로 상담하면서 특정 유형끼리의 만남은 어떨 것 같냐는 질문에 거의 90% 이상 맞출 수 있었습니다. 굳이 봐야만 알 수 있는 게 아니더라구요. 결국, 사람들은 그 유형의 범위 내에서 생각하고 행동하며 그 유형만이 가진 가치관과 욕구가 있어요. 그래서 다양한 유형들이 만났을 때 어떻게 반응할 것인지는 아주 쉽게 예측할 수 있습니다. 그리고 그 조합끼리의 상성 즉, 소위 말하는 궁합도 체계화시킬 수 있게 되었구요. 또한, 저에게 상담하러 오는 상황에서는 적어도 둘 중의 하나는 유형발달이 건강하지 않기에 관계가 틀어지는 것이라서 굳이 유형발달 상태를 확인할 필요도 없지요.

나중에는 각종 심리적 트릭보다 더 중요한 것이 있다는 사실을 깨닫게 되었습니다. 서로 정말 잘 맞는 성격유형끼리 만나서 정말 사랑하고 배려하며 서로를 아낀다면 굳이 그런 게 필요 없더라고요. 서로 안 맞는 성격끼리 만나니 어떻게 해야 좋을지 몰라서 그런 조잡한 방법을 쓰는 게 아닌가 하는 생각을 하게 되었습니다. 서로 노력이 필요한 유형끼리 만난 상황이라면 더욱 현명하게 그 관계를 이끌어가기 위해 그런 심리적 트릭이 필요한 경우가 많겠지요. 그리고 정말 최악의 궁합이며 이미 관계가 틀어질 대로 틀어진 경우에도 현명하게 헤어지기 위해서는 그런 심리적 트릭이 반드시 필요하구요. 가령, 매우 건강하지 않은 유형발달을 한 남자와 안전 이별을 하기 위해 상대를 격분시켜서 먼저 나를 차도록 만드는 방법을 통해 미련 없이 헤어지도록 하는 방법이나 실수를 유도하여 법적 이혼을 진행할 때 유리한 상황이 되도록 만드는 방법을 들 수 있겠지요.

그래서 이 책을 쓰게 된 이유는 부디 가장 잘 맞는 성격유형끼리 만나셨으면 하는 바람입니다. 그리고 안타깝지만 그러지 못할 경우라면 적어도 유형발달이 건강한 사람을 만나셨으면 하는 마음이 크구요. 근데 그 두 가지 상황이 아니며 이미 마음고생 많은 상황이라면 이 책을 읽고 확신을 가지셔서 진정한 행복을 찾으실 수 있었으면 좋겠습니다. 무엇보다도 소중한 건 나의 인생과 나의 행복이니까요.

　이 책의 내용만으로 부족하고 좀 더 구체적으로 상담을 받고자 하는 분은 MBTI for Love 카페에 오셔서 상담을 요청해주세요. 너무나도 다양한 사람들과 사람들의 만남이기에 이 책으로 그 모든 경우의 수를 다 담을 수가 없었고 각 상황에 따른 대처방안이나 심리적 트릭을 다 담아낼 수 없어서 정말 안타까웠습니다. 저는 이 책을 읽는 분들께서 더는 성격이 안 맞아서 고생하고 괴로워하며 결별하거나 이혼하는 일이 없었으면 합니다. 그리고 잘못된 자료로 멀쩡한 관계를 오해하여 괴로워하는 일도 없었으면 합니다. 또한, 시작부터 자신에게 잘 맞는 사람을 만나는 게 무엇보다도 중요하기에 마음이 깊어지기 전에 확인해보는 것이 무엇보다도 중요한 것 같아요. 특히 자신과 상대의 유형 발달의 정도를 알고 어떻게 관계를 정립해나가느냐가 그 관계의 미래를 결정짓는 아주 중요한 일이라 생각합니다.

　아무쪼록 많은 분이 행복해지셨으면 좋겠습니다.

② MBTI와 학습

MBTI는 오랜 역사가 있는 만큼 참 다양한 분야에서 활용되어 오고 있습니다. 그중 제가 깊이 연구하고 있는 분야를 마지막으로 소개해드릴까 합니다.

제가 MBTI를 연구하게 된 계기는 앞서 말씀드렸듯 연애, 결혼 상담이 아니었어요. 바로 학생들의 학습법을 연구하면서 깊이 있게 MBTI를 연구하게 되었던 것입니다. 이와 관련하여 2020년 9월에는 《MBTI 공부혁명 ver. 공무원시험 (법률저널)》, 2021년 6월에는 《MBTI 공부혁명 ver. 청소년 (법률저널)》을 출간했습니다.

2010년에 제가 유학을 준비하면서 고대 후배들과 함께 스터디를 하는 과정에서 MBTI 유형별로 학업 성취도에서 차이가 나는 것을 발견했었습니다. 그래서 MBTI에 깊은 관심을 가지기 시작하며 정식으로 교육을 받았지요. 그 후 성격유형별로 서울대, 고대, 연대 재학생들을 대상으로 공부 습관, 특징을 연구하면서 유형별로 공통점을 찾아냈으며 공부가 힘든 학생들을 대상으로 인터뷰하면서 앞서 말한 공통점과의 차이점을 찾아냈어요. 그 결과 유형별로 공부가 안되는 원인을 알 수가 있었지요. 그래서 이번에는 실업계 고등학생들을 모아서 유형별로 공부가 안되는 원인을 극복하고 효과적인 공부법을 가르쳐본 결과 극적인 결과를 얻을 수 있었습니다. 그 이후 제 친동생이 경찰 공무원 시험을 준비하는 과정에서 그 방법을 가르쳐준 결과 8개월 만에 경찰 공무원 시험에 합격할 수 있었습니다. 그 이후 많은 청소년과 수험생들을 학습 컨설팅을 해오다 2020년에 공무원시험 편을 출간했고 2021년에 청소년 편을 출간했어요. 그리고 이 책이 출간되고 나면 미취학 아동과 초등학생을 대상으로 하는 자녀 양육 편을 집필할 계획에 있습니다(2022년 출간 예정).

청소년 편은 10대 청소년들이 겪고 있는 학습에서의 문제점을 유형별로 정리했습니다. 성격유형마다 공부가 안되는 즉, 학업 성취도를 떨어뜨리는 문제점이 있어요. 과도한 강박, 학습된 무기력, 회피 성향, 계획에 대한 집착, 집중력 문제, 극단적 호불호 등 유형마다 나타나는 증상이 다 달라요. 게다가 특화된 기억의 방식에 의해 단순 암기가 잘되는 경우와 흐름과 맥락을 잘 기억하는 경우에 따라 선호하는 과목과 공부 방식이 달라지구요. 거기에 따른 문제점이 있어요. 예컨대 SJ 기질의 학생들은 단순 암기를 매우 잘하는 의미기억 특화자들이 많아요. 게다가 매우 성실하고 부지런하지요. 이런 학생들은 단순 암기가 많은 과목은 정말 잘하지만 수학 같은 과목에서는 매우 힘들어하는 모습을 보여줍니다. 왜냐하면 '공부=암기'라고 생각해서 모든 것을 외우려고 들거든요. 이 때문에 수학도 원리를 이해하기보다는 문제풀이 방법을 다 외워버리려고 해서 공부 시간 대비 성과가 극히 떨어지는 모습을 보이며 고등학생이 된 후부터는 수포자가 될 가능성이 매우 큽니다. 그래서 자녀의 성격유형을 정확하게 이해하면 학업 성취도가 크게 향상이 될 것입니다. 그리고 요즘 수학을 포기한 수포자 학생들이 너무 많이 늘어나고 있어요. 성격유형별로 수학의 다섯 가지 분야(정수론, 대수학, 해석학, 기하학, 확률통계) 중 잘하고 못하는 분야가 다 달라요. 그래서 자신의 유형에 맞게 공부하는 요령도 정리해놓았습니다. 또 내신 공부 전략, 수능 공부 전략에 대해서도 깊이 있게 다뤄놓아서 10대 청소년 자녀가 있는 분에게는 크게 도움이 되실 것입니다.

공무원시험 편은 공무원시험 공부에 집중해서 썼습니다. 2020년 기준 공무원시험 수험생 수가 최대 46만 명이나 집계되었습니다. 취준생 86만 명 중 절반 이상이 공무원시험 수험생이지요. 2020년 수능 응시자 수는 42만 명으로 수능 응시자보다 공무원시험 수험생이 더 많은 시대입니다. 참 심각한 상황이지요. 근데 문제는 공시생 중 상당수가 자신의 성격 유형과 맞지 않는 방법으로 공부하는 경우가 많아요. 대부분 하루 10시간 가까이 시간을 투자하며 열심히 한다고 하는데도 결과가 안 좋은 수험생들이 매우 많아요. 특히 본인은 N형인데 부모에 의해 강제로 S형의 공부법을 익힌 경우, 학습 효율이 극악으로 떨어지게 되지요. 거기에 특화된 기억의 방식은 N형 공부법에 적합한 일화기억이라면 이 수험생은 아무리 공부해도 합격하기 요원한 상태가 됩니다. 공무원시험 편에서는 공무원시험을 공부하는 수험생들을 성격유형별로 공부 습관의 특징과 이를 극복하는 방법에 대해 제시하고 있어요.

이 땅에 많은 청소년과 청년들이 공부 때문에 힘들어하지 않았으면 하는 바람으로 정말 모든 것을 갈아 넣으며 썼어요. 아무쪼록 큰 도움이 되었으면 합니다.

MBTI 사랑학개론

참고 문헌

① 16가지 성격유형의 특성, 김정택, 심혜숙 지음, 어세스타

② 성격유형과 자녀 양육태도, Janet Penley & Stephens 지음, 심혜숙·곽미자 옮김, 어세스타

③ MBTI Form M 매뉴얼, 김정택·심혜숙 엮음, 어세스타

④ MBTI 공부혁명 ver. 청소년, 박정훈 지음, 법률저널

⑤ MBTI 공부혁명 ver. 공무원시험, 박정훈 지음, 법률저널

MBTI 사랑학개론

1판 1쇄 발행 2021년 12월 15일

지은이 박정훈

교정 윤혜원
편집 이정노

펴낸곳 하움출판사
펴낸이 문현광

주소 전라북도 군산시 수송로 315 하움출판사
이메일 haum1000@naver.com   **홈페이지** haum.kr

ISBN 979-11-6440-888-7(03180)

좋은 책을 만들겠습니다.
하움출판사는 독자 여러분의 의견에 항상 귀 기울이고 있습니다.